최소주의 문법
Glossary

김용석 지음

글로벌콘텐츠

최소주의 문법 Glossary

1판 1쇄 인쇄: 2012년 05월 18일
1판 1쇄 발행: 2012년 05월 25일

지은이: 김용석
펴낸이: 홍정표
펴낸곳: 글로벌콘텐츠
등 록_제25100-2008-24호

공급처: (주)글로벌콘텐츠출판그룹
이 사_양정섭
디자인_김미미
편 집_배정일
기획·마케팅_노경민 배소정
경영지원_최정임
주 소_서울특별시 강동구 길동 349-6 정일빌딩 401호
전 화_02-488-3280
팩 스_02-488-3281
홈페이지_http://www.gcbook.co.kr
이메일_edit@gcbook.co.kr

값 22,000원
ISBN 978-89-93908-41-1 93740

최소주의 문법 Glossary

프롤로그

필자가 대학에서 Chomsky 문법을 연구하며 강의한지가 금년으로 꼭 35년이 되었다. 그동안 필자가 만난 동료학자와 후학들이 'Chomsky의 이론과 주장은 이해하기에 너무 난해하다'라고 푸념하는 넋두리를 많이 들어왔고, 때로는 애써 노력하는 분들 중에서도 새로운 주장과 제안이 나올라치면 더 이상 따라잡기를 포기하는 경우가 많았었다.

1957년 *Syntactic Structures*의 출판으로 기치를 든 이른바 'Chomsky 혁명'의 제1기(1957년~1980년)에서도 그랬고, 1981년 *Lectures on Government and Binding*의 출판으로 원리매개변인이론(principles and parameters theory)이 제안되던 제2기(1981년~1992년)에서는 더욱 심각한 상황이었고, 그리고 1995년 *The Minimalist Program*의 출판으로 본격적인 닻을 올린 제3기(1993~현재) 최소주의문법이론(Minimalist Theory) 시기에는 사실상 소수의 전문학자 집단을 제외한 많은 학자와 후학들이 Chomsky 언어학을 외면하는 일종의 공황상태(?)가 전개되었다고 해도 과언은 아니다. 이러한 상황은 국내에서뿐만 아니라 미국 등 해외에서도 마찬가지의 형편이다.

본서 『최소주의 문법 Glossary』는 이러한 현 상황을 고려하여 Chomsky 문법을 제대로 이해해보고자 애쓰는 분들에게 그동안의 세월을 뛰어넘어 Chomsky 혁명의 제3기로 평가되는 '최소주의 문법(Minimalist Grammar)'을 따라잡고 연구하는 데 도움을 주고자 내어놓은 사전적 참고서이다.

본서는 총 3부로 구성되어 있는바, 제1부에서는 최소주의 문법의 이론적 배경과 기본가정이 무엇인지를 살펴보고, 또한 근래까지 이 이론이 어떠한 단계를 거쳐 변천하고 발전해 왔는지 문법체계의 모형을 통해 소개하고자 하며, 제2부에서는 그동안 격차가 넓어진 최소주의 문법을 추적하여 따라잡는 데 중요한 기초가 되는 최소주의 문법용어들에 대한 사전적 해설을 제공하며, 제3부에서는 Chomsky 언어학 전반에 걸쳐 사용되고 있는 기본적 문법용어들에 대한 한·영, 영·한 대조집을 제공함으로써 Chomsky 언어학을 탐구함에 있어 언어 간의 장벽을 허물고자 하고 있다.

많은 분들이 본서를 이용하여 그동안의 격차를 뛰어넘어 최소주의 문법의 핵심적 주장을 따라잡고, 이 이론의 문법체계에 대한 깊은 통찰과 이해를 도모해 나가는 데 큰 도움을 얻기 바란다.

끝으로, 본서의 저술을 완료할 수 있도록 지혜와 힘을 주신 하느님께 감사드리며, 또한 언제나 기도와 사랑으로 내조해준 아내에게 고마움을 전하며, 지금쯤 군대에서 씩씩하게 훈련에 임하고 있을 막내아들 형진에게도 격려의 마음을 전하고자 한다. 그러고 여러 어려운 여건에서도 본서를 기꺼이 채택하여 훌륭한 책으로 엮어주신 글로벌콘텐츠의 홍정표 사장님과 편집부 관계자들에게도 심심한 감사를 표한다.

본서의 출판은 한성대학교 교내연구비 지원과제임.

임진년 사월 귀래면 절안마을 서재에서 지은이 씀

목 차

1부
최소주의 문법의 개관

Ⅰ. 이론적 배경

<머리말>

Chomsky(1957)에 의해 주창된 '생성문법(Generative Grammar)'이란 인간의 언어기능(faculty of language: FL)에 대한 이른바 '본유성가설(innateness hypothesis)' 하에서 인간언어(human languages)는 언어기능의 반복적 연산작용(computation)에 의해서 생성되는 결과물(output)이라고 주장하는 언어학을 말한다. 생성문법이론의 기본적 목표는 바로 생득적 언어능력의 실체를 규명함에 있다. 이러한 관점에서 Chomsky(1993) 이후 대두된 소위 '최소주의 문법(Minimalist Grammar)'도 생성문법의 한 형태라고 볼 수 있다.

그러나 언어이론적인 측면에서 볼 때, 최소주의 문법과 이전의 생성문법이론 간에는 여러 가지 차이가 있는데, 그 근본적인 차이 중에 하나가 인간의 언어능력을 올바로 규명했는지에 대한 평가척도가 다르다는 점이다. 즉, 이전의 생성문법이론에서는 그 실증적 평가측도로 소위 '설명적 타당성(explanatory adequacy)'을 제시하고 있지만,[1] 최소주의 문법에서는 설명적 타당성을 뛰어넘는 더욱 근원적인 평가기준을 제시하고 있다는 것이다. 즉, 최소주의 문법에서는 언어능력의 실체를 규명하는 평가기준으로 본 연구에서 논의하고자 하는 소위 '강력최소주의이론(strong minimalist thesis: SMT)'과 그 이론이 기초하고 있는 '생물언어학적 관점(bio-linguistic perspectives)'에 의존하고 있다. 생물언어학적 관점은 언어능력의 발생근원에 대해 논의하고 있으며, 강력최소주의이론에서는 그것의 발생근원이 내포하는 하위원리들에 의해 언어능력이 완벽하게 설명될 수 있다고 본다.

최소주의 문법의 발전은 강력최소주의이론과 그것의 생물언어학적 관점에 의해 구체화되는 평가기준을 얼마나 더 엄격히 충족하는가 하는 방향으로 이루어져 왔다고 해도 과언은 아니다.

따라서 본절에서는 최소주의 문법이 이론적 이상으로 삼고 있는 강력최소주의이론과 그것의 출현 배경인 생물언어학적 관점을 심층적으로 분석함으로써 최소주의 문법의 기본가정과 이론적 목표가 무엇인지 확인해보고자 한다.

<강력최소주의이론의 실체분석>

오늘날 인간이 사용하는 각 언어(languages)를 개별언어(particular languages)라고 한다. 그러면, 개별언어의 실체가 무엇인가? Chomsky (1957) 이후 현대 생성언어학(Generative Linguistics)에서는 개별언어란

---

1) 설명적 타당성(Explanatory Adequacy): 기술적 타당성을 지닌 한 개별문법이 개별언어의 기술 수준을 넘어서, 자연언어 전반의 기술에까지 이를 수 있을 때 우리는 그 문법체계가 설명적 타당성을 지닌다고 말한다. 즉, 설명적 타당성을 지닌 문법체계란 보편문법을 기반으로 습득된 개별언어의 핵심문법임이 입증된 문법체계를 말한다. 따라서 설명적 타당성을 지닌 문법체계는 언어의 보편성(language universals)과 생득적 습득론과도 부합되어야 한다.

그 언어의 원어민(native speakers)이 의사소통(communication)을 위해 사용하는 모든 표현들(expressions)의 집합이라고 본다. 이 집합에 속하는 각 표현들은 음성형태표상(PF-representation)과 논리형태표상(LF-representation)이라는 양 측면의 언어정보를 갖는데, Chomsky(1998) 이후 최소주의이론(Minimalist Theory)에서는 이들 표상들을 각기 음성표상(PHON)과 의미표상(SEM)이라 한다. 그러면, 음성표상과 의미표상의 언어정보를 갖는 언어표현들은 어떻게 생성되는 것일까? 생성언어학에서는 바로 그 개별언어의 원어민이 뇌 속에 갖는 언어능력(linguistic competence)의 인지체계(cognitive system)인 소위 내재언어(internal language: I-language)의 연산작용(computation)에 의해 생성된다고 주장한다. 이러한 관점에서 내재언어인 원어민의 인지체계에 의해 생성된 표현들을 외재언어(external language: E-language)라고도 한다. 이렇게 보면, 개별언어란 외재언어의 차원에서는 그 언어에 사용되는 표현들의 집합이라고 할 수 있지만, 내재언어의 차원에서는 그 표현들을 만들어내는 원어민의 (언어)인지체계라고도 할 수 있다. 최소주의이론에서는 원어민의 인지체계인 내재언어를 진정한 의미에서 언어(language: L)라고 본다. 그러면, 원어민의 내재언어는 어떻게 생겨나는 것일까? 생성언어학이론에서는 원어민의 내재언어는 현대인간의 두뇌 속에 유전학적으로 결정되어(genetically determined) 있는 소위 언어기능(Faculty of language: FL)의 한 완성상태(attained state)라고 본다. 즉, 유전학적으로 결정된 언어기능의 최초상태(initial state)를 S_0라 보면, 이 S_0는 모든 인간에게 균등한 상태로 존재하며, 생후 최초의 언어경험(language experience)인 일차적 언어자료(primary linguistic data: PLD)를 통해 S_0는 점차 언어기능의 완성상태인 (개별언어의) 내재언어 L로 결정된다. 이러한 차원에서, S_0는 생득적인 언어습득장치(language acquisition device: LAD)라 할 수 있다.

개별언어 L의 습득과정을 도표로 나타내면 다음과 같다.

(1) 

요컨대, 언어기능의 최초상태인 S_0는 미정 값(unmarked value)의 매개변인들의 집합을 내포하고 있고 이들 매개변인의 값을 확정함으로써 많은 종류의 가능완성상태들(possible attained states)을 만들어낼 수 있는데, 개인적 언어경험인 PLD는 이들 가능완성상태의 옵션 중 하나를 선택하여 그 개인의 내재언어 L로 결정한다는 것이다. 구체적으로 말하면, S_0는 그것의 미정 값의 매개변인들이 개인의 언어경험을 통해 그 언어에 적합한 확정 값으로 고정됨으로써 그 언어의 내재언어 L로 결정된다는 것이다. 따라서 서로 다른 언어의 경험은 매개변인들의 값을 달리 고정함으로써 서로 다른 (내재)언어로 결정되는 것이다.[2] 이러한 관계를 그림으로 나타내면 다음과 같다.

(2) 언어기능(FL)의 변환과정[3]

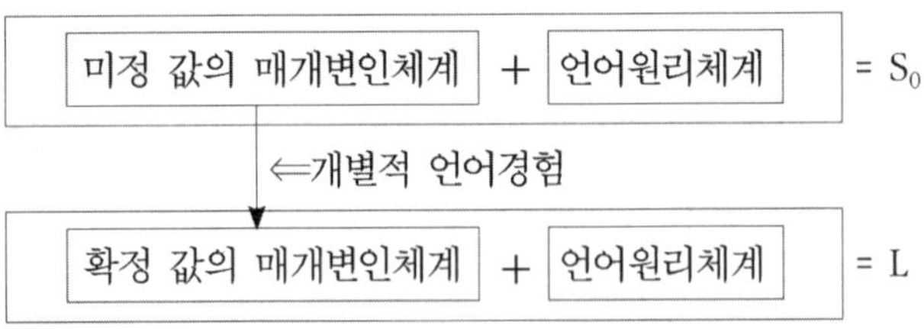

이상의 논의는 다소 관점의 차이는 있지만 Chomsky(1957) 이후 생

---

2) 생성문법이론에서는 S_0로 관한 연구를 보편문법(UG)이라 하고, 내재언어 L에 관한 연구를 개별문법이라 한다. 개별문법의 기술은 기술적 타당성(descriptive adequacy)을 지향하며, 보편문법의 기술은 설명적 타당성(explanatory adequacy)을 지향한다.

3) Chomsky(1995)에 의하면, 매개변인은 주로 (기능범주에 해당하는) 어휘항목의 자질상 변이로 나타나며, 언어원리체계에는 연산체계(C_{HL})와 필수출력조건(Bare Out-put Conditions: BOC)의 체계로 이루어져 있다고 본다.

성문법이론 내에서 일관되게 주장되어 왔다고 볼 수 있다. 그러나 Chomsky(1993, 1994, 1995, 1998, 2001, 2004, 2005a, 2005b)에서 논의되고 있는 최소주의이론에서는 하나의 새로운 근원적인 문제를 제기하고 있는데, 바로 인류에게 유전학적으로 결정되어 있는 언어기능(FL)의 속성이 무엇인가 하는 문제이다. 다시 말해, 언어기능이라는 인지체계가 어떻게 인간의 두뇌 속에 생겨났는지의 문제를 제기하고, 이에 대한 해답을 찾으려는 노력을 기울이고 있다는 점이다. 이러한 노력은 언어의 본질을 보다 근원적으로 정확하게 이해하는 데 많은 도움을 준다고 본다.

언어(language)는 기능적으로 말해 의사소통(communication)의 체계이다. 의사소통이란 사고의 전달이며, 지구상의 많은 동물 중에 인간만이 차원 높은 의사소통의 체계인 언어를 보유하고 있다. 이는 인간만이 고도로 발달된 사고체계(systems of thought)를 소유하고 있음을 말한다.[4)]

그러면, 사고체계를 소유하고 있는 인간이 사고전달(즉, 의사소통)의 수단인 언어를 어떻게 확보한 것일까? Chomsky(1995)에서는 만약 인간에게 음성을 만들어 내는 발성기관(sound organ)이 없고 고도의 정신감응력(즉, 텔레파시 telepathy)이 있다면, 아마도 인간은 음성이 아니라 정신감응력을 통해 사고의 전달을 수행하였을 것이라고 본다. 이러한 정신감응력까지도 없다면, 아마도 인간은 몸짓언어(body

---

4) 이러한 차원에서 보면, 언어학은 인간언어(human languages)의 연구이면서, 동시에 인간의 사고체계에 대한 연구이기도 하다. 사실상, 생성언어학자들은 인간언어의 연구를 통해 인간의 본성(human nature), 즉 인간의 지성체계(human mind)를 규명할 수 있다고 본다. Chomsky(1972)에서는 다음과 같이 언급하고 있다.

(i) "언어연구의 수행을 통해 우리가 밝혀내어야 많은 과제가 있다. 그 중에서 본인이 개인적으로 크게 흥미를 느끼고 있는 것은 언어의 연구가 바로 인간 지성의 본질적 특성을 규명해 줄 어떤 실체를 확인시켜 줄 수 있다는 가능성이다."(There are a number of questions which might lead to undertake a study of language. Personally, I am primarily intrigued by the possibility of learning something, from the study of language, that will bring to light inherent properties of the human mind.)

language)나 기호언어(sign language) 등을 통해 의사소통을 수행했을 것이다. 그러나 발성기관을 가지고 있는 인간이 음성을 통해 의사소통을 수행하고 있다는 것은 매우 자연스러운 결과이다. 이 발성기관(폐, 목, 입, 혀, 코 등)은 두뇌(brain)의 통제를 받아 음성을 만들게 되는데, 발성기관을 통제하는 이러한 두뇌의 수행체계(performance system)를 감각운동체계(sensori-motor systems)라 한다. 요컨대, 최소주의이론에서는 언어란 인류가 원초적으로 두뇌 속에 보유하고 있는 사고체계와 감각운동체계를 최적(optimally)으로 매개하여 의사소통을 가능하게 해 주는 두뇌의 인지체계(cognitive system)라고 보며,[5] 특히 Chomsky(2004) 이후 강력최소주의이론(strong minimalist thesis: SMT)에 이르러서는 이러한 (언어)인지체계는 인류의 진화과정에서 자연발생적으로 생겨났다고 본다.[6] 의사소통과 관련되는 이들 두뇌 기능체계의 관계를 간략히 표현하면 다음과 같다.[7]

(3) 두뇌 기능체계의 관계

감각운동체계 ← (언어)인지체계 → 사고체계 두뇌(Brain)

---

5) Chomsky(1995)에서는 사고체계를 개념-의도 체계(conceptual intensional system: C-I), 감각운동체계를 조음-청취체계(Articulatory Perceptual system: A-P)라고 일컫는다. 또한 최소주의이론에서는 (언어)인지체계(language system)를 언어기관(language organ) 혹은 언어기능(faculty of language: FL)이라 부르기도 한다.

6) 인류학적으로는 현대인의 조상을 후기 구석기 시대 이후 발현한 호모 사피엔스 사피엔스(Hómo sápiens sápiens)로 보는데, 그 이전의 인류의 조상과의 차이 중에 하나가 언어사용의 유무라고 본다. 따라서 진화론적으로는 (언어)인지체계가 호모 사피엔스 사피엔스에서 생겨난 것으로 보아야 한다.

7) 인간의 '언어기능(language faculty)'이란 용어는 일반적으로 언어를 담당하는 인지체계만을 일컫는 말로 사용하지만, 경우에 따라서는 인지체계뿐만이 아니라 사고체계와 감각운동체계 모두를 일컫는 말로 사용하기도 한다. 본서에서는 '언어능력(linguistic competence)'이란 용어는 언어 인지체계만을 일컫지만, '언어기능(language faculty)'은 인지체계, 사고체계, 감각운동체계 등 언어 관련 뇌 기능체계 모두를 일컫는 말로 사용하기로 한다.

위의 그림에서와 같이 최소주의이론에서는 언어를 인간의 사고체계와 감각운동체계를 최적으로 매개하여 의사소통을 가능하게 하는 인지체계라 정의하였는데, 사고체계는 인지체계(즉, 내재언어)가 생성하는 의미정보(즉, 의미표상 SEM)를 해독하여 의미(meaning)를 찾아내며, 감각운동체계는 인지체계가 생성하는 음성정보(즉, 음성표상 PHON)를 해독하여 소리(sound)를 결정한다. 이러한 차원에서 사고체계와 감각운동체계를 수행체계(performance system)이라 일컫는다. 또한 수행체계는 (언어)인지체계와 구분되며, (언어)인지체계가 생성한 언어정보를 해독하여 실세계(즉, 실재)의 의미와 소리로 전환한다는 차원에서 언어외적체계(language-external system) 혹은 외적체계(external system)이라 하고, 이 때 (언어)인지체계는 상대적으로 언어내적체계(language-internal system) 혹은 내적체계(internal system)라고 한다. (언어)인지체계인 내적체계에 의해 생성된 의미표상과 음성표상은 다시 수행체계인 외적체계에 의해 해독된다는 차원에서 의미표상과 음성표상을 접합부(interface)라 한다.

이상에서 논의한 언어생성의 과정을 종합적으로 표현하면 다음의 그림과 같다.

(4)

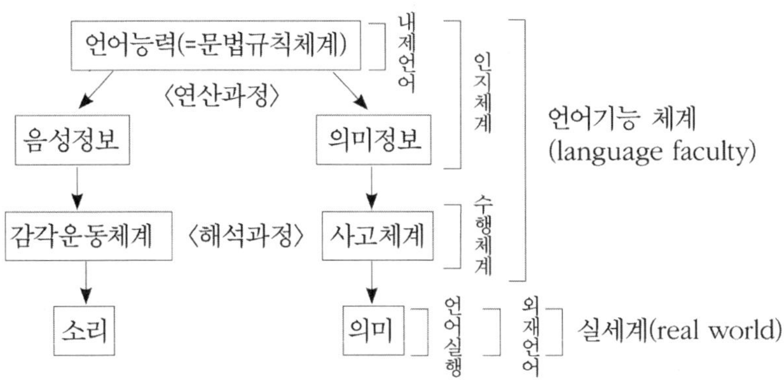

위에서 논의한 바와 같이, 강력최소주의이론에서는 의사소통의

필요성을 충족하기 위한 사고체계와 감각운동체계의 요구에 의해 언어기능(FL)이란 인지체계가 인류의 진화과정에서 자연발생적으로 생겨났다고 본다. 따라서 언어기능은 그것이 생성하는 음성표상과 의미표상의 언어정보가 반드시 감각운동체계와 사고체계의 수행체계에 의해 해독될 수 있는 정보이어야 한다는 요구를 받는다. 이러한 수행체계의 요구를 Chomsky(2001)에서는 소위 해독성조건(legibility conditions)이라 한다.[8] 언어기능에 의해 생성되는 언어정보가 실제로 언어표현으로 사용될 수 있기 위해서 이러한 해독성조건을 충족해야 한다는 것은 당연한 요구이다. 따라서 언어기능은 그것이 생성하는 언어정보가 반드시 해독성조건을 충족해야 한다는 수행체계의 요구 속에서 자연발생적으로 진화과정에서 생겨난 것이라고 볼 수 있다. 이런 견지에서 해독성조건은 언어기능을 만드는 최소한의 설계도(minimal design specifications)라고 할 수 있고, 자연은 인류의 진화과정 속에서 이러한 설계도를 최적으로 충족하는 언어기능을 만든 초기술자(superengineer)라고 볼 수 있다. 이러한 점을 Chomsky(2001)는 다음과 같이 표현하고 있다.

(5) 인간의 언어기능은 해독성조건인 최소설계도에 대한 최적의 해결책이다.
(The human faculty of language FL is an optimal solution to the minimal design specifications as "legibility conditions".)

이와 같이 Chomsky(2001)의 국면이론 이후 탐침자–목표물 문법체계에서는 언어기능이 해독성조건을 충족하는 최적의 체계(optimal system)이라고 가정한다. 여기서 '최적성(optimality)'의 개념은 자연의

---

8) Chomsky(2004)에서는 해독성조건이 음성표상과 의미표상의 접합부에 적용되는 조건이라는 차원에서 이 조건을 접합부조건(interface condtions: IC)라고 일컫는다. 참고로 Chomsky(1995)에서는 완전해석조건(full interpretation: FI)이라고도 했다.

일반적 특성(general properties of nature)인 최소성(minimalism), 자연성(naturalness), 효율성(efficiency) 등을 반영한 '훌륭한 설계(good design)'에 따라 해독성조건을 최적으로 충족한다는 것을 말한다. 따라서 탐침자-목표물 문법체계에 의하면 언어기능은 수행체계의 해독성조건을 최소의 수단(minimal tools)으로 가장 자연스럽(most naturally)고 가장 효율적(most efficiently)으로 충족하는 완벽한 체계(perfect system)이라고 가정한다. 이러한 가정 하에서 진행하는 언어연구를 소위 '강력최소주의이론(strong minimalist thesis: SMT)'이라 한다. 요컨대, 강력최소주의이론에서는 언어기능은 수행체계의 해독성조건과 자연의 일반원리만으로 완전히 설명될 수 있는 완벽한 체계(perfect system)로서 소위 '완벽성(perfection)'이 보장되어야 한다고 본다.

만약 수행체계의 본질이 규명되어 해독성조건의 실체가 밝혀지고, 또한 자연의 요구를 반영한 '훌륭한 설계'가 어떤 것인지 밝혀진다면, 강력최소주의이론의 언어연구는 실증적 발견(empirical discovery)을 추구하는 실증적 연구(empirical inquiry)의 일환이 될 것이다. 그러나 현재로서는 이러한 단계에 이르지 못하고 있으므로 강력최소주의적 언어연구는 선험적(prioristic)인 일반지침 하에서 진행되는 이성적 연구(rational inquiry)의 성격을 갖는다. 그럼에도 불구하고 수행체계의 본질과 최적성에 대한 선험적 가정(즉, 일반원리)에서 시작하는 연역적 추론(deductive reasoning)으로 얻는 합리적인 옵션(reasonable options)들 중에 어느 것이 실세계(actual world)에서 실현(instantiate)될 수 있는 옵션인지 검증하는 실험은 강력최소주의이론의 이성적 언어연구에서 반드시 필요하다.[9] 왜냐하면, 연역적 추론에 의해 얻어지는 결론은 실증적 증거에 의해만 사실로 입증될 수 있기 때문이다.

---

9) 이러한 주장과 관련하여 Chomsky(2001)에서는 다음과 같은 언급이 제시되고 수 있다: "Even the most extreme proponents of deductive reasoning from first principles, Descartes for example, held that experiment was critically necessary to discover which of the reasonable options was instantiated in the actual world."

강력최소주의이론의 언어연구는 언어기능이 해독성조건과 일반원리에 의해 완벽히 설명될 수 있는 완벽성을 갖춘 체계이라는 가정 하에서 시작한다. 그러나 개별언어현상을 다루는 기술적 차원(descriptive level)의 문법연구에서는 가끔 불완전한(imperfect) 문법장치가 제시되기도 하는데, 이러한 비완벽성(imperfections)들은 소위 외견상의 비완벽성(apparent imperfections)으로서 차후 더욱 완벽한 문법체계가 규명된다면 해결될 수 있는 것들이다. 그러나 실증적 증거(empirical evidence)에 의해서 비완벽성의 문법장치가 실제로 요구될 경우도 가정할 수 있는데, 이러한 비완벽성을 실재적 비완벽성(real imperfections)이라 하며, 실재적 비완벽성은 그 존재에 대해 경로-의존적 진화과정(path-dependent evolutionary history)이나, 두뇌나 유기체의 특성, 혹은 다른 근거에 의한 독자적 설명을 필요로 한다.

이러한 차원에서 Chomsky(2004)에서는 언어기능의 최초상태인 S_0가 다음과 같은 특성으로 분석될 수 있다고 본다.

(6) (i) 설명될 수 없는 요소(unexplained elements)
(ii) 접합부조건(IC)
(iii) 일반적 특성(General properties)

위에서 (6i)는 원리에 의해 설명될 수 없는 소위 '실재적 비완벽성'의 경우를 말하며, (6ii)는 소위 감각운동체계와 사고체계가 요구하는 해독성조건(즉, 언어의 설계도)에 의해 설명될 수 있는 특성을 말하고, (6iii)는 자연의 요구인 최소성, 자연성, 효율성 등에 의해 설명될 수 있는 소위 '훌륭한 설계(good design)'의 특성을 말한다. 자연의 요구인 (6iii)에 비해 (6i)과 (6ii)는 인간의 유기체적 조직에 의해 요구되는 일반적 특성(general properties of organic system)이라 할 수 있다. 여기서 (6ii)와 (6iii)은 원리에 입각해 설명될 수 있는 부분이지만,

(6i)는 그렇지 못한 부분이다. 강력최소주의이론(SMT)에서는 언어기능은 원리적 설명(principled explanation)이 가능한 완벽한 체계(perfect system)라고 가정하므로, 이 이론에 의하면 사실상 (6i)는 존재하지 않는다. 따라서 Chomsky(2004)에서는 다음과 같은 가정을 진술하고 있다.

(7) (6i)는 존재하지 않는다. ((6i) is empty.)

그러나, 이러한 강력최소주의이론의 가정과 달리, 위에서 언급한 바처럼, 사실상 자연언어에는 개별언어들 간에 다양한 매개변인적 변이(parametric variation)가 나타나는데, 이러한 변이현상은 일견에 명백한 비완벽성에 해당되는 것으로 보인다. 생성언어학에서 매개변인적 변이의 문제는 사실상 설명적 타당성(explanatory adequacy)을 추구하는 언어이론에서 기술적 타당성(descriptive adequacy)과의 사이에 나타나는 간격(gap)을 메우기 위한 불가피한 조치라 본다. 따라서 강력최소주의이론에서는 매개변인적 변이를 허용하되 그 다양성을 최소화하려는 의도 하에 다음과 같은 소위 획일성원리(uniformity principle)를 제시한다.

(8) 반대할 강력한 증거가 없는 경우에는, 언어들은 획일적이라고 가정하여야 하며, 언어 간의 다양성은 쉽게 포착되는 발화의 특성에 국한된다고 보아야 한다.
(In the absence of compelling evidence to the contrary, assume languages to be uniform, with variety restricted to easily detectable properties of utterances.)

즉, (8)의 획일성원리에 의하면, 모든 자연언어는 어휘부(Lexicon: LEX)에서 의미표상(SEM)에 이르는 소위 협소통사론(narrow syntax)의 연산과정(computation)은 동일하며, 어순 등 의미와 상관없이 나타나는 언어 간의 차이는 모두 문자화(Spell-Out: S-O) 이후에 음성표상(PHON)에 이르는 소위 음운부(phonological component)에서 개별언어원리에 의해 발생하는 개별언어현상이라고 본다. 따라서 최소주의이론에서는 음운부보다 협소통사론에 더 큰 관심을 두고 언어연구를 진행한다.

<생물언어학적 견해>

본절에서는 Chomsky(2004)에 입각하여 강력최소주의이론이 취하고 있는 생물언어학적 관점(biolinguistic perspective)에 대해 논의해보고자 한다.

생물언어학적 관점은 이 영역의 최초의 기초저서인 Eric Lenneberg (1967)의 *Biological Foundations of Language*가 출판되기에 앞서 이미 20년 이상 학문영역으로서의 모양세를 갖추는 논의가 이어져 왔다. 그 이후 파리의 Royaumont 연구소의 협찬으로 1974년 MIT에서 "생물언어학(Biolinguistics)"이란 주제로 국제학술대회가 개최되었으며, 본 학술대회와 그 이전의 몇 년간의 연구에서 많은 중요한 핵심적 논의가 이루어졌다. 생물언어학의 핵심적 논의 중의 하나가 바로 "언어의 표면상 원리들이 어느 정도로 인지체계(cognitive system)의 고유한 속성을 지니고 있는지, 그리고 이와 유사한 형식적 체계가 인간이나 혹은 다른 유기체의 다른 인지영역에서도 발견되는지"이다. 생물언어학적 관점에서 제기되는 더욱 근원적인 문제는 "언어의 얼마나 많은 부분이 원리적 설명(principled explanation)이 가능한지, 그리고 언어에 상응하는 상동요소(homologous elements)들이 다른 영역과 유기체에서도 발견될 수 있는지"이다. 이러한 문제들에 대한 심도 있는 연구와 논의가 최근 "최소주의계획(minimalist program)"이란 최소주의 언어연구에서 이루어져왔다. 즉, 최소주의이론에서는 생물언어학적 관점에서 소위 "언어기능(faculty of language)"이란 인간 생체(두뇌)의 한 영역이 언어의 사용과 습득에 개입한다고 본다.[10] 따라서, 최소주의이론에서는 언어의 연구는 인간생체를 포함하는 자연세계(natural world)의 한 영역에 대한 연구이다. 요컨대, 언어능력이란 Charles Robert Darwin과 함께 현대진화론의 공동창시자인 Alfred Russel Wallace가 "인간의 지적, 도덕적 본성(man's intellectual and moral nature)"이라 불렀던 인간의 창의적 상상력, 언어와 상징, 수학, 자연현상의 해석과 기록 등을 수행하는 인간능력(human capacities)의 한 영역이라는 것이다. Wallace에 의하면 이러한 인간능력은 약 50,000년 전에 오늘날 인간의 조상인 한 작은 종족 사이에서 생겨났으며, 이러한 인간능력은 "변이와 적자생존(variation and natural selection)"의 원리에 의해 설명될 수 없으며, 물질세계의 존재와 관계되는 어떤 다른 자연의 원리에 의해 설명되어야 하는 하나의 신비(considerable mystery)라고 본다. 언어기능은 이러한 인간 지적능력의 핵심적 부분이다. 고인류학자인 Ian Tattersall은 언어란 속성상 "상징적 사고(symbolic thought)"이며, 이러한 언어는 진화과정에서 갑작스럽고 창발적(sudden and emergent)으로 발생했다고 본다. 이러한 언어의 발생을 Jared Diamond는 "위대한 도약(Great Leap Forward)"이라 불렀다. Royaumont-MIT 심포지엄에서 François Jacob과 그의 동료인 Nobell Laureate Salvodor Luria는 개인 간의 의사소통체계(communication system)로서의 언어의 역할은 이차적인 것이며, 일차적으로 언어는 추상적이며 생산적인 사고의 발전에 기인하며, 따라서 그것의 본질적 역할은 인지적 영상을 표출하고, 기호화하는 것으로, 기호의 무한한 결합을 허용하는 언어의 본질적 속성을 통해 실재의 개념을 형상화하고, 계획과 사고의 능력을 생산해 내며, 가능 세계

10) 언어기능은 후천적 언어경험을 통해 성장(growth)해 가며, 성장의 최종상태(final state)가 바로 내적언어(I-language)인 개별언어의 언어능력이다.

에 대한 정신적 창조를 만들어 내는 것이라고 본다. David Hume 등 17, 18세기 철학자들도 인간언어의 가장 기초적인 개념인 어휘(lexical items)는 동물의 의사소통체계에서 보편적으로 나타나는 바와 같이 바깥세상의 사물과 기호 간의 지시적 관계에 의해 정신세계와는 상관없이 물질적 대상에 직접 관련되는 것이 아니라, 기본적으로 인지력(cognoscitive powers)의 산물이라고 본다. 인지력은 물질세계와 무관한 정신적인 작용을 통해 개념들(concepts)로 개별화되고, 이러한 개별화를 통해 바깥세계의 사물을 지시할 수 있는 풍부한 수단을 제공하게 된다. 어휘란 바로 이러한 차원에서 인지력의 요소인 개념들과 관련되거나 혹은 그것과 동일한 것이라고 본다.11) 이러한 인지력의 요소인 어휘들은 무한히 다양한 내면적 구조형성을 통해 사고, 해석, 계획과 그리고 인간의 다른 정신활동들 등을 낳게 되고,12) 때로는 의사소통을 위해 이차적 과정인 외면화(externalization)를 포함하는 실제적 행동으로 사용되기도 한다. 요컨대, 언어기능의 기원(origin)은 의사소통의 역할에 기인하는 것이 아니라 지적능력의 갑작스런 창발적 진화를 통해 발생한 인간의 풍부한 정신활동(mental activity)에 유래된다고 본다.

한편 생물언어학에서는 모든 동물의 경우 학습은 관련 특별조직(specialized mechanism)을 기초로 이루어진다는 관점을 취하는데, R. G. Gallistel은 이러한 관점을 "신경과학의 기준(norm of neuroscience)"으로 보았으며, 이러한 관점은 60년전 C.H. Waddington에 의해 진화성장 생물학(evolutionary and developmental biology)에서 제안되었던 소위 "수

---

11) 이러한 인지능력의 요소인 개념들을 Jerry Fodor는 사고의 언어(language of thought)라고 했다.

12) 보편문법(UG)는 초소의 의미수반(meaning-bearing) 요소인 단어와 이러한 (단어)기호들의 무한한 결합과 계층적 구성을 통해 사고, 해석, 계획 등의 수행하는 수단을 제공해야 한다. 따라서 보편문법은 어휘를 생성하는 어휘부(lexicon)와 사건과 명제(events and propositions)를 생성하는 통사적 구조를 생성하는 연산부(computational system)로 이루어진다.

로화(canalization)"의 개념과 유사하다. 즉, 관련조직의 특성은 진화나 성장 유형의 수용 범위와 통로(scope and channel)를 제한하는 구성적 제약(architectural constraints)을 부여한다는 것이다. 학습의 과정도 진화나 성장의 과정과 유사하다고 본다. 요컨대, 학습과정 역시 관련조직이 열악한 환경적 상황과 상관없이 자신의 내부설계에 따라 외부 요인들의 촉발적, 형성적 효과(triggering and shaping effects) 하에서 정해진 수로화의 통로를 거쳐 제한적인 최종상태로 성장하는 과정이라는 것이다. 최소주의이론에서는 이러한 학습의 근거를 이루는 관련 조직을 두뇌 내부의 기관(organs within the brain)으로 보며, 이러한 기관이 학습을 통해 최종상태에 이르게 되면 특정 유형의 연산(computation)을 수행하게 된다고 본다. 이러한 관점에서 언어의 학습도 역시 두뇌 속의 언어관련 기관의 성장과정으로 본다. 따라서 언어기능에 관한 연구의 핵심적 과제는 성장과정을 통해 최적의 유형(optimal types)에 이르는 결과에 대해 자신의 설계에 따라 구성적 제약을 가하는 관련조직의 실체를 규명하는 일이다.

최소주의이론에서는 인간의 언어기능이 다른 생물 유기체의 일반적 특성을 반영하고 있다는 생물언어학적 관점을 채택하면서, 개인의 언어성장(growth of language)에는 다음과 같은 세 가지 요인이 관계한다고 본다.

(9) (i) 유전적 자질(genetic endowment)
(ii) 경험(experience)
(iii) 비언어기능적 원리(principles not specific to the faculty of language)

(9i)의 유전적 자질이란 두뇌의 언어관련 기관으로 인류에게 획일적인 조직으로 나타나는 요인이다. 이 유전적 자질은 언어경험의 환경적인 영향을 해석하여 언어기능의 일반적 성장과정을 결정하며,

자신의 설계에 따라 구성적 제약을 가함으로써 연산의 한계를 설정한다. (9ii)의 경험은 국한된 범위의 변이를 유발하는 효과를 낳는데, 이러한 경험의 효과는 인간의 다른 능력과 유기체에서 일반적으로 나타난다. 언어성장에 영향을 미치는 세 번째 요인인 (9iii)의 비언어 기능적 원리는 (9i)과 (9ii)와 깊이 관련되는 원리로서 다음과 같은 하위원리들로 구성되어 있다.

(10) (i) 자료분석의 원리(principles of data analysis)
(ii) 구조적 구성과 성장제약의 원리(principles of structural architecture and developmental contraints)
(iii) 효과적 연산의 원리(principles of efficient computation)

(10)의 하위원리들은 (9)의 언어성장을 결정짓는 요인들과 상호복합적으로 관련을 맺고 있지만, 일차적인 관계를 개략적으로 나타내면 다음과 같다.

(10i)는 언어습득과 기타의 영역에서 사용되는 원리로서 (9ii)와 직접적으로 관련된다. 즉, 언어습득 시 경험하는 언어자료를 분석하여 매개변인의 값을 결정함으로써 언어의 변이(variations)를 결정하는 데 참여하는 원리이다. 오랫동안 생성문법에서는 언어의 경험과 학습의 문제가 기술적 타당성(descriptive adequacy)과 설명적 타당성(explanatory adequacy) 사이에 긴장(tension)관계를 조성해 왔는데, 원리매개변인이론(principles and parameters theory: P&P theory)에서는 이러한 긴장 관계를 해소하고, 기술적 타당성과 설명적 타당성을 동시에 성취하는 문법체계에 대한 가설을 제시하고 있다. 즉, 언어습득을 (10i)의 원리 하에서 제한된 언어자료의 경험을 통해 결정되는 매개변인의 값에 의해 (10ii)의 원리 하에서 수로화를 거쳐 제한적으로 결정되는 가능언어(possible languages)들 중에 하나의 (내재)언어(I-language)를 선

택하는 과정으로 봄으로써 설명적 타당성을 포착하게 되고, 이렇게 선택되는 내재언어는 무한한 표현들(infinite expressions)의 집합인 외재언어(E-language)를 생성한다고 가정함으로써 기술적 타당성을 포착하게 된다. 생물언어학적 관점에서는 (9ii)의 언어경험은 (10i)의 원리하에서 매개변인의 값을 결정케 함으로써 언어성장에 촉발자(trigger)의 역할을 담당하며, 언어기능의 최초상태(initial state)에서 최종상태(final state)에 이르는 언어습득(즉, 언어성장)의 과정은 (10ii)의 원리 하에서 촉발자의 조정을 받으며 정해진 통로(channels)로 나아가는 수로화 과정이라고 본다.

위의 설명에서와 같이, (10ii)의 원리는 수로화, 유기체의 형태, 행동의 결정 등에 참여하는 원리로서 (9i)과 (9ii)의 요인과 복합적으로 관련된다. (10ii)의 원리는 진화적 차원에서 인간의 유기체적 특성에 따라 인간의 유전적 자질인 언어기능의 창발적 발생이 가능하도록 하였으며, 또한 언어학습적 차원에서는 언어성장과정에서 언어(기능)기관의 조직적 특성을 반영케 함으로써 한정된 범위의 최종상태(optimal final states)에 이르게 하는 원리이다.

(10iii)는 언어와 같은 연산적 체계에 특별한 의미를 갖는 원리로서 (9i)와 직접적인 관련이 있다. 즉, 인간의 유전적 자질인 언어기능은 연산의 체계인데, 이 연산의 체계가 최적의 조직으로 가장 효율적인 연산이 가능하도록 하는 원리이다. 이 원리에는 지금까지 최소주의이론에서 소개되어온 개념적 필요성(conceptual necessity), 자연성(naturalness), 최소성(minimality), 경제성(economy), 최적성(optimality), 완벽성(perfection) 등의 개념들이 내포되며, 이들 개념들 역시 상호 포함관계에 있거나 협력관계에 있다.

개념적 필요성이란 최적성, 완벽성 등과 관련이 있는 개념으로, (9i)의 유전적 자질인 언어기능은 개념적 필요성의 차원에서 완벽성과 최적성을 갖는 조직이여야 한다는 것이다. 즉, 언어기능은 그 연산체계의 생성물인 표현(expression)이 사용되기 위해서는 수행체계(performance system)인 감각운동체계(S-M system)와 개념의도체계(C-I system)에서 해석가능(legible)한 정보를 제공해야 하며, 이러한 정보를 제공하기 위해서는 언어기능은 수행체계에서 요구하는 최적의 조직으로 구성되어 있어야 하며, 불필요한 개념들을 내포하지 않는 완벽한 체계를 이루야 한다는 것이다. 즉, 언어기능은 수행체계에서 요구하는 필요한 개념들로 구성되며, 필요한 정보만을 생성해야 한다는 조건이 바로 개념적 필요성이다. 개념적 필요성 조건에 의해 과거 생성문법에서 제안되었던 많은 비완벽성들이 제거되었는데, 이들 중에 핵계층(X-bar), 지표(index), D-구조, S-구조 등이 있다. 요컨대, 개념적 필요성에 의해 언어기능은 최적의 완벽한(optimal perfect system) 조직이어야 하며, 그것의 생성물인 언어정보는 수행체계에서 필요로 하는 해석 가능한 정보여야 한다는 것이다. 또한 자연성에는 경제성과 최소성 등이 포함되는데, 경제성과 최소성은 (9i)의 유전적 자질(언어기능)이 (10ii) 하에서 창발적인 진화의 결과로 발생할 경우에도 참여하였을 뿐만 아니라, 언어기능의 연산과정을 통제하는 조건으로도 참여하게 된다. 요컨대, 경제성과 최소성에 의해 언어기능의 조직은 최소의 경제적(minimal economical system)인 조직이며, 또한 언어기능의 연산작용도 역시 최소의 과정으로 가장 경제적인 방법으로 이루어져야 한다는 것이다.

위에서 논의한 생물언어학적 관점을 채택하는 최소주의이론에서는 언어기능은 최적의 완벽한 조직으로 이루어졌으며, 그리고 그것의 연산작용은 최소의 경제적인 방법으로 이루어진다고 본다. 이러한 최소주의적 관점은 많은 언어학적 의미 있는 발전을 이루어 왔는데, 이들 중 중요한 몇 가지를 살펴보면 다음과 같다.

먼저, 확대표준이론(extended standard theory: EST)이란 Y-모형(Y-model)에서 제안되었던 5 단계의 순환(cycles)을 1 단계의 순환으로 축약했다. 즉, Y-모형에서는 D-구조, S-구조, LF 등의 내부언어층위(internal linguistic levels)가 있고, 또한 이들 내부언어층위에서 나타나는 언어정보를 받아들여 의미와 음성을 해석하는 의미접합부(meaning interface)와 음성접합부(sound interface)가 있다. 이들 각 층위들에 나타나는 언어정보들은 각자 독립적인 순환단계를 거쳐 생성된다. 즉, D-구조의 언어정보는 어휘부로부터 도입되는 어휘들을 기초로 한 핵계층이론의 순환적 적용에 의해 생성되고, S-구조에 나타나는 언어정보는 외현통사순환(overt syntactic cycle)을 통해 생성되고, 또한 S-구조에 나타나는 언어정보는 다시 내현통사순환(covert syntactic cycle)을 거쳐 LF의 언어정보로 사상(mapping)된다. 또한 S-구조의 언어정보는 음운론적/형태론적 순환을 거쳐 음성접합부의 언어정보인 음성표상(PHON)으로 사상되고, LF의 언어정보는 의미적 작용을 통해 의미접합부의 언어정보인 의미표상(SEM)으로 사상된다. 그러나 이들 5개 층위에 나타나는 정보 중 접합부조건(interface conditions)에 의해 요구되는 정보는 음성표상과 의미표상 뿐이다. 따라서 음성표상과 의미표상은 개념적 필요성을 충족하는 층위가 되며, 나머지 3개의 층위들은 개념적 필요성을 충족하지 못하는 잉여적이며 불필요한 층위가 되는 것이다. 최소주의이론의 문법체계에서는 음성접합부와 의미접합부만을 층위로 인정하며, 음성표상과 의미표상만을 감각운동체계와 개념의도체계의 수행체계에서 활용하는 언어정보로 인정한다. 또한 음성표상과 의미표상으로 사상되는 협소통사부의 언어정보는 둘 다 강국면(strong phase) 단위로 사상된다고 봄으로써 소위 순환을 강국면에 적용되는 협소통사부의 작용으로 단일화하고 있을 뿐만 아니라, 음성표상과 의미표상을 도출하기 위해 음운부와 의미부로 양도된 강국면은 이후 계속되는 협소통사부의 작용에서 잊혀지므로 그만큼 연산의 부담(computational load)을 감소할 수 있게 된다. 이와 같이 최소주의이론에서는 Y-모형 체계에서 제안되었던 5 단계의 순환을 개념적 필요성의 차원에서 1 단계의 순환으로 축소함으로써 (10iii)의 효과적 연산의 원리(principles of efficient computation)를 충족하고 있다.

최소주의이론에 나타나고 있는 또 다른 효과적 연산의 특성은 그것의 불변경조건(no-tampering condition)에서도 잘 나타난다. 불변경조건이란 다양한 복합적 표현을 생성하는 협소통사부의 작용이 결코 도출과정에서 새로운 요소를 첨가하거나 삭제함으로써 그들이 적용되는 통사대상을 수정할 수 없다는 조건이다. 불변경조건에는 내포성조건(inclusiveness condition)과 확장조건(extension condition) 등이 포함된다. 내포성조건은 협소통사부의 연산작용은 통사대상의 도출과정에서 새로운 정보를 첨가하지 않고 오직 어휘부에서 제공된 언어정보(즉, 어휘항목들)에만 의존해서 다양한 표현(통사대상)을 생성해 나가야 한다는 것이다. 이러한 내포성조건에 의해 Y-모형이론에서 채택하였던 범주계층(bar-level), 흔적(traces), 지표(index) 등의 개념이 문법체계에서 사라지고, 그 대신 필수구구조이론(Bare Phrase Structure Theory)과 복사이론(Copy Theory)이 채택된다. 한편, 확장조건은 병합(Merge)의 연산이 주어진 두 개의 통사대상을 결합하여 더 큰 단위의 통사대상을 만들어낼 때 주어진 통사대상의 뿌리(Root)에만 병합이 적용되어야 한다는 것이다. 만약 병합이 주어진 통사대상의 내부에서 이루어진다면 그 통사대상의 구조를 변경하므로 결과적으로 불변경조건의 위반이 초래된다.

또한 내부병합(이동)은 이동하는 요소와 동일한 언어정보를 갖는 그것의 복사(copy) 남기게 되는데, 이후 양도의 연산에 의해 이동한 요소와 그것의 복사가 모두 음운부로 이관되게 된다. 이 경우, 만약 언어가 의사소통의 효력(communicative efficiency)에 최적화되어 있다면, 이동한 요소와 그것의 흔적 모두가 문자판독(spelled out)되어야 할 것이나, 만약 언어가 최소주의이론의 가정에서처럼 연산의 효력

(computational efficiency)과 접합부조건의 충족에 최적화되어 있다면, 둘 중에 하나만이 문자판독됨으로써 음운부의 연산을 최소화할 것이다. 자연언어에서는 후자의 경우가 사실로 입증되고 있으며, 따라서 생물언어학적인 가정이 타당함이 증명된다. 둘 중에 하나가 문자판독된다면, 이제 어느 것이 문자판독되느냐의 문제가 남게 된다. 이 문제에 대해서는 기본적으로 Chomsky(2004, 2004)에서, 내부병합이 양도 이전에 일어나는 명시적 이동(overt movement)의 경우는 이동한 요소가 문자판독되며, 내부병합이 양도 이후에 적용되는 비명시적 이동(covert movement)의 경우는 그것의 복사가 문자판독된다고 본다.

한편 Chomsky(2004)에 의하면, 인간의 진화과정에서 창발적 진화의 결과로 발생한 위대한 도약(Great Leap Forward)의 핵심이 바로 병합(Merge)이라고 본다. 병합이란 두 개의 서로 다른 독립적인 개념(대상)을 인식하고, 이들을 결합함으로써 더 크고 복잡한 개념(대상)을 만들어내는 능력이다. 이러한 병합을 반복적으로 적용하면 고도로 복잡한 개념(대상)을 창출할 수 있게 되어 인간의 사고활동을 가능케 한다는 것이다. 최소주의이론에서는 언어의 연산작용에 나타나는 병합은 외부병합(external Merge)과 내부병합(internal Merge)의 두 종류가 있다고 본다. 언어체계가 두 종류의 병합을 갖는다는 사실은 외관상 최소성조건과 효과적 연산의 원리를 위반하는 것처럼 보인다. 그러나, 개념적 필요성의 차원에서 보면 전혀 최소성과 효과적 연산의 원리를 위반하는 것이 아니라는 것을 확인하게 된다. 즉, 개념적 필요성은 언어란 수행체계인 감각운동체계와 개념의도체계의 요구에 충족해야 하는 것인데, 이 경우에 의미를 해석하는 개념의도체계에서는 인간의 복잡한 사고를 표현할 수 있는 의미적 다양성(semantic multiplicity)을 요구하게 되고, 언어는 이러한 요구에 부응해야 함으로 의미적 다양성을 충족할 수 있는 다양한 방법을 제공해야 한다는 것이다. 이러한 차원에서 언어체계에 두 종류의 병합작용이 존재한다는 것이다. 즉, 외부병합은 논항구조(argument structures)를 생성하고, 내부병합은 외곽특성(edge properties)인 작용역(scope)과 담화 관련 정보(신구 정보, 주제, 초점 등등)를 생성한다.

또한 병합의 작용은 다분지 구성소(n-ary constituents)를 형성하지 않고, 언제나 이분지 구성소(binary constituents)만을 형성하게 되는데, 이러한 특성도 효과적 연산의 원리에 기인한다고 본다. 즉, 내부병합은 탐침자-목표물(Probe-Goal)의 가장 단순한 일대일의 대응관계에 기인하므로 목표물의 이동에 의해 이분지 구성소를 형성하게 되고, 외부병합은 자질의 탐색을 통한 파이자질의 일치관계에 의해 이루어지므로 탐색의 최소화를 위해 이분지 구성소를 형성하는 것이며, 또한 개념의도체계에서 부과되는 논항구조의 조건(conditions of argument structure)도 외재논항(external argument)과 내재논항(internal argument)을 구분하기 위하여 이분지 구성소를 요구하게 되는 것이다.

한편, 국면이론 이후 탐침자-목표물 문법체계에 의하면, 모든 협소통사부의 작용은 강국면 단위로 적용되며, 강국면은 C와 v를 핵으로 취하는 범주를 말한다. 또한 강국면의 핵에는 비해석성의 파이자질이 할당되며, 이러한 자질들은 일치의 연산에 의해 값을 부여받는다. 비해석성의 파이자질을 갖는 강국면의 핵은 EPP의 자질을 가질 수 있는데, EPP 자질은 강국면의 지정어위치에 DP의 병합을 요구한다. 여기에는 한 가지 예외가 있는데, 즉 강국면의 핵은 그것이 선택하는 핵에 그것의 비해석성의 파이자질을 할당할 수 있다는 것이다. 이러한 현상의 실례가 바로 T가 C에 의해 선택될 때 C로부터 그것의 비해석성의 파이자질을 할당받는 경우이다. 이러한 결과로 C와의 일치에 의해 DP의 인상이 유발될 때 그 DP가 T에 머물러 그것의 비해석성의 파이자질에 값을 부여하고 그것의 EPP의 자질을 충족하게 된다. 이와 같이 EPP를 충족하기 위한 DP의 이동은 강국면의 핵에 의해 유발되므로 이동하는 DP가 강국면의 내부에 머물게 되는 소위 부분이동(partial movement)은 허용되지 않는다. 이러한 부분이동금지(ban on partial movement)의 결과로 병합우선원리(Merge-over-Move principle: MOM)의 설정 없이도 다음 예문의 비문법성이 설명된다.

(11) *There seems a man to be in the room.

또한 탐침자-목표물 문법체계에서는 내부병합(이동)은 부분적으로는 강국면 핵의 비해석성 (파이)자질에 의해 유발된다고 본다. 즉, 탐침자-목표물 간의 파이자질상 합치(match)의 결과로 이동이 야기된다고 본다. 따라서 비해석성 파이자질을 갖는 강국면의 핵은 그것의 외곽(edge)을 경유하는 연속적 순환이동(successive-cyclic movement)을 허용한다. 그러나 비논항이동(A-bar movement) 경우에는 범주의 이동이 파이자질상의 합치와 상관없이 일어난다. Chomsky(2004)에서는 이러한 현상을 설명하기 위해서 EPP의 개념을 비논항이동에까지 확대함으로써 EPP 자질을 (파이자질의 일치와 무관하게) 구범주의 내부병합(이동)으로 충족되는 순수한 외곽자질(edge feature)로 규정할 수 있음을 잠정적으로 언급하고 있다. 즉, EPP 자질을 단순한 발현자질(occurrence feature)인 OCC 자질로 대체할 수 있음을 밝히고 있다. OCC 자질은 이동하는 구범주 요소가 발현하는 대상(object)임을 나타내는 자질로 강국면의 핵에 할당하게 되고, 이 OCC 자질은 파이자질상의 합치와 상관없이 해당 강국면의 외곽위치로 구범주의 인상(raising)을 유발하게 된다. 이러한 OCC 자질의 설정은 논항이동(A-movement)의 경우에서도 그 타당성이 확인되는데, 즉 다음 예문에 나타나는 처격도치(locative inversion)의 경우와 같이 비주격 요소(non-nominative element)가 주어위치에 내부병합(이동)됨으로써 T의 외곽자질 OCC가 충족되는 경우이다.[13]

(12) a. Over the bridge marched the soldiers.
b. In the doorway stood my brother.

<맺음말>

이상에서 논의한 바와 같이, 최소주의 문법은 많은 언어학적 변화와 연구결과를 낳았으며, 이러한 최소주의 문법은 강력최소주의이론과 그 생물언어학적 견해에 그것의 바탕을 두고 있음을 확인하였다. 최소주의 문법의 근간을 이루는 강력최소주의이론에서는 (6)+(7)+(8)로 이어지는 가정에 의하여 인간의 언어기능은 비완벽성을 내포하지 않는 완벽한 체계를 이루다고 주장하고 있고, 또한 생물언어학적인 견해에 따르면 (9)과 (10)의 가정 하에서 인간의 언어기능은 창발적인 진화인 사고의 외적 표현이며, 특히 최소성과 효과적 연산의 원리에 통제를 받는다고 본다. 최소주의 문법은 사실상 강력최소주의이론의 언어관과 그 생물언어학적 견해에 따라 기존의 생성문법 노선(평가측도)을 포기하고 그 대안으로 제안되었으며, 또한 오늘날까지 강력최소주의이론의 언어관과 그 생물언어학적 견해에서 전제하는 세부적 가정을 충족하는 방향으로 발전해 왔으며, 또한 앞으로도 이러한 가정을 더욱 이상적으로 실현하는 방향으로 계속 발전해 나가리라 본다.

13) M. Baker(2003)에서는 Bantu어에서는 문두에 나타나는 처격 요소가 T와 파이자질상의 일치를 이루고 있음을 확인하고 있다. 이러한 일치현상은 처격도치(locative inversion)의 경우 문두의 처격 요소가 TP의 지정어위치에 병합됨을 입증한다. 따라서, 영어에서는 이러한 일치현상이 없음에도 불구하고 처격도치의 경우 문두의 처격전치사구가 TP의 외곽인 주어위치에 논항이동한 것으로 가정할 수 있다.

II. 성장과 발전

<머리말>

Chomsky(1957)에 의해 제안된 생성문법(Generative Grammar)이란 인간의 언어기능(faculty of language: FL)은 인간의 유전적 특성으로 생득석(innate)이라는 소위 본유성가설(innateness hypothesis) 하에서 인간의 언어는 이러한 생득적 언어기능의 반복적 연산작용(computation)에 의해서 도출되는 결과물(output)이라고 주장하는 언어학을 말한다. 생성문법의 차원에서는 언어기능의 연산체계(computational system: C_{HL})를 언어를 생성하는 생성동력(generative engine)이라고 본다. 이러한 관점에서 1990년대 이후 대두되었던 최소주의 문법이론도 역시 생성문법의 범주에 속한다고 볼 수 있다. 최소주의 문법이론(Minimalist Theory)이 생성문법으로부터 발전된 문법의 한 형태라면, 생성문법은 다음 (1가)에서 보여주는 생성문법의 발전단계를 거쳐 오늘날의 최소주의 문법이론에 이르렀다고 볼 수 있으며, 최소주의 문법이론 역시 (1나)에서 보여주는 바와 같은 내부적 발전과정을 거쳐 오늘날에 이르고 있다고 볼 수 있다.

(1) 가. 생성문법의 발전단계(Developmental History of Generative Grammar)

초기 생성문법 〈1957-1965〉 → 표준이론 〈1965-1972〉 → 확대표준이론 〈1972-1976〉 → 수정확대표준이론 〈1976-1977〉 → T-모형이론 〈1977-1981〉 →

지배결속이론 〈1981-1986〉 → 장벽이론 〈1986-1990〉 → 원리매개변인이론 〈1990-1993〉 → 최소주의 문법 〈1993-현재〉

나. 최소주의 문법의 발전단계(Developmental History of Minimalist Grammar)

자질점검이론 → 필수구구조이론 → 자질유인이론 → 자질일치이론 →
〈1993〉 〈1994〉 〈1995-1997〉 〈1998-2000〉

국면이론 → 강력최소주의이론
〈2001-2003〉 〈2004-현재〉

본 연구에서는 N. Chomsky(1993)에 의해 제기된 최소주의 문법이 최근에 이르기까지 어떠한 단계로 성장해 왔는지를 단계별로 변화된 문법체계의 모형-분석(analysis of grammar models)을 통해 고찰해 보고자 한다.

<최소주의 이전의 문법체계: 원리매개변인이론>

먼저 최소주의 문법이론의 문법체계에 대한 이해를 돕기 위해 최소주의 문법이론이 제안되기 직전 지배결속이론에서 최소주의 문법이론으로 변화하는 과도기에 Chomsky(1991)에 의해 제안되었던 원리매개변인이론(principles and parameters theory: P&P Theory)의 문법체계를 제시하면 다음의 모형에서와 같다.

(2) 가. 원리매개변인이론의 문법체계

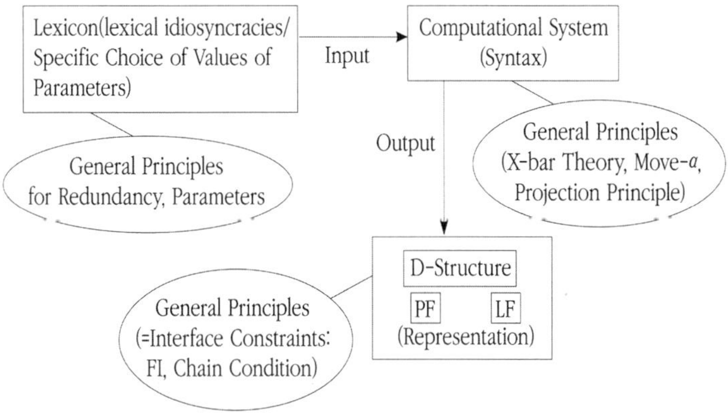

나. 표상의 접합부 층위(Fundamental Interface Levels of Representation)

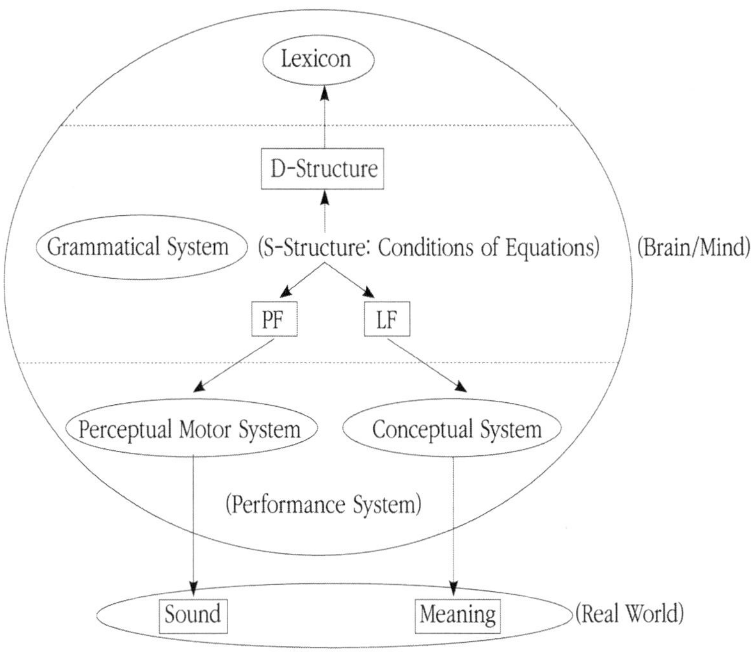

앞의 문법모형에 의하면, 원리매개변인이론에서는 인간의 두뇌 속에 포함되는 언어기능에는 어휘부(Lexicon), 문법체계(Grammatical System), 수행체계(Performance System) 등 세 가지 체계가 있고, 수행체계 속에는 다시 지각운동체계(Perceptual Motor System)와 개념체계(Conceptual System)가 있는데, 어휘부에서 생성되는 어휘정보(lexical information)가 문법체계로 입력이 되면, 문법체계는 어휘정보를 활용하여 심층구조(D-Structure), 음성형태(PF), 논리형태(LF) 등 세 가지 층위의 표상(representation)을 만들어 낸다. 이들 층위의 표상들은 각기 심층구조는 어휘부와, 음성형태는 지각운동체계와, 논리형태는 개념체계와 상호교류(interaction)하는 접합부(interface)의 역할을 하게 된다. 이전의 지배결속이론과 원리매개변인이론에서 제시하는 문법체계의 비교에서 나타나는 중요한 변화 중의 하나는 원리매개변인이론에서는 위의 문법모형에서 제시되는 바와 같이 표층구조(S-Structure)가 더 이상 존재하지 않는다는 것이다. 이제 표층구조의 개념은 단순히 실존하는 층위들인 심층구조, 음성형태, 논리형태의 층위들이 상호작용하는 관계, 즉 이들 층위의 균형을 유지해주는 균형조건(Conditions on Equation)으로만 나타난다는 것이다. 따라서 언어의 층위는 이제 언어외적인 관련 뇌기능, 즉 어휘부, 지각운동체계, 개념체계 등과의 정보교류를 위한 접합부의 기능으로서만 존재한다는 것이다. 한편, 음성형태층위(PF level)에 나타나는 언어정보는 지각운동체계를 거쳐 실세계(Real World)에 존재하는 소리(Sound)를 만들어 내고, 논리형태층위(LF level)에 나타나는 언어정보는 개념체계를 거쳐 실세계에 존재하는 의미(Meaning)를 만들어 낸다. 이와 같이 하여, 궁극적으로는 언어가 의미와 소리를 규칙적으로 관련지어 의사소통을 가능하게 해주는 의사소통의 수단으로서의 역할을 담당하게 된다는 것이다.

<최소주의 문법의 발전과정>

이제 Chomsky(1993)에 의해 소위 '최소주의 프로그램'이 제안된 이래 최소주의 문법이론이 최근에 이르기까지 어떠한 과정으로 발전해 왔는지 살펴보자. 원리매개변인이론과 비교하여 최소주의 문법이론에 나타나는 가장 두드러진 특징은 표상층위의 축소이다. 즉, 최소주의 문법이론에서는 표층구조(S-Structure)뿐만 아니라 심층구조(D-Structure)까지도 언어의 층위로 인정하지 않는다. 따라서 핵계층이론(X-theory)과 투사원리(Projection Principle) 등 심층구조와 관련되는 여러 언어원리들도 사라진다. 요컨대, 최소주의 문법이론은 언어란 음성정보와 의미정보를 해석하여 의사소통을 가능하게 하는 뇌기능인 수행체계(Performance System)가 요구하는 언어정보를 제공하는 기관(organ)이며, 따라서 수행체계의 요구를 충족하는 데 필요하지 않는 개념이나 문법장치를 포함해서는 안 된다는 것이다. 즉, 최소주의 문법이론에서는 언어는 오로지 수행체계인 조음청취체계(Articulatory-Perceptual System: A-P)와 개념의도체계(Conceptual-Intentional System: C-I)가 요구하는 개념적 필요성(conceptual necessity)을 충족하는 최소의 완벽한 체계(minimal perfect system)로 이루어져 있다고 보며, 따라서 수행체계에서 요구하지 않는 기존의 불필요한 여분(unnecessary superfluous)의 장치나 개념들은 모두 비완벽성(imperfection)으로서 언어체계에서 제거되어야 한다고 본다. 언어체계에 대한 수행체계의 요구는 경제성조건(Economy Conditions), 필수출력조건(Bare Output Conditions: BOC), 혹은 해독성조건(Legibility Conditions) 등으로 나타난다. 또한 심층구조와 표층구조의 제거로 말미암아 LF 표상의 도출은 중간단계의 표상을 거치지 않고 어휘부에서 어휘를 선택하는 선택의 연산작용을 포함하여 일련의 연산작용의 집합으로 이루어진 소위 연산체계(computational system: C_{HL})의 반복적 적용에 의한 연속적으로 진행되는 도출과정을 통해 이루어진다고 본다. 위에서 언급한 경제성조건은 도출과정에서 적용되며, 모든 경제성조건들을 충족하는 가장 경제적인 도출이 최종도출인 LF 표상으로 선택되고, 다시 LF 표상에 필수출력조건, 해독성조건 등이 적용된다고 본다.

1. 자질점검이론

그러면, 먼저 Chomsky(1993)의 '최소주의 프로그램'에서 제시된 초기 최소주의 문법이론인 자질점검이론의 문법체계를 살펴보면, 다음 모형에서와 같다.

(3) 자질점검이론의 문법체계

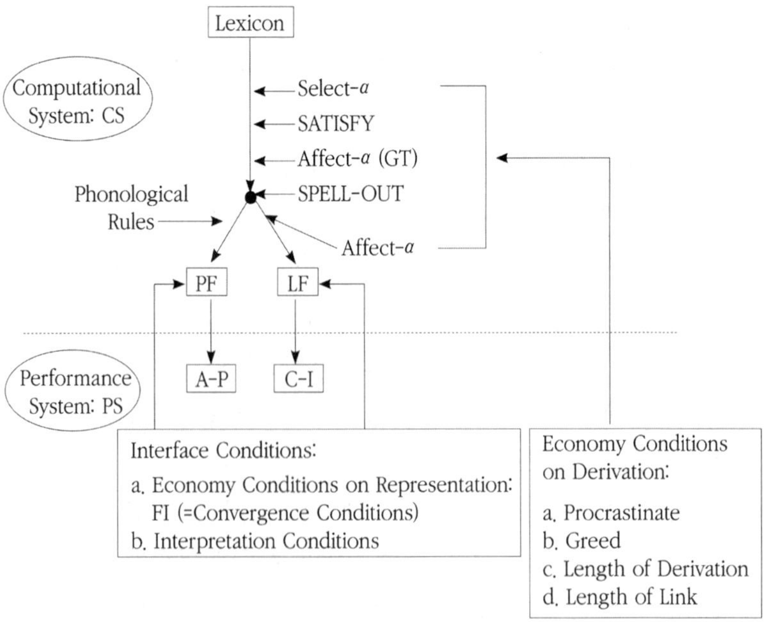

먼저, 기존의 원리매개변인이론과 비교해 위와 같은 자질점검이

론에 나타나는 몇 가지 중요한 언어학적 특징을 살펴보면 다음과 같다.

(4) 가. PF와 LF의 접합부 층위만이 언어표상의 층위이다.

(The interface levels, PF and LF, are the only levels of linguistic representation.)

나. 결속이론, 격이론, 의미역이론 등 모든 조건은 언어수행체제의 해석적 요구를 반영하면서 접합부 단위의 표상에 적용된다.

(All conditions on representations--those of Binding Theory, Case Theory, θ-Theory, etc.--hold only at the interface levels, reflecting interpretive requirements of the performace system.)

다. 보편문법은 유일한 연산체계를 가지며, 이 연산체계는 형태론적 특성을 입각해 도출과정을 거쳐 언어표현을 도출해 내며, 언어마다 나타나는 통사적 차이는 근본적으로 형태론적 특성에 기인한다.[1]

(UG provides a unique computational system, with derivations driven by morphological properties to which syntactic variation of languages is restricted.)

라. 엄격한 해석 과정에 경제성조건가 적용되는데, 이 경제성조건에는 완전해석, 도출의 길이, 연쇄의 길이, 지연성조건, 이기성조건 등의 원리가 포함된다.

(Economy can be given a fairly narrow interpretation in terms of FI, length of derivation, length of links, Procrastinate, and Greed.)

1) Chomsky(1993)에서는 굴절(기능)범주의 어휘자질과 관련되는 언어 간 매개변인이 다음과 같다고 본다.

기능범주	어휘자질	영어	불어	아일랜드어
AGR	N	weak	weak	weak
	V	weak	strong	strong
Tense	N	strong	strong	weak
	V	weak	weak	weak

마. 이동에 대해 이동 후 뒤에 남는 흔적은 이동한 요소의 복사이라는 복사이론을 채택한다.

(The Copy Theory is adopted for movement so that the trace left behind is a copy of the moved element.)

2. 자질유인이론

위에서 제시한 초기 최소주의 문법체계는 그 뒤 Chomsky(1994)에서 제안된 소위 필수구구조이론(Bare Phrase Structure Theory)과 Kayne (1994)에서 제안된 선형대응공리(Linear Correspondence Axiom: LCA) 등을 받아들여 최초의 완성된 최소주의 문법체계로 발전하게 되는데, 이것이 곧 Chomsky(1995: Chapter 4)에서 제안되고 있는 소위 '자질유인이론(Attract-F Theory)'이라는 문법체계이다.

(5) 자질유인이론의 문법체계

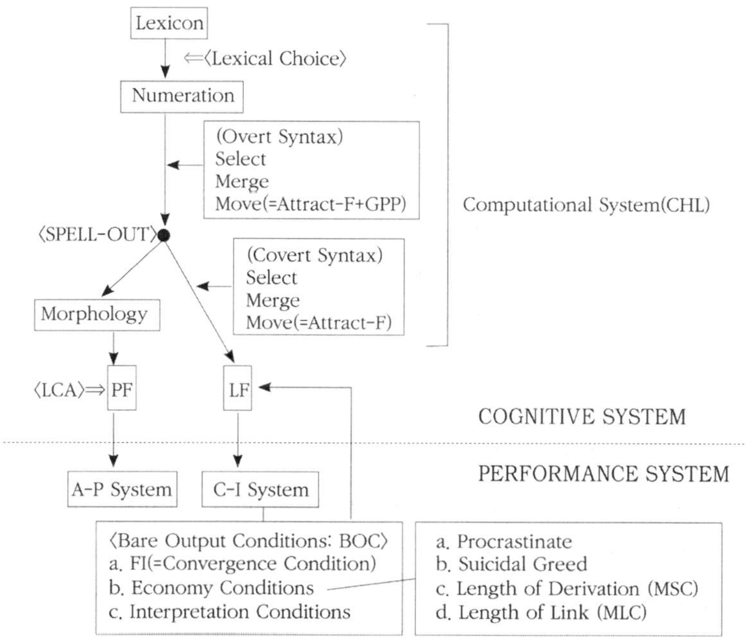

위의 문법체계에서 보여주는 바와 같이 Chomsky(1995)의 소위 자질유인이론에서는 인간의 언어활동은 언어(혹은 언어정보)를 생성하는 인지체계(Cognitive System)와 언어정보를 해석하는 수행체계(Performance System)의 상호작용에 의해서 이루어진다고 보는데, 인지체계는 어휘를 제공하는 어휘부(Lexicon)와 이러한 어휘를 활용하여 문장의 표상(음성형태표상(PF representation)과 논리형태표상(LF representation))을 도출하는 연산체계(computational system: C_{HL})로 이루어져 있고, 수행체계는 음성형태표상을 소리로 해석하는 조음청취체계(articulatory-perceptual system: A-P System), (즉, 감각운동체계(sensori-motor system))와 논리형태표상을 의미로 해석하는 개념의도체계(conceptual -intensional system: C-I

System) (즉, 사고체계(system of thoughts))로 구성된다. 따라서, 수행체계의 요구를 반영하고 있는 필수출력조건에 의하면, 언어정보를 전달하는 표상은 오직 음성형태표상(PF representation)과 논리형태표상(LF representation)만으로 충분하다는 것이다.

인지체계 내에는 그것의 한 부분인 연산체계(computational system: C_{HL})가 있는데, 이 연산체계는 선발(Choice), 선택(Select), 병합(Merge), 자질유인(Attract-F) 등의 연산(computations)들로 구성된다. 인지체계에서는 이러한 연산이 반복적으로 적용(recursively operate)되며, 연산의 반복적 적용은 어휘부(Lexicon)로부터 유입(input)되는 어휘정보(즉, 언어정보)를 여러 단계의 도출과정을 통해 마침내 음성형태표상(PF representation) π와 논리형태표상(LF representation) λ의 언어표상을 출력(output)한다. 언어표상의 도출과정에서 외현통사부(overt syntax)와 내현통사부(covert syntax)의 경계에 소위 문자화(Spell-Out)라는 문법작용이 일어나는데, 문자화는 그 때까지 도출된 언어정보를 음운부(phonological component)와 논리형태부(LF component)에서 필요로 하는 정보(자질)들로 구분하여 각기 음운부와 논리형태부로 전달하는 기능을 담당한다. Chomsky(1995)에 의하면, 음운부로 유입되는 정보에는 음성정보(음운자질)는 물론이고 구조정보(structural information)를 비롯하여 형식정보(형식자질)와 의미정보(의미자질) 등 그 단계의 도출(Σ)에 내포되는 모든 정보가 포함된다는 것이다. 즉, 그 단계까지의 모든 언어정보를 내포하는 도출 Σ 자체가 음운부로 유입된다는 것이다. 논리형태부로 유입되는 언어정보에는 Σ에서 음성정보만을 제외한 모든 정보가 된다. 따라서 문자화의 역할은 그 단계에 이르기까지의 언어정보가 음운부와 논리형태부로 유입될 때 음운자질이 논리형태부로는 유입되지 못하도록 막는 것이라 할 수 있다. 문자화 이후 음운부와 논리형태부에서는 유입된 언어정보에 완전해석원리(full interpretation: FI)가 적용되어 해석 가능한(interpretable) 합법적 대상

(legitimate objects)들로 구성되는 소위 수렴도출(convergent derivations)만을 남기고, 나머지 도출들은 파산(crash)한다. 이 경우 논리형태부에서는 동일한 배번집합에서부터 생성된 경합관계의 수렴도출들[2])에 다시 최소연결조건(minimal link condition), 최소단계조건(minimal step condition), 지연성조건(Procrastinate), 자살적 이기성조건(Suicidal Greed), 최후수단조건(Last Resort) 등의 경제성조건(economy conditions)들을 적용하여 가장 경제적인 최적도출(optimal derivation)을 선별해 냄으로써, 마침내 한 문장의 논리형태표상(LF representation) λ에 이르게 된다. 한편 음운부로 유입된 언어정보는 먼저 형태부(Morphology)로 전달되는데, 형태부에서는 외현통사부에서 도출된 구조 Σ의 종단범주(terminal categories)를 형성하는 모든 X^0, 즉 어휘부에서 선택된 어휘항목 H나 어휘항목에 여러 다른 요소가 부착되어 형성되는 H^0들을 단어로 해석한다. 이때 단어의 형태로 해석되는 X^0는 다음 (6)의 조건에 의해 반드시 그 내부에 X^0의 범주나 그들의 자질만을 포함하여야 한다.

(6) 형태부는 X^0 범주와 그들의 자질들만을 취급한다.
(Morphology deals with X^0 categories and their features.)

위의 조건에 의하면, 외현통사부에서 이동에 의해 X^0 핵 범주에 부착되는 요소는 반드시 또 다른 핵 범주이어야 한다. 즉 아래 부착의 구조에서 (a)의 형태는 형태부에서 단어로 해석되는 합법적인 구

2) 경제성의 측면에서 경합관계에 놓이게 되는 도출들은 반드시 동일한 배번집합(Numeration)에서 생성된 도출들이어야 한다. 요컨대, 서로 다른 배번집합에서 생성된 도출들간에는 어느 것이 더 경제적인가를 따질 수 없다. 즉, 동일한 배번집합에서 서로 다른 다양한 연산과정을 거침으로써 생성된 상이한 형태의 도출들 중에서 완전해석(FI)을 거쳐 얻어진 도출들을 경합관계의 수렴도출이라 할 수 있는데, 이러한 경합관계의 수렴도출들은 논리형태층위에서 경제성 조건들의 적용에 의해 가장 경제적(the most economical)인 도출만을 남기고 나머지는 모두 제거된다. 이렇게 남게 된 최종도출이 논리형태표상(LF representation) λ가 된다. 즉, λ란 한 배번집합에서 생성될 수 있는 가능한 도출들 중에서 합법적 대상들로 이루어진 가장 경제적인 최적도출(optimal derivation)을 말하는 것이다.

조가 될 수 있으나, (b)의 형태는 X^0 내에 YP를 포함하고 있기 때문에 (1)의 조건에 의해 단어로 해석되지 못하고 형태부에서 제거된다.

(7)

음운부로 유입된 언어정보는 형태부를 거쳐 음성형태층위(PF level)로 전달된다. 음성형태층위에서는 먼저 음운자질 이외의 도출 Σ에 포함되는 해석이 불가능한 정보들(의미자질, 형태자질, 흔적 등)을 삭제(elimination)한다. 이 때 구조적 정보는 제거되지 않으며, 구조적 정보는 음성형태층위에서 선형대응공리(linear correspondence axiom: LCA)에 의해 문장의 어순을 결정하는 데 활용된다.[3)] 또한, 음성형태층위에서는 문장의 음성형태표상(PF representation)에 강세(stress)나 성조(intonation) 등의 언어정보가 첨가(addition)되기도 한다. 이와 같이, 음성형태층위에서는 논리형태층위와 달리 삭제(elimination)나 첨가(addition) 등 소위 일률성조건(uniformity condition)과 내포성조건(inclusiveness condition)을 준수하지 않는 예외적 언어작용이 일어나는데, 이러한 현상은 조음-청취체계(articulatory-perceptual system: A-P System)란 수행체계의 요구에 의한 것이라 본다. 이러한 삭제와 첨가의 과정을 거쳐 음

---

3) 선형대응공리(LCA)는 Kayne (1994)에 의해 제안된 공리로, Kayne (1994)은 이 공리가 음성형태층위(LF level)에 적용되어 문장의 어순을 결정한다고 보았다. 이 공리는, "α가 β를 선행하려면, α가 β를 반대칭적으로 성분통어해야 한다(α precedes β iff α asymmetrically c-commands β)"로 정의된다. 또한, 반대칭적 성분통어(asymmetric c-command)의 개념은 "X가 Y를 반대칭적으로 성분통어하려면, X가 Y를 성분통어하고 Y는 X를 성분통어하지 않아야 한다(X asymmetrically c-commands Y iff X c-commands Y, and Y does not c-command X)"로 정의된다. 즉, 선형대응공리에 의하면, 한 통사대상(syntactic object)을 형성하는 구성요소들의 선형상 순서(linear order)는 반대칭적 성분통어의 개념에 기인하는 그 요소들의 계층적 관계(hierarchical relation)에 의해 결정된다는 것이다.

성형태층위에서 해석 가능한 정보들로만 구성되는 언어표상을 음성형태표상(PF representation) π라 한다.

논리형태표상 λ와 음성형태표상 π의 생성이 바로 인지체계(즉, 언어)의 목표가 된다. 인지체계에 의해 생성된 λ와 π는 각기 논리형태층위와 음성형태층위에서 조음청취체계(A-P System)와 개념의도체계(C-I System)로 넘겨져 소리와 의미로 해석된다. 이와 같이 논리형태층위와 음성형태층위는 인지체계가 생성한 언어정보인 λ와 π를 조음청취체계와 개념의도체계란 수행체계가 넘겨받아 활용하는 층위라 하여, 이들 층위를 (인지체계와 수행체계가 접속되는) 접합부(interface)라 한다.

자질유인이론이란 어휘부(Lexicon)에서 선택된 어휘항목(lexical items)의 집합체인 배번집합(Numeration: N)에서부터 연산과정을 거쳐 최적도출인 논리형태표상에 이르는 통사부(외현통사부와 내현통사부)의 도출과정을 최소한(minimal)의 문법체계로 완벽하게(perfectly) 설명하는, 인간의 언어기능(language faculty)에 대한 최적의 언어설계(optimal language design)를 규명하고자 하는 언어이론이라고 할 수 있다. 자질유인이론은 그 강조되는 관점에 따라 '자질유인이론'이란 호칭 이외에 형태부추진문법(morphology-driven grammar), 자질추진문법(feature-driven grammar), 필수출력조건추진문법(BOCs-driven grammar), 접합부지향문법(interface-oriented grammar) 등으로 일컬어지기도 한다.

자질유인이론의 문법체계의 중요한 특징은 배번집합(Numeration)의 설정과, 병합(Merge)과 자질유인(Attract-F)과 같은 연산작용의 도입, 자살적 이기성조건(Suicidal Greed), 지연(Procrastinate), 최소연결조건(minimal link condition: MLC), 최소단계조건(minimal step condition: MSC) 등의 경제성조건의 적용, 그리고 필수구구조이론(Bare Phrase Structure Theory)의 채택으로 기존의 핵계층이론(X-bar Theory)을 문법체계에서 제거하고 있다는 점이다.

자질유인이론 이후 Chomsky(1998)에 이르기까지 최소주의 문법이론에서는 자질유인과 관련되는 여러 가지 실험적인 제안이 제기되는데, 그 중에 경유인조건(lightness condition), 중유인조건(heaviness condition), 보수전략(Repair Strategy) 등의 새로운 조건과 작용이 있다.

경유인조건은 자질유인(Attract-F)을 통제하기 위해 제안된 조건으로 다음과 같이 정의된다.

(8) 무임승차는 가능한 줄여야 한다.
(Do as little free-riding as possible.)

Chomsky(1995)에서는 하나의 어휘항목에서 한 형식자질(formal feature)이 유인될 때 무조건 그 어휘항목의 모든 형식자질이 무임승차자(free-riders)로 함께 유인된다고 주장된다. 그러나, 경유인조건(lightness condition)에 의하면, 이제 더 이상 자질점검에 참여하지 않는 형식자질까지도 함께 유인되는 과다한 무임승차가 금지된다. 즉, 무임승차자는 가능한 한 줄여야 한다는 것이다. 예컨대, 다음 예문을 고려해 보자.4)

(9) [$_{TP}$ Tom$_i$ [$_{VP}$ seems [$_{TP}$ t'$_i$ to [$_{vP}$ t$_i$ [$_{VP}$ work hard]]]]]

위의 예문에서 종속절 T(=to)는 그것의 강성 D-자질만 점검 받아

4) Chomsky(1995) 이후의 최소주의이론이 이전의 이론과 다른 차이점 중의 하나가 문장의 구조기술에서 AGR과 그것의 투사(projection)를 제거했다는 점이다. 즉, AGR은 비해석성의 파이자질(uninterpretable ϕ-features)을 갖는 것으로 기술되어 왔는데, 이러한 유형의 파이자질은 동사나 형용사 등이 갖는 것으로 기술할 수 있으며, 또한 AGR이 강성자질인 경우에는 지정어(specifier) 위치를 허용함으로써 다중주어구문(multiple subject construction: MSC)과 타동허사구문(transitive expletive construction: TEC) 등을 기술할 수 있게 되는데, 이러한 경우도 영어의 AGR은 약성자질이라 지정어 위치를 허용하지 않을 뿐만 아니라, 강성자질을 갖는 것으로 가정되는 언어에서도 T가 다중지정어(multiple SPEC)를 취하는 것으로 기술할 수 있기 때문에 최소주의이론에서 AGR의 존재를 제거할 수 있게 된다.

야 하므로, 경유인조건에 의해, vP의 Spec 위치에 있는 *Tom*의 형식자질 중 오직 범주자질인 D-자질만 유인하고, *Tom*의 나머지 자질은 보수전략(Repair Strategy)에 의해 종속절 T의 Spec 위치로 이동되어 완전한 어휘항목으로 보수된다.[5] 그 이후 *Tom*의 범주자질인 D-자질이 파이자질(φ-features), 격자질과 함께 다시 주절 T로 유인되고 보수전략을 거쳐 *Tom*이 주절의 주어 위치에 나타난다. 사실상, 경유인조건은 보수전략에 의해 보장받게 된다.

한편, 중유인조건(heaviness condition)은 다음과 같이 정의된다.

(10) 무임승차는 필요한 만큼 많이 해야 한다.
(Do as much free-riding as necessary.)

즉, 중유인조건에 의하면, 자질유인(Attract-F)에 의해 하나의 어휘항목에서 한 형식자질(formal feature)이 유인될 때, 필요한 만큼의 많은 형식자질이 무임승차자(free rider)로 함께 이동해야 한다. 즉, 무임승차는 필요한 만큼 다해야 한다는 것이다. 예컨대, 다음 예문을 고려해 보자.

---

5) 보수전략(Repair Strategy)이란 음성형태층위의 완전해석원리(FI), 즉 음성형태 해독조건(PF legibility condition)의 요구에 따라 외현통사부(overt syntax)의 자질유인(Attract-F)의 결과로 야기되는 비정상적인 통사대상(즉, 자질유인에 의해 일부 형식자질을 상실한 어휘항목)을 정상적인 통사대상으로 복원하는 통사적 운용을 말한다. 요컨대, 초기 최소주의이론에서 외현통사부의 자질유인 시 야기된다고 가정한 수반이동(pied-piping)을 대신하는 개념이다. 즉, 외현통사부의 자질유인에 의해 형식자질만 빠져나간 어휘항목은 음성형태 해독조건에 의해 해독되지 못하므로, 보수전략은 자질유인에 의해 형식자질이 빠져나간 어휘항목의 나머지 모든 자질들(의미자질과 음운자질까지도 포함함)을 유인되어 나간 형식자질에 가장 가까운 지정어 위치로 병합(Merge)하고, 뒤이어 형식자질을 다시 결합시켜 완전한 어휘항목으로 보수(Repair)함으로써 그 어휘항목을 음성형태 해독조건을 만족하게 하는 통사적 운용이다. 따라서, 보수전략은 병합과 보수 두 과정을 거쳐 완성된다. 참고로, 문자화 이후의 내현통사부(covert syntax)에서 적용되는 자질유인은 외현통사부의 자질유인과 달리 보수전략을 필요로 하지 않는다. 왜냐하면, 내현통사부에서 적용되는 어떠한 연산도 음성형태층위의 음성형태 해독조건과 무관하기 때문이다.

(11) [$_{TP}$ Tom$_i$ [$_{VP}$ seems [$_{TP}$ t'$_i$ to [$_{vP}$ t$_i$ [$_{VP}$ work hard]]]]]

(11)에서 주절 T는 그것의 강성 D-자질의 점검을 받기 위해 종속절 TP의 Spec 위치에 있는 *Tom*의 형식자질 중 그것의 범주자질인 D-자질를 외현통사부(overt syntax)에서 유인하게 되는데, 이 때 중유인조건에 의해 파이자질과 격자질까지도 포함해 T의 자질과 점검관계를 이루어야 할 *Tom*의 모든 형식자질을 가능한 한 많이 무임승차자로 함께 주절 T로 유인한다. 그 뒤 *Tom*의 나머지 자질은 보수전략에 의해 주절 T의 Spec 위치로 이동되어 완전한 어휘항목으로 보수된다.

3. 자질일치이론

자질유인이론과 관련되는 다양한 최소주의적 실험이 이루어지고 난 뒤 Chomsky(1988)에 이르러서는 문법체계를 더욱 최소화하는 소위 '자질일치이론(Agreement Theory)'이 제안된다. 이 이론에서는 자질유인이론과 크게 구별되는 몇 가지 새로운 제안이 이루어지는데, 그 중에 자질유인(Attract-F)의 연산을 포기하고 자질일치(Agree)의 연산을 도입하고 있다는 점이 가장 두드러진다.[6] 또한 이러한 변화에 의해 수반되는 여러 새로운 개념들이 도입되는데, 바로 EPP-자질, 국면(phase), 국면불가침조건(phase impenetrability condition) 등이 바로 그것이다.[7] 또한, 언어란 인간의 본성(human nature)이 아니라 진화과정

6) 자질일치(Agree)는 소위 핵심기능범주(core functional categories: CFC)인 C, T, v 등은 비해석성(uninterpretable)의 파이자질(ϕ-features)을 가지며, 이러한 비해석성의 파이자질을 갖는 기능범주는 해석성(interpretable)의 파이자질을 갖는 명사적 범주(nominal categories)와 일치의 관계를 이룸으로써 비해석성 자질이 삭제되어 문법적인 표현을 도출한다. 파이자질의 일치를 통해 명사적 범주에 대한 격표시와 EPP-자질을 충족하는 이동(Move)이 유발된다.

7) 이러한 변화의 결과는 Chomsky(2001)의 국면이론(Phase Theory)에서 탐침자-목표물 문법체계(Probe-Goal Framework)란 새로운 최소주의 문법체계를 낳게 된다. 따라서 일치,

(evolutionary development)에서 자연발생적으로 생겨난 의사소통의 수단이라는 최소주의적 관점에 기인하는 최적성(optimality), 완벽성(perfection), 해독성(legibility) 등의 새로운 개념도 소개된다. 즉, 인간의 본성으로 뇌 속에 존재하는 근본적인 기능은 감각운동체계(sensori-motor systems)와 사고체계(systems of thought)의 수행체계(performance systems)인데, 이러한 수행체계의 요구에 의해 언어기능(faculty of language: FL)이라는 인지체계가 진화과정에서 발생하게 된 것이라고 본다. 이러한 차원에서 언어(즉, 언어기능)란 수행체계의 요구를 최적(optimally)으로 반영하는 조직(organism)이며[8], 따라서 수행체계의 요구를 최소의 장치로 충족하여야 하며, 또한 언어조직의 모든 장치는 다른 이유에서가 아니라 오로지 수행체계의 요구에 의해 그 존재가 설명될 수 있는 완벽한 체계이어야 한다는 것이다. 그러므로, 언어조직이 생성해내는 모든 언어정보는 수행체계가 필요로 해야 하며, 또한 수행체계에 의해 해석될 수 있는 정보이어야 한다는 것이다. 이러한 조건을 해독성조건(legibility condition)이라 한다. 해독성조건을 충족하는 음성표상(phonetic representation) PHON과 의미표상(semantic representation) SEM은 수렴(converge)되며, 그렇지 않는 경우는 파산(crach)된다. 또한 언어기능은 최초의 S_0 상태에서 언어경험은 통해 점차 최종상태인 L로 변화되며, 최종상태 L이 바로 개별언어의 내재언어(I-langugae)가 된다. 개별언어의 내재언어가 연산을 통해

EPP-자질, 국면 등에 관련되는 다양한 문법적 작용에 대한 해설은 탐침자-목표물 문법체계를 소개하는 아래의 논의를 참고하기 바란다.

8) 수행체계의 요구는 설계도(design specifications)에 비유되며, 진화를 일으키는 자연은 초기술자(super engineer)에 비유된다. 이러한 차원에서 언어란 초기술자가 설계도에 따라 가장 이상적인 최적의 건축물(architecture)을 만들어 내듯이 수행체계의 요구에 따라 자연이 진화과정을 통해 만들어낸 최적의 완벽한 조직이라는 것이다. 이러한 관점에서 Chomsky(1998)에서는 언어를 다음과 같이 정의하고 있다.

(i) a. 언어기관은 최소의 설계도를 충족하는 완벽한 해결책이다.
(The language organ is a perfect solution to minimal design specifications.)
b. 언어는 해독성조건을 충족하는 최적의 해결책이다.
(Language is an optimal solution to legibility condition.)

생성하는 언어정보인 PHON과 SEM의 표상은 감각운동체계와 사고체계의 해석을 거쳐 각기 소리(Sound)와 의미(Meaning)로 표출되는데, 이러한 소리와 의미를 외재언어(E-language)라 한다.

Chomsky(1998)에서 제안되는 자질일치이론의 문법체계는 다음과 같은 문법모형으로 나타낼 수 있다.

(12) 자질일치이론의 문법체계

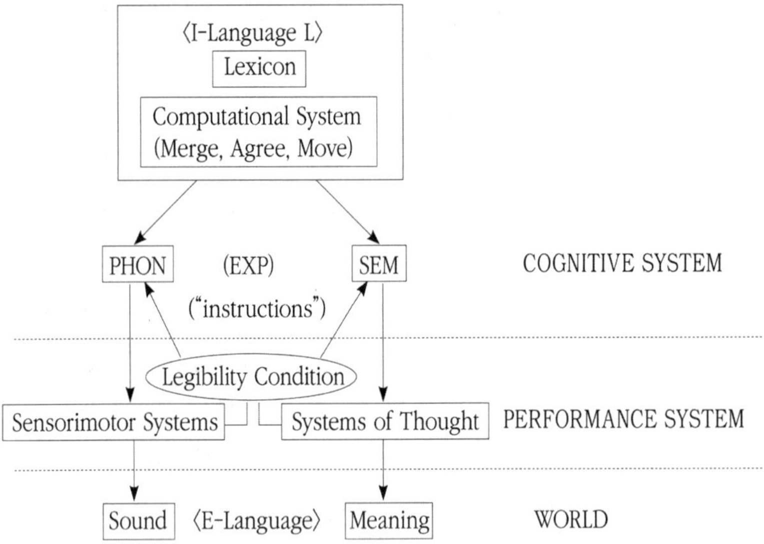

4. 국면이론

이제, Chomsky(2001)의 소위 '국면이론(Phase Theory)'에서 제안하고 있는 '탐침자-목표물 문법체계(Probe-Goal Framework)'를 살펴보자. 탐침자-목표물 문법체계에서는 인간의 생득적 언어기능(faculty of language) FL은 그 최초상태인 S_0가 언어의 기본특성(basic properties)인자질(features)들의 집합체 {F}와 연산체계(C_{HL})로 이루어져 있다고 본다. 즉, S_0는 {F}와 C_{HL}로 구성되어 있으며, 이중 {F}는 언어경험을 통해 개별언어에 노출됨으로써 개별언어에 활용될 {F}의 하위집합체인 [F]가 일괄적 수집(one-time collection)으로 결정되고, 또한 [F]의 구성요소들을 일괄적 조립(one-time assembly) 작용을 통해 그 개별언어의 어휘부(lexicon: LEX)를 만든다. 어휘부란 자질결합의 최소단위인 어휘항목(LI)들의 조직체이다. 이와 같이 언어경험을 통해 개별언어의 어휘부 LEX가 구성되면, 이제 수행체계(performance system)의 요구에 의해 LEX로부터 일괄적 수집(one-time collection) 작용으로 표현(expressions) EXP의 도출(derivation) D에 필요한 어휘항목의 집합체인 어휘배열(lexical array) LA이 구성된다. 탐침자-목표물 문법체계에서는 LA가 어휘항목들의 소집합체인 하위어휘배열(lexical subarray) LA_i들의 집합으로 이루어져 있다고 본다. 하위어휘배열의 집합체인 어휘배열 LA가 구성되면, 이 LA는 협소통사부(narrow syntax: NS)로 넘겨지고, LA를 넘겨받은 협소통사부에서는 이제 연산체계(computational system: C_{HL})가 작용하여 LA로부터 도출 D_{NS}를 생성해 낸다. 연산체계에는 선택(Select), 합치(Match), 일치(Agree), 수반(Pied-Pipe), 병합(Merge) 등의 연산(computation)이 존재한다. 이러한 연산은 하위어휘배열 단위로 반복적으로 적용되어 각 하위어휘배열마다 그것의 독자적인 D_{NS}를 순차적으로 생성한다. 이러한 차원에서 협소통사부는 어휘배열(LA)을 넘겨받아 도출(D)을 만들어내는 생성엔진(generative engine)이라 할 수 있다. 이렇게 각 하위어휘배열 단위마다 얻어지는 D_{NS}를 국면(phase)이라 하며, 국면은 연산이 반복적으로 적용되는 순환단위(cycle)가 된다.[9] 국면의 순환단위에서 적용되

9) Chomsky(2001, 2004)에 의하면, 실사범주(substantive category)의 투사(projection)는 기능범주(functional category)에 의해 선택되어 하나의 순환단위(cyclic unit)인 국면(phase)을 이루게 되는데, 이러한 국면은 그것의 핵(head)인 기능범주가 파이자질상 완전(ϕ-complete)하면 강국면(strong phase)을, 파자질상 불완전(ϕ-incomplete)하면 약국면

는 연산중에 가장 중요한 연산이 바로 일치(Agree)이다. 일치는 동일 파이자질(ϕ-features) 상의 합치를 말하며, 해당 국면에 내포되는 기능범주(functional category)와 명사적 범주(nominal category) 사이에 야기된다. 이 때 일치에 참여하는 기능범주는 비해석성(uninterpretable)의 파이자질을 가지므로 자질점검을 받기 위해 그의 성분통어영역(c-domain) 내에서 해석성(interpretable)의 파이자질을 갖는 명사적 범주를 탐색하여 그와 일치를 이루어야 한다. 이러한 관점에서 기능범주를 '탐침자(Probe)'라 하고 그와 일치를 이루는 명사적 범주를 '목표물(Goal)'이라 한다. Chomsky(2001, 2002)에 의하면 자연언어에서 탐침자는 주로 C와 v 등의 기능범주이며, 혹은 기능범주로부터 선택되는 T와 V 등의 실사범주도 탐침자가 될 수 있다. 그러나 해석성 파이자질을 갖는 명사적 요소인 D와 N은 언제나 목표물이 된다. 또한, 자질상의 일치를 이루기 위해서는 탐침자는 반드시 목표물을 자신의 표찰영역(domain of LB(K))(즉, 투사범주) 내에 포함하고 있어야 한다. 일치가 적용되면 탐침자와 목표물의 비해석성 자질들은 모두가 값을 부여받고 양도(TRANSFER) 후 의미부에서 삭제된다. 일치가 적용되기 위해서는 먼저 탐침자와 목표물 사이에 자질상의 '합치(Match)'가 먼저 이루어져야 하는데, '합치'란 동일자질간의 확인(Identity)을 의미한다. 따라서 일치는 반드시 동일 종류의 파이자질을 갖는 핵범주들 사이에만 적용된다. 또한 일치(Agree)는 합치(Match)와 달리 다음과 같은 소위 활동성조건(activity condition) 하에서 적용된다.

(13) 일치의 연산이 적용되기 위해서는 탐침자와 목표물이 모두 활동적

(weak phase)를 이룬다고 본다. 파이자질상 완전(ϕ-complete)하다는 것은 그 범주가 성(gender), 수(number), 인칭(person)의 파이자질을 모두 갖는다는 것이고, 파이자질상 불완전(ϕ-incomplete)하다는 것은 이중 하나 이상의 자질을 갖지 못한다는 것을 말한다. Chomsky(2001, 2004)에 의하면, 파이자질상 완전한 강국면은 의미적으로는 명제(proposition)를 이루는 단위이며, 음성적으로 독립성을 갖게 되므로 문자화(Spell-Out)의 대상이 되나, 약국면은 파이자질의 일치를 위한 순환 단위로만 사용된다.

이어야 한다.

(Probe and Goal must both be active for Agree to apply.)

'활동적(active)'이라는 개념은 탐침자와 목표물이 되는 범주가 그들의 자질구성에서 비해석성 자질(uninterpretable feature)을 하나 이상 포함하고 있다는 것이다. 따라서 기능범주의 파이자질은 비해석성이므로, 기능범주는 그 자체로 언제나 활동적이 될 수 있지만, 목표물이 되는 명사적 범주는 반드시 비해석성의 격(Case) 자질을 가질 때만이 활동적이 될 수 있다.

또한 탐침자와 목표물로서 일치를 이루는 한 쌍의 범주가 있을 때, 일치를 통해 상대 범주의 비해석성 자질을 삭제(delete)하기 위해서는 반드시 그 범주가 성(gender), 수(number), 인칭(person)의 파이자질을 모두 갖는 소위 '파이자질상 완전한(ϕ-complete)' 범주가 되어야 한다. 따라서 Chomsky(2001)에서는 다음과 같은 파이자질완전성조건(ϕ-completeness condition)을 제시하고 있다.

(14) α는 자신과 합치의 쌍을 이루는 β의 비해석성 자질들을 삭제하기 위해서 반드시 파이자질상 완전해야 한다.

(α must be ϕ-complete to delete uninterpretable features of the paired matching element β.)

또한 일치는 때로는 EPP-자질을 충족하기 위하여 수반과 병합 작용을 동반하여 이동(Move)을 야기하기도 한다. Chomsky(2001)의 다음과 같은 EPP-자질할당조건(EPP-assignment condition)을 제안하고 있다.

(15) EPP-자질이 할당될 때는 반드시 표출상에서 그 효과가 나타난다.

(The EPP-feature is assigned only if that has an effect on outcome.)[10]

또한 Chomsky(2001, 2004)에서는 이동의 과정에서 모든 이동은 소위 국면불가침조건(phase impenetrability condition: PIC)에 의해 반드시 강국면(strong phase)의 지정어 위치를 경유해야 한다고 본다.

(16) H가 강국면 HP의 핵이고, ZP는 차상위의 강국면일 때, H의 영역은 ZP의 순환단계에서 적용되는 연산작용에 참여할 수 없지만, H와 그것의 외곽요소는 참여할 수 있다.
(The domain of H is not accessible to operations at ZP, but only H and its edge, (where H is the head of strong phase HP, and ZP is the next strong phase.)

(16)의 국면불가침조건에 의하면, 강국면 HP의 핵(head)인 H와 그것의 외곽(edge)에 해당되는 지정어(SPEC)와 부착요소(adjoined element)만이 차상위 강국면(the next strong phase) ZP의 연산작용(operation)에 참여할 수 있다. 즉, 차상위 강국면 ZP의 핵 Z가 비해석성(uninterpretable) 파이자질(ϕ-feature)이나 EPP-자질을 가질 때, 이들을 제거(delete)하기 위해 일치(Agree)나 이동(Move) 등의 연산이 일어나는데, 이러한 연산에 참여할 수 있는 요소는 바로 차하위 강국면 HP의 핵 H와 외곽 요소들(edge elements)이라는 것이다.[11] 따라서 강국면

---

10) Chomsky(2001, 2004)에 의하면, EPP-자질은 v*, T, C 등에 할당될 수 있으며, EPP-자질이 할당될 때는 반드시 표출상에 그 효력이 나타나야 한다고 본다. EPP-자질과 그것으로 인한 이동의 결과로 의미표상(SEM)에 나타나는 의미적 효과를 특히 외곽특성(edge properties)이라 하며, 외곽특성에는 초점(focus), 특정성(specificity), 한정성(definiteness), 신정보(new information) 등을 나타내는 담화상 특성(discoursal properties)과 양화사의 작용역(scope)에 영향을 미치는 작용역상 특성(scopal properties)이 있다. 이러한 외곽특성을 해석적 복합체(interpretive complex) INT라 한다. 한편, Chomsky(2004)에서는 EPP-자질을 OCC라 부르며, EPP와 OCC의 차이는 OCC의 경우가 EPP보자 훨씬 선택적인 개념을 갖는다는 것이다. 즉 OCC는 반드시 의미표상(SEM)에서 의미적 효과를 낳는 경우만 OCC-자질이 할당된다고 본다. 따라서 Chomsky(2004)의 체제에서는 의미표상에서 의미적 효과를 갖지 않는 허사 there의 병합은 EPP(OCC)의 자질을 충족하기 위한 것이 아니라 단순히 there가 탐침자로서 최소의 탐색으로 TP와 병합한 결과로 본다.

11) Chomsky(1995, 2001, 2004)에 의하면 기능범주의 투사에는 여러 개의 지정어(즉, 다중정어(multiple SPECs))가 나타날 수도 있다고 주장한다. 특히, Chomsky(2004)의 자유병합

HP의 영역(domain)인 보충어 위치에 남아 있는 요소는 차상위 강국면의 연산에 전혀 영향을 받지 않으므로 도출(derivation)이 차상위 강국면에 이르기 전에 즉시 양도(TRANSFER)에 의해 음운부로 이관되어 문자화(Spell-Out)에 의해 문자판독되어야 한다.[12] 따라서 강국면 HP의 보충어가 HP의 지정어 위치로 이동되지 않는 한 그 보충어와 그 보충어에 내포되는 요소들은 차상위 강국면에 적용되는 연산작용에 참여할 수 없게 된다.[13]

이와 같이 일련의 연산과정을 통해 얻어진 도출은 양도(TRANSFER) 작용에 의해 국면 단위로 음운부(phonological component) Φ와 의미부(semantic component) Σ로 이관(transferred)되고, ϕ와 Σ는 이관 받은 도출 D_{NS}에 각기 해당 규칙과 원리를 적용하여[14] 음성표상(phonetic representation) PHON과 의미표상(semantic representation) SEM을 사상(mapping)한다. PHON과 SEM은 각기 수행체계(performance system)인 감각운동체계(sensorimotor system) SM과 개념의도체계

(Free Merge) 이론에 의하면 한 핵범주에 병합되는 첫 번째 요소는 보충어(complement)이나 그 이후에 병합되는 요소들은 모두 지정어로 정의함으로써 다중 지정어 현상이 하나의 보편문법적 현상임을 주장하고 있다. 또한, Chomsky(2004)에서는 이동에 의한 부착(adjunction)은 허용되지 않는다고 봄으로써 외곽 요소(edge elements)에는 오직 지정어만 존재한다고 본다.

12) 양도(TRANSFER)는 강국면의 단계에 적용되며, 강국면의 핵인 기능범주가 EPP-자질을 갖지 않을 경우 그것의 보충어는 국면불가침조건(PIC)의 효과에 의해 바로 문자화(Spell-Out: S-O)에 의해 문자판독(spelled out)된다. Chomsky(2004: 21)에 의하면, 문자화는 가능한 한 일찍 적용되어야 한다(Spell-Out should apply as early as possible). 문자화를 강국면 단계에서 적용하는 것은 의미부(semantic component)와 음운부(phonological omponent), 그리고 협소통사부(narrow syntax)의 순환단위(cycle)를 동일화하여 연산의 부담(computational burden)을 줄일 수 있고, 문자화를 가능한 한 일찍 적용하는 이유도 역시 도출과정에서 도출의 전단계(earlier stage)를 잊게 함으로써 연산의 부담을 줄일 수 있기 때문이다.

13) 국면이론의 가정에 따르면, 문자화(Spell-Out)에 의해 음운부로 이관되어 문자판독(spelled out)된 요소는 더 이상 협소통사부(narrow syntax: NS)에 참여하지 않는다.

14) 협소통사부에서 도출된 언어정보인 D_{NS}를 양도(TRANSFER) 작용에 의해 음운부로 이관(transfer)하는 과정을 "문자화(Spell-Out)"라 한다. 음운부에서 적용되는 규칙은 핵이동(head movement)과 같이 의미적 차원에서 영향을 미치지 않으나, 매개변인적 변이(parametric variation)에 따라 언어 간에 어순의 차이를 일으키는 개별언어의 이동규칙들이 적용되고, 의미부에서는 의미역 구조(θ-structure)와 EPP와 관련되는 표면해석 INT 등에 대한 해석규칙과 결속원리, 양화원리 등이 적용된다.

(conceptual-intensional system) C-I로 보내져 언어표현의 음성과 의미로 해석된다.

(17) 탐침자-목표물 문법체계

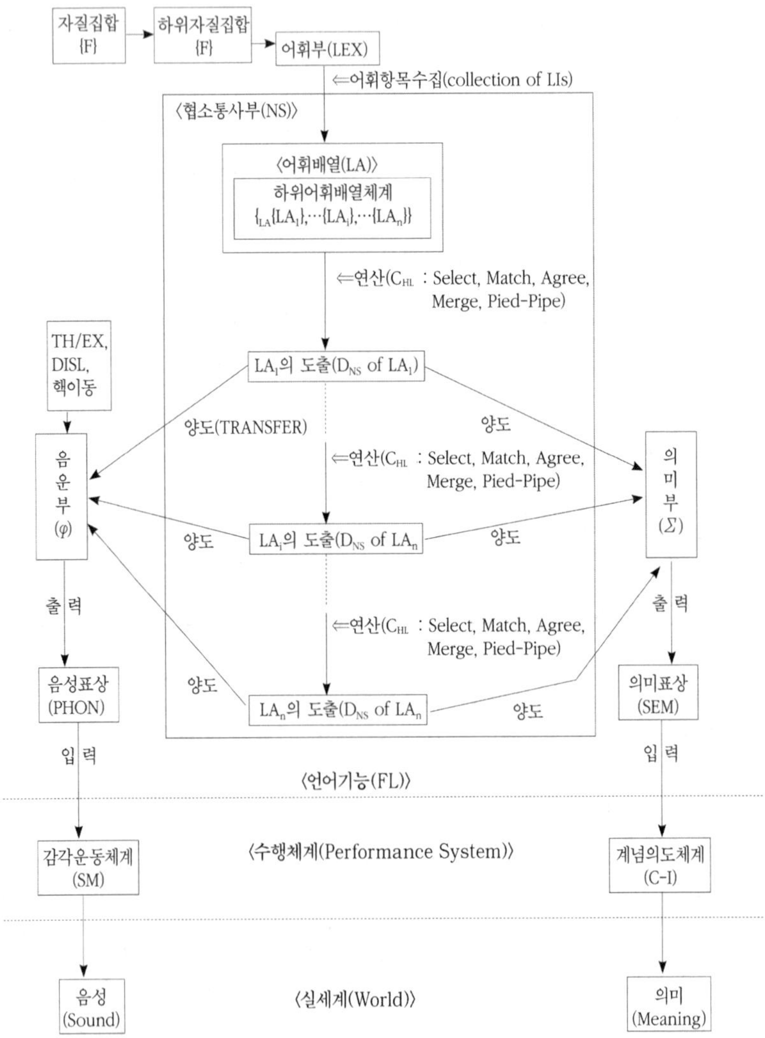

5. 강력최소주의이론

본절에서는 Chomsky(2004, 2005a, 2005b)에서 제안하고 있는 강력최소주의이론(strong minimalist thesis: SMT)의 수정 탐침자-목표물 문법체계(Revised Probe-Goal Framework)를 살펴보자. 이 문법체계에서는 국면의 개념을 더욱 단순화하고, 연산의 순환단위를 국면과 일치시킴으로 한 국면 내부에서 적용되는 모든 연산이 동시에 나란히 적용된다고 주장한다. 수정 탐침자-목표물 문법체계에서는 기존 국면이론의 탐침자-목표물 문법체계에서와 다른 다음과 같은 새로운 최소주의적 가정을 제시하고 있다.

(18) 가. 간투사를 제외한 모든 어휘항목이 외곽자질을 갖는다.
(All LI's except for interjections have EF.)[15)]

나. 오직 CP와 v*P만이 국면이다.
(Only CP and v*P are phases.)

다. C와 v*는 국면의 핵이며, 그들의 일치자질은 그들이 선택하는 어휘항목에 의해 계승된다.
(C and v* are the phase-heads, and their Agree-feature is inherited by the LI they select.)

라. 이차병합(즉, 내부병합)을 유발하는 외곽자질은 국면의 핵으로부터 일치자질이 계승될 때 함께 계승될 수 있다.
(The second-Merge triggering EF can be inherited from the phase head along with the Agree-feature.)

---

15) 간투사(interjection)은 결합을 이루지 않고 혼자서 완전한 표현을 만들 수 있기 때문에 외곽자질을 갖지 않는다고 가정한다.

마. 비논항위치는 국면핵의 외곽자질에 의해 인상되는 위치로서 C의 지정어와 v*의 지정어 위치이고, 그 이외의 위치는 논항위치이다.
(The A'-position is defined as one that is attracted by an edge-feature of a phase head; hence typically in Spec-C or outer Spec-v*; Others are A-position.)

(18)의 가정에 의하면, 국면의 핵인 C와 v*는 그들의 일치자질(Agree-feature)과 외곽자질(edge feature: EF)을 그들이 선택하는 어휘항목(LI)인 T와 V에게 각기 물려준다. 따라서, C와 v*는 각기 국면 CP와 v*P의 단위에서 그들이 선택하는 T와 V와 연합하여 C-T와 v*-V의 연합체를 이루어 목표물의 탐색에 나서게 된다. C-T와 v*-V의 연합체는 격자질을 갖는 DP와 일치를 이루며, 이 때 T와 V는 그들의 지정어 위치로 일치를 이룬 DP를 인상하게 된다.[16] C-T나 v*-V 연합체의 탐색으로 T와 V의 지정어 위치로 인상되는 DP의 내부병합은, (18라)의 가정에 비추어 보면, 바로 C와 v*로부터 계승된 T와 V의 외곽자질에 기인한다는 사실을 알 수 있다. 이러한 가정을 채택하면, 이제 EPP-자질을 설정하지 않고도 T와 V의 지정어 위치로 격을 가진 DP가 인상되는 EPP 현상을 포착할 수 있게 된다. (18)의 가정을 채택하는 수정 탐침자-목표물 문법체계에서는 인상구문이나 예외격표시구문에서 야기되는 DP의 인상까지도 T나 V에게 계승된 C나 v*의 외곽자질에 기인하는 것으로 설명하며, C와 v*가 C-T와 v*-V의 연합체로서 그들이 선택하는 T와 V와 동시에 나란히 탐색에 나선다고 봄으로써 목적어전이(object shift)와 관련되는 역순환성(counter-cyclicity)의 문제와 주어섬효과(subject island effect)와 관련되는 다양한 문법적 현상들을 설명할 수 있게 된다.

---

16) 어순상에 있어 동사가 목적어에 앞서는 것은 문자화가 이루어질 때 음성접합부에서 적용되는 v*로의 V의 인상(V-to-v* raising)의 결과이다.

<맺음말>

이상에서 고찰한 바와 같이 1990년대 초에 대두된 최소주의 문법 이론은 최근에 이르기까지 '인간의 언어기능은 최적의 완벽한 조직으로 이루어졌으며, 그것의 연산작용은 최소의 경제적인 방법으로 적용된다'는 소위 효과적 연산의 원리(principles of efficient computation)들 가정하고, 이러한 가정을 충족하는 방향으로 언어학적으로 의미 있는 변천과 발전을 이루어 왔는데, 이들 중 중요한 몇 가지 결과를 살펴보면 다음과 같다.

(19) (i) 확대표준이론(extended standard theory: EST)의 Y-모형(Y-model)에서 제안되었던 5 단계의 순환(cycles)을 1 단계의 순환으로 축소함으로써 연산의 부담을 크게 경감했다.

(ii) 불변경조건(no-tampering condition)을 채택함으로써[17] Y-모형이론에서 채택하였던 범주계층(bar-level), 흔적(traces), 지표(index) 등의 개념이 문법체계에서 사라지고, 그 대신 필수구구조(bare phrase structure)와 복사이론(copy theory) 등이 채택된다.

(iii) 생물언어학적 관점에 따라 언어는 의사소통의 효력(communicative efficiency)의 최적화가 아니라 연산의 효력(computational efficiency)과 접합부조건 충족의 최적화라고 보며, 인간의 진화과정에서 창발적 진화의 결과로 발생한 위대한 도약(Great Leap Forward)의 핵심이 바로 병합(Merge)이라고 본다.[18]

(iv) 병합은 다분지 구성소(n-ary constituents)가 아니라 이분지 구성소(binary constituents)을 형성하며, 병합은 아래 도표에서와 같이 조병합(set Merge), 쌍병합(pair Merge)과 외부병합(external Merge), 내부

---

17) 불변경조건에는 내포성조건(inclusiveness condition)과 확장조건(extension condition) 등이 포함된다.

18) 병합이란 두 개의 서로 다른 독립적인 개념(대상)을 인식하고, 이들을 결합함으로써 더 크고 복잡한 개념(대상)을 만들어내는 능력이다. 이러한 병합을 반복적으로 적용하면 고도로 복잡한 개념(대상)을 창출할 수 있게 되어 인간의 사고활동을 가능케 한다는 것이다.

병합(internal Merge) 등 다양한 종류로 분류되는데, 이러한 현상은 개념의도체계가 요구하는 의미적 다양성(semantic multiplicity)을 충족하기 하기 위한 것으로 언어의 불완벽성(imperfection)이 아니라 개념적 필요성에 의한 언어의 완벽성(perfection)으로 평가된다.

- 병합
  - 조병합
    - 외부병합--의미역이론적 논항구조
    - 내부병합
      - 명시적 이동--작용역 & 담화상 표면해석 INT
      - 비명시적 이동--작용역
  - 쌍병합--술어합성

(v) 탐침자-목표물 문법체계에 의하면, EPP를 충족하기 위한 DP의 이동은 강국면의 핵에 의해 유발되므로 이동하는 DP가 강국면의 내부에 머물게 되는 아래 예문에서와 같은 부분이동(partial movement)은 소위 부분이동금지(ban on partial movement) 조건에 의해 비문법적인 문장으로 처리된다.[19]

예) *There seems a man to be in the room.

(vi) EPP 자질을 파이자질상의 합치와 상관없는 단순한 발현자질(occurrence feature)인 OCC 자질로 대체함으로써 비논항이동(A-bar movement)과 처격도치(locative inversion)와 같은 파이자질상의 일치를 이루지 않는 비주격 요소(non-nominative element)의 이동도 내부병합(이동)으로 처리한다.[20]

예) a. *Over the bridge* marched the soldiers.

b. *In the doorway* stood my brother.

(vii) 수정 탐침자-목표물 문법체계에서는 인상구문이나 예외격표시

---

19) 더 이상 병합우선원리(Merge-over-Move principle: MOM)가 필요하지 않다.

20) M. Baker(2003)에서는 Bantu어에서는 문두에 나타나는 처격 요소가 T와 파이자질상의 일치를 이루고 있음을 확인하고 있다. 이러한 일치현상은 처격도치(locative inversion)의 경우 문두의 처격 요소가 TP의 지정어위치에 병합됨을 입증한다. 따라서, 영어에서는 이러한 일치현상이 없음에도 불구하고 처격도치의 경우 문두의 처격전치사구가 TP의 외곽인 주어위치에 논항이동한 것으로 가정할 수 있다.

구문에서 야기되는 DP의 인상까지도 T나 V에게 계승된 C나 v*의 외곽자질에 기인하는 것으로 설명하며, C와 v*가 C-T와 v*-V의 연합체로서 그들이 선택하는 T와 V와 동시에 나란히 탐색에 나선다고 봄으로써 목적어전이(object shift)와 관련되는 역순환성(counter-cyclicity)의 문제와 주어섬효과(subject island effect)와 관련되는 다양한 문법적 현상들을 설명할 수 있게 된다.

2부
최소주의 문법용어 해설집

Ⅰ. 한국어 용어 해설

[ㄱ]

간섭효과 〈干涉效果 intervention effect〉 Chomsky(2001)의 탐침자-목표물 문법체계(Probe-Goal Framework)에서 탐침자(Probe)가 목표물(Goal)을 탐색(search)하는 과정에서 탐침자와 목표물 사이에 NP나 DP 등 ϕ-자질상 완전(ϕ-complete)한 명사적 요소(nominal element)가 나타날 경우 탐침자에 의한 목표물의 탐색이 차단되는 효과를 말한다. 이러한 간섭효과(intervention effect)를 확인하기 위하여, 먼저 아래 예문 (1)과 그 도출 과정을 나타내고 있는 (2)의 구조를 고려해 보자.

(1) what did John read?

(2)

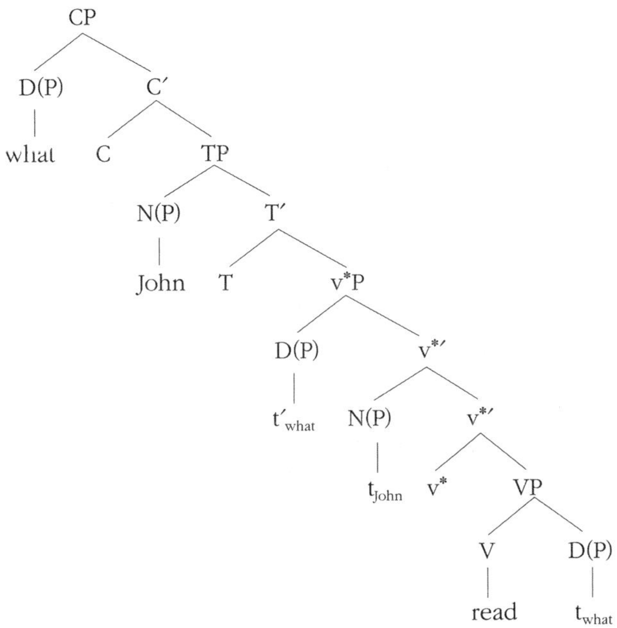

즉, 위 도출 (2)에서 T는 탐침자로서 일치(Agree)를 위해 자신의 투사범주의 범위(domain) 내에서 ϕ-자질(ϕ-features) 상 부합(Match)을 이루는 목표물 *John*을 탐색(search)해야 하지만, 이러한 탐색 과정에서 *what*이 거리(distance)상 *John*보다 가까워 최소연결조건(minimal link condition: MLC)에 의해 T는 *what*과 먼저 부합(Match)을 이루게 되므로 더 이상의 탐색이 차단되어 *John*과 일치를 이루지 못한다. 바로 이러한 차단효과(blocking effect)를 간섭효과라 한다. Chomsky(2001)에서는 이러한 간섭효과를 다음 (3)과 같은 음운적 외곽(phonological edge)의 개념으로 정의하기도 한다.

(3) HP의 음운적 외곽은 탐침자에 접근가능하다.

(The phonological edge is accessible to Probe P.)

그러나 이러한 간섭효과에도 불구하고 (1)의 문장이 문법적인 한, (2)의 도출은 합법적인 것으로 판정된다. 만약 협소통사부의 연산이 엄밀순환성조건(strict cycle condition)에 따라 하위 순환단위인 TP에 먼저 적용되고 그 뒤 상위 순환단위인 CP에 적용된다면, 위 (2)의 도출에서 TP의 지정어 위치로 이동하는 *John*의 인상이 CP의 지정어 위치로 이동하는 *what*의 인상보다 먼저 적용되어 T에 의한 *John*의 탐색이 v*의 지정어 위치에 나타나는 *what*의 간섭효과에 의해 차단되지만, 만약 위 (2)에서처럼 간섭효과가 합법적인 도출을 방해할 경우는 동일한 강국면(strong phase) 내부에서 협소통사부의 연산이 역순환적(counter-cyclicly)으로 적용될 수 있다고 가정함으로써 간섭효과의 방해를 극복할 수 있게 된다. 즉, 이러한 역순환성(counter-cyclicity)의 가정을 채택하면, (2)의 도출에서, CP의 국면에 이르러 먼저 C의 탐색에 의해 *what*이 CP의 지정어 위치로 인상되고, 그 뒤에 T의 탐색에 의해 TP의 지정어 위치로 *John*이 인상된다고 볼 수 있다. 그러면, 이 경우 v*P의 외곽지정어(outer Spec) 위치에 나타나는 *what*의 복사(흔적)는 왜 간섭효과를 일으키지 않는가? 이 문제에 대해서 Chomsky(2005b)는 다음과 같이 주장하고 있다.

(4) 간섭효과에 관한 한 비논항연쇄와 논항연쇄가 동일하게 작용한다: 즉, 일률적 연쇄라면 비논항연쇄이든 논항연쇄이든 간에 그 연쇄 전체나 그것의 머리만이 간섭효과를 유발한다.

(A'-chains behave like A-chain with respect to the intervention effects: if uniform, only the full chain (equivalently, its head) is the object that intervenes.)

즉, (4)의 주장에 의하면, 논항연쇄(A-Chain)이든 비논항연쇄

(A'-Chain)이든 간에 연쇄의 머리(head)는 간섭효과를 일으키나, 그 이외의 고리(link)들은 간섭효과를 유발하지 않는다는 것이다. 바로 이러한 주장에 근거하여 위 (2)의 도출에서 v*의 외곽지정어 위치에 나타나는 *what*의 복사(흔적)는 일률적 비논항연쇄의 꼬리이므로 T와 *John* 간의 탐침자-목표물 관계(Probe-Goal relation)를 방해하는 간섭효과를 일으키지 않는다.

☞ 음운적 외곽 <音韻的 外郭 phonological edge>, 엄밀순환성조건 <嚴密循環性條件 strict cycle condition>

감각운동체계 <感覺運動體系 sensori-motor system> 최소주의 언어이론(Minimalist Program: MP)에서 사용하는 용어로 수행체계(performance system)의 한 분야를 일컫는 말이다. 언어(language)는 기능적으로 말해 의사소통(communication)의 체계이며, 지구상의 많은 동물 중에 인간만이 차원 높은 의사소통의 체계인 언어를 보유하고 있다. 이는 인간만이 고도로 발달된 사고체계(system of thoughts)를 소유하고 있음을 말한다. 사고체계를 소유하고 있는 인간이 사고전달(즉, 의사소통)의 수단인 언어를 어떻게 확보하는 것일까? 발성기관을 가지고 있는 인간이 음성을 통해 의사소통을 수행하고 있다는 것은 매우 자연스러운 결과이다. 이 발성기관(폐, 목, 입, 혀, 코 등등)은 두뇌(brain)의 통제를 받아 음성을 만들게 되는데, 발성기관을 통제하는 이러한 두뇌의 수행체계를 감각운동체계(sensori-motor system)라 한다. 요컨대, 최소주의 언어이론(MP)에서는 언어란 인류가 원초적으로 두뇌 속에 보유하고 있는 사고체계와 감각운동체계를 최적(optimally)으로 매개하여 의사소통을 가능하게 해 주는 두뇌의 인지체계(cognitive system)라고 보며, 특히 Chomsky(1998) 이후 최소주의 탐침자-목표물 문법체계(Probe-Goal Framework)에 이르러서는 이러한 (언어) 인지체계는 인류의 진화과정에서 자연발생적으로 생겨났다고 본다.

의사소통과 관련되는 이들 두뇌 기능체계의 관계를 간략히 표현하면 다음과 같다.

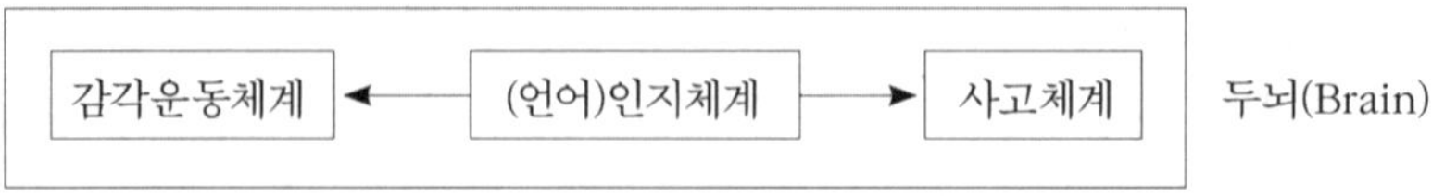

〈두뇌 기능체계의 관계〉

위의 그림에서와 같이 최소주의 언어이론(Minimalist Program: MP)에서는 언어를 인간의 사고체계와 감각운동체계를 최적으로 매개하여 의사소통을 가능하게 하는 인지체계라고 정의하였는데, 사고체계는 인지체계(즉, 내재언어 I-language)가 생성하는 의미정보(즉, 의미표상 SEM)를 해독하여 의미(meaning)를 찾아내며, 감각운동체계는 인지체계가 생성하는 음성정보(즉, 음성표상 PHON)를 해독하여 소리(sound)를 결정한다. 이러한 차원에서 사고체계와 감각운동체계를 수행체계(performance system)이라 일컫는다. 또한 수행체계는 (언어)인지체계와 구분되며, (언어)인지체계가 생성한 언어정보를 해독하여 실세계(즉, 실재)의 의미와 소리로 전환한다는 차원에서 언어외적체계(language-external system) 혹은 외적체계(external system)이라 하고, 이 때 (언어)인지체계는 상대적으로 언어내적체계(language-internal system) 혹은 내적체계(internal system)라고 한다. (언어)인지체계인 내적체계에 의해 생성된 의미표상과 음성표상은 다시 수행체계인 외적체계에 의해 해독된다는 차원에서 의미표상과 음성표상을 접합부(interface)라 한다.

☞ 탐침자-목표물 문법체계 〈探針子-目標物 文法體系 Probe-Goal Framework〉, 조음청취체계 〈調音聽取體系 articulatory-perceptual system (A-P System)〉

강국면 <强局面 strong phase> Chomsky(2001, 2004)의 탐침자-목표물 문법체계(Probe-Goal Framework)에서 국면(phase)의 한 종류를 지칭하는 말로, 즉 실사범주(substantive category)의 투사(projection)가 기능범주(functional category)에 의해 선택되어 하나의 순환단위(cyclic unit)인 국면을 이루게 될 때, 국면은 그것의 핵(head)인 기능범주가 ϕ-자질상 완전(ϕ-complete)하면 강국면(strong phase)을, ϕ-자질상 불완전(ϕ-incomplete)하면 약국면(weak phase)를 이룬다고 본다. ϕ-자질상 완전하다는 것은 그 범주가 성(gender), 수(number), 인칭(person)의 ϕ-자질(ϕ-features)을 모두 갖는다는 것이고, ϕ-자질상 불완전(ϕ-incomplete)하다는 것은 이중 하나 이상의 자질을 갖지 못한다는 것을 말한다. Chomsky(2001, 2004)에 의하면, ϕ-자질상 완전한 약국면은 의미적으로는 명제(proposition)를 이루는 단위이며, 음성적으로 독립성을 갖게 되므로 문자화(Spell-Out)의 대상이 되나, 강국면은 ϕ-자질의 일치(Agree)를 위한 순환단위로만 사용된다.

☞ 국면불가침조건 <局面不可浸條件 phase impenetrability condition: PIC>

강력최소주의이론 <强力最小主義理論 strong minimalist thesis: SMT> Chomsky(1998) 이후 탐침자-목표물 문법체계(Probe-Goal framework)에서 지향하는 최소주의 이론의 언어학적인 목표를 일컫는 말이다. 탐침자-목표물 문법체계에서는 언어기능(faculty of langauge: FL)이 해독성조건(legibility condition)을 충족하는 최적 체계(optimal system)이라고 가정한다. 따라서 언어기능은 수행체계(performance system)의 해독성조건을 최소의 수단(minimal tools)으로 가장 자연스럽(most naturally)고 가장 효율적(most efficiently)으로 충족하는 완벽체계(perfect system)라고 가정하는데, 이러한 가정 하에서 진행하는 언어연구를 소위 '강력최소주의이론(strong minimalist thesis: SMT)'이라 한다. 요컨대, 강력최소주의이론에서는 언어기능은 수행체계의 해독성조건(legibility conditions)

과 자연의 일반원리만으로 완전히 설명될 수 있는 완벽체계(perfect system)로서 소위 '완벽성(perfection)'이 보장되어야 한다고 본다. 만약 수행체계의 본질이 규명되어 해독성조건의 실체가 밝혀지고, 또한 자연의 요구를 반영한 '훌륭한 설계(good design)'가 어떤 것인지 밝혀진다면, 강력최소주의이론의 언어연구는 실증적 발견(empirical discovery)을 추구하는 실증적 연구(empirical inquiry)의 일환이 될 것이다. 그러나 현재로서는 이러한 단계에 이르지 못하고 있으므로 강력최소주의적 언어연구는 선험적(prioristic)인 일반지침 하에서 진행되는 이성적 연구(rational inquiry)의 성격을 갖는다. 그럼에도 불구하고 수행체계의 본질과 최적성에 대한 선험적 가정(즉, 일반원리)에서 시작하는 연역적 추론(deductive reasoning)으로 얻는 합리적인 옵션(reasonable options)들 중에 어느 것이 실세계(actual world)에서 실현(instantiate)될 수 있는 옵션인지 검증하는 실험은 강력최소주의이론의 이성적 언어연구에서 반드시 필요하다. 왜냐하면, 연역적 추론에 의해 얻어지는 결론은 실증적 증거에 의해만 사실로 입증될 수 있기 때문이다. 강력최소주의이론의 언어연구는 언어기능이 해독성조건과 일반원리에 의해 완벽히 설명될 수 있는 완벽성을 갖춘 체계이라는 가정 하에서 시작한다. 그러나 개별언어현상을 다루는 기술적 차원의 문법연구에서는 가끔 불완전(imperfect)한 문법장치가 제시되기도 하는데, 이러한 비완벽성(imperfections)들은 소위 외견상 비완벽성(apparent imperfections)으로서 차후 더욱 완벽한 문법체계가 규명된다면 해결될 수 있는 것들이다. 그러나 실증적 증거(empirical evidence)에 의해서 비완벽성의 문법장치가 실제로 요구될 경우도 있을 수 있는데, 이러한 비완벽성을 실재적 비완벽성(real imperfections)이라 하며, 실재적 비완벽성은 경로-의존적 진화과정(path-dependent evolutionary history)이나, 두뇌나 유기체의 특성, 혹은 다른 근거에 의한 독자적 설명을 필요로 한다.

이러한 차원에서 Chomsky(2004)에서는 언어기능(faculty of language: FL)의 최초상태인 S_0가 다음과 같은 특성으로 분석될 수 있다고 본다.

(1) (i) 설명될 수 없는 요소(unexplained elements)
(ii) 접합부조건(IC)
(iii) 일반특성(General properties)

위에서 (1i)는 원리에 의해 설명될 수 없는 소위 '실재적 비완벽성'의 문제를 말하며, (1ii)는 소위 감각운동체계(sensori-motor system)와 사고체계(system of thoughts)가 요구하는 해독성조건(즉, 언어의 설계도)에 의해 설명될 수 있는 특성을 말하고, (1iii)는 자연의 요구인 최소성, 자연성, 효율성 등에 의해 설명될 수 있는 소위 '훌륭한 설계(good design)'의 특성을 말한다. 자연의 요구인 (1iii)에 비해 (1i)과 (1ii)는 인간의 유기체조직에 의해 요구되는 일반특성(general properties of organic system)이라 할 수 있다. 여기서 (1ii)와 (1iii)은 원리에 입각해 설명될 수 있는 부분이지만, (1i)는 그렇지 못한 부분이다. 강력최소주의이론(SMT)에서는 언어기능은 원리적 설명(principled explanation)이 가능한 완벽체계(perfect system)라고 가정하므로, 이 이론에 의하면 사실상 (1i)는 존재하지 않는다. 따라서 Chomsky(2004)에서는 다음과 같은 가정을 진술하고 있다.

(1i)는 존재하지 않는다. ((1i) is empty.)

강성자질 〈强性資質 strong feature〉 최소주의이론(Minimalist Theory)에서는 이동 현상을 자질점검(feature-checking)의 결과로 보는데, 특히 명시적 이동(overt movement)은 형식자질(formal feature) 중에서도 강성자

질(strong feature)의 점검에 의해 나타나는 결과로 본다. Chomsky(1993, 1994, 1995)의 가정에 따르면 강성자질은 문자화 작용 전에 점검되어 제거되어야 한다. 물론 지연성원리(Procrastinate)에 따라 자질점검은 내현통사부(covert syntax)에서 일어나는 것이 경제적이지만 강성자질의 점검은 내현통사부로 지연시킬 수 없다. 강성자질의 점검 시기를 내현통사부로 지연시키면 강성자질이 문자화(文字化 Spell-Out) 작용을 통해 음운부로 나가게 되기 때문이다. 그러나 강성자질은 음성적 구성요소가 될 수 없으므로 음성형태층위(PF level)에서 해석될 수 없다. 따라서 강성자질이 음성형태층위에 나타나면 완전해석원리(full interpretation: FI)를 위반하게 되어 도출이 파산(crash)하게 된다. 따라서 도출의 합치(convergence)를 위해서는 강성자질의 점검은 문자화(Spell-Out) 이전에 일어나야 하는 것이다.

개념의도체계 〈概念意圖體系 conceptual-intentional system (C-I System)〉 조음청취체계(articulatory-perceptual system: A-P System)와 함께 수행체계(performance system)를 구성하는 한 부서로서, 논리형태표현(LF representation)의 의미정보(semantic information)를 해석하여 실세계의 의미(meaning)로 표출하는 언어외부체계(language-external system)를 일컫는 말이다. 개념의도체계의 관점에서 논리형태표현을 개념의도 접합점(conceptual-intentional interface: C-I interface)이라고 한다. 최근 Chomsky(1998)에서는 개념의도체계가 언어체계와는 독립적으로 존재한다는 의미에서 이 체계를 사고체계(system of thoughts)라고 하기도 한다.

☞ 사고체계 〈思考體系 system of thoughts〉

개념적 필연성 〈概念的必然性 conceptual necessity〉 인간의 언어능력(language faculty)에 대한 최적언어설계(optimal language design)의 규명

을 목표로 하는 최소주의이론(Minimalist Theory)에서 제시하는 올바른 문법 기술을 위한 지침(guideline)중의 하나로, 문장의 표현(representation)과 그 표현의 도출과정(derivation)에서 개념상 불필요한 요소(superfluous elements)를 모두 제거함으로써 언어능력의 실체에 도달하고자 하는 보편문법(universal grammar: UG)의 기초 원리이다. 이 원리에 기인하는 적용 개념으로서 자연성(naturalness), 간결성(simplicity), 경제성(economy), 균형성(symmetry), 비잉여성(nonredundancy) 등이 있다. 또한, 이 원리의 적용 결과로 최소주의문법체계에서 심층구조(D-structure)와 표층구조(S-structure) 등의 표현과 지배(government), 핵계층(X-bar) 등의 도출에 관련되는 개념들이 제거되었다.

개념체계 <概念體系 Conceptual System>

☞ 지각운동체계 <知覺運動體系 Perceptual Motor System>, 개념의도체계 <概念意圖體系 conceptual-intentional system>, 사고체계 <思考體系 system of thoughts>

경유인조건 <經誘引條件 lightness condition> 자질유인(Attract-F)을 통제하기 위해 제안된 조건으로 "무임승차는 가능한 줄여야 한다(Do as little free-riding as possible)"로 정의된다. Chomsky(1995)에서는 하나의 어휘항목에서 한 형식자질(formal feature)이 유인될 때 무조건 그 어휘항목의 모든 형식자질이 무임승차자(free-riders)로 함께 유인된다고 주장된다. 그러나, 경유인조건(lightness condition)에 의하면, 이제 더 이상 자질점검에 참여하지 않는 형식자질까지도 함께 유인되는 과다한 무임승차가 금지된다. 즉, 무임승차자는 가능한 한 줄여야 한다는 것이다. 예컨대, John$_i$ seems [$_{TP}$ t'$_i$ to [$_{VP}$ t$_i$ work hard]]에서 종속절 T(=to)는 그것의 强性 D-자질만 점검 받아야 하므로, 경유인조건에 의해, VP의 Spec 위치에 있는 *John*의 형식자질 중 오직 범주자질인 D-자질만 유인하고, *John*의 나머지 자질은 보수전략(Repair

Strategy)에 의해 종속절 T의 Spec 위치로 이동되어 완전한 어휘항목으로 보수된다. 그 이후 *John*의 범주자질인 D-자질이 파이-자질, 격자질과 함께 다시 주절 T로 유인되고 보수전략을 거쳐 *John*이 주절의 주어 위치에 나타난다. 사실상, 경유인조건은 보수전략에 의해 보장받게 된다. ☞ 중유인조건 〈重誘引條件 heaviness condition〉

경제성 〈經濟性 economy〉 인간언어(human language)의 경제성(economy)은 인간의 본질적인 특성인 "최소노력(least effort)" 원리의 일환으로, 인간은 항상 최소의 노력으로 최대의 효과를 얻으려 하는 기본적인 특성이 있고, 이러한 특성이 인간언어의 문법적 구조에도 적용이 된다는 것이다. 이 원리는 문법적 표시와 도출과정 모두에 다음과 같이 적용된다. '음성형태층위(PF level)와 논리형태층위(LF representation)에서는 각기 음성해석이나 의미해석에 필요하지 않은 요소는 허용하지 않는다'라는 소위 완전해석원리(full interpretation: FI)는 문법적 표현(representation)에 대한 경제성이고, 최소단계조건(minimal step condition: MSC), 최소연결조건(minimal link condition: MLC) 등과 같이 어떤 문법적 구조의 도출과정에 있어서 불필요한 과정을 허용하지 않는 조건들을 문법적 도출(derivation)에 관한 경제성이라 한다. 도출의 경제성을 일반적으로 경제성조건(economy condition)이라 일컫는다.

☞ 경제성조건 〈經濟性條件 economy condition〉

경제성조건 〈經濟性條件 economy condition〉 연산체계(computational system: C_{HL})의 반복적 운용(recursive operation)에 의해 생성된 도출(derivation)중에서 완전해석원리(full-interpretation: FI)를 만족하는 도출을 합치도출(convergent derivation)이라 하는데, 경제성조건(economy condition)이란 합치도출에 적용되어 이 합치도출 중에서 그 도출과정이 가장

경제적인 최적도출(optimal derivation)을 선택하는 조건을 말한다. 경제성조건을 통과한 최적도출이 바로 그 문장의 논리형태표상(LF representation)이 된다. 이 조건에는 최소연결조건(minimal link condition: MLC), 최소단계조건(minimal step condition: MSC), 지연성원리 (Procrastinate), 이기성원리(Greed), 최후수단(Last Resort) 등이 포함된다. 이와 같이 논리형태층위(LF level)에서 적용되어 도출과정의 경제성을 점검하는 경제성조건은 결과적으로 연산의 복잡성(computational complexity)을 야기하는데, 이러한 경제성 체제를 비국부적 경제성(global economy)라 일컫고, 연산의 복잡성을 피하기 위해, 최적도출의 선택을 논리형태층위에까지 지연시키지 않고, 도출과정의 매 단계에서 그 단계에서 활용될 수 있는 모든 정보에 입각하여 가장 경제적인 도출을 사상(mapping)해 나감으로써 결과적으로 최적도출에 이르고자 하는 경제성 체제를 국부적 경제성(local economy)이라 일컫는다.

☞ 국부적 경제성 〈局部的經濟性 local economy〉, 비국부적 경제성 〈非局部的經濟性 global economy〉

경직적 최소성 〈硬直的 最小性 Rigid Minimality〉

☞ 상대적 최소성 〈相對的 最小性 Relativized Minimality〉

고유자질 〈固有資質 intrinsic feature〉 어휘항목에 할당되는 형식자질(formal feature)에는 고유자질(intrinsic feature)과 그렇지 않은 선택자질(optional feature)이 있다. 고유자질은 그 자질이 할당되는 특정 어휘항목(lexical item)의 본질적 특성을 나타내는 자질로, 그 어휘항목의 범주와 의미를 결정에 기여하는 자질들이라 할 수 있다. 예를 들어, airplane은 본질적으로 [N]의 범주자질(categorial feature), [3rd person]의 인칭자질(person feature), [-human]의 성자질(gender feature)과 같은 고유자질이 할당된다. [accusative]의 격자질(Case feature)과 [singular]

의 수자질(number feature) 등은 선택자질이다.

연관명사구 〈聯關名詞句 associate NP〉 허사(expletive) *there*-구문(there-construction)에서 허사 *there*와 관련되는 명사구를 말한다. 예컨대, 다음과 같은 *there*-구문의 예문 "There is a boy in the garden"에서 명사구 *a boy*를 말한다. *there*-구문에서 관련명사구(associate NP)가 갖는 중요한 문법적 특성은, 첫째 연관명사구가 부정성(indefiniteness)을 가지며, 둘째 연관명사구가 문장의 주어위치에 나타나지 않음에도 불구하고 동사의 파이자질(ϕ-features)상의 일치가 연관명사구에 관해서 이루어진다는 점이다. 이러한 특성을 설명하기 위해서 Chomsky(1995: Chapter 4)에서는 연관명사구는 비해석성의 주격자질(nominative Case feature)을 가지며, 따라서 이 격자질은 논리형태층위에서 점검 받아야 하는데, 이러한 격점검시 연관명사구의 다른 형식자질들(예컨대, N 범주자질과 파이자질)도 소위 무임승차자(free riders)로서 격자질과 함께 T로 유인되며, 이 때 유인된 연관명사구의 격자질과 파이자질은 각기 T의 격할당자질(Case-assigning feature)과 T로 상승한 동사의 ϕ-자질 등은 점검하게 되고, 그 이후 *there*의 비해석성의 범주자질인 D를 점검하기 위해 역시 무임승차자로 T로 이동한 연관명사구의 범주자질 N이 다시 *there*에 유인된다고 본다. Chomsky(1995: Chapter 4)에서 허사 *there*-구문에서 *there*는 범주자질인 D-자질만 가진다고 가정하므로, *there*가 T의 지정어위치에 병합될 때 T의 범주자질인 강성 D-자질(strong D-feature)만을 점검하며, T의 격할당자질이나 T로 상승한 동사의 ϕ-자질 등은 점검하지는 못한다. 따라서, 연관명사구는 이미 허사 *there*에 의해 점검된 T의 강성 D-자질은 점검할 필요가 없으나, T의 격할당자질이나 동사의 ϕ-자질을 점검해야 하고, 또한 *there*의 D-자질을 점검해야 하므로 반드시 격자질과 파이자질을 갖는 부정성의 NP이어야 한다는 것이다. 따라서, 허사 *there*-구문의 연관명사구는 DP가 아니라 언제나 NP가 된다는 것이다. 참고로, Chomsky(1995)에 의하면 한정성(definiteness)을 갖는 the boy와 같은 지시적 명사구는 언제나 DP로 규정된다. 허사 *there*-구문에서 *there*는 의미자질을 갖지 않고 오직 범주자질만 갖기 때문에 비해석적이며, 따라서 논리형태층위에서 적법대상(legitimate object)이 되기 위해서는 개념-의도 체계가 해석할 수 있는 해석 가능한 요소로 바뀌어야 한다. 그러기 위해서는 개념-의도 체계에 의해 해석될 수 있는 요소가 *there*에 부가되어 주어야 하는데, 무임승차자로 T로 상승한 연관명사구의 범주자질인 N-자질이 다시 *there*에 부가되어 $[_{DP}$ $[_{D}$ [there] N]]으로 완전한 DP의 구조를 형성하게 되어 *there*는 해석될 수 있는 요소가 되어 도출의 합치(合致 convergence)가 이루어진다.

관찰적 타당성 〈觀察的 妥當性 Observational Adequacy〉

☞ 타당성 〈妥當性 Adequacy〉

구재귀사 〈句再歸詞 phrasal reflexive〉 형태론상 특성에 입각해 분류한 재귀사(reflexive)의 한 유형으로, 한국어의 '그 자신'과 중국어의 *ta ziji*, 영어의 *himself*, 이탈리아어의 *sè stesso*, 아이슬랜딕어의 sjálfan sig 등과 같이 두 개의 형태소(morpheme)로 이루어진 재귀사를 일컫는 말이다. 주로 선행 형태소는 대명사적(pronominal) 요소이며, 후행 형태소는 재귀사적(reflexive) 요소로 이루어진다. 구재귀사는 가끔 학자에 따라 다형태소재귀사(polymorphemic reflexive), X^{max} 재귀사(X^{max} reflexive), 무표대용사(unmarked anaphor), XP 재귀사(XP reflexive) 등으로 일컬어지기도 한다.

구조보존가설 〈構造保存假說 Structure Preserving Hypothesis〉

Emonds (1976)가 변형규칙의 힘을 줄이기 위해서 제안한 가설로, 이 가설에 의하면 변형규칙은 새로운 구구조를 만들지 않고 D-구조의 구구조를 그대로 유지한다는 것이다. 특히 이동 변형의 경우에 국부변형(local transformation)이나 뿌리변형(root transformation)을 제외한 모든 이동변형에서 이동하는 요소의 귀착지(landing site)는 변형에 의해서 생겨나는 부가(附加 adjunction)의 위치가 아니라 D-구조에서부터 기저생성된 대입(代入 substitution)의 위치이어야 한다는 것이다. Chomsky(1996b, 1993, 1994, 1995)에서는 이 가설을 확대한 소위 확대구조보존가설(Extended Structure Preserving Hypothesis)을 제안하고 있는데, 이 가설에 의하면, 최대투사(maximal projection) 범주가 이동할 때는 다른 최대투사범주의 위치에 대입(substitution)될 뿐만 아니라 부가(adjunction)될 수 있고 핵(head) 범주가 이동할 때는 핵의 자리에 대입되거나 부가될 수 있다는 것이다. 사실상, 최소주의이론(minimalist theory)의 필수구구조이론(Bare Phrase Structure Theory)에 이르게 되면, 부가뿐 아니라 대입의 위치도 병합(Merge)이나 자질유인(Attract-F) 등의 연산의 결과로 새로이 생겨나는 위치이므로 초기 형태의 구조보존가설은 무의미하며, 확대구조보존가설도 독립적인 원리가 아니라 형태부(Morphology)와 일관성조건(uniformity condition[2]) 등의 원리에 의해 도출되는 개념으로 해석된다. 즉 핵 범주에 부가되는 최대투사의 경우는 형태부의 원리(형태부는 핵범주들과 그들의 자질만을 취급한다. (Morphology deals only with X^o-categories and their features.))에 의해 배제되며, 최대투사에 부가되는 핵범주는 일관성조건에 의해 배제될 수 있다.

국면 〈局面 phase〉 Chomsky(2001)에서 제안되고 있는 탐침자-목표물 문법체계(Probe-Goal Framework)에서 협소통사부(narrow syntax: NS)에서 선발(Select), 부합(Match), 일치(Agree), 대동(Pied-Pipe), 병합(Merge) 등의 연산(computation)이 적용되는 통사단위를 일컫는 말이다. 탐침

자-목표물 문법체계에서는 어휘배열(lexical array) LA가 어휘항목(lexical items)들의 소집합체인 하위어휘배열(lexical subarray) LA_i들의 집합으로 이루어져 있다고 보며, 하위어휘배열의 집합체인 어휘배열 LA가 구성되면, 이 LA는 협소통사부로 넘겨지고, LA를 넘겨받은 협소통사부에서는 이제 연산체계(computational system: C_{HL})가 작용하여 LA로부터 도출(derivation) D_{NS}를 생성해 낸다. 이러한 연산은 하위어휘배열 단위로 반복적으로 적용되어 각 하위어휘배열마다 그것의 독자적인 D_{NS}를 순차적으로 생성한다. 이러한 차원에서 협소통사부는 어휘배열(LA)을 넘겨받아 도출(D_{NS})을 만들어내는 생성엔진(generative engine)이라 할 수 있다. 이렇게 각 하위어휘배열 단위마다 얻어지는 D_{NS}를 국면(phase)이라 한다. 국면은 연산이 반복적으로 적용되는 협소통사부의 순환단위(cycle)가 된다. 연산을 통해 얻어진 도출은 양도(TRANSFER)의 작용에 의해 국면 단위로 음운부(phonological component) Φ와 의미부(semantic component) Σ로 이관(transferred)된다. 한편, Chomsky(2004)의 탐침자-목표물 문법체계에 따르면 국면(phase)을 다음과 같이 정의된다.

(1) 오직 CP와 v*P만이 국면이다. (Only CP and v*P are phases.)

(1)의 정의에 의하면, 기존의 이론에서 주격일치체계(nominative agreement system) 하에 ϕ-자질(ϕ-features)의 특구(locus)가 되었던 T까지도 국면을 이룰 수 없기 때문에 양도나 문자화는 물론 일치나 내부병합의 단위가 될 수 없다. Chomsky(2004)의 탐침자-목표물 문법체계에서 제기되는 중요한 이론의 변화가 바로 이러한 점에 기인한다. 즉, 만약 T가 국면을 이룰 수 없다면, T의 지정어(SPEC-T)로의 외부논항주어(external argument subject)나 비대격/수동태 목적어(unaccusative/passive object) 등이 인상되는 EPP 현상은 어떻게 포착되는

가? 바로 이러한 점을 포착하기 위해서 Chomsky(2004, 2005b)에서는 자질계승(feature inheritance)에 대한 다음 (2)의 가정을 제시한다.

(2) (i) T가 C에 의해 선택된다면, T는 C로부터 일치자질과 시제를 계승받는다.
(T inherits Agree- and Tense-features from C iff it is selected by C.)
(ii) 이차병합을 유발하는 외곽자질은 국면의 핵으로부터 일치자질이 계승될 때 함께 계승될 수 있다.
(The second-Merge triggering EF can be inherited from the phase head along with the Agree-feature.)

위 (2)의 가정에 의하면, T는 C에 의해 선택될 때까지는 도출 상에서 일치(Agree)나 일치를 통한 내부병합의 연산에 참여할 수 없게 된다. T가 C에 의해 선택되지 않을 경우는 시제(tense)나 ϕ-자질(ϕ-features)을 갖지 않는 소위 인상구문(raising construction)이나 예외격표시구문(ECM construction)과 같은 부정사구문을 이룬다. 따라서 T는 C에 의해 선택될 때만 CP의 국면 단위에서 C-T의 연합체로서 국면에 적용되는 연산에 참여하게 된다. 즉, C-T가 탐침자(Probe)로서 목표물(Goal) DP와 일치를 이룰 때, 목표물(Goal) DP는 장거리일치(long-distance agreement) 하에서 제자리(in-situ)에 남거나, 아니면 T의 지정어(SPEC-T) 위치나, 혹은 그 CP의 국면 내부에 의문사가 나타날 경우에는 T의 지정어 위치로의 주어인상과 함께 C의 지정어 위치로 의문사이동(wh-movement)까지 동시에 적용되는 소위 병행이동(parallel movement)이 야기된다.

☞ 탐침자-목표물 문법체계 〈探針子-目標物 文法體系 Probe-Goal Framework〉

국면국부성조건 〈局面局部性條件 phase locality condition〉

Chomsky(2005b)의 탐침자-목표물 문법체계(Probe-Goal Framework)에

서 제안된 탐침자(Probe)의 탐색(search)에 관한 일반화조건(generalized condition)으로, 소위 병행이동(parallel movement) 가설 하에서 새롭게 발생되는 외재논항 섬효과(external argument island effect)와 탐색은 하위국면의 보충어에 접근할 수 없다는 기존의 국면불가침조건(phase impenetrability condition: PIC) 효과를 묶어 다음 (1)과 같은 국면국부성조건(phase locality condition)을 제시하고 있다.

(1) 하위국면에 매입되어 있는 α의 내부에 나타나는 요소들은 이미 도출과정을 통과하였기 때문에 더 이상 상위국면의 연산에 접근할 수 없다.
(The elements in α embedded in the lower phase, which has already been passed in the derivation, cannot be accessed in the next higher phase.)

사실상, (1)의 국면국부성조건은 탐침자의 최소탐색영역(minimal search domain)의 결정에 적용되는 최소탐색조건(minimal search condition)에 기인한다고 볼 수 있는데, Chomsky(2005b)에서는 최소탐색조건을 다음 (2)와 같이 제시하고 있다.

(2) (i) 탐침자는 그것의 최소탐색영역에서 목표물을 찾아야 한다.
(The probe must seek its goal in the minimal search domain.)
(ii) $\{\alpha, \{\alpha, \beta\}\}$가 국면을 이룰 경우, α의 최소탐색영역은 다음과 같이 정의된다:
(a) β가 하위국면이라면, β에 직접 관할되는 통사대상, 즉 β의 지정어이다.
(b) 그 이외의 경우, β에 관할되는 모든 통사대상이다.
(In the phase $\{\alpha, \{\alpha, \beta\}\}$, the minimal search domain of α is defined as follows: (a) it is the syntactic objects (SOs) immediately dominated by β, that is, the Spec of β; (b) otherwise, it is all the syntactic objects (SOs) dominated by β.)

즉, 위 (2)의 정의에서 (2i)는 최소탐색조건의 정의이며, (2ii)는 최소탐색영역의 정의이다. (2iia)에 의하면, 하위국면 β의 지정어를 제외한, 지정어 내부에 나타나는 요소들과, 보충어, 그리고 그 보충어 내부에 나타나는 요소들은 β에 직접 관할(immediately dominated)되는 요소가 아니기 때문에 상위국면 탐침자의 최소탐색영역에 포함되지 못한다. 따라서 이들은 상위국면의 탐침자로부터 탐색을 받지 못함으로써 상위국면의 연산에 참여할 수 없다. 이를 위 (1)의 국면국부성조건으로 재해석하면 하위국면의 지정어 내부에 나타나는 요소들과, 보충어, 그리고 그 보충어 내부에 나타나는 요소들은 이미 도출과정을 통과하였기 때문에(즉, 지나간 국면에 깊게 매입(deeply embedded)되어 있기 때문에) 상위국면의 탐침자로부터 탐색을 받지 못하고, 그 결과서 상위국면 속으로 내부병합될 수 없어 결국 외재논항 섬효과(external argument island effect)와 국면불가침조건(phase impenetrability condition: PIC) 효과가 나타나게 된다.

☞ 외재논항 섬효과 〈外在論項 섬效果 external argument island effect〉, 국면불가침조건 〈局面不可侵條件 phase impenetrability condition: PIC〉

국면불가침조건 〈局面不可浸條件 phase impenetrability condition: PIC〉 Chomsky(2001, 2004)의 탐침자-목표물 문법체계(Probe-Goal Framework)에서 연산(computation)이 적용되는 범위를 제한하기 위해 적용되는 조건으로, 다음과 같이 정의된다.

(1) H가 강국면 HP의 핵이고, ZP는 차상위의 강국면일 때, H의 영역은 ZP의 순환단계에서 적용되는 연산작용에 참여할 수 없지만, H와 그것의 외곽요소는 참여할 수 있다.

(The domain of H is not accessible to operations at ZP, but only H and its edge, (where H is the head of strong phase HP, and ZP is the next strong phase.)

위의 국면불가침조건(phase impenetrability condition: PIC) (1)에 의하면, 강국면(strong phase) HP의 핵(head)인 H와 그것의 외곽(edge)에 해당되는 지정어(SPEC)와 부착요소(adjoined element)만이 차상위 강국면(the next strong phase) ZP의 연산작용(computational operation)에 참여할 수 있다. 즉, 차상위 강국면 ZP의 핵 Z가 비해석성(uninterpretable) ϕ-자질(ϕ-features)이나 EPP-자질(EPP-feature)을 가질 때, 이들을 제거(delete)하기 위해 일치(Agree)나 이동(Move) 등의 연산이 일어나는데, 이러한 연산에 참여할 수 있는 요소는 바로 차하위 강국면 HP의 핵 H와 외곽요소(edge elements)들이라는 것이다. 따라서 강국면 HP의 영역(domain)인 보충어 위치에 남아 있는 요소는 차상위 강국면의 연산에 전혀 영향을 받지 않으므로 도출(derivation)이 차상위 강국면에 이르기 전에 즉시 양도(TRANSFER)에 의해 음운부로 이관되어 문자화(Spell-Out: S-O)에 의해 문자판독(spelled out) 되어야 한다. 따라서 강국면 HP의 보충어가 HP의 지정어 위치로 이동되지 않는 한 그 보충어와 그 보충어에 내포되는 요소들은 차상위 강국면에 적용되는 연산작용에 참여할 수 없게 된다. 양도는 강국면의 단계에 적용되며, 강국면의 핵인 기능범주가 EPP-자질을 갖지 않을 경우 그것의 보충어는 국면불가침조건(PIC)의 효과에 의해 바로 문자화에 의해 문자판독된다. Chomsky(2004)에 의하면, 문자화는 가능한 한 일찍 적용되어야 한다(Spell-Out should apply as early as possible). 문자화를 강국면 단계에서 적용하는 것은 의미부(semantic component)와 음운부(phonological component), 그리고 협소통사부(narrow syntax: NS)의 순환단위(cycle)를 동일화하여 연산의 부담(computational burden)을 줄일 수 있고, 문자화를 가능한 한 일찍 적용하는 이유도 역시 도출과정에서 도출의 전단계(earlier stage)를 잊게 함으로써 연산의 부담을 줄일 수 있기 때문이다. Chomsky(2004)의 가정에 따르면, 문자화에 의해 음운부로 이관되어 문자판독된 요소는 더 이상 협소통사부에 참여하지 않는다.

국부결속 〈局部結束 local binding〉 결속의 한 형상을 지칭하는 말로, 가장 가까이 있는 결속자(the closest binder)에 의해 결속되는 경우를 말한다. 일반적으로 지배-결속이론(GB-Theory)에서는 "X가 Y를 국부적으로 결속하려면, X가 Y를 결속하고, X에 결속되면서 Y를 결속하는 Z가 없어야 한다(X locally binds Y iff X binds Y and there is no Z such that X binds Z and Z binds Y)"로 정의되고 있다. 예컨대, 지배-결속이론에서는 변항(variable)은 운용자(operator)에게 국부적으로 결속(locally bound)되어야 한다고 보는데, 아래 예문은 변항 t가 대명사 he와 동일지표화(coindex)될 경우 운용자 who에 의해 국부적으로 결속되지 못하므로 비문법적이 된다.

(1) *who$_i$ did [he$_i$ respect t$_i$]

또한, 재귀사 결속(reflexive binding)의 경우에는 국부결속의 개념은 장거리결속(long-distance binding)과 상반되는 개념으로 사용되는데, 단순히 재귀사가 그가 속한 절내의 선행사(antecedent)에 의해 결속되는 경우를 말한다. 아래 예문 (2a)에서는 재귀사 himself가 가장 가까이 있는 선행사에 의해 결속되지 않으나 그가 속한 절 내에서 결속되므로 국부적 결속을 이루며, (2b)에서는 '그 자신'이 가장 가까이 있는 선행사에 의해 결속되지만 그 선행사가 그가 속한 절을 넘어 상위절에 있으므로 장거리결속을 이룬다.

(2) a. John$_i$ told Tom about himself$_i$.
 b. 철수$_i$가 [그 자신$_i$이 영희를 사랑한다고] 말했다.

☞ 장거리결속 <長距離結束 long-distance binding>

국부적 경제성 <局部的經濟性 local economy> Chris Collins(1997)가 Chomsky(1995)에서 제안되고 있는 소위 비국부적 경제성(global economy)의 개념에 반대하여 제안한 경제성의 개념으로, 연산(演算 computation)의 비국부적 예상적용("look–ahead" global complexity)이나 연산의 복잡성(computational complexity) 문제를 방지하기 위해서 도입되는 경제성조건의 적용원리를 말한다. Chris Collins(1997)은 국부적 경제성(local economy)의 개념을 "(최적의) 도출과정 D의 한 단계에서 통사적 대상들의 집합인 Σ가 주어지면, 특정의 연산작용 OP가 Σ에 적용될 수 있는지의 결정은 오로지 Σ에서 얻을 수 있는 정보에만 기초해서 내려져야 한다(Given a set of syntactic objects Σ which is part of derivation D, the decision about whether an operation OP may apply to Σ (as part of an optimal derivation) is made only on the basis of information available in Σ)."로 정의하고 있다. 요컨대, Chomsky(1995)에서는 최적도출(optimal derivation)을 판정하는 경제성조건(economy condition)들이 논리형태층위(LF level)에서 적용되므로, 사실상 한 배번집합(numeration: N)으로부터 연산과정을 통해 획득할 수 있는 가능한 도출(derivations)은 그 배번집합에 속한 어휘항목의 수를 계승(階乘 factorial)한 수만큼 많을 수 있고, 경제성조건들은 이들 도출의 경제성을 상호 비교하여 가장 경제적인 최적도출(optimal derivation) 하나를 선택해야 하므로 사실상 엄청난 연산의 복잡성이 야기된다. 이러한 연산의 복잡성을 피하기 위해서는 논리형태층위의 경제성조건들을 논리형태층위에 도달하기 전의 연산과정에서 미리 적용하여 가능한 도출의 수를 줄여나가야 하는데, 이 경우는 연산이 미리 논리형태층위의 경제성조건들의 요구를 예상해서 적용되어야 하는 소위 비국부적 예상적용

("look-ahead" global complexity)을 야기하게 된다. 이러한 경제성조건의 운용체제를 비국부적 경제성(global economy)이라 한다. Chris Collins(1997)는 바로 비국부적 경제성이 야기하는 이러한 비국부적 예상적용의 문제점을 해결하기 위해서 논리형태층위의 경제성조건 대신에 연산과정의 모든 도출단계에서 각 단계마다 그 단계에서 확인되는 정보에 입각해서 가장 경제적인 다음 도출을 유도하는 방향으로 연산을 진행해 나감으로써 논리형태층위에서 연산의 복잡성을 야기하지 않고 최적도출을 얻고자 하는 경제성조건의 새로운 운용체제를 제안한다. 바로 이러한 체제를 국부적 경제성(local economy)이라 한다. 참고로, Chris Collins(1997)의 국부적 경제성 이론에서는 배번집합(Numeration)의 존재를 인정하지 않고, 도출의 통사적 대상을 이루는 어휘항목이 연산과정에서 병합(Merge)에 의해 직접 어휘부(Lexicon)에서 도출로 유입된다고 본다. 따라서, Chomsky(1995)에서와는 달리 병합이 자질유인(Attract-F)과 경제적 측면에서 등가를 이룬다고 본다.

☞ 비국부적 경제성 〈非局部的 經濟性 global economy〉

굴절소분할가설 〈屈折素分割假說 Split-INFL Hypothesis〉 Pollock(1989)에서 처음 제안된 가설로, 기존의 지배-결속이론에서 일반적으로 굴절소(INFL: I)를 문장(S)의 핵(head)이 되는 유일한 기능범주로 보고 있는데 반해, 이 가설에서는 굴절소(INFL: I)를 여러 개의 기능범주가 합쳐진 결합체로 분석하고, 이 결합체를 이루고 있는 기능범주들을 분할함으로써 문장의 구조를 여러 가지 기능범주의 핵에서 투사되는 구성체로 기술하고 있다. 굴절소분할가설(Split-INFL Hypothesis)은 학자에 따라 굴절소에서 분할되는 기능범주의 종류를 다르게 보고 있는데, Pollock(1989)에서는 굴절소가 일치소(Agr)와 시제(T)로 분할되고 이들이 각각 별개의 투사를 갖는 독립적인 기능범주(functional category)의 자격을 갖는다고 보지만, Chomsky(1991)에 이르면 일치소(Agr)가 다시 주어일치소(AgrS)와 목적어일치소(AgrO)로 분할되어 이들이 각각 독자적인 투사를 갖는다고 본다. Chomsky(1991)의 제안에 따른 영어의 문장구조(타동사의 경우)는 아래와 (1)과 같이 표현되는데, 이러한 굴절소분할가설은 Chomsky(1994)의 필수구구조이론(Bare Phrase Structure Theory)에서까지 그대로 유지된다. 그러나, Chomsky(1995) 이후에는 일치소(Agr)가 사라지고 굴절소에서 분할되는 기능범주는 T와 경동사(light verb) v로 한정된다. Chomsky(1995)의 제안에 따르면, 영어의 문장구조(타동사의 경우)는 아래 (2)와 같이 표현된다.

(1)

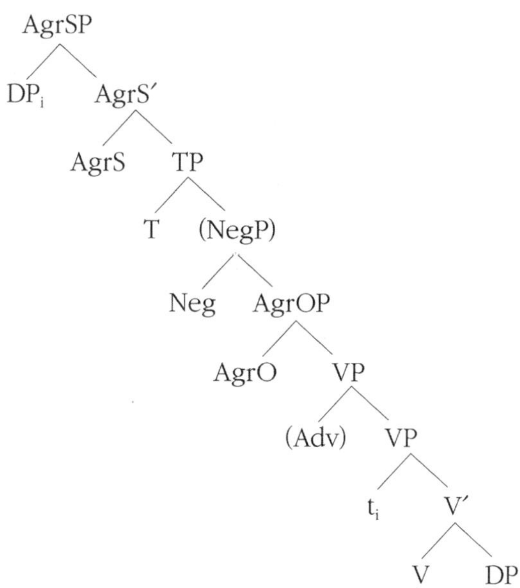

(2)

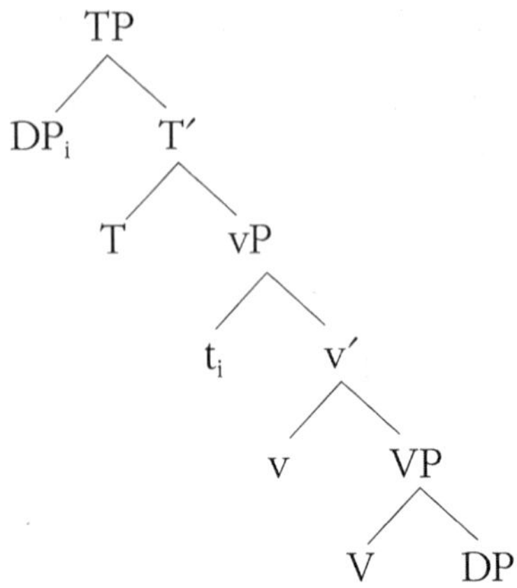

기능범주 〈機能範疇 functional category〉 개별언어의 어휘부(Lexicon)에 나타나는 어휘항목(lexical items)은 크게 어휘범주(lexical category)에 속하는 항목과 기능범주(functional category)에 속하는 항목으로 구분된다. 기능범주는 굴절소(I), 보문소(C), 한정소(D) 등과 같이 문장에 나타나는 어휘범주들의 최대투사를 연결해 주는 문법적 기능을 담당하는 범주들을 말한다. 기능범주는 어휘범주의 최대투사를 보충어(complement)로 취하나 의미역(θ-role)을 할당하지 않기 때문에 이러한 선택을 소위 범주선택(c-selection)이라 한다. 한편, 기능범주의 최대투사는 어휘범주의 보충어로 선택될 수 있으며, 이 때 어휘범주로부터 의미역을 할당받기 때문에 이러한 선택을 소위 의미선택(s-selection)이라 한다. 요컨대, 기능범주는 문장 내에서 범주선택하기도 하고 의미선택 받기도 함으로써 결과적으로 어휘범주들을 상호 연결해주는 문법적 기능을 담당한다. Pollock(1989)은 굴절소분할가설을 제안하며 굴절소를 일치소(Agr)와 시제소(T)로 분할하였으며, Chomsky(1991)에서는 일치소(Agr)를 다시 주어일치소(AgrS)와 목적어일치소(AgrO)로 나누기도 했다. 특히, Chomsky(1995)의 최소주의

이론에서는 기능범주를 구성하는 어휘자질들은 모두 비해석적([-interpretable]) 자질로서 논리형태층위에 이르기 전에 모두 어휘범주의 관련자질을 유인하여 점검받음으로써 제거되어야 한다고 본다. 따라서 기능범주는 자연언어의 전위(dislocation) 현상을 유발하는 기초 범주가 된다.

기술적 타당성 〈記述的 妥當性 Descriptive Adequacy〉

☞ 타당성 〈妥當性 Adequacy〉

[ㄴ]

내부병합〈內部倂合 internal Merge〉

☞ 병합〈倂合 Merge〉, 다중병합〈多重倂合 multiple Merge〉

내포성조건 〈內包性條件 inclusiveness condition〉 내포성조건(inclusiveness condition)은 필수구구조(Bare Phrase Structure Theory)개념과 함께 문장의 구구조 생성의 문법의 운용을 최소화하기 제안된 조건으로, 배번집합(numeration: N)으로부터 연산체계(computational system: C_{HL})에 도입되는 어휘항목과 그것의 자질 이외에 어떠한 요소도 연산과정에서 첨가될 수 없다는 것이다. 이 조건은 "출력은 어휘부에서 생성되는 어휘항목의 특성(어휘자질)으로써만 구성된다. 즉, 접속층위는 어휘자질들의 배치로써만 이루어진다. (Outputs consist of nothing beyond properties of items of the lexicon (lexical features): i.e., the interface levels consist of nothing more than arrangements of lexical features.)"로 정의된다. 즉, 배번집합으로부터 연산체계(computational system: C_{HL})에 도입되는 어휘항목은 형식자질(formal feature), 음성자질(phonetic feature), 의미자질(semantic feature) 등의 자질들로 구성된 복합체인데, 연산체계는 오로지 이들 어휘항목의 자질들만으로 도출을 진행해야 한다는 것이다. 이 조건에 의해 종래의 지배-결속이론(GB-Theory)에서처럼 NP, VP, N, V 등과 같은 범주절점(categorial node)과 핵계층(bar level), 지표(index) 등등의 요소가 연산체계의 도출과정에서 도입되는 것이 금지된다. 그러나, 일반적으로 내포성조건은 문자화(Spell-Out) 이후 음성형태로 사상되는 음운부(phonological component)의 도출과정에서는 적용되지 않는 것으로 주장된다. 따라서 음운부에서는 배번집합에서 도입되는 어휘항목의 음성자질 이외에 억양(intonation), 음조(pitch), 강세(stress), 휴지(pause), 성조(tone) 등의 새로운 음성자질이 첨부될 수 있다.

내현통사부 〈內顯統辭部 covert syntax〉 연산체계(computational system: C_{HL})를 문자화(文字化 Spell-Out)가 적용되는 시점을 중심으로 2분화할 경우 문자화 이전 체계를 외현통사부(overt syntax)라 하고, 문자화 이후 체계를 내현통사부(covert syntax)라 한다. 즉, 논리형태부(LF component)의 연산체계를 일컫는 말한다. 즉, 연산체계에서는 배번집합(Numeration) N에서 논리형태표현(LF representation) λ에 이르기까지 선발(Select), 병합(Merge), 자질유인(Attract-F) 등의 연산이 반복적으로 적용되는데, 이러한 연산과정에서 특정 단계의 도출(Σ)에 문자화(Spell-Out)가 적용되면, 음성자질을 제외한 Σ의 모든 정보는 논리형태부로 유입되고 논리형태부에서도 계속적으로 선발(Select), 병합(Merge), 자질유인(Attract-F) 등의 연산작용이 적용된다. 이 경우, 문자화 이전의 연산은 명시적 이동(overt movement)을 유발하나, 문자화 이후의 논리형태층위에서 적용되는 연산은 비명시적 이동(covert movement)을 유발한다. 따라서, 문자화 이전까지의 연산체계 (N→Σ)을 외현통사부(overt syntax)라 일컫고, 문자화 이후의 연산체계(Σ→λ)를 내현통사부(covert syntax)라 일컫는다.

[ㄷ]

다중병합 〈多重併合 multiple Merge〉 Chomsky(2001)의 탐침자–목표물 문법체계(Probe–Goal Framework)에서 이동(Move)의 작용을 병합(Merge)의 개념으로 분석하여 붙인 이름이다. 사실상 탐침자–목표물 문법체계에서는 이동은 이미 외부병합(external Merge)한 요소를 다른 위치로 한 번 더 내부병합(internal Merge)하는 소위 다중병합(Multiple Merge)의 결과를 낳는다. 외부병합이란 순수병합(pure Merge)이라고도 하는데 어휘배열(lexical array: LA)에 존재하는 어휘항목을 선발하여 기존의 통사대상(syntactic object: SO)에 결합하거나 이미 존재하는 두 통사대상을 결합(GT)하는 작용을 말하며, 내부병합이란 이동의 결과로 생겨나는 병합으로 탐색자(Probe)의 EPP–자질을 충족시키기 위해 탐색자의 내부영역(internal domain) 속에 이미 병합되어 있는 요소를 다시 탐색자의 투사(projection)와 결합하는 작용을 말한다. 따라서 이동은 언제나 외부병합된 요소를 다시 내부병합하는 다중병합을 야기한다.

☞ 내부병합〈內部併合 internal Merge〉, 병합〈併合 Merge〉

다중지정어구문 〈多重指定語構文 multiple Spec construction: MSC〉

☞ 자유병합 〈自由併合 free Merge〉, 외곽자질 〈外郭資質 edge feature: EF〉

다형태소재귀사 〈多形態素再歸詞 polymorphemic reflexive〉

☞ 구재귀사 〈句再歸詞 phrasal reflexive〉

단순성 〈單純性 Simplicity〉

☞ 문법평가척도 〈文法評價尺度 grammar evaluation measure〉

단형태소재귀사 〈單形態素再歸詞 monomorphemic reflexive〉

☞ 핵재귀사 〈核再歸詞 head reflexive〉

담화상 특성 〈談話特性 discoursal properties〉

☞ EPP-자질할당조건 〈EPP-資質割當條件 EPP-assignment condition〉

대동 〈帶同 Pied-Pipe〉 Chomsky(2004)의 탐침자-목표물 문법체계(Probe-Goal Framework)에서 이동(Move)의 한 속성으로 분석되는 개념으로, 복사이론(Copy Theory) 하에서 선행사(antecedent)와 복사(copy)의 관계가 성분통어(c-command)에 의하지 않고도 '대동(Pied-Pipe)'의 개념에 의해 결정될 수 있음을 주장한다. 요컨대, 탐침자-목표물 문법체계(Probe-Goal Framework)에서는 EPP-자질을 충족하기 위한 구이동(XP-movement)은 다음 (1)과 같이 협소통사부(narrow syntax: NS)에서 진행되는 연산의 집합으로 분석한다.

(1) 이동 = 일치/대동/병합 (Move = Agree/Pied-Pipe/Merge)

또한 Chomsky(1994) 이후 최소주의 언어이론(Minimalist Program: MP)에서는 이동의 결과로 원래의 위치에 남는 흔적(trace)은 공범주(empty category)가 아니라 이동한 요소의 대부분의 특성을 그대로 유지하는 그것의 복사(copy)라고 본다. 이러한 이론을 복사이론(Copy

Theory)라고 한다. 복사이론에 의하면 다음 예문 (2a)의 협소통사부의 도출은 (2b)처럼 표현된다.

(2) a. John was killed.
b. [$_{CP}$ [$_{TP}$ John T-be [$_{vP}$ v [$_{VP}$ killed John]]]]

즉, 위의 예문은 *John*이 동사 *killed*의 목적이위치에서 문장의 주어위치로 이동한 것을 나타낸다. 그런데 이 경우 *killed*의 목적어위치에 *John*의 공범주 흔적인 t가 남지 않고 그것의 복사인 *John*이 그대로 나타난다. 그러면 복사이론에서는 흔적과 그것의 선행사의 차이는 무엇일까? 기존의 지배결속이론(GB-Theory)에서는 연쇄조건(chain condition)에 입각해 선행사는 흔적을 성분통어(c-command)(혹은 선행사 지배(antecedent government))한다고 본다. 이러한 관점에서는 (2)의 예문에서 문장의 주어 위치에 나타나는 *John*이 동사의 목적어 위치에 나타나는 *John*의 선행사가 되고, 동사의 목적어위치에 나타나는 *John*은 그것의 흔적이 된다. 그러나, 협소통사부의 연산작용(computation)을 더 이상 성분통어나 지배(government)의 개념에 의존하지 않는 탐침자-목표물 문법체계에서는 선행사와 흔적의 관계를 또 다른 관점에서 분석한다. 즉, 협소통사부의 이동을 (1)으로 분석하는 탐침자-목표물 문법체계에 따르면, 이동에는 대동(Pied Pipe) 작용이 포함되는데 대동은 다음 (3)과 같이 정의한다.

(3) 대동은 음운적 내용을 필요로 한다.
(Piped-Pipe requires phonological content.)

즉, (3)에 따르면, 이동하는 요소는 반드시 그것의 음운적 실체(혹은 음운자질)(phonological content(or phonological features))를 흔적에 남기지 않고 대동한다는 것이다. 즉 이동하는 요소가 의미자질(semantic features)과 형식자질(formal features)을 대동할 때 그것들을 흔적에 복사하여 남기나 음운자질은 복사하지 않고 그 내용 자체를 이동한다는 것이다. 따라서, 음운적 실체가 있는 이동한 요소(즉, 선행사)는 음운부에서 음운해석규칙에 의해 음성으로 해석될 수 있으나, 원래의 위치에 남아 있는 복사는 음운적 실체가 없을 뿐만 아니라 그것의 의미자질과 형식자질들은 모두 음운부에서는 비해석성(uninterpretable)이므로 음운부에서 삭제된다. 그러므로 이제 선행사와 복사의 구분은 음운부에서 음성으로 해석될 수 있는 음운적 실체가 있느냐 없느냐에 따라 이루어질 수 있다. 즉, 음운부에서 음운적 실체를 가지고 있어 음성으로 해석되는 요소는 선행사이며, 음운적 실체를 갖지 않는 요소는 그것의 복사가 된다. 이러한 복사의 개념은 다음과 같이 정의된다.

(4) 만약 K와 L이 K가 L의 음운적 자질을 갖지 않는다는 점만을 제외하고 동일하다면, K는 L의 복사가 된다.
(K is a copy of L if K and L is identical except that K lacks the phonological features of L.)

Chomsky(2004)에 의하면, 이동(Move)은 양도(TRANSFER)의 연산이 적용되기 양도나 후에 모두 일어날 수 있다고 보는데, 전이 전의 이동을 명시적 이동(overt movement)이라 하고 양도 후의 이동을 비명시적 이동(covert movement)이라 한다. 이제, (4)의 정의에 의하면, 양도 후 발생하는 비명시적 이동의 경우는 기존의 성분통어에 의한 선행사-복사의 구분과는 반대의 결과를 낳는다. 즉, 협소통사부에서 명시적 이동의 경우는 이동하는 요소가 음운자질까지 대동함으로써 음운자질을 갖는 성분통어하는 자가 여전히 선행사가 되지만, 비명시적 이동의 경우는 이동하는 요소가 음운적 실체를 대동하지 않음으로써 오히려 음운부에서 그것의 음운자질이 음성으로 해석되는 기저의 요소가 선행사로 규정되며 그것을 성분통어하는 이동한 요소는 음운적 실체를 갖지 않기 때문에 복사로 규정된다. 따라서, 명시적 이동의 경우는 이동한 선행사가 기저의 위치에 남아 있는 그것의 복사를 성분통어하게 되지만, 비명시적 이동의 경우는 오히려 이동한 복사가 기저의 위치에 남아 있는 선행사를 성분통어하게 된다.

대용적 접어 〈代用的接語 anaphoric clitic〉

☞ 접어화 〈接語化 cliticization〉

데카르트의 문제 〈*데카르트* 의 問題 Descartes' problem〉 근대철학의 선도자인 프랑스의 르네 데카르트(René Descartes 1596-1650)가 제기한 철학적 문제로서, Chomsky(1986a)에 의해 언어학(특히, 변형생성문법)을 통해 그 해결책에 접근할 수 있는 철학적 과제 중의 하나로 다시 제기되었다. 즉, 데카르트는 그의 본유적 관념론(innateness ideology)에서 다음과 같은 문제를 제기한다.

(1) 어떻게 인간은 특정한 환경 속에서 어떤 방법의 행동을 보일 때 그 환경에 기껏 자극을 받거나 경향을 띠는 정도인가?
(How can we be only "incited and inclined" to act in certain ways in particular circumstances?)

이 문제는 사실상 인간의 행동양식에 대한 근원적인 문제 제기로, 인간의 행동은 실증주의(Empiricism) 철학과 행동주의(Behaviorism) 심리학에서 주장하는 바처럼 '특정한 자극(stimuli)에 대한 특정한 반응

(responses)'의 공식으로 도저히 설명할 수 없는, 매우 창의적(creative)이고 생산적(productive)이며, 환경적 자극으로부터 자유로운 방식으로 이루어짐을 지적하고 있다. (참고, "나는 생각한다, 고로 존재한다(Cogito, ergo sum)"라고 주장함으로써, 데카르트는 사유의 능력인 고기토(즉, 정신세계)는 오로지 인간만이 가지고 있고, 인간은 태어나면서부터 이미 고기토를 가지고 태어난다고 봄으로써 고기토를 소위 '본유적 관념(innate idea)'으로 보았다. 또한 고기토는 신으로부터 부여받았지만, 이제 본유적으로 고기토를 내장한 인간은 신의 도움 없이도 스스로 사유할 수 있는 독립적인 존재인 정신세계의 주체가 된다. 이러한 주체의 개념은 근대철학의 근간이 되며, 주체의 본유성(innateness)을 인정한다는 점에서 데카르트는 플라톤으로부터 안셀무스, 토마스 아퀴나스, 윌리엄 오컴 등으로 이어져온 소위 '이성주의(Rationalism)(혹은 합리론, 관념론, 연역론) 철학'의 계승자이며, 이러한 이성주의적 전통은 다시 다른 대륙의 철학자들(스피노자, 라이프니츠, 칸트 등)에게로 이어져 나간다.)

이러한 데카르트의 문제는 사실상 Chomsky 혁명(1957)을 통해 변형생성문법에서 제기했던 다음과 같은 질문과 맥을 같이 하고 있다.

(2) (i) 인간은 어떻게 한 번도 접해보지 못한 새로운 문장들(novel sentences)까지도 만들어내며 알아듣는가?
(ii) 어떻게 한 언어에서 무한히 많은 문장들(infinite set of sentences)이 사용될 수 있는가?

(2)의 질문들은 둘 다 인간언어의 생산성에 대한 언급으로서, 인간의 언어활동도 데카르트가 제기한 인간의 일반 행동양식과 마찬가지로 경험적 환경(혹은 자극)과는 자유롭게 창의적이며 생산적으로 이루짐을 지적하고 있다. 인간의 언어를 연구하는 언어학은 바로 이

러한 근본적인 질문에 효과적인 대답을 할 수 있어야 한다. 따라서 Chomsky 혁명(1957)을 통해 주창된 변형생성문법에서는 이러한 질문에 대한 대답으로 인간의 머릿속에는 개별언어의 문장이 아니라 그 언어의 문법규칙이 내재해 있다고 주장한다. 만약, 인간이 실증주의(Empiricism)-구조주의(Structuralism)-행동주의(Behaviorism) 학자들의 주장처럼 인간의 언어능력을 '인간이 후천적 경험을 통해 학습한 문장들을 머릿속에 지니고 있기 때문에 말을 할 수 있는 것'으로 해석한다면, 인간은 한 번도 경험하지 못한 문장은 머릿속에 입력되어 있지 않기 때문에 사용할 수도 없을 뿐만 아니라 듣고 이해할 수도 없어야 할 것이다. (2i)의 질문에서처럼 인간이 과거에 경험하지 않은 새로운 문장들(novel sentences)을 알아듣고 사용할 수 있다는 것은 인간의 머릿속에는 문장 자체가 아니라 그 문장을 창의적이며 생산적으로 생성하는 생성규칙들(generative rules)이 내재해 있음을 보여준다. 또한, (2ii)의 질문은 우리의 일상 언어사용 현상에 의해서 입증될 수 있다. 즉, 우리가 일상으로 사용하는 비상투적인 문장들은 거의 중복 사용되지 않는 상이한 문장들인데, 한 언어가 이 세상에 생겨난 이래 그 언어를 사용한 원어민(native speakers)의 수가 얼마나 많았으며 또한 앞으로 원어민의 수가 얼마나 더 있을 수 있는지를 생각해 보면, 과히 한 언어에 사용될 수 있는 문장의 수가 얼마나 많을 것인지 짐작할 수 있다. 이론적으로는 Miller, Galanter & Pribram(1960)의 연구에서 주장하고 있는 바처럼 영어에서 20개 이하의 단어로 만들어지는 문장의 수가 10^{30}개에 이른다는 사실에서도 한 언어에 사용되는 문장의 수가 무한하다는 것이 입증된다. 왜냐하면, 영어에는 20개 이상의 단어로 이루어지는 문장도 얼마든지 있을 수 있기 때문이다. 이론적으로는 수백 개, 수천 개의 단어로 이루어지는 문장도 있을 수 있다. 이렇듯 한 언어에 사용될 수 있는 문장의 수가 무한히 많을 수 있다는 사실이 인간의 머릿속에는 문장이 아니라 문장을 만들어내는 규칙이 내재해 있음을 입증해 준다. 즉, 인간의 머릿속에 문장이 내재되어 있다면, 우리가 일생동안 경험할 수 있는 문장의 수는 한정되어 있으므로 우리 머릿속에는 한정된 수의 문장이 내재해 있을 수밖에 없고, 따라서 우리는 무한히 많은 문장을 생성해 낼 수 없다. 한 언어에 존재하는 문장의 수가 무한히 많다는 것은 바로 우리의 머릿속에 내재해 있는 언어가 문장을 만들어 내는 한정된 수의 문법규칙이며, 이 문법규칙이 반복적으로 적용이 되어 수많은 새로운 문장들을 만들어 내기 때문인 것으로 볼 수 있다.

즉, 위의 (2)의 질문은 인간의 언어사용은 환경이나 경험과 상관없이 매우 창의적이고 생산적으로 이루어지는 특성을 갖는다는 것을 제기하고 있는데, 바로 이러한 언어사용의 특성은 언어학에서 설명해야 하는 중요한 과제 중에 하나임과 동시에 그 해답은 바로 데카르트의 문제에 대한 근원적인 대답이 되는 것이다. Chomsky가 그의 혁명(1957)을 통해 실증주의 철학에 기반은 둔 Saussure식의 구조주의문법을 거부하고 데카르트식의 이성주의 철학을 기반으로 변형생성문법을 주창하게 된 중요한 계기 중의 하나가 바로 언어학의 연구를 통해 데카르트의 문제에 접근하고자 함에 있다.

데카르트주의 언어학 <*데카르트* 主義 言語學 Cartesian Linguistics>
데카르트주의 언어학(Cartesian Linguistics)이란 르네 데카르트(René Descartes 1596~1650) 이후에 인간정신(human mind)(즉, 고기토)에 대한 데카르트의 본유성 가설(innateness hypothesis)을 이어받아 이를 명시적인 언어이론과 기술에 접목하고자 했던 소위 1660년대의 포트-로얄 문법학자들(Port-Royal grammarians)에서부터 훔볼트(Wilhelm von Humboldt 1767~1859)에 이르기까지 일련의 '철학문법(philosophical grammar)'의 전통을 일컫는 말이다. '데카르트주의 언어학(Cartesian Linguistics)'의 호칭은 Chomsky(1966)의 저서 *Cartesian Linguistics*에서 유래된 것으로, 데카르트주의 언어학의 대표적 출판물로서는 Arnauld and Lancelot(1660)의 Port-Royal *Grammaire générale et raisonnée*, Arnauld and Nicole(1662)의 *La logique ou l'art de penser, the Port-Royal Logic*, N. Fontaine(1736)의 *Memoires Pour Servir A L'Histoire de Port-Royal*, Humboldt의 *Über die Verschiedenheit des menschlichen Sprachbaues und ihrenEinfluss auf die geistige Entvickenlung des Menschengeschlechts* (ed. by Dümmler 1960) 등이 있다.

1957년 이성주의 철학을 기반으로 변형생성문법을 주창함으로써 언어학의 실증주의적 전통을 무너뜨리고 코페르니쿠스적 혁명을 일구어낸 소위 Chomsky 혁명의 실체는 사실상 그간 1세기 이상을 수면 아래에 묻혀온 이른 바 '데카르트주의 언어학'에로의 회귀라 해도 과언은 아니다. 한편, G. Harman(1994)은 Chomsky 혁명에 의해 다시 부활한 데카르트주의 언어학의 특징을 다음과 같이 요약하고 있다.

첫째, 언어는 사고의 표현이며, 사고는 본질적으로 칭의적이므로 언어사용에 창의적 국면이 존재한다고 본다. (First, 'Cartesians' take language to be an expression of thought and believe that thought is essentially creative, they claim there is a 'creative aspect of language use'.)

둘째, 문장에서 표면적인 음성구조와 내면적인 의미구조를 구분짓고, 일반적으로 의미를 나타내는 '표층' 구조는 소리를 나타내는 '심층' 구조는 동일하지 않다고 본다. (Second, they distinguish the superficial phonetic structure of a sentence from the underlying semantic structure and hold that 'deep' structure of meaning does not parallel 'surface' structure of sound.)

셋째, (본질에 대한) 설명이 (현상에 대한) 단순 기술보다 더욱 중요하다고 봄으로써 보편문법을 주창한다. (Third, they take explanation to be more important than mere description and therefore advocate universal grammar.)

넷째, 언어의 사용과 습득에 대해 탐구하고, 이러한 언어의 문제들이 원어민의 본유적 기능에 기초하고 있음을 확인한다. (Fourth, they examine the acquisition and use of language and take these to be based on innate capacity of the native speaker.)

동사구내주어가설 <動詞句內主語假說 VP-Internal Subject Hypothesis>

Speas(1986), Fukui(1986), 김용석(1986), Larson(1988), Koopman & Sportiche(1988) 등에 의해 제안된 가설로, 기존의 지배-결속이론(GB Theory)에서 주어(subject)가 외재논항(external argument)으로 동사구 밖의 INFL의 지정어(SPEC) 자리에 기저생성된다고 보는 견해와는 달리, 주어가 동사구 내부의 지정어 위치에 기저생성된다고 보는 가설이다. 다시 말해 1980년대 전반까지는 대체로 INFL의 지정어 자리가 기저 주어위치이며, 이 자리는 INFL(Agr)에 의해 주격(nominative Case)이 할당되며, Chomsky(1981)의 간접의미역표시(indirect θ-marking)나 Rothstein (1983)의 주술관계화원리(predication principle) 등에 의해 동사구(VP)로부터 의미역이 할당되는 외재논항의 자리로 보았다. 그러나, 1980년대 중반 이후 여러 학자들에 의해 제안된 동사구내주어가설(VP-Internal Subject Hypothesis)에서는 주격은 INFL(Agr)에 의해 INFL의 지정어 자리에 할당되나 외재논항에게 주어지는 의미역은 동사구(VP) 내부에서 동사 V에 의해 V의 지정어 위치에 주어지는 것으로 본다. 따라서, 이 가설에 의하면 문장의 주어 명사구는 처음 동사구의 지정어 위치에 기저생성되어 동사로부터 의미역을 할당받으며, 그 이후 주격을 할당받기 위해서 INFL의 지정어 위치로 상승하게 된다. 1990년대의 최소주의이론(Minimalist Theory)에서는 동사구주어가설에 약간의 수정이 가해지는데, Chomsky(1993, 1994, 1995, 1996, 1998)에 의하면, 동사구 VP의 지정어와 보충어(complement) 위치는 모두 내재논항(internal argument)이 병합(Merge)되는 위치이며, 주로 행위자(agent)나 사역자(causer)의 의미역을 받는 외재논항(주어)이 병합되는 위치는 VP를 보충어로 취하는 경동사 v의 지정어 위치이다. 즉, 타동사(transitive), 사역동사(causative), 자동사(intransitive or unergative)와 같이 행위자역이나 사역자역을 할당하는 구문은 아래 (1)과 같이 표현되며 경동사 v의 지정어 위치에 병합되는 외재논항은 격자질(Case feature)을 점검받기 위해 외현통사부(Overt Syntax)에서 문장의 주어위치인 T의 지정어 위치로 상승하게 된다. 또한, 행위자역이나 사역자역을 할당하지 않는 비대격(unaccusative) 동사의 구문은 아래 (2)와 같이 표현되며, 이 경우는 내재논항이 외현통사부에서 격자질 점검을 위해 T의 지정어 위치로 상승하게 된다.

(1)

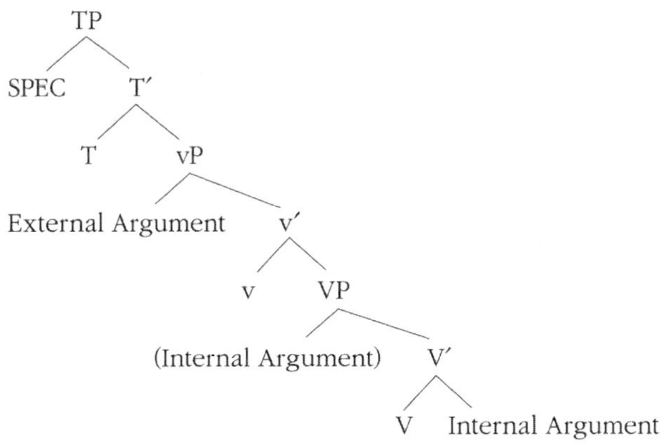

(2)

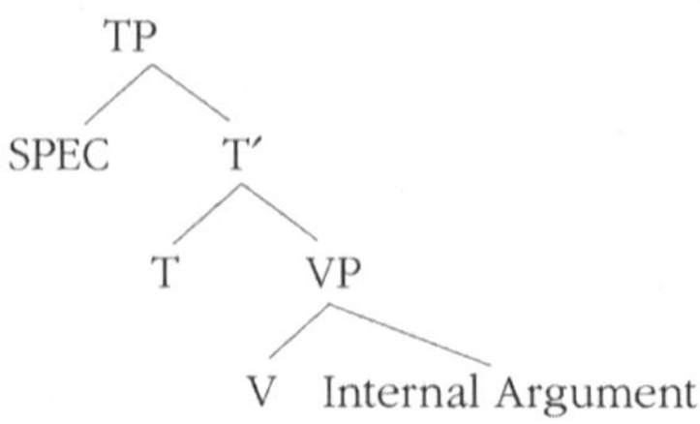

동사-둘째 현상 〈動詞-둘째 現象 V-second phenomena〉 영어와 독일어 등에서와 같이 S+V+O의 어순을 갖는 언어에서는 일반적으로 주절(root sentence)에서 한정동사가 어순상 문장의 두 번째 요소로 나타나는 현상을 '동사–둘째 현상(V–second phenomena)'이라 한다. 아래 독일어 예문들을 고려해 보자.

(1) a. Der Mann hat den Hund gesehen.
 the man have the dog seen
 'The man has seem the dog.'
 b. Er sagte dass der Mann hat den Hund gesehen.
 he said that the man have the dog seen
 'He said that the man has seem the dog.'

위의 예에서 (1a)는 문장의 한정동사(finite verb)가 문장 내에서 주어에 이어 두 번째 위치에 나타남을 보여주고 있다. 그러나 이 문장이 매입절로 나타나는 (1b)에서는 동일한 한정동사가 매입절의 말미에 나타나고 있음을 알 수 있다.

최근 Chomsky(1995)의 최소주의이론에서는 동사–둘째 현상은 외현통사부의 현상이 아니라 음성형태부(PF component)의 현상으로 보고 있다. 즉, 동사-둘째 현상은 통사부의 연산인 자질유인의 결과로 도출되는 현상이 아니라 수행체계(performance system) 중 하나인 조음청취체계(A-P system)의 요구에 의해 음성형태부에서 이루어지는 음성적 현상이라고 본다. 따라서 동사-둘째 현상은 다음의 도표에서 보여주듯이 형태부(Morphology) 이후 선형대응공리(LCA)에 의해 통사구조상의 어순이 결정되고 난 뒤 (만약 뿌리문에서 한정동사가 문장의 두 번째 위치에 오지 않을 경우) 조음청취체계의 요구에 의해 반영되는 음성현상이라고 보아야 한다.

(2)

외현통사부
↓
문자화
↙ ↘
형태부 내현통사부
↓
선형대응공리
↓
동사-둘째 현상

그러면, 여기서 동사-둘째 현상이 최소주의이론 내에서 어떻게 반영되는지 실례를 통해 살펴보자.

(3) John saw Mary.

일반적으로 영어와 같은 SVO언어에서는 동사-둘째 현상이 선형대응공리에 의해 자동적으로 결정된다고 볼 수 있다. 왜냐하면 외현통사부의 연산에 의해 도출되는 (3)의 통사구조가 다음과 같기 때문이다.

(4)

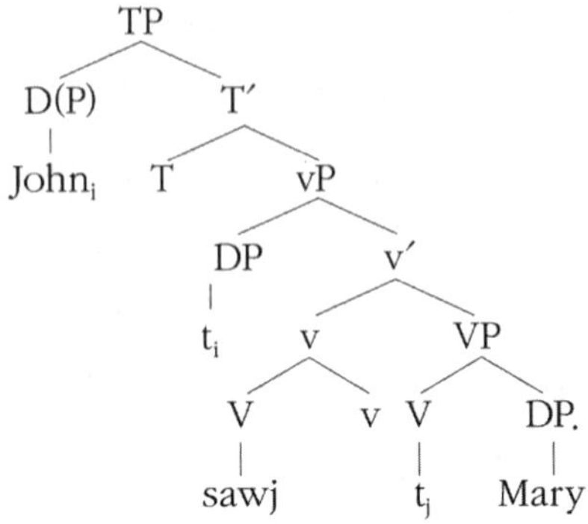

그러나 목적어전이(Object Shift)를 허용하는 아이슬란드어 (Icelandic)의 경우에는 목적어 DP가 자질유인의 결과로 vP의 외곽지정어위치로 이동하게 되는데, 그렇게 되면 다음에서 보여주는 바와 같이 동사-둘째 현상이 무너지게 되는 결과가 초래된다.

(5)

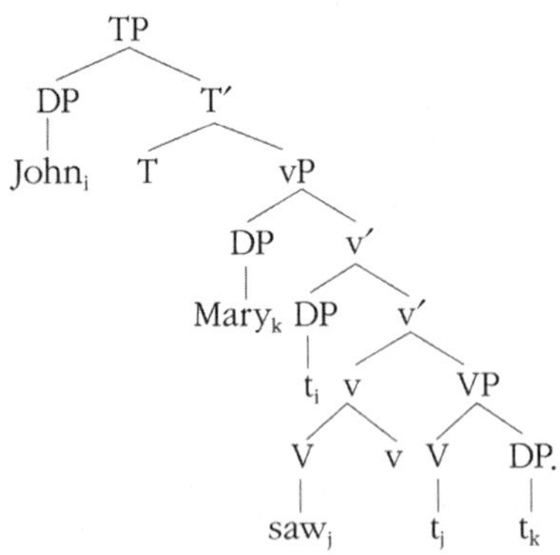

그러나, 이러한 경우에도 아이슬란드어에서는 언어의 매개변인에 의해 다시 동사-둘째 현상이 유지 될 수 있게 된다. 즉, 영어와 아

이슬란드어 간에 나타나는 매개변인의 차이는 T가 갖는 동사접사자질(verbal affixal feature) [V-]가 영어에서는 약성(weak)이지만 아이슬란드어에서는 강성(strong)이라는 것이다. 따라서 이러한 매개변인의 값에 의해, 아이슬란드어에서는 동사가 다시 외현통사부에서 T로 유인될 수 있으므로 여전히 동사-둘째 현상이 유지되게 된다.

(6)

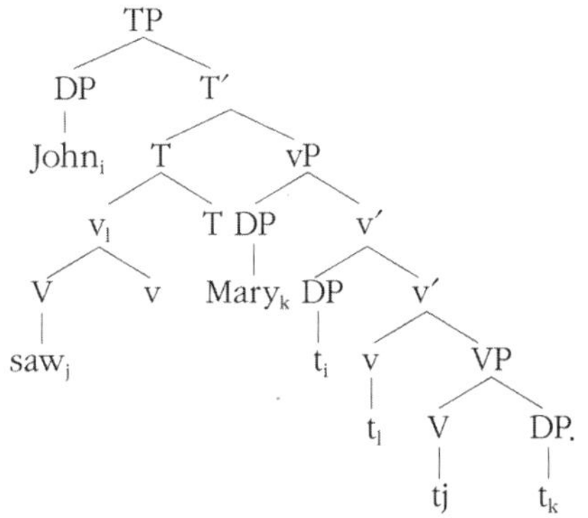

이와 같이 목적어전이가 일어나는 언어에서는 언제나 동사가 다시 T로 유인됨으로써 동사-둘째 현상이 유지되는데, 이러한 언어현상은 바로 다음과 같은 Holmberg의 일반화(Holmberg's Generalization)에 의해 잘 기술되고 있다.

(7) Holmberg의 일반화:
'동사의 인상이 일어나야만 목적어전이가 일어날 수 있다.'
(Object Shift is possible only if the verb raises out of the VP.)

이러한 정의에 의하면, 동사의 인상이 명사구의 인상을 보장하므로, 외현통사부에서 V가 T로 이동하는 아이슬란드어에서 왜 영어와 달리 목적어전이가 허용되는지를 알 수 있게 된다.

한편, 자연언어에는 외현통사부의 연산에 의해 도출될 수 없는 동사-둘째 현상이 존재한다. 즉, 다중주어구문(MSC)과 의문사의문문(wh-question)의 경우가 그것에 해당된다. 먼저, 다중주어구문과 관련하여 아이슬란드어의 예문을 살펴보자. (편의상 어휘를 영어의 상당어휘로 대체한다.)

(8) there painted a student a house.

최소주의 문법체계에서 이 예문은 외현통사부(overt syntax)의 연산에 의해 다음과 같은 도출을 갖는다.

(9)

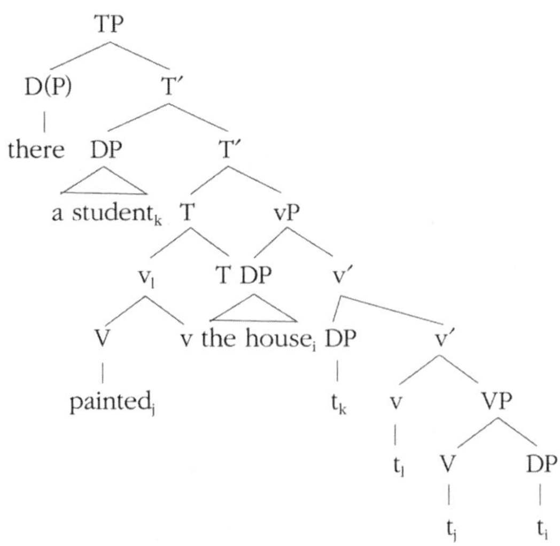

최소주의이론의 주장에 의하면, 이 도출은 문자화를 거쳐 음성형태부로 전달되는데, 음성형태부에서는 먼저 형태부(Morphology)를

거쳐 다음 단계에 적용되는 선형대응공리(LCA)에 의해 (9)에서 제시되는 바와 같은 통사구조상의 어순이 결정된다. 이렇게 결정된 다중주어구문의 어순은 전혀 동사-둘째 현상의 요구를 반영하고 있지 못하다. 따라서 이러한 어순이 그대로 결정된다면, 이는 음성형태부에서 적용되는 완전해석원리(FI)를 충족하지 못하는 결과를 초래하므로 음성형태부에서 파산(crash)된다. 바로 이러한 파산을 막기 위해 다음 단계에 적용되는 음성형태부의 작용에 의해 동사 painted를 허사 there 뒤로 이동하는 동사이동이 일어나고, 그 결과 동사-둘째 현상이 도출된다.

바로 이러한 도출은 다음에 제시되는 Jonas(1994)의 일반화(Jonas' Generalization)에 의해 기술적으로 설명된다.

(10) Jonas의 일반화:
'명시적 다중주어구문은 명시적 동사의 인상을 요구한다.'
(Overt MSCs require overt V-raising.)

이러한 정의에 의하면, TP의 외곽지정어위치에 허사 there를 병합함으로써 다중주어구문을 도출하는 외현통사부의 연산은 장차 음성형태부에서 적용될 동사이동에 의해 사전에 보장된다.

이와 같이 음성형태부에서 적용되는 동사이동에 의해 동사-둘째 현상이 최종 도출되는데, 동사-둘째 현상을 도출하기 위한 이러한 음성형태부의 동사이동은 바로 조음청취체계의 요구를 반영한 작용인 것이다. 최소주의이론에서는 왜 조음청취체계가 동사-둘째 현상을 요구하는가의 문제는 장차 수행체계에 대한 더 나아간 연구의 몫으로 돌리고 있다.

또한 다음 영어의 예문을 고려해 보자.

(11) a. What will John fix?
b. Will John fix the car?

이들 의문문은 각기 외현통사부의 연산에 의해 다음과 같은 도출의 단계에 이르게 된다.

(12) a. Q [$_{TP}$ John will fix what]
b. Q [$_{TP}$ John will fix the car]

이 단계에 이르면, 의문문의 보문소 위치에 나타나는 영어의 Q은 강성자질(strong feature)이므로 외현통사부에서 점검을 받아야 하며, 점검받기 위해서 반드시 문장 속에서 의문사자질(FQ)를 유인하여야 한다. 위의 도출에서 (12a)에서는 의문사 what이 의문사자질인 DQ를 가지고 있고, (12b)에서는 조동사 will이 의문사자질인 VQ를 가지고 있으므로 자질유인의 결과로 각기 what과 will이 CP의 지정어 위치와 C에 부착하는 위치로 이동하여 Q와 자질점검관계를 이루게 된다. 따라서 이제 외현통사부의 모든 연산이 종료되었으므로 다음의 도출이 문자화를 거쳐 음성형태부로 전달된다.

(13) a. [$_{CP}$ what [$_{TP}$ John will fix]]
b. [$_{CP}$ will [$_{TP}$ John fix the car]]

그러나 (13a)의 경우는 외현통사부에서 의문사 what이 CP의 지정어위치로 이동함으로써 동사-둘째 현상이 무너져, 이와 같은 어순으로는 이 도출은 음성형태부에서 완전해석원리에 의해 파산될 수밖에 없다. 따라서 이러한 경우에는 음성형태부에서 조동사 will이 의문사 what 뒤로 이동함으로써 동사-둘째 현상을 다시 복원시켜 조음청취체계의 요구를 충족해야 한다.

☞ Holmberg의 일반화 <Holmberg의 一般化 Holmberg's Generalization>

등거리 <等距離 equi-distance> 최소연결조건(minimal link condition: MLC)이 의한 연쇄(chain) 형성에 대한 경제성 비교는 연결(Link)의 길이의 비교로 이루어진다. 연결의 길이는 연결 L을 형성하고 있는 상위점 P_2와 하위점 P_1 사이의 거리를 가리키는데 이러한 연결의 길이를 비교할 때 등거리(等距離 equi-distance)개념이 활용한다. Chomsky (1993)에 의하면, 등거리란 α와 β가 같은 최소영역(最小領域 minimal domain) 안에 있으면, 그들은 γ로부터 등거리에 있다는 것이다. (If α, β are in the same minimal domain, they are equidistant from γ.) 이러한 등거리의 개념은 Chomsky(1995)에 이르러 약간의 수정이 가해지는데, 즉 β가 α를 성분통어(c-command)하고 γ가 α의 이동 목표지점(target)일 때, 등거리 개념은 다음과 같이 정의된다. 만약 β가 γ와 동일한 최소영역에 있거나 α와 동일한 최소영역에 있으면, β와 α는 K에 대해 등거리에 있다. (β and α are equidistant from K if β is in the same domain as γ or α.)

☞ 최소영역 <minimal domain>

[ㅁ]

명시적 이동 <明示的移動 overt movement> 점검(checking)받아야 하는 자질 중에서 특히 강성자질(strong feature)(즉, 문자화(Spell-Out) 이전까지 점검되어 제거되어야 하는 자질)을 점검하기 위해 문자화 이전에 이루어지는 이동으로 이동 후의 위치가 음성적으로 실현이 되므로 흔히 '눈에 보이는', 즉 명시적 이동이라고 한다. 이러한 유형의 이동은 지연성원리(Procrastinate)에 의하면 논리형태에서 일어나는 비명시적 이동(covert movement)보다는 값이 비싸다고 본다. 따라서, 이동은 가능한 한 문자화 이후 논리형태에서 비가시적으로 일어나야 한다. 그러나, 지연성원리의 준수는 어디까지나 도출이 합치(合致 converge)하는 범위 내에서 이루어져야 하므로 명시적 이동이 덜 경제적임에도 불구하고 합치를 위해서는 강성자질의 점검을 위한 이동은 문자화 이전에 명시적으로 일어날 수밖에 없는 것이다. 강성자질은 비해석성(uninterpretable: [-interpretable]) 자질로 음성형태층위(PF level)에서 가시적이므로 문자화 이전에 반드시 점검을 받아 삭제되어야 하고, 그렇지 못할 경우는 강성자질을 포함하는 도출이 그대로 음성형태층위에 이르게 되고, 이 때 비해석성의 강성자질은 해석될 수 없으므로 음성형태층위에 적용되는 완전해석원리(full interpretation: FI)를 위반하게 되어 그 도출이 파산(crash)된다.

목적어전이 〈目的語轉移 object shift: OS〉 목적어전이(object shift: OS)란 타동사구를 포함하는 v*P의 외곽지정어(outer SPEC) 위치에 타동사의 목적어 DP가 이동하는 현상을 말한다. Chomsky(2001)에 의하면, 목적어전이의 선택은 언어마다 차이가 있는데, 즉 아이슬란드어(Icelandic)에서는 자유로이 허용되고 본토 스칸디나비아어(Mainland Scandinavian: MSc)에서는 부분적으로 허용되지만, 영어와 로맨스어(Romance languages)에서는 전혀 허용되지 않는다. 목적어전이를 허용하는 언어를 OS-언어(OS languages)라 하고, 영어와 같이 목적어전이를 허용하지 않는 언어를 비OS-언어(non-OS languages)라 한다. 먼저, 아래 (1)의 도출을 고려해 보자.

(1) John_{subj} T [$_{v^*P}$ that_{ob} [$_{v^{*'}}$ t_{subj} [$_{v^{*'}}$ v* [$_{VP}$ read t_{ob}]]

위의 도출은 목적어전이를 내포하는 도출로서 영어에서는 나타나지 않지만 OS-언어에서는 자유로이 나타난다. Chomsky(2001, 2004)의 탐침자-목표물 문법체계(Probe-Goal Framework)에 의하면 목적어전이가 이루어지기 위해서는 반드시 v*에 EPP-자질(EPP-feature)이 설정되어 있어야 한다. 즉, 목적어 DP가 v*와 φ-자질(φ-features)상 일치를 이룰 때 v*의 EPP-자질을 충족하기 위해서 v*P의 외곽지정어(outer Spec) 위치로 이동한다는 것이다.

Chomsky(2001)에 의하면, 영어와 같은 비OS-언어(non-OS languages)에서도 타동사의 목적어가 v*P 바깥으로 *Wh*-이동을 수행할 경우에는 아래 (2)의 예문에서와 같이 v*P의 외곽지정어 위치를 경유해야 하는데, 이러한 이동도 v*의 EPP-자질에 의해 허용되어야 하므로 목적어전이로 볼 수 있다는 것이다.

(2) [$_{CP}$ what_{ob} C [$_{TP}$ John_{subj} T [$_{v^*P}$ t_{ob} [$_{v^{*'}}$ t_{subj} [$_{v^{*'}}$ v* [$_{VP}$ read t_{ob}]]]]]]

즉, 목적어전이는 OS-언어에서는 자유로이 허용되지만, 비OS-언어에서도 불가피한 경우에는 허용된다는 사실을 알 수 있다.

☞ 음운적 경계 〈音韻的 境界 phonological border〉

목표물 〈目標物 Goal: G〉

☞ 탐침자 〈探針子 PROBE: P〉

무표대용사 〈無表代用詞 unmarked anaphor〉

☞ 구재귀사 〈句再歸詞 phrasal reflexive〉

무표찰체계 〈無標札體系 no label system〉

☞ 표찰자유체계 〈標札自由體系 label-free system〉

무한계병합 〈無限界併合 unbounded Merge〉

☞ 자유병합 〈自由併合 free Merge〉, 외곽자질 〈外郭資質 edge feature: EF〉

문법평가척도 〈文法評價尺度 grammar evaluation measure〉 변형생성문법학자들은 이론외적(theory-external)인 경험적 증거에 전적으로 의존하지 않고도 그들이 기술하고 있는 문법체계가 기술적 혹은 설명적 타당성을 확보하게 될 것인가를 진단해주는 다음과 같은 세 가지 이론내적(theory-internal)인 문법평가척도(grammar evaluation measure)가 있다고 주장한다. 요컨대, 경험적 결과가 동일한(즉, 타당성의 수준이 같은) 두 개 이상의 문법체계가 있다면, 다음의 척도를 충족하는 문법체계를 선택한다는 것이다.

(1) 가. 단순성(Simplicity): 일반화(Generalization)라고도 하며, 문법규칙의 체계가 가능한 한 단순해야 한다는 것이다.
  나. 심리적 실재성(Psychological Reality): 인식론적 우선권(Epistemological Priority)이라고도 하며, 문법체계가 다른 인지능력과 공통적 속성을 지녀야 한다는 것이다.
  다. 학습성(Learnability): 문법의 체계가 후천적 학습에 의해서 습득될 수 있어야 한다.

(1가)는 한 문법체계 내에 설정하고 있는 하위체계나 규칙과 원리들의 수가 적으면 적을수록 보편문법에 근접하는 문법체계라는 가정이다. 다시말해, 문법의 전반적인 체계가 복잡하면 복잡할수록 보편문법에서 멀어진다는 것이다. 이러한 가정은 보편문법이 본유적이며, 매우 빠른 시간에 한정된 경험만으로도 핵심문법으로 성장할

수 있다는 사실에 기인한다. 만약, 보편문법이 복잡한 규칙체계로 구성되어 있다면, 그만큼 보편문법이 핵심문법으로 탈바꿈하는 시간이나 경험의 양이 더 많이 필요하게 될 것이다. 따라서, 매우 빠른 시간에 적은 경험으로도 핵심문법이 쉽게 습득될 정도로 보편문법의 체계는 매우 간단할 것이라는 가정이 나온다. 문법의 체계를 단순하게 만들기 위해서 취해야 할 조치는, 첫째 문법의 하위체계들 간에 혹은 문법규칙이나 원리들 간에 역할이 겹치는 소위 잉여성(redundancy)을 제거하는 일이고, 둘째 규칙이나 원리들을 일반화(즉 통합)해 그 수를 줄이는 방법이다. 일반화(Generalization)는 현대 자연과학의 연구에서 취하는 기본 원리이다.

(1나)는 언어의 문법체계가 본유적인 인지체계이라는 변형생성문법적 가설에 근거한 가정이다. 과연, 문법체계가 인지적 능력이라면, 문법규칙은 인간의 다른 인지적 능력들—추리력, 사고력, 지각력, 기억력 등—과 공통적 속성을 지니고 있어야 한다는 것이다.

(1다)는 인간의 언어는 현상적으로는 매우 다양하고 개념적으로 고도로 복잡하지만, 후천적으로 매우 짧은 시간에 한정된 경험만을 통해서 아주 완벽하게 습득된다는 사실은 쉽게 설명하기 힘든 하나의 신비(mystery)이다. 변형생성문법학자들이 지향하는 문법체계가 보편문법이라면, 보편문법은 이러한 신비를 설명할 수 있는 문법체계이어야 한다. 이러한 차원에서 (1다)는 (1가)와 결과적으로 동일한 척도가 된다. 왜냐하면, 문법체계가 단순하면 단순할수록 학습성이 높아지기 때문이다.

문자화 〈文字化 Spell-Out〉 문자화(文字化 Spell-Out)란 통사부(syntax)의 정보를 음운부(phonology)로 유입하여 언어실행체계(performance system)의 조음청취체계(articulatory-perceptual system: A-P system)에서 음성으로 해석되게 하는 문법적 운용을 일컫는 말이다.

문자화는 연산체계(computational system)에서 외현통사부(overt syntax)에서 내현통사부(covert syntax)로 전환되는 경계에 적용되는 일종의 연산작용이다. 문자화는 한 배번집합(numeration: N)에서 병합(Merge)과 유인(Attract-F) 등의 반복적인 연산작용을 거쳐 생성된 특정 단계의 도출(derivation) Σ에 내포되어 있는 정보를 정리하여 논리형태층위(LF level)와 음성형태층위(PF level)로 유입되게 하는 일종의 문법적 운용이다. 문자화에 의해 논리형태층위로 유입되는 Σ의 정보는 음성자질(phonetic features)만을 제외하고 나머지 의미자질(semantic features)과 형식자질(formal features), 그리고 구조적 정보(structural information)가 되며, 음성형태층위로 유입되는 정보는 음성자질을 포함한 Σ의 모든 어휘자질과 구조적 정보가 된다. 즉, 문자화는 Σ의 내포된 정보가 음성형태층위와 논리형태층위로 유입될 때 Σ의 음성자질 정보를 논리형태층위로 유입되지 못하게 분리(strip out)하여 이 정보를 음성형태층위로만 유입되게 하는 작용을 수행한다. 문자화는 배번집합 N에서 논리형태표현 λ에 이르는 연산과정에서 어떠한 단계의 도출에도 적용될 수 있으나, 잘못 적용될 경우 완전해석원리(full interpretation: FI)나 경제성원리(economy conditions)의 위반으로 도출이 자동으로 파산(crash)되거나 취소(cancel)된다. 문자화 이전까지의 연산과정 (N→Σ)을 외현통사부이라 일컫고, 문자화 이후의 연산과정(Σ→λ)을 내현통사부이라 일컫는다. 참고로, Chomsky(1998) 이후에는 문자화가 한 문장의 도출과정에서 자질의 유인과 점검이 이루질 때마다 자질제거가 일어나기 직전에 몇 번이고 적용된다고 주장함으로써 사실상 외현통사부와 내현통사부의 구분이 사라지고, 따라서 내현통사부의 통사적 운용이 값이 싸다는 가정에 기초하고 있는 지연성원리(Procrastinate)가 사라진다.

[ㅂ]

배번집합 〈配番集合 Numeration〉 한 문장의 표현(representation)을 도출하기 위한 연산과정의 시발점이 되는 어휘항목(lexical item)의 집합체를 일컫는 말이다. 이 집합체는 언어 외적인 수행체계의 요구에 기인하는 필수출력조건(bare output conditions: BOC)의해 어휘부(Lexicon)에서 어휘항목(lexical item)들을 선택(Choice)함으로써 구성된다고 가정한다. 이 배번집합(Numeration: N)에 속한 어휘항목들은 그 선택된 횟수에 해당하는 숫자가 부여되며, 선발(Select)의 연산작용에 의해 통사부(Syntax)로 유입되어 구구조(phrase structure)를 형성하는 통사적 대상(syntactic object)이 된다. 이 때 선발의 횟수에 따라 어휘항목에 부여된 숫자가 하나씩 줄어든다. 선발된 통사적 대상은 다시 병합(Merge)과 자질유인(Attract-F)의 연산작용을 통해 더 큰 단위의 통사적 대상으로 사상(mapping)되며, 이러한 연산작용들의 반복적 운용(recursive operation)을 통해 배번집합 속의 어휘항목들에 부여된 숫자가 모두 영 "0"이 될 때까지 연산과정의 도출이 계속되면, 마침내 가장 큰 통사적 대상인 문장단위의 논리형태표현(LF representation)이 도출된다. 배번집합은 합법적 표현(legitimate representation)으로 해석될 최적도출(optimal derivation)의 판정 기준인 참고사항집합(reference set)을 결정해 주므로, 최적도출의 선택을 위한 경제성의 비교는 반드시 동일 배번집합으로부터 생성될 수 있는 도출들간에 이루어져야 한다. 요컨대, 서로 다른 배번집합에서 파생된 도출들은 경제성조건에 의한 비교 대상이 될 수 없으며, 또한 하나의 배번집합으로부터 파생될 수 있는 가능한 도출들은 많으나, 경제성조건에 의해 최종 합법적 표현으로 선택되는 최적도출은 하나이다. 참고로, 최근 Chris Collins(1997)의 국부적 경제성 이론에서는 Chomsky(1995, 1996, 1997, 1998)와는 달리 배번집합의 존재를 인정하지 않고, 도출의 통사적 대상을 이루게 될 어휘항목이 병합(Merge)의 연산작용에 의해 직접 어휘부(Lexicon)에서 통사부로 유입된다고 봄으로써 동일 어휘항목들로 구성되지 않은 도출들간의 경제성 비교도 가능하다고 본다.

예컨대, 다음 예문들을 고려해 보자.

(1) There is someone in the room.
(2) Someone is in the room.

Collins(1997)에서는, Chomsky(1995)에서와는 달리, 병합이 자질유인(Attract-F)과 경제적 측면에서 등가를 이룬다고 봄으로써 위의 두 표현이 경제성 측면에서 등가를 이루므로 모두 합법적인 도출로 판정된다고 보나, Chomsky(1995, 1998)에서는 이 두 표현이 서로 다른 별개의 배번집합으로부터 파생된 도출이므로 최적도출의 선택을 위한 경제성 측면의 비교가 불가능하다고 봄으로써 한 표현이 다른 표현의 도출을 차단할 수 없으므로 결국 두 표현이 모두 영어의 최적도출로서 존재할 수 있다고 본다.

범주선택 〈範疇選擇 c-selection〉

☞ 기능범주 〈機能範疇 functional category〉

변형생성문법 〈變形生成文法 Transformational Generative Grammar〉

☞ Chomsky 혁명 〈Chomsky 革命 Chomskyan Revolution〉

병합 〈倂合 Merge〉 최소주의 언어이론(Minimalist Program: MP)에서 제안되는 연산(computation)의 한 종류로, 협소통사부(narrow syntax: NS)의 도출과정에서 두 통사적 대상(syntactic object)을 결합하여 더 큰 통사적 대상을 만드는 연산을 말한다. 병합(Merge)은 자질일치(feature agreement)에 의한 병합과 술어합성(predicate composition)을 위한 병합으로 나누어지며, 전자를 조병합(set-Merge)이라 하고, 후자를 쌍병합(pair-Merge)이라 한다. 참고로, 기존의 지배결속이론(GB-Theory) 등 최소주의 이전의 언어이론에서는 조병합을 대체(substitution)라 하고, 쌍병합을 부착(adjunction)이라 했다. 조병합에는 독립적인 두 개의 통사적 대상(syntactic object: SO)을 결합함으로써 의미역이론적 논항구조(theta-theoretic argument structure)를 구성하는 외부병합(external Merge)과 이동(Move-α)에 의한 내부병합(internal Merge)이 있다. Chomsky(2004)의 탐침자-목표물 문법체계(Probe-Goal Framework)에서에서는, α가 β에 병합될 때, 조병합은 {α, β}로 표시하고, 쌍병합은 〈α, β〉으로 표시한다. 또한 병합은 언제나 자유롭게 이루어진다는 자유병합(free Merge) 이론을 채택하며, 어떠한 병합도 모두 각 순환단계에서 이루어진다는 소위 순환병합(cyclic Merge) 이론을 채택한다. 또한, Chomsky(2004)에서는 모든 종류의 병합은 모두 개념의도체계(C-I system)에 의해 개념의도 접합부(C-I interface)인 의미표상(SEM)에서 요구되는 의미특성의 다양성에 기인한다고 본다. 즉, 의미표상은 개념의도체계에 의해 요구되는 의미적 다양성(semantic multiplicity)을 모두 수용할 수 있어야 하는데, 바로 이러한 요구를 충족하기 위해 협소통사부에서 다양한 병합의 유형이 나타난다는 것이다. 요컨대, 다양한 유형의 병합들은 모두 개념의도체계의 의미적 다양성 요구에 부응하기 위해 자연언어에 반드시 존재해야 하는 작용들이기 때문에 최소주의 언어이론에서 지향하는 언어의 완벽성(perfection)에 해당된다는 것이다. 김용석(2006)에서는 자유병합이론에서 제안되는 다양한 유형의 병합과 이들이 갖는 의미적 다양성 간의 관계를 다음의 도표로 나타내고 있다.

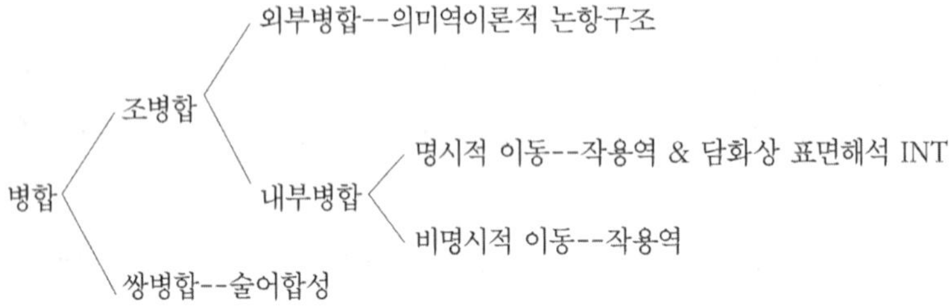

☞ 자유병합 〈自由併合 free Merge〉, 표찰자유체계 〈標札自由體系 label-free system〉

병합우선원리 〈併合優先原理 Merge-over-Move principle: MOM〉

Chomsky(2001, 2004)의 탐침자-목표물 문법체계(Probe-Goal Framework)에서 연산작용에 적용되는 원리로, EPP-자질을 충족하기 위하여 병합(Merge)과 이동(Move)이 경합할 때 이동보다 병합이 우선 적용된다는 원리이다. Chomsky(2001, 2004)의 탐침자-목표물 문법체계에 의하면 EPP-자질을 충족(즉, 점검하고 삭제)할 수 있는 요소는 인칭(person)의 ϕ-자질(ϕ-feature)을 갖는 명사적 요소인데, 도출과정에서 EPP-자질을 충족해야 하는 단계에 이르렀을 때, 만약 어휘배열(lexical array) 속에 ϕ-자질(ϕ-features)을 갖는 명사적 요소가 있다면 그 명사적 요소를 EPP-자질을 갖는 핵의 지정어(SPEC) 위치에 병합함으로써 EPP-자질을 충족해야 한다는 것이다. 만약 어휘배열 속에 ϕ-자질을 갖는 명사적 요소가 없다면 도출 내부에 나타나는 목표물(Goal) 명사구를 이동하여 EPP-자질을 갖는 핵의 지정어 위치에 병합함으로써 EPP-자질을 한다. Chomsky(2001)에서는 병합우선원리(Merge-over-Move principle: MOM)를 다음과 같이 정의하고 있다.

(1) 병합우선원리(Merge-over-Move principle: MOM):
가능하다면, 병합이 이동에 우선한다. (Merge preempts Move.)

탐침자-목표물 문법체계에 의하면, 이동(Move)은 일치(Agree)/대동(Pied-Pipe)/병합(Merge)의 복합작용인데 반해 병합작용(merger)은 일치(Agree)/병합(Merge)의 복합작용이라 분석하는데, 이 경우 병합작용이 이동보다 더 간난한 작용이므로 병합과 이동이 경합하는 상황에서 이동보다 병합이 선택된다고 본다.

병행이동 〈竝行移動 parallel movement〉 Chomsky(2005a, 2005b)의 탐침자-목표물 문법체계(Probe-Goal Framework)에서 탐침자(Probe)가 목표물(Goal) 탐색할 때 C-T와 v*-V가 연합체를 이루어 목표물을 탐색함으로써 의문사 의문문일 경우 영어에서 T와 V의 지정어 위치로의 주어와 목적어의 인상과 함께 나란히 C나 v*의 지정어 위치로 의문사의 이동도 일어난다고 보는데, 이러한 동시 이동을 병행이동(parallel movement)이라 한다. 이러한 병행이동은 다음 (1)과 같은 외곽자질에 대한 Chomsky(2005b)의 가정에 기인한다.

(1) (i) 내부병합에 의한 이차병합을 유발하는 외곽자질은 오직 C와 v*의 외곽자질이다.
(Only C and v* have EF that can trigger second-Merge by IM.)
(ii) 이차병합을 유발하는 외곽자질은 국면의 핵으로부터 일치자질이 계승될 때 함께 계승될 수 있다.
(The second-Merge triggering EF can be inherited from the phase head along with the Agree-feature.)

즉, C-T나 v*-V 연합체의 일치자질 탐색에 의해 문장의 주어와 목적어가 각기 T와 V의 지정어 위치로 인상되는 내부병합(internal

Merge: IM)은, (4i–ii)의 가정에 의하면, 국면(phase)의 핵인 C와 v*는 탐침자(Probe)로서 목표물(Goal)의 탐색에 나설 때 자질계승(feature inheritance)의 결과로 각기 그들이 선택하는 T와 V와 C–T와 v*–V 연합체를 이루어 함께 목표물을 탐색하게 된다. 이 경우, 일치자질의 탐색을 통해 문장의 주어나 목적어가 각기 T나 V의 지정어 위치로 인상되어 이들의 계승된 외곽자질을 충족하기도 하지만, 만약 해당 문장이 *wh*-구를 내포하는 의문문(wh–interrogatives)나 관계절(relatives)이라면 C나 v*의 외곽자질이 동시에 충족되어야 하므로, C–T와 v*–V 연합체의 탐색으로 주어와 목적어의 인상이 일어날 때 동시에 나란히 C나 v*의 지정어 위치로 *wh*-구도 함께 이동해야 하는데, 이러한 동시 이동의 행태를 소위 병행이동(parallel movement)이라 한다. 예컨대, 다음 예문 (2)의 도출(derivation)을 고려해 보자.

(2) a. it was the CAR (not the TRUCK) of which [they found the (driver, picture)]

b. of which car did [they find the (driver, picture)]?

먼저, Chomsky(2005b)에 의하면, v*P 내부에서 진행되는 연산(computation)도, CP의 국면에서와 같이, 선택관계에 있는 v*와 V가 v*–V로 연합체를 이루므로 v*의 탐색이 진행될 때 V의 탐색도 함께 진행되어 V의 지정어(Spec–V)로 DP의 인상과 v*의 지정어(Spec–v*)로 *wh*-구의 인상이 병행이동에 의해 동시에 나란히 목적어의 기저위치에서부터 이루어진다고 본다. 그 결과 (2)는 다음 (3)과 같은 중간 단계의 도출을 갖는다. (최소주의 언어학의 가정에 따라 흔적(trace)을 복사(copy)로 표현함.)

(3) [$_{v*P}$ *of which (car)* [$_{v*'}$ they [$_{v*}$ [$_{VP}$ [$_{DP}$ the (driver, picture) *of which*

(car)] [found [$_{DP}$ the (driver, picture) *of which (car)*]]]]]]

이후 CP의 국면에 이르러서 C-T 연합체에 의한 탐색으로 주어인상과 *Wh*-이동이 역시 병행이동으로 동시에 나란히 일어나게 되면, 아래 (4)의 도출로 이어져, 결과적으로 (2)의 문장이 생성된다(이 경우 국면불가침조건(phase impenetrability condition: PIC)의 효과에 의해 v*의 지정어는 상위국면의 핵인 C의 탐색영역임을 상기하라).

(4) [$_{CP}$ *of which (car)* [$_{C'}$ C [$_{TP}$ they [T [$_{v^*P}$ *of which (car)* [$_{v^{*\prime}}$ they [$_{v^*}$ [$_{VP}$ [$_{DP}$ the (driver, picture) *of which (car)*] [found [$_{DP}$ the (driver, picture) *of which (car)*]]]]]]

☞ 국면 〈局面 Phase〉, 외곽자질 〈外郭資質 edge feature: EF〉

보수전략 〈補修戰略 Repair Strategy〉 음성형태 해독성조건(PF legibility condition)의 요구에 따라 외현통사부(overt syntax)의 자질유인(Attract-F)의 결과로 야기되는 비정상적인 통사적 대상(즉, 자질유인에 의해 일부 형식자질을 상실한 어휘항목)을 정상적인 통사적 대상으로 회복하게 하는 통사적 운용을 일컫는 말이다. 요컨대, 초기 최소주의 이론(Minimalist Theory)에서 외현통사부의 자질유인시 야기된다고 가정한 수반이동(pied-piping)을 대신하는 개념이다. 즉, 외현통사부의 자질유인에 의해 형식자질만 빠져나간 어휘항목은 음성형태 해독성조건에 의해 해독되지 못하므로, 보수전략(Repair Strategy)은 자질유인에 의해 형식자질이 빠져나간 어휘항목의 나머지 모든 자질들(의미자질과 음성자질까지도 포함함)을 유인되어 나간 형식자질에 가장 가까운 지정어 위치로 병합(Merge)하고, 뒤이어 형식자질을 다시 결합시켜 완전한 어휘항목으로 보수(Repair)함으로써 그 어휘항목을 음성형태 해독성조건을 만족하게 하는 통사적 운용이다. 따라서, 보수전략은 병합과 보수 두 과정을 거쳐 완성된다. 참고로, 문자화 이후의 내현통사부(covert syntax)에서 적용되는 자질유인은 외현통사부의 자질유인과 달리 보수전략을 필요로 하지 않는다. 왜냐하면, 내현통사부에서 적용되는 어떠한 연산도 음성형태층위의 음성형태 해독성조건과 무관하기 때문이다.

복사 〈複寫 copy〉

☞ 대동 〈帶同 Pied-Pipe〉, 복사이론 〈複寫理論 Copy Theory〉

부합 〈附合 Match〉

☞ 일치 〈一致 Agree〉

부합극대성원리 〈附合極大性原理 matching maximality principle〉

Chomsky(2001)의 탐침자-목표물 문법체계(Probe-Goal Framework)에서 제안된 원리로, 탐침자(Probe)가 자질상 일치(Agree)를 이룰 목표물(Goal)을 탐색할 때 부합(Match)의 연산에 적용된다. 이 원리를 다음과 같이 정의된다.

(1) 부합의 효과를 극대화하라.
(Maximize matching effects.)

아래 강국면(strong phase) v*P의 도출을 고려해 보자.

(2) [$_{v*P}$ v* [$_{VP}$ expect [$_{TP}$ there [$_{T'}$ T [$_{vP}$ v [$_{VP}$ be [$_{PRTP}$ PRT [$_{VP}$ award [$_{NP}$ several prizes]]]]]]]]]

(2)에서는 v*가 탐침자로서 그것의 투사범주인 v*P의 영역 내에서 부합을 위한 탐색을 시작하여 먼저 *there*와 일치를 이루게 된다. 이 때 *there*는 인칭(person)의 ϕ-자질(ϕ-feature)만 갖기 때문에 v*의 비해석성의 ϕ-자질에 값을 부여하지 못하지만, 자신의 비해석성 ϕ-자질인 인칭자질(person feature)은 ϕ-자질상 완전한 v*로부터 값을 부여받아 양도 후 의미부에서 삭제된다. 그러나 v*의 탐색은 여기에 머물지 않고 부합극대성원리(matching maximality principle) (1)에 의해 그것의 ϕ-자질의 부합(Match)이 가장 많이 이루어질 때까지 계속 진행된다. 따라서, (2)에서 v*는 *several prizes*의 ϕ-자질과 부합을 이룰 때까지 탐색을 계속한다. *several prizes*는 ϕ-자질상 완전할 뿐만 아니라 비해석성의 격-자질(Case-feature)을 갖고 있기 때문에 v*와 일치(Agree)를 이루고 v*의 비해석성의 ϕ-자질들에게 값을 부여하며, 또한 자신의 격-자질도 v*와의 일치를 통해 값을 부여받게 된다.

분열 〈分裂 excorporation〉 융합(融合 incorporation)에 상대적인 개념으로 Roberts (1991)에 의해 처음 제안되었다. 즉, 어떤 핵(核 head)에 부가되어 있던 한 핵범주가 부가되어 있던 핵으로부터 분리되어 나와 다른 곳으로 이동하는 작용을 말한다. 예컨대, 아래 예시되는 수형도에서 조동사 can은 그를 포함하는 T로부터 분열(excorporate)되었다. (Roberts (1991) 참조)

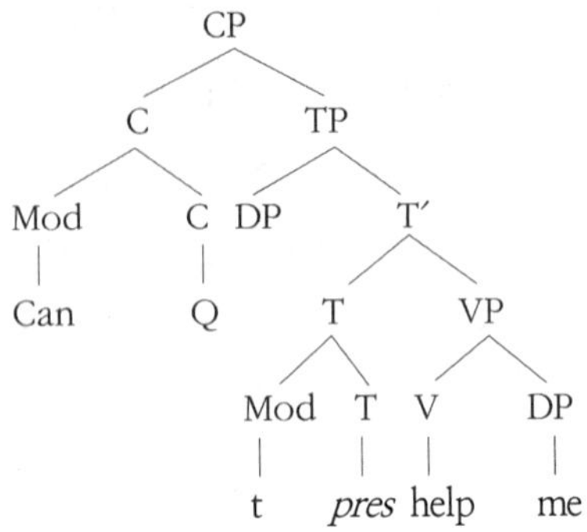

일반적으로 Pica (1987), Cole, Hermon and Sung(1990) 등에서 제안되었던 논리형태대용화가설(LF Anaphora Hypothesis) 에서 논리형태층위에서 연속적순환이동(successive cyclic movement)의 형태로 일어나는 것으로 가정되는 핵재귀사의 핵이동이 바로 전형적인 분열(excorporation) 작용으로 규정된다. 또한, 위의 수형도에서 조동사 can이 핵이동을 통해 상위의 핵 C에 부가되는 형태를 상대적으로 융합(incorporation)이라 한다.

☞ 융합 〈融合 incorporation〉

불변경조건 〈不變更條件 no-tampering condition: NTC〉
Chomsky(2001, 2004, 2005a, 2005b)의 탐침자-목표물 문법체계(Probe-Goal Framework) 하에서 협소통사부(narrow syntax: NS)의 연산작용(computation)에 적용되는 조건으로, 원천적으로 이 조건은 최소주의 언어이론(Minimalist Program: MP)의 생물언어학적 관점(biolinguistic perspective)에서 요구되는 효과적 연산의 원리(principles of efficient computation)에 기인하는 것으로 본다. 불변경조건(no-tampering condition)은 다양한 복합적 표현을 생성하는 협소통사부의 연산작용들이 결코 도출과정에서 새로운 요소를 첨가하거나 삭제함으로써 통사대상(syntactic object: SO)을 수정할 수 없다는 조건이다. 불변경조건에는 내포성조건(inclusiveness condition)과 확장조건(extension condition) 등이 포함된다. 내포성조건은 협소통사부의 연산작용이 통사대상의 도출과정에서 새로운 정보를 첨가하지 않고 오직 어휘부에서 제공된 언어정보(즉, 어휘항목들)에만 의존해서 다양한 통사대상을 생성해 나가야 한다는 것이다. 이러한 내포성조건에 의해 Y-모형 이론에서 채택하였던 계층-단계(bar-level), 흔적(traces), 지표(index) 등의 개념이 문법체계에서 사라지고, 그 대신 필수구구조(Bare Phrase Structure Theory) 이론과 복사이론(Copy Theory)이 채택된다. 한편, 확장조건은 병합(Merge)의 연산이 주어진 두 개의 통사대상을 결합하여 하나의 더 큰 단위의 통사대상을 만들어낼 때 주어진 통사대상의 뿌리(Root)에만 병합이 적용되어야 한다는 것이다. 만약 병합이 주어진 통사대상의 내부에서 이루어진다면 그 통사대상의 구조를 변경하므로 결과적으로 불변경조건의 위반이 초래된다.

☞ 확장조건 〈擴張條件 Extension Condition〉, 내포성조건 〈內包性條件 Inclusiveness Condition〉

비구재귀사 〈非句再歸詞 non-phrasal reflexive〉

☞ 핵재귀사 〈核再歸詞 head reflexive〉

비국부적 경제성 〈非局部的經濟性 global economy〉 '도출의 경제성 비교는 논리형태층위에서 이루어진다'는 Noam Chomsky(1995)의 주장을 Chris Collins(1997)의 국부적 경제성local economy) 개념과 대조해서 일컫는 말이다. 비국부적 경제성(global economy)은 예상적용의 비국부성("look-ahead" global complexity)이나 연산의 복잡성(computational complexity) 문제를 야기한다. 요컨대, Chomsky(1995)의 최소주의이론(Minimalist Theory)의 틀 내에서는 특정의 배번집합

(numeration: N)에서 도출되는 가장 경제적인 최적도출(optimal derivation)의 판정은 논리형태층위(LF level)에서 적용되는 경제성조건(economy condition)들에 의해서 가려진다고 보므로, 사실상 논리형태층위에 이르기까지 한 배번집합으로부터 연산과정을 통해 파생될 수 있는 가능한 도출(derivations)은 그 배번집합에 속한 어휘항목들이 무작위로(randomly) 결합할 수 있는 가능한 방법의 수만큼이나 많을 수 있고, 경제성조건들은 이들 모든 도출의 경제성을 상호 비교하여 최적도출 하나를 선택해야 하므로, 이 경우 연산의 복잡성이 야기된다. 이러한 연산의 복잡성을 피하기 위해서는 논리형태층위에서 적용되는 경제성조건들을 미리 연산의 도출과정에 적용하여 가능한 도출의 수를 줄여 나가야 하는데, 이 경우는 연산작용이 미리 논리형태층위의 경제성조건들의 요구를 예상하는 소위 예상적용의 비국부성("look-ahead" global complexity)을 야기하게 된다. 예컨대, 강성자질을 포함하는 도출이 음성형태층위(PF level)에서 파산될 것이라는 것을 예상하여 지연성원리(Procrastinate)를 외현통사부에서 적용할 경우에 예상적용의 비국부성이 야기된다. 또한 Chomsky(1995)에서는 최소연결조건(minimal link condition: MLC)의 예상적용의 비국부성 문제를 해소하기 위한 조치로, 최소연결조건을 논리형태층위의 경제성조건으로 규정하지 않고, 아예 이 개념을 최소이동(shortest move)의 개념으로 교체하여 자질유인(Attract-F)의 정의에 포함시키고 있기도 하다. 참고로, Chomsky(1998)에서는 Chris Collins(1997)의 개념과는 다소의 차이는 있지만 이러한 예상적용의 비국부성 문제를 해소하기 위해 경제성조건의 적용에 국부적 경제성(local economy)의 개념을 도입하고 있다.

☞ 국부적 경제성 〈局部的經濟性 local economy〉

비대격 술어 〈非對格述語 unaccusative predicate〉 Perlmutter(1978)

가 제안한 비대격 가설(Unaccusative hypothesis)에 의하면 비대격 술어란 기저구조에서 수동태 동사처럼 주어는 갖지 못하고 목적어만을 가지며 그 목적어가 이동하여 표면구조에서 주어가 된다는 것이다. 즉 비대격 술어는 자동사이지만 기저구조에서는 주어 대신 보충어(complement)를 택한다는 것이다. 따라서 이 술어는 수동태에서처럼 보충어에 의미역(θ-role)을 할당하고 주어에는 주지 않는다. 따라서 다음과 같은 문장, *There arrived John*에서 주어 자리에 *there*와 같은 허사가 올 수 있다. 만일 주어 자리 에 허사가 들어가지 않는 경우는 [$_{IP}$ John arrived t_i]처럼 보충어가 주어 자리로 명사구 이동(NP-movement)해 간다.

비대칭적 성분통어 〈非對稱的成分通御 asymmetric c-command〉 성분통어(c-command)의 한 유형으로, 통사구조상에 있어서 두 요소간의 계층적 관계(hierarchical relation)를 규명해 주는 개념이다. 이 개념은 "X가 Y를 비대칭적으로 성분통어하려면, X가 Y를 성분통어하고 Y는 X를 성분통어하지 않아야 한다(X asymmetrically c-commands Y iff X c-commands Y, and Y does not c-command X)"로 정의된다. 즉, 이 정의에 의해, X가 Y를 비대칭적으로 성분통어(asymmetrically c-command)하면, X가 Y보다 통사구조상 계층적으로 상위에 존재하는 요소로 규정된다. 한편, Kayne(1994)은 이 개념에 입각해서 '음성형태층위(PF level)에서 X가 Y를 비대칭적으로 성분통어하면, X가 Y를 선형순서(linear order)상 선행하게 된다'고 보는 소위 어순대응공리(linear correspondence axiom: LCD)를 주장하고 있다.

☞ 어순대응공리 〈語順對應公理linear correspondence axiom: LCA〉

비명시적 이동 〈非明示的移動 covert movement〉 문자화(spell-out) 이후에 이루어지는 이동으로 명시적 이동(overt movement)과는 달리

범주이동이 아닌 자질(feature)들의 이동만 가능하다. 이때 어휘 항목의 다른 모든 형식자질들, 특히 비해석성 자질(uninterpretable feature)로서 점검(checking)되어 제거되어야 하는 자질들도 "무임승차자(free rider)"로서 통해 함께 이동한다. 비명시적 이동(covert movement)은 지연성 원리(Procrastinate) - 가급적 비명시적 이동을 요구하는- 에 의해 명시적 이동보다 선호되고 비용의 측면에서도 명시적 이동보다 더 경제적이다.

비완벽성 〈非完璧性 imperfections〉

☞ 강력최소주의이론 〈强力最小主義理論 Strong Minimalist Thesis: SMT〉

비활동성조건 〈非活動性條件 inactivity condition〉 Chomsky(2004, 2005a, 2005b)의 탐침자-목표물 문법체계(Probe-Goal Framework)에서 제안된 조건으로, 탐침자(Probe)의 탐색으로 일치(Agree)를 이룬 목표물(Goal) DP는 모든 자질이 값을 부여받아 비활성화(inactivated)되므로 더 이상의 연산에 참여하지 못한다는 조건이다. Chomksy(2005b)에서는 비활동성조건(inactivity condition)을 다음 (1)과 같이 정의하고 있다.

(1) 명사적 요소 DP나 NP가 그것의 모든 비해석성 자질이 일치에 의해 값을 부여받아 비활성화되면, 더 이상의 연산에 참여하지 못한다.
(A nominal element DP or NP is inactivated, with all its uninterpretable features valued by Agree, then it cannot enter into further computations.)

그러면, 비활동성조건의 경험적 증거를 위하여 주어섬효과(subject island effect)와 관련된 다음 예문들을 고려해 보자.

(2) a. it was the CAR (not the TRUCK) of which [they found the (driver, picture)]

b. of which car did [they find the (driver, picture)]?

(3) a. *it was the CAR (not the TRUCK) of which [the (driver, picture) caused a scandal]

b. *of which car did [the (driver, picture) cause a scandal]?

(2)와 (3)의 대조는 *Wh*-이동(*of which (car)*의 이동)이 보충어 내부로부터는 가능하나 주어 내부로부터는 불가능하다는 주어섬효과를 잘 나타내어 주고 있다. 이러한 주어섬효과는 위 (1)의 비활동성조건에 의해 쉽게 포착된다. 아래 (4a-b)의 구조표현은 각기 (2)와 (3)의 문장이 도출되는 중간단계의 통사대상을 나타낸다.

(4) a. C [$_{TP}$ they$_i$ [$_{T'}$ T [$_{v*P}$ t$_i$ [$_{v*'}$ v* [found [$_{DP}$ the (driver, picture) of which (car)]]]]]]

b. C [$_{TP}$ [the (driver, picture) of which (car)]$_i$ [$_{T'}$ T [$_{v*P}$ t$_i$ [$_{v*'}$ v* [caused a scandal]]]]]]

위의 구조표현을 살펴보면, 그 내부로부터 *Wh*-이동이 일어날 DP인 [*the (driver, picture) of which (car)*]가 (4a)의 경우에서는 동사의 목적어 위치에 나타나 있어 활동적(active)이지만, (4b)에서는 일치자질(Agree-feature)을 갖는 탐침자인 T와의 일치를 통해 그것의 비해석성 자질인 격자질이 값을 부여받고 문장의 주어(즉, T의 지정어) 위치로 인상되었으므로 비활동적이다. 따라서 (4b)에서 주어위치에 나타나는 DP는 (1)의 비활동성조건에 따라 더 이상의 연산에 참여하지 못한다. 또한 비활동적인 통사대상은 비가시적(invisible)이기 때문에 더 이상 그 자신도 상위의 위치로 인상될 수 없지만, 그 내부에 나타나는 어떤 요소도 상위로 인상될 수 없다. 이러한 관계를 일반화하여 Chomsky(2005b)에서는 다음과 같은 일반주어섬효과(generalized subject island effect)를 제시하고 있다.

(4) PH가 PHs를 선택하는 국면의 핵일 경우, PHs에 의해 계승된 PH의 일치자질이 XP를 PHs의 지정어 위치로 인상시키면, XP는 비가시적이 되어 더 이상 인상될 수 없으며, 또한 그것의 내부로부터 어떤 것도 적출될 수 없다.

(If the Agree featue of PH inherited by PHs has raised XP to Spec-PHs, then XP is invisible; it cannot be raised and nothing can be extracted from it.)

일반주어섬효과 (4)에 의하면, (2)~(3)에서 보여주는 주어섬효과는 근원적으로 (1)의 비활동성조건에 기인함을 알 수 있다.

[ㅅ]

사고체계 〈思考體系 system of thoughts〉

☞ 개념의도체계 〈槪念意圖體系 conceptual-intentional system (C-I System)〉, 감각운동체계 〈感覺運動體系 sensori-motor system〉

상대적 최소성 〈相對的 最小性 Relativized Minimality〉 상대적 최소성(Relativized Minimality)은 지배(government)를 통제하는 일반조건으로 Rizzi(1990)에 의해 제안되었으며, Chomsky(1986b)의 최소성조건(Minimality Condition)을 개선하여 문법체계의 일반화(generalization)를 도모하고자 하는 조건이다. 이 조건은 아래 예문 (1)~(3)에서와 같은 *wh*-섬으로부터의 부가어축출(adjunct extraction), 초인상(super-raising), 핵이동제약(Head Movement Constraint: HMC) 위반 등 최소성조건 체계 하에서는 별개의 조건으로 설명되던 문법현상들을 모두 선행사-지배(antecedent government) 조건의 위반이라는 하나의 언어 현상으로 포착함으로써 Chomsky(1986b)에서 제안되고 있는 장벽이론(Barrier System)의 일반화에 크게 기여하고 있다.

(1) a. *How do you wonder why John fixed the car?
b. [$_{CP}$ how [$_{C'}$ do [$_{IP}$ you wonder [$_{CP}$ why [$_{IP}$ John fixed the car t_{how} ...

(2) a. *John seems it is likely to solve the problem.
b. [$_{IP}$ John seems [$_{IP}$ it is likely [$_{IP}$ t_{John} to solve the problem ...

(3) a. *How tall be John will?
b. *[$_{CP}$ how tall [$_{C'}$ be [$_{IP}$ John [$_{I'}$ will [$_{VP}$ t_{be} ... $t_{how\ tall}$ ....

요컨대, 위의 각 예문에서 이동의 결과로 발생한 선행사와 그것의 흔적 사이에 선행사와 동일한 유형의 요소가 끼어들어 선행사와 그것의 흔적 사이를 가로막고 있다. (1)에서는 이동되는 부기어 *wh*-구 how와 내포절의 흔적 사이에 *wh*-구 *why*가 가로막고 있고, (2)에서는 중간 내포절의 IP-지정어에 있는 DP *it*이 이동하는 주절의 DP *John*과 두 번째 내포절에 있는 그것의 흔적 사이를 가로막고 있으며, (3)에서는, X° 범주인 *will*(I)이 이동되는 X° 범주 *be*와 V에 속하는 *be*의 흔적 사이를 가로막고 있다. Rizzi(1990)는 선행사와 동일 유형의 요소(잠정적 선행사 potential antecedent)가 이 둘 사이를 가로막고 있기 때문에 선행사가 그것의 흔적을 선행사-지배할 수 없게 된다고 보고 상대적 최소성 (4)와 상대적 최소성에 기초한 선행사-지배(antecedent government)의 정의를 제시하고 있다.

(4) 상대적 최소성(Relativized Minimality: RM)

(i) Υ는 β에 대한 전형적 잠정 선행사-지배자(typical potential antecedent-governor)이다.

(ii) Υ는 β를 성분통어(c-command)하고 α를 성분통어하지 않는다.

(i), (ii)에 해당하는 Υ가 존재하지 않을 경우에만 α가 β를 선행사-지배한다.

(5) 선행사-지배(antecedent-government)

(i) α와 β는 동지표이다.

(ii) α는 β를 성분통어한다.

(iii) 어떤 장벽도 가로막고 있지 않다.

(iv) 상대적 최소성이 준수되어진다. 이럴 경우에만 한하여 α가 β를 선행사-지배한다.

즉, (5)의 정의에 의하면, (1)에서 *how*의 흔적 t_{how}는 비논항-지정어로 전형적 잠정 선행사-지배자(typical potential antecedent-governor)가 되는 *why*가 선행사와 흔적 사이를 가로막고 있기 때문에 *how*로부터 선행사-지배되지 못하며, (2)에서는 DP-흔적 t_{John}이 그것의 전형적 잠정 선행사-지배자가 되는 논항-지정어 *it* 때문에 선행사인 *John*에 의해 선행사-지배될 수 없고, (3)에서는 전형적 잠정 선행사-지배자가 되는 X^o 범주인 *will*(I)이 이동하는 X^o 범주 *be*와 그것의 흔적인 t_{be} 사이를 가로막고 있기 때문에 *be*가 자기의 흔적인 t_{be}를 선행사-지배하지 못한다. 위의 예문 (1)~(3)은 모두 선행사-흔적 관계가 상대적 최소성에 의해 선행사-지배조건(즉, 공범주원리 ECP)을 준수하지 않기 때문에 비문법적인 문장이 된다.

참고로, Rizzi(1990)의 최소성조건은 선행사와 흔적 사이에서 선행사-지배를 가로막고 있는 요소가 그 흔적에 대한 단순한 지배자가 아니고 선행사의 종류에 따라 상대적으로 달라진다는 점에서 '상대적 최소성(Relativized Minimality)'이라 하며, Chomsky(1986b)의 최소성조건(Minimality Condition)에서와 같이 선행사의 범주-위치적 형태(즉, 논항/비논항/핵 등)를 따지지 않고 가까운 지배자를 갖는 흔적은 더 멀리 있는 지배자로부터 지배될 수 없다는 최소성조건을 '경직적 최소성(Rigid Minimality)'이라 한다.

☞ 최소성조건 〈最小性條件 Minimality Condition〉

설명적 타당성 〈說明的 妥當性 Explanatory Adequacy〉

☞ 타당성 〈妥當性 Adequacy〉

수행체계 〈隨行體系 performance system〉 인지체계(cognitive system)와 함께 넓은 의미의 언어능력(language faculty)을 구성하는 한 부서로서, 인지체계가 제공한 언어정보(linguistic information), 즉 연산체계(computational system)를 통해 도출된 표현(representation)을 해석하여 실세계의 발화(sound)와 의미(meaning)로 해석하여 인간으로 하여금 언어를 통한 의사소통을 가능하게 하는 언어외부체계(language-external system)를 말한다. 이 체계는 음성형태표현(PF representation)을 운동감각체계(sensori-motor system)를 통해 소리로 해석하는 조음청취체계(articulatory-perceptual system: A-P System)와 논리형태표현(LF representation)을 사고체계(system of thoughts)를 통해 의미로 해석하는 개념의도체계(conceptual-intentional system: C-I System)의 두 하위 체계로 구성된다. 수행체계는 언어사용에만 관여하는 체계는 아니며, 사실상 언어사용과는 상관없이 별도로 존재하는 체계라고 본다. 그러나 수행체계가 특별히 언어사용에 관여하는 한 넓은 의미에서 그것을 언어능력의 한 부분이라고 말할 수 있다. 또한, 인지체계가 어떤 개인이 처해진 언어적 환경에 영향을 받아 특정의 언어로 구체화(instantiation)되는 변이(variation)를 갖는 데 반해, 수행체계는 모든 인간에 있어 안정되어 있고 고정되어 있다는 것이 특징이다. 결국 진정한 의미에서의 언어능력은 인지체계를 가리키며 수행체계는 언어에 관한 한 인지체계가 도출한 표현을 의사소통을 위한 수단으로 사용하는 언어외부체계라고 할 수 있다.

순수병합 〈純粹倂合 pure Merge〉

☞ 다중병합〈多重倂合 multiple Merge〉, 외부병합〈外部倂合 external Merge〉, 병합〈倂合 Merge〉

순수형상적 의미역이론 〈純粹形相的 意味役理論 pure configurational θ-theory〉 Chomsky(2001, 2004)의 탐침자-목표물 문법체계(Probe-Goal Framework)에서 범주들 간의 의미역 관계(θ-relation)를 핵(head)의 의미선택(s-selection)과 상관없이 외부병합(external Merge)에 의해 설명하는 의미역이론을 일컫는 말이다. 탐침자-목표물 문법체계에 의하면, 외부병합(external Merge)은 자유병합(free Mege) 이론 하에서는 핵(head)의 의미선택(s-selection)과 상관없이 진행될 뿐만 아니라 병합의 회수나 투사(projection)의 결정 등에 아무런 제약도 가해지지 않는다. 따라서, 외부병합은 자유다중지정어(free multiple SPEC), 표찰자유체계(label-free system) 등을 허용한다. 그럼에도 불구하고, 외부병합은 의미역이론적 논항구조(θ-theoretic argument structure)를 형성함으로써 이 역시 의미적 다양성(semantic multiplicity)에 대한 개념의도체계(C-I system)의 요구에 부응하고 있다. 의미역이론적 논항구조의 형성은 철저히 핵의 의미선택적 특성(s-selectional properties)의 반영이어야 함에도 불구하고 외부병합이 핵의 의미선택적 요구와 상관없이 (자유병합이론에 따라) 자유롭게 진행된다는 것은 외견상 언어의 비완벽성(imperfection)이 아닌가 여겨진다. 그러나 이러한 외부병합도 의미역이론적 논항구조의 형성이 개념의도체계의 의미적 다양성 요구를 반영하는 것이라면 언어의 완벽성(perfection)에 해당된다. 따라서 자유병합이론을 채택하는 탐침자-목표물 문법체계에서는 의미역이론적 논항구조의 현상을 핵의 의미선택적 특성으로 포착하지 않고, 개념의도접합부(C-I interface)인 의미표상(SEM)에 적용되는 접합부조건(IC)인 의미역조건(θ-theoretic conditions)에 의해 포착한다. 이와 같이 자유병합이론에 의해 도출된 외형구조(configurational structure)에 개념의도체계에서 요구하는 접합부조건인 의미역조건을 적용하여 핵의 의미선택 관계를 포착하는 의미역이론(θ-theory)을 순수형상적 의미역이론(pure configurational θ-theory)라고 한다. 의미역조건을 위반하는 의미표상은 수렴(convergence)이 차단되는 것이 아니라 해석상 비정상적 표현(deviance)을 파생한다. ☞ 외곽자질 <外郭資質 edge-feature: EF>

순환병합 <循環併合 cyclic Merge>

☞ 병합 <併合 Merge>, 자유병합 <自由併合 free Merge>

실재적 비완벽성 <實在的 非完璧性 real imperfections>

☞ 강력최소주의이론 <强力最小主義理論 strong minimalist thesis: SMT>

심리적 실재성 <心理的 實在性 Psychological Reality>

☞ 문법평가척도 <文法評價尺度 grammar evaluation measure>

쌍병합 <雙併合 pair-Merge>

☞ 병합 <併合 Merge>, 조병합 <組併合 set-Merge>

[ㅇ]

약국면 〈弱局面 weak phase〉

☞ 국면 〈局面 phase〉, 강국면 〈强局面 strong phase〉

양도 〈讓渡 TRANSFER〉 Chomsky(2001, 2004)의 탐침자-목표물 문법체계(Probe-Goal Framework)에서 사용하는 용어로서, 협소통사부(narrow syntax: NS)에서 연산을 통해 얻어지는 도출(derivation: D_{NS})을 국면(phase) 단위로 음운정보와 의미정보로 구분하여 이들 정보를 각기 음운부(phonological component) Φ와 의미부(semantic component) Σ로 이관(transfer)하는 작용을 말한다. 즉, 협소통사부의 연산을 통해 얻어진 도출은 양도(TRANSFER)의 작용에 의해 국면 단위로 음운부 Φ와 의미부 Σ로 이관(transferred)되고, φ와 Σ는 이관 받은 도출 D_{NS}에 각기 해당 규칙과 원리를 적용하여 음성표상(phonetic representation) PHON과 의미표상(semantic representation) SEM을 사상(mapping)한다. 이때 양도에 의해 도출의 음운정보를 음운부로 이관하는 작업을 문자화(Spell-Out: S-O)라고도 한다.

☞ 탐침자-목표물 문법체계 〈探針子-目標物 文法體系 Probe- Goal Framework〉

어순대응공리 〈語順對應公理 linear correspondence axiom: LCA〉 Kayne (1994)에 의해 제안된 공리로, Kayne (1994)은 이 공리가 음성형태층위(LF level)에 적용되어 문장의 어순을 결정한다고 보았다. 이 공리는, "α가 β를 선행하려면, α가 β를 비대칭적 성분통어해야 한다(α precedes β iff α asymmetrically c-commands β)"로 정의된다. 또한, 비대칭적 성분통어(asymmetric c-command)의 개념은 "X가 Y를 비대칭적으로 성분통어하려면, X가 Y를 성분통어하고 Y는 X를 성분통어하지 않아야 한다(X asymmetrically c-commands Y iff X c-commands Y, and Y does not c-command X)"로 정의된다. 즉, 어순대응공리(linear correspondence axiom: LCA)에 의하면, 한 통사적 대상(syntactic object)을

형성하는 구성요소들의 선형상 순서(linear order)는 비대칭적 성분통어의 개념에 기인하는 그 요소들의 계층적 관계(hierarchical relation)에 의해 결정된다는 것이다. 예컨대, '[Mary [read [[the] [novel]]]]'의 도출이 음성형태층위에 도달하면, 어순대응공리의 적용을 받게 되는데, 이 표현에서 *Mary*는 *read, the, novel*를 모두 성분통어(c-command)하나 *read, the, novel*은 *Mary*를 성분통어하지 않으므로, Mary가 이들을 선형순서상 선행하게 된다. 또한, read는 the와 novel을 성분통어하나 *the*와 *novel*은 *read*를 성분통어하지 않으므로, read가 the와 novel을 선형순서상 선행한다. 그러나, *the*와 *novel*은 상호 성분통어하는 관계이므로 어순대응공리에 의해 선형상 순서를 결정하지 못하여 *the novel*과 같은 표현을 갖는 도출은, 사실과 달리, 언제나 불법적인 도출로 판정되어야 한다. 이러한 문제점을 해결하기 위해 Chomsky(1995)에서는 명사범주 N은 접사자질(affixal feature)을 가지므로 문자화(Spell-Out) 이전의 외현통사부에서 기능범주 D에로 융합(incorporation)된다고 주장하고 있다. 이러한 주장에 의하면, *the novel*에서 *novel*이 *the*에로 융합되므로, *novel*의 기저위치에는 흔적(trace)이 남게 되는데, 흔적은 어순대응공리가 적용되기 전의 음성형태층위에서 제거되므로 *the novel*의 어순 결정은 어순대응공리에 면제된다. 참고로, *novel*이 *the*에 융합되면 [$_D$ [$_D$ the] novel]과 같이 하나의 수정어휘범주(modified lexical category)를 형성하게 되는데, 이 경우, Chomsky(1995)에 의하면, 한 어휘범주의 내부 구성소간의 어순은 어순대응공리에 의해 결정되지 않고, 그 언어의 굴절형태부(inflectional morphology)나 어형성(word formation) 원리에 의해 결정된다고 본다.

어휘배열 <語彙配列 lexical array: LA>

☞ 탐침자-목표물 문법체계 <探針子-目標物 文法體系 Probe- Goal Framework>

언어기능 〈言語機能 faculty of language: FL〉 최소주의 언어이론(Minimalist Program: MP)에서 사용하는 용어로 언어를 담당하는 인간의 뇌 인지체계를 일컫는 말이다. 개별언어(particular languages)란 외재언어(E-language)의 차원에서는 그 언어에 사용되는 표현(expressions)들의 집합이라고 할 수 있지만, 내재언어(I-language)의 차원에서는 그 표현들을 만들어내는 원어민의 (언어)인지체계라고도 할 수 있다. 최소주의 언어이론(Minimalist Program: MP)에서는 원어민의 인지체계인 내재언어를 진정한 의미에서 언어(language: L)라고 본다. 생성문법(Generative Grammar)에서는 원어민의 내재언어는 현대인간의 두뇌 속에 유전학적으로 결정되어(genetically determined) 있는 소위 언어기능(faculty of language: FL)의 한 완성상태(attained state)라고 본다. 즉, 유전학적으로 결정된 언어기능의 최초상태(initial state)를 S_0라 보면, 이 S_0는 모든 인간에게 균등한 상태로 존재할 것이며, 생후 최초의 언어경험(language experience)인 일차적 언어자료(primary linguistic data: PLD)를 통해 언어기능의 완성상태인 한 개별언어의 내재언어 L로 결정된다. 이러한 차원에서 보면, S_0는 생득적인 언어습득장치(language acquisition device: LAD)라 할 수 있다.

이러한 개별언어 L의 습득과정을 도표로 나타내면 다음과 같다.

(1) PLD —input→ [LAD] —output→ L

☞ 탐침자-목표물 문법체계 〈探針子-目標物 文法體系 Probe- Goal Framework〉

언어능력 〈言語能力 language faculty〉 언어능력이란 인간의 사고체계(system of thoughts)와 운동감각체계(sensori-motor system)를 최적언어설계(optimal language design)로 매개하여 언어사용을 가능하게 하는 인

간의 두뇌능력을 말한다. 다시말해, 사고체계에 의해 형성되는 의미와 운동감각체계에 의해 발화되는 소리를 언어적 정보를 생성하여 매개함으로써 인간으로 하여금 의사소통을 가능하게 하는 인간의 생득적(innate) 인지체계(cognitive system)를 일컫는 말이다. 언어능력은 유전적으로 결정되는 초기의 상태(initial state: S_0)가 있고, 이 상태의 언어능력이 일정한 경험적 요인에 의해 고정적 상태(steady state: Ss)에 이르면, 마침내 특정의 개별언어로 구체화(instantiation)된다. 언어능력은 좁은 의미로서는 인지체계(cognitive system)에 국한되나, 넓은 의미로는 언어사용체계인 수행체계(performance system)까지도 포함하여 정의되기도 한다.

언어습득장치 <言語習得裝置 language acquisition device: LAD>

☞ 언어기능 <言語機能 faculty of language: FL>

역순환성 <逆循環性 countercyclicity>

☞ 간섭효과 <干涉效果 Intervention Effect>, 해석/평가 <解釋/評價 interpretation/evaluation>

연산의 복잡성 <演算의 複雜性 computational complexity>

☞ 비국부적 경제성 <非局部的經濟性 global economy>

연산일률성조건 <演算一律性條件 uniformity condition on C_{HL}>

☞ 일률성조건 <一律性條件 uniformity condition2>

연산체계 <演算體系 computational system (C_{HL})> 어휘부(Lexicon)와 함께 인지체계(cognitive system)를 구성하는 부서로서, 배번집합(Numeration)의 구성에서부터 논리형태표현(LF representation)과 음성형

태표현(PF representation)의 도출에 이르기까지의 전반적인 문법적 운용을 담당하는 인지체계의 핵심부임. 이 체계에 포함되는 연산작용(computation)에는 어휘부로부터 어휘항목들(lexical items)을 취합하여 배번집합을 구성하는 선택(Choice), 배번집합에서 어휘항목을 골라 통사적 대상(syntactic object: SO)으로 채택하는 선발(Select), 두 개의 통사적 대상을 결합하여 더 큰 단위의 통사적 대상을 도출하는 병합(併合 Merge), 한 통사적 대상의 내부에서 구성요소의 자질을 유인함으로써 범주(category)나 자질(feature)(특히, 형식자질(formal features))의 전위(dislocation)를 유발하는 자질유인(Attract-F) 등이 있다. 이들 연산의 반복적 운용(recursive operation)으로 음성형태표현과 논리형태표현이 도출된다.

연쇄조건 〈連鎖條件 chain condition〉 원리매개변인이론(principles and parameters theory)에서 논항연쇄(A-chain)를 통제하기 위해 제안되는 조건으로, 모든 논항은 연쇄를 형성하며 이러한 연쇄는 다음에서 정의되는 바와 같은 연쇄조건(chain condition)을 준수한다는 것이다.

(1) 논항연쇄 (α_1, ..., α_n)에서 α_1은 격위치이고 α_n은 의미역 위치이다(In an argument chain 〈A-chain〉 (α_1, ..., α_n), α_1 is a Case position and α_n a θ-position, Chomsky 1986b).

예컨대, John$_i$ is certain [$_{IP}$ t'$_i$ to be killed t$_i$]에서 논항연쇄 (John, t', t)는 위의 연쇄조건을 만족시키고 있다. 즉, 연쇄의 머리(head)인 *John*은 격표시되는 위치에 있으며, 연쇄의 꼬리(tail)인 t는 θ-이 할당되는 위치에 있다. 한편, Chomsky(1981)에 의하면 이동하지 않는 논항도 단일구성원연쇄(single-membered chain)를 형성하므로 여전히 연쇄조건을 준수해야 하는데, 예컨대, *the girl loves John*에서 *John*은

(John)의 연쇄를 형성하고 있고, 이 때 연쇄의 유일한 구성원(member)인 *John*은 혼자서 연쇄의 머리와 꼬리가 되며, 그 위치에서 격과 의미역을 모두 할당받을 수 있으므로 연쇄조건을 만족시킨다고 본다.

연쇄형성 〈連鎖形成 Form Chain〉 여러 이동의 단계를 거쳐 하나의 완전한 연쇄를 형성하는 전 과정을 한번의 문법적 운용으로 보려는 개념임. 즉, 이동현상에 대해 최소단계조건(minimal step condition: MSC)을 적용할 때 완전한 연쇄의 형성을 하나의 단계로 간주한다는 것이다. 이 개념에 의하면, 최소단계조건의 적용에 있어서 이동 단계의 단위가 되는 것은 α-이동(Move-α)이 아니라 연쇄의 형성이라는 것이다(Chomsky, 1993: 15 참조). 예컨대, $John_i$ is certain [$_{IP}$ t'_i to be killed t_i]에서 *John*의 이동은 두 단계의 α-이동을 통해 일어났지만 하나의 연쇄 (John, t', t)을 형성하고 있으므로, 최소단계조건의 적용시 한 단계의 문법적 운용으로 해석되어야 한다는 것이다. 다시 말해, 최소단계조건은 도출의 경제성을 연쇄의 수에 따라 비교하는 것이다.

연쇄획일성조건 〈連鎖劃一性條件 chain uniformity condition〉

☞ 획일성조건 〈劃一性條件 uniformity condition3〉

예상적용의 비국부성 〈豫想適用의 非局部性 "looking ahead" global complexity〉

☞ 비국부적 경제성 〈非局部的經濟性 global economy〉

예외적 격표시 〈例外的格表示 Exceptional Case Marking: ECM〉 일반적으로 동사나 전치사는 자신이 의미역(θ-role)을 할당하는 명사구에 격(Case)을 표시해 주지만, 일부 동사나 전치사는 의미역을 할당하지 않는 명사구에 격을 할당하는 경우가 있는데, 이러한 격표시 현상을 원리매개변인이론(Principles and Parameters Theory)에서 예외적 격표시(Exceptional Case Marking: ECM)라고 부른다. 예컨대, *John believes* [$_{CP}$ [$_{IP}$ Mary to be honest]]과 John prefers [$_{CP}$ for [$_{IP}$ Mary to leave]]에서 동사 believe와 전치사 *for*가 *Mary*에게 의미역을 할당하지 않음에도 이들은 *Mary*에게 대격(accusative Case)을 할당하고 있다. 보편적으로 격표시는 격할당자(Case assigner)가 격수여자(Case assignee)를 지배하여야 하는데, 예외적 격표시의 경우는 이러한 지배조건을 충족하지 못하고 있다. 이러한 문제는 Chomsky(1986b)에서 장벽(barrier)의 개념을 도입함으로써 해결책이 제시되는데, 즉 장벽의 정의에 입각하면, IP는 결여범주(defective category)이므로 지배를 차단하는 장벽이 되지 못하나 IP를 직접 관할(immediately dominate)하는 CP는 IP로부터 장벽성을 물려받아 계승장벽(inherited barrier)으로 규정된다. 따라서, 위의 예문에서 believe는 CP를 넘어 *Mary*를 지배할 수 없다. 그럼에도 *Mary*가 *believe*로부터 격을 할당받아 문법적인 문장이 되는 이유는 영어의 개별문법(particular grammar)에 기인한다고 본다. 즉, Chomsky(1981)는 영어에서는 소위 *believe*, *expect*, *want*, *desire* 등과 같은 예외적 격표시 동사(ECM verbs)들의 보문절에 선택적인 CP 탈락(CP-deletion)이 일어난다고 가정한다. 따라서 위의 두 번째 예문에서는 *for*와 보문절의 주어 *Mary* 사이에 IP만 있고, 첫 번째 예문에서는 *believe*의 보문절 역시 CP 탈락이 일어나기 때문에 *believe*와 보문절의 주어 사이에도 IP만이 있는 셈이 되므로, *for*와 *believe*는 모두 보문절의 주어 *Mary*를 지배하게 되고, 따라서 이들은 *Mary*에게 대격(accusative Case)을 할당해 주게 된다.

오웰의 문제 〈*오웰* 의 問題 Orwell's problem〉 현대 영국의 소설가이며 수필가인 조지 오웰(George Orwell 1903~1950)이 제기한 인간의 사회적, 정치적 지식에 관한 문제로, Chomsky(1986a)에 의해 언어학(특히, 변형생성문법)을 통해 그 해결책에 접근할 수 있는 철학적 과제 중의 하나로 평가되었다. 즉, 오웰은 다음과 같은 문제를 제기한다.

(1) 인간은 어떻게 아주 많은 경험(경험적 자료)에도 불구하고 그렇게 적은 양의 지식밖에 확보할 수 없는가?
(How can we come to have so little knowledge for so much experience/evidence?)

이 문제는 인간의 지식이 갖는 특성 중에 한 측면을 지적하고 있는 문제로, 인간이 이 세상에 태어나 겪는 경험은 충분히 많으나, 그러한 풍부한 경험에 비해 인간이 얻는 지식의 양은 빈약하다는 것이다. 이 문제는 일견에 플라톤(Plato BC492~437)이 제기한 플라톤의 문제(Plato's problem)와 상반되는 주장을 하고 있는 것 같으나, 인간지식의 또 다른 한 측면에 대한 문제제기로 사실상 플라톤의 문제를 보완하는 보충적 질문이라 할 수 있다. 즉, 플라톤이 제기한 인간지식에 대한 문제는 인간의 본유적 지식(innate knowledge)에 관한 문제제기라면, 오웰의 문제는 경험과 학습을 통해 얻는 후천적 지식(acquired knowledge)에 관한 문제 제기이다. 따라서 오웰의 문제를 재해석하면, '인간의 본유적 지식은 경험과 상관없이 매우 방대하나, 후천적 지식은 풍부한 경험적 자료에도 불구하고 학습되는 양이 왜 그렇게 빈약한가?'라고 볼 수 있다.

이러한 오웰의 문제는 사실상 Chomsky 혁명(1957)을 통해 변형생성문법에서 추구해온 다음과 같은 질문과 맥을 같이 하고 있다.

(2) 모국어(native language)의 습득은 빈약한 경험(insufficient experience)과 부족한 자극(impoverished stimuli)을 통해서도 방대한 양(huge knowledge)과 완벽한 직관(complete intuition)으로 습득되는데, 외국어

(foreign language)의 경우는 많은 노력과 오랜 시간의 학습과정에도 불구하고 왜 그렇게 힘들고 더디고 그 양도 빈약할 뿐만 아니라 완벽한 직관으로 습득되지 못하는가?

Chomsky가 그의 혁명(1957)을 통해 실증주의 철학에 기반을 둔 Saussure식의 구조주의문법을 거부하고 데카르트식의 이성주의 철학(본유적 관념론)을 기반으로 변형생성문법을 주창하게 된 중요한 계기 중의 하나가 바로 언어학의 연구를 통해 (2)의 문제에 대한 해답을 찾고자 함에 있고, 이러한 해답이 바로 오웰의 문제에 대한 근원적인 대답이 된다.

완벽성 〈完璧性 perfection〉

☞ 강력최소주의이론 〈强力最小主義理論 strong minimalist thesis: SMT〉

완벽체계 〈完璧體系 perfect system〉

☞ 강력최소주의이론 〈强力最小主義理論 strong minimalist thesis: SMT〉, 해독성조건 〈解讀性條件 legibility condition〉

완전해석원리 〈完全解釋原理 full interpretation: FI〉 인지체제(cognitive system)에 의해 생성되는 언어정보는 수행체계(performance system)에 의해 해석될 수 있는 것이라야 한다는 원리로 '(음성형태와 논리형태의) 접합점에 나타나는 모든 요소는 문법외적 체계에 의해 해석될 수 있는 합법적 요소이어야 한다(Every element at the interface (PF and LF) must be a legitimate object to be interpreted by the grammar-external systems).'로 정의된다. 문법 외적 체계란 수행체계(performance system)를 의미하는 것으로 조음청취체계(articulatory-perceptual system: A-P system)와 계념의도체계(conceptual-intentional system: C-I system)를 뜻한다. 완전

해석원리(full interpretation: FI)에 의하면, 음성형태표현(PF representation)은 조음청취체계에서 해석가능한 합법적인 요소들로만 구성되어야 하며, 논리형태표현(LF representation)은 개념의도체계에서 해석가능한 합법적인 요소들로 구성되어야 한다. 음성형태표현나 논리형태표현이 이러한 합법적 요소들로만 구성되어 있을 때 완전해석원리를 만족시키게 되고, 이때 그 도출이 "합치(convergence)된다"고 하고, 만약 음성형태표현이나 논리형태표현이 조음청취체세나 개념의도체계에서 해석될 수 없는 비합법적 요소를 하나라도 내포할 때 완전해석원리를 위반하게 되고, 이 때 그 도출이 "파탄(crash)된다"고 한다. 즉 어떤 도출이 완전히 합치되려면 음성형태(PF)와 논리형태(LF) 층위에서 모두 완전해석원리를 준수하여야 한다.

외견상 비완벽성 〈外見上 非完璧性 apparent imperfection〉

☞ 강력최소주의이론 〈强力最小主義理論 Strong Minimalist Thesis: SMT〉

외곽자질 〈外郭資質 edge-feature: EF〉 Chomsky(2005a, 2005b)의 탐침자-목표물 문법체계(Probe-Goal Framework)에서 병합(Merge)의 근본적인 동인(motivation)으로 제안하고 있는 자질이다. 즉, Chomsky(2005a, 2005b)의 탐침자-목표물 문법체계에 따르면 한 어휘항목 LI가 어휘부(Lexicon)에서 협소통사부(narrow syntax: NS)의 연산체계로 유입되어 병합(Merge)에 의해 이미 도출되어 있는 통사대상 SO의 외곽에 결합되기 위해서는 병합을 유발하는 자질을 가지고 있어야 하는데, 바로 이 자질이 이른바 '외곽자질(edge-feature: EF)'이다. 이 외곽자질에 관해 Chomsky(2005a, 2005b)에서는 다음 (1)과 같이 정의하고 있다.

(1) 간투사를 제외한 모든 어휘항목이 외곽자질을 갖는다.
(All LI's except for interjections have EF.)

한편, 자유병합체계(free Merge system)와 표찰자유체계(label-free system)에서 도출되는 무한계병합(unbounded Merge)의 가정에 따르면, 병합은 반복적으로 적용되는데, Chomsky(2005a, 2005b)의 탐침자-목표물 문법체계에서는 이러한 반복적 병합(iterative Merge)의 특성이 바로 아래 (2)의 정의에서처럼 어휘항목의 외곽자질에 기인하는 것으로 본다.

(2) 외곽자질은 비한정적으로 외곽에 자유병합을 허용한다.
(EF permits free Merge to the edge, indefinitely.)

즉, 어휘항목의 외곽자질은 한 번의 병합작용으로 사라지지 않고 여러 번 병합작용을 반복적으로 일으킬 수 있는데, 이 때 아래 정의 (3)에서와 같이 어휘항목과 처음으로 병합되는 통사대상을 그 어휘의 보충어(complement)이라 하고, 그 이후에 병합되는 통사대상들을 그 어휘의 지정어(specifier: Spec)라 한다. 따라서 (3)의 정의에 의하면 한 어휘항목에 여러 개의 지정어가 허용되는 다중지정어구문(multiple Spec construction: MSC)이 생성된다.

(3) 지정어의 수는 무제한적이며, 지정어-보충어 구별은 첫째 병합, 둘째 병합 등등의 병합순서의 개념으로 축소된다.
(The number of specifiers is unlimited, and the specifier-complement distinction itself reduces to first-Merge, second-Merge, etc.)

위 (2)~(3)의 가정은 기술적 문법장치(descriptive technology)를 축소함으로써 강력최소주의이론(strong minimalist thesis: SMT)의 지향목표에 더욱 근접하며, 또한 경험적으로도 입증될 수 있다. 즉, 위의 가정에 따르면 자연언어의 연산작용은(형상구조에 의존한 순수형상적 의미역이론

(pure configurational θ-theory)에 따라) 필요 이상의 지정어를 갖는 다중 지정어구문(MSC)까지도 연산의 효율성원리에 저촉되지 않고 생성할 수 있다. 이러한 통사대상은 개념의도체계(C-I system)에서 해석이 용이하지 않은 '난해한 표현(unintelligible expression)'으로 인식되기는 하지만 연산과정에서 파산(crash)에 이르지는 않는다. Chomsky(2005a, 2005b)에서는 협소통사부에서는 아무런 위반 없이 생성되나 접합부에서 '난해한 표현'으로 인식되는 도출을 괴짜표현(deviant) 혹은 횡설수설(gibberish)이라 하는데, 사실상 이러한 표현들도 경우에 따라서는 은유(metaphor)나 희화적 표현(evocative expressions)과 같은 특수한 사고를 표현하는데 최선의 방법으로 활용되기도 한다. 그러므로 이러한 표현들도 사실상 접합부에서 나름대로의 적절한 해석을 받아야 하는 일종의 정상적인 표현으로 취급되어야 한다는 것이다.

또한, Chomsky(2005b)에서는 문장의 주어나 목적어가 각기 T와 V의 지정어 위치로 이동하는 이차병합(second-Merge)은 외곽자질에 의해 유발된다고 보고, 외곽자질에 대해 다음 (4)와 같은 가정을 제시하고 있다.

(4) (i) 내부병합에 의한 이차병합을 유발하는 외곽자질은 오직 C와 v* 의 외곽자질이다.

(Only C and v* have EF that can trigger second-Merge by IM.)

(ii) 이차병합을 유발하는 외곽자질은 국면의 핵으로부터 일치자질이 계승될 때 함께 계승될 수 있다.

(The second-Merge triggering EF can be inherited from the phase head along with the Agree-feature.)

(iii) 계승된 외곽자질은 일종의 자질확산에 의해 그 국면에 나타나는 모든 T에게 전달된다.

(The inherited EF extends, by some kind of feature-spread, to all T's in the phase.)

즉, C-T나 v*-V 연합체의 일치자질 탐색에 의해 문장의 주어와 목적어가 각기 T와 V의 지정어 위치로 인상되는 내부병합(internal Merge: IM)은, (4ii)의 가정에 비추어 보면, 바로 C와 v*로부터 계승(inherited)된 T와 V의 외곽자질에 기인한다는 사실을 알 수 있다. 이러한 가정을 채택하면, EPP-자질을 설정하지 않고도 T의 지정어 위치로 주어 명사구가 인상되는 EPP 현상을 포착할 수 있을 뿐만 아니라, 또한 인상구문(raising construction)이나 예외격표시구문(ECM-construction)에서 주절 T나 V의 일치자질에 의해 야기되는 인상의 경우 이동요소가 종속절 T의 지정어를 경유하는 소위 연속적 순환 논항이동(successive-cyclic A-movement)을 수행하게 되는데 이러한 순환이동도, (4iii)에 의하면, 역시 자질확산(feature extension)에 의해 그 국면(phase) 내부에 나타나는 모든 T에게 계승된 C나 v*의 외곽자질에 기인함을 알 수 있다. 또한, (4ii)의 가정에 의하면, 국면의 핵인 C와 v*는 탐침자(Probe)로서 목표물(Goal)의 탐색에 나설 때 자질계승(feature inheritance)의 결과로 각기 그들이 선택하는 T와 V와 C-T와 v*-V 연합체를 이루어 함께 목표물을 탐색하게 된다. 이 경우, 일치자질의 탐색을 통해 문장의 주어나 목적어가 각기 T나 V의 지정어 위치로 인상되어 이들의 계승된 외곽자질을 충족하기도 하지만, 만약 해당 문장이 *wh*-구를 내포하는 의문문(wh-interrogatives)나 관계절(relatives)이라면 C나 v*의 외곽자질이 동시에 충족되어야 하므로, C-T와 v*-V 연합체의 탐색으로 주어와 목적어의 인상이 일어날 때 동시에 나란히 C나 v*의 지정어 위치로 *wh*-구도 함께 이동해야 하는데, 이러한 동시 이동(movement)의 행태를 소위 병행이동(parallel movement)이라 한다.

☞ 순수형상적 의미역이론 〈純粹形相的 意味役理論 pure configurational θ-theory〉, 국면 〈局面 Phase〉, 의미적 다양성 〈意味的 多樣性 semantic multiplicity〉

외곽특성 〈外郭特性 edge properties〉

☞ EPP-자질할당조건 〈EPP-資質割當條件 EPP-assignment condition〉

외부병합〈外部併合 external Merge〉

☞ 병합〈併合 Merge〉, 다중병합〈多重併合 multiple Merge〉

외재논항 섬효과 〈外在論項 섬效果 external argument island effect〉

Chomsky(2005b)의 탐침자-목표물 문법체계(Probe-Goal Framework)의 병행이동(parallel movement) 가설 하에서 새롭게 발생되는 섬효과(island constraint)로서, 즉 병행이동 가설 하에 CP의 국면(phase)에서 C-T의 연합체가 탐침자(Probe)로서 목표물(Goal)의 탐색(search)을 진행할 때 하위국면인 v*P의 외재논항(external argument)은 그 탐색을 차단하는 일종의 섬(island)을 이루므로 외재논항 내부의 어떠한 요소도 C-T 연합체에 의해 탐색될 수 없어, 결과적으로 CP의 국면 속으로 인상될 수 없다는 섬제약(island constraint)의 효과를 말한다. Chomsky(2005b)에 의하면, 이러한 외재논항 섬효과(external argument island effect)는 그의 다음 (1)과 같은 국면국부성조건(phase locality condition)에 의해 포착될 수 있다고 주장한다.

(1) 하위국면에 매입되어 있는 α의 내부에 나타나는 요소들은 이미 도출과정을 통과하였기 때문에 더 이상 상위국면의 연산에 접근할 수 없다.
(The elements in α embedded in the lower phase, which has already been passed in the derivation, cannot be accessed in the next higher phase.)

그러면, 외재논항 섬효과를 확인하기 위하여 다음 (2)의 예문을 고려해 보자.

(2) a. *it was the CAR (not the TRUCK) of which [the (driver, picture) caused a scandal]

b. *of which car did [the (driver, picture) cause a scandal]?

위 (2)의 예문은 *Wh*-이동(of which (car)의 이동)이 문장의 주어 내부로부터는 불가능하다는 소위 주어섬효과(subject-island effect)를 나타내고 있다. 이러한 주어섬효과는 기존의 최소주의 언어이론(Minimalist Program: MP)에서는 소위 비활동성조건(inactivity condition)에 의해 포착된다고 주장하였으나, CP의 국면에서 C와 T가 C-T의 연합체를 이루어 공동으로 탐색(search)을 진행함으로써 T의 지정어 위치로의 주어인상(subject raising)과 C의 지정어 위치로 이동하는 *Wh*-이동이 동시에 나란히 적용되는 소위 병행이동 가설을 주장하는 Chomsky(2005b)의 탐침자-목표물 문법체계 하에서는 더 이상 주어섬효과가 비활동성조건으로 포착될 수 없다. 즉, CP의 국면에서 C-T의 연합체가 탐침자로서 목표물의 탐색을 진행할 때, (2)의 기저구조는 다음 (3)과 같다.

(3) C [T [$_{v*P}$ [the (driver, picture) of which (car)] [v* [V XP]]]]

즉, (2)가 (3)의 구조에서 C-T 연합체의 합동 탐색에 의해 of which (car)가 C의 지정어(Spec-C) 위치로 인상된 경우라면, 아직 (3)에서 v*P의 외재논항(external argument)인 the (driver, picture) of which (car)가 T와의 일치(Agree)에 의해 문장의 주어 위치로 인상되기 전이므로 (2)의 비문법성은 비활동성조건에 기인하는 주어섬효과로 포착할 수가 없다. Chomsky(2005b)에 의하면, 바로 이러한 섬 효과가 주어섬효과와 구분되는 외재논항 섬효과이며, 외재논항 섬효과는 그의 국면국부성조건 (1)에 의해 설명된다고 주장한다. 요컨대, 위 (2)의 예문이 (3)의 기저구조에서 C-T 연합체의 탐색에 의해 of which (car)가 직접 C의 지정어 위치로 인상된 경우라 하더라도, (1)의 국면국부성조건에 의하면 하위국면에 매입되어 있는 지정어(즉, v*P의 외재논항) 내부에 나타나는 요소는 어떤 것이라도 이미 v*P의 국면에서 도출과정을 통과하였기 때문에(요컨대, 이미 지나간 국면 v*P에 깊게 매입(deeply embedded)되어 있으므로) 그 지정어로부터 상위국면 CP로 인상될 수 없다. 따라서, (2)는 주어섬효과와 달리 비활동성조건이 아니라 위 (1)의 국면국부성조건에 의해 비문법적인 문장으로 처리된다. 이러한 섬 효과(island effect)를 주어섬효과와 구분하여 소위 '외재논항 섬효과(external argument island effect)'라 한다.

☞ 비활동성조건 〈非活動性條件 inactivity condition〉, 국면국부성조건 〈局面局部性條件 phase locality condition〉, 주어섬조건 〈主語섬條件 subject-island condition〉, 병행이동 〈平行移動 parallel movement〉

외현통사부 〈外顯統辭部 overt syntax〉 병합(Merge)과 자질유인(Attract-F) 등의 연산(演算 computation)이 음성형태표현(PF representation)에 영향을 미치는 연산체계(computational system: C_{HL})를 일컫는 말로, 문자화(文字化 Spell-Out)에 의해 내현통사부(covert syntax)와 분리된다. 즉, 논리형태부(LF component) 이전의 연산과정(computational process)을 말한다. 연산체계는 배번집합(numeration) N에서 논리형태표현(LF representation) λ에 이르기까지 선발(Select), 병합(Merge), 자질유인(Attract-F) 등의 연산이 반복적으로 적용되는데, 이러한 연산과정에서 특정 단계의 도출 Σ에 문자화가 적용되면, 음성자질을 제외한 Σ의 모든 정보는 논리형태층위(LF level)로 유입되고 논리형태층위에서도 계속적으로 선발, 병합, 자질유인 등의 연산이 적용된다. 이 경우, 문자화 이전까지의 연산과정 (N→Σ)을 외현통사부(overt syntax)라 일컫고, 문자화 이후의 연산과정($\Sigma \rightarrow \lambda$)을 내현통사부이라 일컫는다. 참고로, Chomsky(1998)에서는 매번 자질유인에 기인하는 부수적 병합(ancillary Merge)이 일어날 때마다 그 단계에서 문자화가 일어난다고 보므로, 표현의 도출과정에서 한 번 이상의 문자화가 일어날 수 있다. 따라서, 사실상 외현통사부와 내현통사부의 구분은 사라지고 배번집합에서 논리형태표현에 이르기까지 단일 연산체계가 반복적으로 적용된다고 본다.

용인가능도출 〈容認可能導出 admissible derivation〉

☞ 최적도출 〈最適導出 optimal derivation〉

원리매개변인이론 〈原理媒介變因理論 Principles and Parameters Theory: P&P Theory〉 Chomsky(1981)의 *Lectures on Government and Binding* (LGB)에서부터 제안된 언어이론으로 일반적으로 지배-결속이론(GB Theory)이라 일컫는다. Chomsky(1986a)에서는 자신의 이론을 지배-결속이론이라 부르는 것은 적적치 못하며, 정확한 표현은 원리매개변인이론(Principles and Parameters Theory)이라고 주장한다. 즉, 지배(government)와 결속(binding)의 개념은 원리매개변인이론을 기술하기 위해 활용되는 이론 내적 개념에 불과하다는 것이다. 원리매개변인이론에서는 보편문법(universal grammar: UG)의 체제가 조합체계(modular system)로 이루어지며 각 조합(module)은 하위 보편원리(universal principles)들로 구성되는데, 이들 보편원리들은 언어적 환경의 영향을 받지 않는 본유적 원리(innate principles)로 본다. 이러한 본유적인 보편원리들은 언어적 환경에 반응하여 일정한 범위의 변이를 갖는 매개변인(parameters)의 매개로 개별문법(particular grammar)의 원리로 구체화(instantiation)된다. 따라서, 원리매개변인이론에서는 인간의 언어습득(language acquisition)을 매개변인이 특정 언어적 환경에 반응하여 그 변이의 값을 결정 짓는 과정으로 본다. 요컨대, 모든 인간은 생득적으로 불변적 보편원리들과 환경에 영향을 받는 매개변인들로 이루어진 초기 상태의 언어능력(language faculty)을 가지고 태어나며, 이 초기 상태의 언어능력은 개인이 처한 개별언어적 환경에 따라 결정되는 매개변인의 값에 따라 특정 언어의 언어능력으로 탈바꿈한다. 이러한 특정 언어의 언어능력을 소위 핵심문법(core grammar)라고 한다. 참고로, 최소주의이론(Minimalist Theory)에서는 위에서 기술하고 있는 바와 같은 원리매개변인이론의 체제를 채택하지 않고, 개별언어간의 표면적 차이는 언어적 환경에 따라 변이를 갖는 기능범주(functional category)의 자질적 특성에 기인한다고 본다.

유표대용사 〈有表代用詞 marked anaphor〉

☞ 핵재귀사 〈核再歸詞 head reflexive〉

융합 〈融合 incorporation〉 Baker(1985, 1988)에서 제안된 개념으로, 한 핵범주가 다른 핵범주에 부가되는 작용을 말한다. 일반적으로, 최소주의이론에서 동사 V가 경동사 v로 상승하여 v에 융합(融合 incorporate)된다고 보며, 불어, 아이슬랜딕어 등 일부 언어에서는 이 복합동사(complex verb) VB가 다시 T로 상승하여 T에 융합된다고 본다. Baker(1985, 1988)에서는 Onondaga, Mohawk, Southern Tiwa 등의 많은 언어에서 다음 영어로 예시되는 바와 같이 명사가 동사에 융합(incorporation)되는 명사융합(noun incorporation) 현상이 나타난다고 주장하고 있다.

(i)

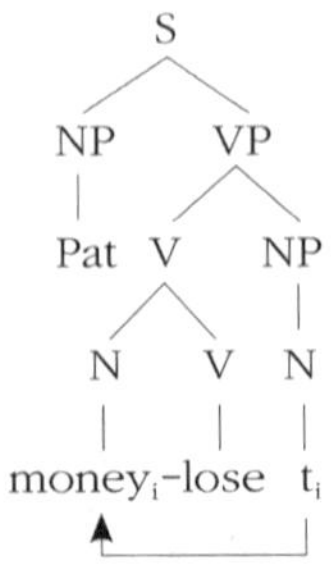

☞ 분열 〈分裂 excorporation〉

음성표상 〈音聲表象 PHON〉 Chomsky(1998) 이후 최소주의 언어이론(Minimalist Program: MP)의 탐침자-목표물 문법체계(Probe-Goal Framework)에서 사용하는 용어로, 과거 생성문법에서 음성표상(PF-representation)이라 일컫던 개념과 유사한 개념이다. 오늘날 인간이 사용하는 개별언어(particular languages)란 그 언어의 원어민(native speakers)이 의사소통(communication)을 위해 사용하는 모든 표현들(expressions)의 집합이라고 본다. 이 집합에 속하는 각 표현들은 음성표상(PF-representation)과 의미표상(LF-representation)이라는 양 측면의 언어정보를 갖는데, Chomsky(1998) 이후 최소주의 언어이론의 탐침자-목표물 문법체계에서는 이들 표상들을 각기 음성표상(PHON)과 의미표상(SEM)이라 한다. 최소주의 언어이론에서는 언어표현인 음성표상과 의미표상은 바로 그 개별언어의 원어민이 생득적으로 갖는 언어기능(faculty of language: FL)의 후천적 완성 상태인 소위 내재언어(internal language: I-language)의 연산작용(computation)에 의해 생성된다고 주장한다. 이러한 관점에서 내재언어인 원어민의 인지체계(cognitive system)에 의해 생성된 표현들을 외재언어(external language: E-language)라고도 한다.

음운적 경계 <音韻的 境界 phonological border> 음운적 경계(phonological border)란 Chomsky(2001)의 탐침자-목표물 문법체계(Probe-Goal Framework)에서 목적어전이(object shift: OS) 현상과 관련하여 OS-언어(OS languages)와 비OS-언어(non-OS languages)간의 차이를 포착하기 위해 제시되는 개념이다. 즉, OS-언어에서와 날리 영어와 같은 비OS-언어에서는 왜 목적어전이가 나타나지 않는지를 설명하기 위해 Chomsky(2001)에서는 다음 (1)과 같은 매개변인(parameter)을 설정한다.

(1) v*P의 음운적 경계에서는 XP에 INT'가 할당된다.
(At the phonological border of v*P, XP is assigned INT'.)

위의 정의에서 INT'는 INT에 상반되는 개념으로 초점(focus), 특정성(specificity), 한정성(definiteness), 신정보(new information) 등을 나타내는 해석적 복합체(interpretive complex) INT가 아닌 것을 의미하며, 음운적 경계(phonological border)란 v*P 속에 나타나는 최초의 음운자질(phonological features)을 갖는 요소를 말한다. 즉, 음운적 경계는 음운적 외곽(phonological edge)의 개념과 달리 v*P 속에 동사의 목적어만 남아 있을 경우 이 목적어까지도 음운적 경계에 해당된다.

Chomsky(2001)에 의하면, (1)의 규칙은 매개변인으로서 OS-언어에서는 [+]값을 가지며, 비OS-언어에서는 [-]값을 가진다고 본다. 따라서 OS-언어에서는 (1)이 적용되므로 목적어를 제외한 v*P 내부의 모든 요소가 인상된다면 v*P 내부에 남아 있는 목적어에게 INT'가 할당되므로, 이 경우 목적어가 특정성, 한정성을 갖지 않는 부정성(indefinitc)의 표현이라면 상관없으나, 만약 특정성이나 한정성을 가져야 하는 표현(즉, 한정대명사(definite pronoun))이라면 INT를 할당받아야 하므로 문법적인 출력이 되려면 목적어가 v*P의 지정어 위치로 전이될 수밖에 없다. 그러므로, OS-언어에서는 한정대명사와 같이 INT를 필요로 하는 표현이 v*P의 음운적 경계에 나타나면 반드시 v*에 EPP-자질이 할당되어 목적어전이가 일어나야 한다. 다음 (2)의 예문에서 보여주는 문법성의 대조는 OS-언어에 나타나는 목적어전이의 특성을 보여준다.

(2) a. I saw_{v^*} her_{ob} not [t_{v^*} t_{ob}].
b. *I have her_{ob} not [seen t_{ob}].

즉, OS-언어에서 (2a)의 경우는 목적어 *her*가 v*P 내부에서 음운적 경계에 나타나는 경우이므로, 이 경우는 목적어 *her*가 INT를 할당받기 위해서 (v*가 반드시 EPP-자질을 할당받아) 목적어전이를 수행해야 하는데, (2a)는 이러한 목적어전이가 수행된 경우이므로 문법적이다. 그러나 (2b)의 경우는 동사구 내부에 *seen*이 나타나 목적어 *her*의 위치가 음운적 경계에 해당되지 않으므로 *her*가 목적어 위치에 남아 있더라도 INT를 할당받을 수 있어 목적어전이를 수행할 필요가 없다. 그럼에도 불구하고 (2b)는 목적어 *her*가 전이된 경우이므로 비문법적인 문장으로 판정된다. 따라서 OS-언어에서는 (2b)는 다음 (3)과 같이 목적어전이가 일어나지 않은 표현으로 대치되어야 한다.

(3) I have not [seen her].

한편, 영어와 같은 비OS-언어에서는 (1)의 매개변인이 [-]값을 갖는다. 따라서 이들 언어에서는 목적어가 비록 음운적 경계가 되는 기저위치에 나타난다하더라도 그 위치에서 INT를 할당받을 수 있으므로 INT를 할당받기 위해서 추가적으로 v*P의 지정어 위치로 전이될 필요가 없다. 그러므로 비OS-언어에서는 비록 한정대명사와 같이 INT를 요구하는 표현이 기저에서 동사구의 목적어위치에 나타난다하더라도 전혀 목적어전이의 필요성을 갖지 않는다.

☞ 목적어전이 〈目的語轉移 Object Shift: OS〉

음운적 외곽 〈音韻的 外郭 phonological edge〉 Chomsky(2001)의 탐침자-목표물 문법체계(Probe-Goal Framework)에서 기존의 최소주의 언어이론(Minimalist Program: MP)에서 제안하고 있던 최소연결조건(minimal link condition: MLC)(혹은 최단이동조건(shortest Move))의 대안으로 제시하고 있는 새로운 국부성조건(locality condition)이다. 기존의 최소연결조건(minimal link condition: MLC)(혹은 최단이동조건(shortest Move))이 자질점검(feature-checking)을 위한 범주의 이동(Move)을 제약하는 조건이라면, 음운적 외곽(phonological edge)은 비해석성 ϕ-자질(ϕ-features)을 갖는 탐침자가 일치(Agree)를 위해 자신의 투사범주의 범위(domain) 내에서 ϕ-자질상 부합(Match)을 이루는 목표물을 탐색(search)할 때 이러한 탐색을 제약하는 조건이라 할 수 있다. 이 조건에 의해 부합을 위한 탐색이 차단되는 효과를 소위 간섭효과(intervention effect)라 한다. Chomsky(2001)에서는 음운적 외곽을 다음과 같이 정의하고 있다.

(1) 음운적 외곽은 탐침자에 접근가능하다.
(The phonological edge is accessible to Probe P.)

음운적 외곽에 대한 (1)의 정의에 의하면, 아래 (2)의 구조에서 XP가 음운적 실체(phonological contents)을 가질 경우, XP는 탐침자(Probe)인 P와 목표물(Goal)인 SPEC 사이에 적용되는 자질상의 부합(Match)을 차단하므로 P와 SPEC 간에는 자동적으로 일치(Agree)의 연산이 적용될 수 없게 된다.

(2) [$_{ZP}$ … P … [$_{HP}$ XP [SPEC [H YP]]]

(2)에서 XP가 이미 일치의 연산을 통해 격자질의 값을 부여받아 비활동적(inactive)인 경우에도 음운적 실체가 있고 ϕ-자질상 완전(ϕ-complete)한 경우에는 (1)에 의해 사실상 P와 SPEC 간의 자질상 부합을 차단함으로써 이른바 간섭효과(intervention effect)를 나타낸다.

☞ INTERVENTION EFFECT

의미선택 〈意味選擇 s-selection〉

☞ 기능범주 〈機能範疇 functional category〉

의미적 다양성 〈意味的 多樣性 semantic multiplicity〉

☞ 병합 〈倂合 Merge〉, 자유병합 〈自由倂合 Merge〉

의미표상 〈意味表象 SEM〉

☞ 음성표상 〈音聲表象 PHON〉

이기성원리 〈利己性原理 Greed〉 가장 경제적인 도출인 최적도출(optimal derivation)을 선별하기 위해 적용되는 경제성조건(economy condition)중에 하나로, 어떠한 문법적 운용도 그 운용에 참여하는 요소의 필요를 충족하기 위해서가 아니라면 허용될 수 없다는 것이다. 즉, 어떤 요소(범주나 자질)가 이동할 때는 반드시 그 이동으로 인해 이동하는 요소의 어떤 필요가 충족되어야 한다. 따라서, α가 형태적 요구를 모두 충족시키고 나면, 더 이상 α의 이동은 야기되지 않는다. 예컨대, Chomsky(1993)는 다음 두 문장의 문법성 차이는 이기성원리(Greed)에 기인한다고 본다.

(1) There is a man in the room.
(2) *There seems to a man that John likes Mary.

즉, (1)의 예문에서는 *a man*이 격자질(Case feature)의 점검을 받기 위해서 논리형태(LF)에서 논리형태 접사(LF affix)인 there에 부가되고, 그 결과 Agr의 명사자질(일치자질)과 T의 명사자질(격할당자질)을 점검할 수 있지만, (2)의 경우에는 *a man*이 이미 *to*에게서 고유격(inherent Case)을 점검(혹은 할당)받고 있기 때문에 또 다시 격점검 받기 위해 논리형태에서 *there*로 상승될 필요가 없다는 것이다. 요컨대, (1)에서는 *a man*이 자신이 주격을 점검 받아야 하는 필요에 의해 *there*로 상승했지만, (2)에서 *a man*이 *there*로 상승하는 것은 *a man* 자신의 필요가 아니라, *there*, Agr, T 등의 필요성을 충족시키기 위해서 이루어진다. 그러므로, (2)는 *a man*이 *there*로 상승하면 이기성원리를 위반하고, 상승하지 않으면, *there*의 접사자질과 Agr의 일치자질, T의 격할당자질 등의 요구를 충족하지 못하게 되어 언제나 비문법적인 문장으로 판정된다. 이러한 차원에서 이기성원리를 자기만족 최후수단조건(self-satisfying Last Resort)이라 부르기도 한다. 자질이동(Move-F)의 개념이 자질유인(Attract-F)의 개념으로 바뀐 Chomsky (1995) 이후의 최소주의이론(Minimalist Theory)에서는 자연히 피유인자(attractee) 중심의 이기성원리는 사라지고, 그 대신 유인자(attractor) 중심의 소위 자살적 이기성(Suicidal Greed)의 개념이 대두된다.

☞ 자살적 이기성 〈自殺的利己性Suicidal Greed〉

이차병합 〈二次倂合 second-Merge〉

☞ 외곽자질 〈外郭資質 edge-feature: EF〉, 병행이동 〈平行移動 parallel movement〉

인식론적 우선권 〈認識論的 優先權 Epistemological Priority〉

☞ 심리적 실재성 〈心理的 實在性 Psychological Reality〉, 문법평가척도〈文法評價尺度 grammar evaluation measure〉

인지체계 〈認知體系 cognitive system〉 수행체계(performance system)와 함께 언어능력(language faculty)을 이룬다고 보는 언어 형성의 핵심부를 이루는 뇌기능으로, 일반적으로 언어외부체계(language-external system)인 수행체계와 대조적으로 언어내부체계(language-internal system)라고 일컫는다. 최소주의이론(Minimalist Theory)에서는 인지체계가 어휘부(Lexicon)와 연산체계(computational system: C_{HL})로 구성된다고 보며, 이들의 상호작용으로 음성형태표현(PF representation)과 논리형태표현(LF representation)이 도출된다고 본다. 초기 변형생성문법(transformational generative grammar)에서는 인지체계를 언어능력(linguistic competence)이라 불렀으며, 이는 생득적(innate)인 것으로 보편문법(universal grammar: UG)의 실체가 되고, 경험적 요인에 의해 매개변인(parameters)의 값이 결정되면 개별언어의 내적 언어(internal language: I-language)인 핵심문법(core grammar)으로 구체화(instantiation)된다.

일관성조건 〈一貫性條件 uniformity condition[1]〉 최소주의이론(Minimalist Theory)에서 연쇄(chain)의 형성을 통제하기 위해 적용되는 조건으로, 일률성조건(uniformity condition[1]), 획일성조건(uniformity condition[3]) 등과 구분하기 위해 일관성조건(uniformity condition[2])이라 번역한다. 일관성조건은 '연쇄는 구구조상 지위에 관해 일관적이다(A chain is uniform with regard to phrase structure status)'로 정의된다. 이 정의에 따르면, 한 연쇄의 모든 구성요소는 구구조상 동일한 지위를 갖추어야 한다. 즉, 범주의 구구조상의 지위는 최대투사(maximal projection: X^{max}), 중간투사(intermediate projection: X'), 최소투사(minimal projection: X^{min}) 등으로 구분되는데, 한 연쇄를 구성하는 구성요소들은 모두 동일한 지위의 투사(projection)이어야 한다. 요컨대, 핵이동(head movement)으로 형성된 연쇄의 구성요소는 모두 최소투사이어야 하며, 구이동(phrasal movement)으로 형성된 연쇄의 구성요소는 모두 최대투사이어야 한다는 것이다. 한 연쇄가 최대투사와 최소투사의 혼합으로 구성된다면, 일관성조건을 위반하게 되어 비문을 초래한다. 그러나, 비최대 X^{o} 투사(non-maximal X^{o} projection)가 이동하면 언제나 이동 후의 위치에서 최소-최대투사(minimal and maximal projection)로 해석되므로 일관성조건의 위반이 야기되지만, 일관성조건이 논리형태층위(LF level)에 적용되는 조건이므로 논리형태층위에서 단어해석원리(word interpretation: WI)에 의해 단어(word)로 해석될 경우 일관성조건의 면제를 받게 된다. 따라서, 명사가 상위의 동사에 부가되는 명사융합(noun-incorporation) 등의 현상이 허용된다. 또한, 최소-최대투사(minimal and maximal projection) D로 생성되는 접어(clitic)의 경우는 어떠한 유형의 이동을 수행하더라도 일관성조건을 준수하므로 핵이동조건(HMC)과 상관없이 상위의 T에까지 상승할 수 있다.

일률성조건 〈一律性條件 uniformity condition[2]〉 연산체계(computational system: C_{HL})의 운용이 외현통사부(overt syntax)에서와 마찬가지로 내현통사부(covert syntax)에서도 동일하게 적용된다는 조건으로, "연산과정은 도출의 전 과정을 통해 일률적이다: 어떠한 연산도 도출과정의 어느 시점에서나 적용될 수 있다(Computational procedures are uniform throughout: any operation can apply at any point)."로 정의된다. 이 조건은 일관성조건(uniformity condition[1]), 획일성조건(uniformity condition[3]) 등과 구분하기 위하여 일률성조건(uniformity condition[2])으로 번역되며, 변별성을 높이기 위해 연산일률성조건(uniformity condition on C_{HL})이라

일컬어지기도 한다. 일률성조건(uniformity condition[2])에 의하면, 연산체계의 운용은 문자화(Spell-Out) 시점에 영향을 받지 않고 배번집합(numeration: N)에서 논리형태표현(LF representation) λ에 이르기까지 원칙적으로 선발(Select), 병합(Merge), 자질유인(Attract-F) 등의 연산만이 반복적으로 적용된다. 만약, N→λ의 연산과정에서 범주의 삭제(elimination)나 이동(movement), 강세(stress)와 억양(intonation)의 첨가 등과 같은 문법적 운용이 일어나면, 그 도출은 일률성조건의 위반으로 제거된다. 따라서, 선발, 병합, 자질유인 등의 연산체계의 운용이 아닌 범주의 삭제나 이동, 음소와 운율의 첨가 등의 문법적 운용은 음성형태층위(PF level)에서 일어난다. 한편, 일률성조건에도 불구하고 외현통사부와 내현통사부에서 발생하는 연산작용의 차이는 모두 연산체계 외부의 요구에 기인하는 것으로 본다. 즉, 강성자질(strong feature)의 점검을 위한 자질유인은 반드시 문자화 이전의 내현통사부에서 일어나야 하는데, 이는 조음청취체계(articulatory-perceptual system: A-P system)의 요구에 따라 음성형태층위(PF level)에서의 도출의 합치(convergence)를 이끌어 내기 위한 운용이며, 비강성자질(weak feature)의 점검을 위한 자질유인은 오직 문자화 이전의 내현통사부에서만 적용되는데, 이는 지연성원리(Procrastinate)의 요구를 충족시키기 위한 운용인 것이다. 일률성조건을 엄격히 적용함으로써, 최근 일률성조건을 위반하는 V-to-I 인상(V-to-I raising), I-to-C 인상I-to-C raising), N-to-D 인상(N-to-D raising) 등의 핵이동(head movement) 현상이 더 이상 문자화 이전의 외현통사부의 운용이 아니라 음성형태층위의 문법적 운용으로 보아야 한다는 사실이 확인되었다. 또한, 일률성조건은 지배-결속이론(GB Theory)에서 제안되어 온 양화사인상(QR)도 범주의 이동이 아니라, 사실상 상위의 관련 주관기능범주(host functional category)에 의한 양화사의 양화자질 [Quant]의 자질유인으로 재해석되어야 함을 암시해준다.

일반화주어섬효과 <一般化主語섬效果 generalized subject island effect>

☞ 비활동성조건 <非活動性條件 inactivity condition>

일치 <一致 Agree> Chomsky(2001, 2004) 이후 최소주의 언어이론(Minimalist Program: MP)에서 협소통사부(narrow syntax: NS)에서 일어난다고 주장하는 연산(computation)의 한 작용을 일컫는 말이다. 통사단위의 도출 과정에서 탐침자(Probe)와 목표물(Goal) 사이에 일치(Agree)를 이루기 위해서는 탐침자는 반드시 목표물을 자신의 표찰영역(domain of LB(K))(즉, 투사(projection)) 내에 포함하고 있어야 하며, 일치가 적용되면 탐침자와 목표물의 비해석성 자질들은 모두가 값을 부여받고 양도(TRANSFER) 후 의미부에서 삭제된다. 일치가 적용되기 위해서는 먼저 탐침자와 목표물 사이에 자질상의 '부합(Match)'이 먼저 이루어져야 하는데, '부합'이란 동일자질 사이의 확인(Identity)을 의미한다. 따라서 일치는 반드시 동일 종류의 자질을 갖는 핵-범주(head categories)들 사이에만 적용된다. 또한 일치는 부합과 달리 다음과 같은 소위 활동성조건(activity condition)를 충족하여야 한다.

(1) 일치의 연산이 적용되기 위해서는 탐침자와 목표물이 모두 활동적이어야 한다.
(Probe and Goal must both be active for Agree to apply.)

'활동적(active)'이라는 개념은 탐침자와 목표물이 되는 범주가 그들의 자질구성에서 비해석성 자질(uninterpretable feature)을 하나 이상 포함하고 있다는 것이다. 따라서 부합은 자질의 해석성 여부와 상관없이 적용되지만, 일치는 탐침자와 목표물이 반드시 하나 이상의 비해석성 자질을 포함할 때만이 적용된다. 명사적 범주가 아닌 범주의

ϕ-자질(ϕ-features)은 비해석성 자질이므로, 기능범주(functional categories)는 그 자체로 언제나 활동적이 될 수 있지만, 목표물이 되는 명사적 범주는 반드시 비해석성의 격(Case) 자질을 가질 때만이 활동적이 될 수 있다. 또한 탐침자와 목표물로서 일치를 이루는 한 쌍의 범주가 있을 때, 일치를 통해 상대 범주의 비해석성 자질을 삭제(delete)하기 위해서는 반드시 그 범주가 성(gender), 수(number), 인칭(person)의 ϕ-자질을 모두 갖는 소위 ϕ-자질상 완전(ϕ-complete)한 범주가 되어야 한다. 따라서 Chomsky(2001)에서는 다음과 같은 ϕ-자질 완전성조건(ϕ-completeness condition)을 제시하고 있다.

(2) α는 자신과 부합의 쌍을 이루는 β의 비해석성 자질들을 삭제하기 위해서 반드시 ϕ-자질상 완전해야 한다.
(α must be ϕ-complete to delete uninterpretable features of the paired matching element β.)

[ㅈ]

자살적 이기성 <自殺的利己性 Suicidal Greed> 초기 최소주의이론(Minimalist Theory)에서 제안된 자질이동(Move-F)의 개념이 Chomsky (1995) 이후 자질유인(Attract-F)의 개념으로 교체되면서, 이기성원리(Greed)도 이동하는 요소의 이기성의 개념에서 유인자(attractor)의 이기성의 개념으로 바뀌게 된다. 요컨대, 종래에는 이동은 이동자의 필요를 만족시키기 위해서만 유발된다고 보았으나, 지금은 유인자가 자신의 필요를 충족하기 위해 이동자(즉, 피유인자(attractee))를 유인한다고 본다. 유인자가 피유인자를 유인하는 요인은 유인자의 형식자질(formal feature)의 특성에 기인한다. 즉, 유인자(주로 기능범주임)의 형식자질은 비해석성 자질(uninterpretable feature)이므로 음성형태나 논리형태의 접합점 층위에 이르기 전에 제거되어야 하고, 이들이 제거되기 위해서는 유인자는 관련 피유인자의 어휘자질을 유인하여 자질점검(feature-checking)을 받아야 한다. 이와 같이 유인자의 비해석성 자질들은 피유인자의 관련 자질을 유인하여 자질점검을 통해 그들 스스로가 제거됨으로써 그들의 이기성이 충족된다는 의미에서 이러한 이기성을 자살적 이기성(Suicidal Greed)이라고 일컫는다.

자유다중지정어 〈自由多重指定語 free multiple SPEC〉

☞ 자유병합 〈自由併合 free Merge〉

자유병합 〈自由併合 free Merge〉 Chomsky(2004)의 탐침자-목표물 문법체계(Probe-Goal Framework)에서 Collins(2002)의 표찰자유체계(label-free system)와 함께 채택하고 있는 병합이론(Merge Theory)을 일컫는 말이다. 표찰자유체계는 자유병합(free Merge) 이론을 낳게 되는데, 자유병합은 병합에 아무런 약정제약(stipulated restrictions)도 가해지지 않으며, 또한 투사(projection)도 없으며, 내포성조건(inclusiveness condition)의 위반도 없는 소위 말 그대로 "필수구구조(bare phrase structure)"를 유지하는 병합(Merge)을 말한다. 또한 이러한 자유병합 이론은 지정어를 무제한으로 허용하는 소위 자유복합지정어(free multiple SPEC) 이론과 모든 유형의 병합이 순환적으로 이루어진다는 순환병합(cyclic Merge) 이론을 낳는다. 즉, 핵계층이론(X-bar Theory)에서나 선택조건(selectional condition)에 의한 병합은 지정어의 수에 한계가 주어졌으나, 자유병합이론 하에서는 핵에 맨 먼저 병합하는 요소가 보충어(complement)가 되며, 그 이후로 병합하는 요소들은 모두 지정어가 된다. 즉, 자유병합이론 하에서 핵 H에 K와 L과 M이 차례로 병합되면 {M, {L, {H, K}}}의 통사대상을 만드는데, 이 때 K는 보충어가 되고, L은 지정어(SPEC), M은 외곽지정어(outer SPEC)가 된다. 따라서 자연언어에서 흔히 나타나는 목적어전이구문(object shift construction), 다중주어구문(multiple subject construction), 다중의문사구문(mutiple wh-construction) 등의 다중지정어구문(multiple Spec construction)이 추가적인 규칙이나 가정 없이도 자유병합이론 하에서 자동적으로 생성될 수 있다. 또한, Chomsky(2004)에 의하면, 병합을 위한 핵의 선택관계는 의미선택(s-selection)의 관계인데, 만약 이러한 의미선택이 협소통사부의 연산인 일치(Agree)의 결과라면 협소통사부에서 의미선택의 관계가 충족되지 못하면 그 도출은 파산(crash)되어야(즉, 비문법적이어야) 하나, 사실상 의미선택의 위반은 비문법적인 도출이 아니라 다만 해석상 어색한 횡설수설(gibberish)을 도출하므로 의미선택은 협소통사부의 일치관계(agreement)가 아니라는 것이다. 따라서, Chomsky(2004)에서는 자유병합이론 하에서 일어나는 모든 종류의 병합은 모두 개념의도체계(C-I system)에 의해 요구되는 의미적 다양성(semantic multiplicity)에 기인한다고 본다. 즉, 협소통사부의 도출로부터 사상되는 의미표상(SEM)은 개념의도접합부(C-I interface)로서 개념의도체계에서 요구하는 의미적 다양성을 모두 수용할 수 있어야 하는데, 바로 이러한 요구를 충족하기 위해 협소통사부에서는 병합을 자유롭게 허용하는 자유병합이론이 선택된다는 것이다.

☞ 병합 〈併合 Merge〉, 표찰자유체계 〈標札自由體系 label-free system〉

자질계승 〈資質繼承 feature inheritance〉

☞ 외곽자질 〈外郭資質 edge-feature: EF〉, 병행이동 〈平行移動 parallel movement〉, 국면 〈局面 Phase〉

자질점검 〈資質點檢 feature checking〉 모든 범주의 비해석적 형식자질([-interpretable formal features]은 접합점(interface)에서의 "합치(convergence)"를 위해 연산과정에서 자질점검(feature-checking)에 의해 제거되어야 한다. 이러한 자질점검을 위해 연산체계(computational system)의 중요한 연산 중의 하나인 자질유인(Attract-F)이 일어난다. 즉, 자질점검은 관련 두 자질이 점검관계(checking relation)를 유지함으로써 일어나는데, 멀리 떨어져 있는 두 자질이 점검관계를 맺기 위해서는 한 자질이 다른 자질을 그에 인접한 위치로 유인해야 한다. 이 때 유인자 자질은 주로 기능범주의 형식자질이며 피유인자 자질은 주로 어휘범주의 형식자질이 된다. 따라서, 주어 명사구, 목적어 명사구, 의문사구와 같은 최대투사의 자질점검을 위한 점검관계는 관련 기능범주의 지정어-핵관계(SPEC-head relation)로 이루어지는데, 이 관계는 피유인자가 유인자인 기능범주의 지정어 자리에 들어감으로써 형성되며, 동사, 명사 등과 같은 핵의 자질점검을 위한 점검관계는 핵-핵관계(head-head relation)로 이루어지는데, 이 관계는 피유인자가 유인자인 기능범주 핵에 부가됨으로써 형성된다. 자질점검의 시점은 강자질(strong feature)의 경우는 문자화(Spell-Out) 이전에 점검되어야 하며, 약자질(weak feature)의 경우는 지연성원리(Procrastinate)에 의해 문자화 이후에 점검되어야 한다.

자질불일치조건 〈資質不一致條件 feature-mismatch condition〉 자질유인(Attract-F)에 의해 점검관계(checking relation)를 맺는 두 자질은 언제나 같은 종류의 자질이어야 한다는 조건으로, "자질 불일치는 도출을 취소한다 (Mismatch of features cancels the derivation)"로 정의된다. 이 정의에 의하면, 자질유인이 적용될 경우, 유인자(attractor)의 형식자질과 점검관계를 맺는 피유인자(attractee)의 형식자질이 자질 내용상 완전히 일치하지 않으면 그러한 자질유인의 결과로 도출되는 표현은 취소된다는 것이다. 예컨대, *They likes him의 표현이 비문법적인 것으로 판정되는 이유는 상호 점검관계를 이루는 유인자인 'likes'의 파이자질(단수)과 피유인자인 'they'의 파이자질(복수)간의 불일치로 자질불일치조건(feature-mismatch condition)에 의해 그 도출이 취소되기 때문이다.

자질유인 〈資質誘引 Attract-F〉 병합(Merge)과 더불어 표현(representation)의 도출(derivation)을 유도해 나가는 연산체계(computational system: C_{HL})의 핵심적 문법장치로서, 도출의 특정 단계의 통사적 대상(syntactic object: SO)을 기초로 그 통사적 대상의 내부에서 유인자 자질(주로 기능범주의 자질임)의 점검을 위해 특정 어휘항목의 자질을 유인함으로써 범주나 자질의 이동을 유발하여 새로운 통사적 대상을 도출하는 연산(computation)을 일컫는 말이다. 이러한 자질유인(Attract-F)은 근원적으로 유인자 자질의 형태론적 요구에 기인한다고 본다. 요컨대, 최소주의이론의 가정 하에서는 기능범주(functional category) 어휘항목의 비해석성([-interpretable]) 자질은 자질점검(feature checking)에 의해 제거(delete)되어야 하고, 비해석성 자질의 자질점검은 비해석성 자질이 자질유인의 연산작용에 의해 유인되어 온 관련 자질과 점검관계(checking relation)를 형성함으로써 이루어진다. 일반적으로 자질유인은 소위 지연성원리(Procrastinate)에 의해 논리형태층위(LF level)에서 이루어져야 하나, 유인자의 비해석성 강성자질(strong feature)(참고로, 강성자질은 언제나 비해석성 자질로 규정됨)은 조음청취체계(articulatory-perceptual system)에서 해석될 수 없는 자질이므로 음성형태층위(LF level)의 완전해석원리(full-interpretation: FI)를 위반하여 이러한 자질을 포함하는 도출이 음성형태층위에서 파산(crash)된다. 따라서, 도출의 합치(convergence)를 위해 비해석성의 강성자질은 문자화(文字化 Spell-Out) 이전의 외현통사부(overt syntax)에서 제거되어야 하므로,

비해석성의 강성자질을 갖는 유인자 범주는 언제나 문자화 이전에 관련 자질을 誘引하여 자질점검관계를 이룸으로써 그의 강성자질을 제거하게 된다. 또한, 문자화 이후 논리형태층위에서 적용되는 자질유인의 경우에는 유인되는 형식자질(formal feature)과 함께 그 범주에 포함되는 모든 형식자질들이 함께 수반이동(pied-piping)하게 되나, 문자화 이전의 자질유인에서는, 음성형태층위의 합치나 형태론적 요구(morphological necessity)(즉, 한 어휘항목을 형성하는 모든 자질들은 함께 모여 있어야 한다는 요구)에 의해, 직접 유인되는 형식자질(formal feature) 이외에 피유인자 범주에 포함되는 모든 자질들이 함께 수반이동하게 된다. 이 때 유인에 직접 관계하는 특정 형식자질 이외에 수반이동하는 자질들을 무임승차자(free riders)라고 한다. 따라서, 문자화 이전의 자질유인은 자질의 이동이 아니라 범주의 이동을 유발하게 된다.

자질이동 〈資質移動 Move-F〉 기존의 원리매개변인이론(principles and parameter theory)의 유일한 통사규칙인 Move-α의 대안으로 최소주의이론(Minimalist Theory)에서 제안된 개념으로, 이 개념은 사실상 자질유인(Attract-F)과 자질유인의 결과로 야기되는 병합(Merge)은 두 연산작용으로 이루져 있다. 원리매개변인이론에서부터 최소주의이론이 처음 제안된 Chomsky(1991, 1993, 1994)에 이르기까지는 이동변형을 나타내는 α-이동의 α는 범주로 이해되었다. 그러나, Chomsky(1995) 이후 최소주의이론에서는 이운동용은 α의 형태론적 특성, 즉 α의 어떤 자질 F를 점검할 필요성에 의해 유발되는 작용으로 보므로, 최소주의적 입장에서 볼 때, 이동은 F를 내포하는 범주 전체가 아니라 점검에 필요한 자질 F만 이동하면 된다. 따라서, 자질이동(Move-F)이란 α 이동시 α는 자질에 국한되어야 한다는 것이다. 이는 α 이동이 범주이동이 아니라 자질이동(feature movement)

임을 의미한다.

자질확장 〈資質擴張 feature extension〉

☞ 외곽자질 〈外郭資質 edge-feature: EF〉

작용역상 특성 〈作用域上 特性 scopal properties〉

☞ EPP-자질할당조건 〈EPP-資質割當條件 EPP-assignment condition〉

장거리결속 〈長距離結束 long-distance binding〉 재귀사(reflexive)의 대용화(anaphora) 현상 중의 하나로, 재귀사가 그가 속한 절의 경계를 넘어 상위절의 명사구에 결속되는 현상을 일컫는 말이다. 일반적으로, 핵재귀사(head reflexives)는 구재귀사(phrasal reflexives)와 달리 장거리결속(long-distance binding)이 가능하다고 주장된다. 아래 예문은 한국어와 영어, 중국어 등 대부분의 언어에서, 구재귀사는 장거리결속이 불가능하나, 핵재귀사는 그가 속한 절의 경계를 넘어 상위절의 명사구까지지도 그의 선행사(antecedent)로 취할 수 있음을 보여주고 있다.

(1) a. 철수$_i$가 [영희$_j$가 자기$_{i/?j}$/자신$_{?i/j}$/자기 자신$_{?*i/j}$/그 자신$_{?*i/j}$을(를) 미워한다고] 생각한다.

b. John$_i$ believes that Tom$_j$ hates himself$_{*i/j}$.

c. Zhangsan$_i$ renwei [Lisi$_j$ zhidao [Wangwu$_k$ xihuan ziji$_{i/j/k}$/
think know like self
ta ziji$_{*i/*j/k}$]]
he self
'Zhangsan thinks that Lisi knows that Wangwu likes himself.'

장거리재귀사 〈長距離再歸詞 long distance reflexive: LDR〉 P. Cole,

G. Hermon and L.-M. Sung (1990)에서 핵재귀사(head reflexive)를 지칭하는 명칭으로 사용된 용어이다. 즉, 이들의 주장에 의하면, 핵재귀사는 구재귀사(phrasal reflexive)와 달리 논리형태층위(LF level)의 핵이동(head movement)을 통해 장거리결속(long-distance binding)이 가능하게 되는데, 이러한 핵재귀사의 대용화(anaphora) 특성에 비추어 핵재귀사를 장거리재귀사(long distance reflexive: LDR)라고 호칭한다.

전위규칙 〈轉位規則 dislocation rule: DISL〉 Chomsky(2001)의 탐침자-목표물 문법체계(Probe-Goal Framework)에서 OS-언어(OS languages)에 나타나는 목적어전이(object shift: OS)의 경우, 주어인상(subject raising) 시 제기되는 음운적 외곽(phonological edge) 조건의 위반 문제를 해결하기 위해 제안된 음운부 규칙(phonological rule)이다. 요컨대, OS-언어(OS languages)에서 전이된 목적어가 v*P의 외곽지정어(outer Spec) 위치에 나타나는 음운적 외곽이므로, 탐침자(Probe)인 T와 목표물(Goal)인 주어 사이에서 이들 간의 ϕ-자질(ϕ-features) 상 부합(Match)을 차단하게 된다. 따라서 T와 주어 간에는 일치(Agree)의 연산이 적용될 수 없으므로 주어가 TP의 지정어위치로 이동하여 T의 EPP-자질을 충족할 수 없게 된다. 그럼에도 불구하고 OS-언어에서는 아래 (1)과 같은 예문이 문법적이다.

(1) $John_{subj}$ T $[_{v*P}$ $that_{ob}$ $[_{v*'}$ t_{subj} $[_{v*'}$ v* $[_{VP}$ read $t_{ob}]]$

이러한 문제를 해결하기 위해 Chomsky(2001)에서는 음운부(phonological component)의 규칙으로 OS-언어에 다음과 같은 개별언어적인 전위규칙(dislocation rule) DISL을 설정하고 있다.

(2) OS-언어는 전이된 목적어를 더 상위의 위치로 인상하는 전위규칙

DISL을 가지는데, 이 규칙은 영어의 주제화/적출화와 유사한 음운부 규칙이다.
([+OS] languages ahve a dislocation rule DISL that raises OS to a higher position, possibly a phonological rule similar to English TH/EX.)

위의 제안에 의하면, (1)의 예문에서 목적어 *that*가 v*P의 지정어 위치로 전이된 후 적절한 도출단계에 이르면 그 도출이 전위규칙 DISL을 적용받기 위해 일시적으로 음운부로 이관(transferred)되고 DISL에 의해 *that*가 다시 상위의 위치로 전위된다. 따라서 그 뒤 도출이 다시 협소통사부(narrow syntax: NS)로 돌아오게 되면 이제 v*P의 지정어 위치에는 음운자질이 없는 *that*의 흔적만 남게 되고, 또한 음운부에서 상위의 위치로 이동한 *that*는 협소통사부의 연산에는 비가시적이므로, TP의 순환단계에 이르면 T는 음운적 외곽(phonological edge) 조건과 상관없이 목표물 *John*과 일치를 이루게 되고, *John*은 T의 EPP-자질을 충족하기 위해 *that*를 넘어 TP의 지정어 위치로 이동하게 된다.

☞ 목적어전이 <目的語轉移 object shift: OS>, 음운적 경계 <音韻的 境界 phonological border>, 주제화/적출화 <主題化/摘出化 Thematization/Extraction: TH/EX>

점검영역 <點檢領域 checking domain> 자질점검(feature-checking)이 이루어지기 위해서는 반드시 점검자와 피점검자가 있어야 하고 피점검자는 점검자와 "가까운 위치"로 이동하여 점검관계를 이루고 있어야 한다. Chomsky(1993)는 점검을 위해 피점검자가 이동해 들어가는 "가까운 위치"를 점검자의 점검영역이라고 한다. 점검자와 피점검자는 점검영역(checking domain)에 들어가 있어야 한다. 점검영역은 최소잔여영역(minimal residue)으로 볼 수 있다. 어떤 핵 α의 최소영역은 α의 최대투사(maximal projection)인 α의 영역 $\delta(\alpha)$에 내포된 모든 절점의 집합 중에서 그 집합의 다른 절점에 의해 관할되지 않는 절점들의 집합이다(The minimal domain of S is the smallest subset K of S such that for any $\gamma \in$S, some $\beta \in$K reflexively dominates γ). 또한 잔여영역이라 함은 다음과 같이 정의된다. α의 잔여영역(residue domain)은 α의 영역 중에서 α의 보충어영역(complement domain)을 뺀 나머지 영역이다. 여기서 보충어 영역이란 어떤 핵 α의 보충어 영역은 α의 보충어에 관할(dominate)되는 모든 절점들의 집합이다.

접어 〈接語 clitic〉 접어(clitic)란 동사로부터 완전히 독립된 형태소도 아니며, 그렇다고 해서 동사의 굴절 접사(inflectional affix)로도 정의될 수 없는 형태소(morpheme)로서 일반적으로 Romance 언어인 이탈리아어, 스페인어, 불어 등에 나타난다. 접어는 의미적으로는 문장의 논항으로 역할을 하나, 통사적으로는 논항의 위치에 나타나지 않고 문장의 굴절소(INFL) 위치에 나타난다. 예컨대, 아래 (1)의 스페인어의 예문에서처럼 문장의 굴절소 위치에 나타나는 lo, le 등의 비강세대명사(non-stressed pronoun)가 바로 접어이다.

(1) a. María lo vio.
    b. Le di una cosa.

☞ 접어화 〈接語化 cliticization〉

접어상승 〈接語 clitic climbing〉

☞ 접어화 〈接語化 cliticization〉

접어화 〈接語化 cliticization〉 이탈리아어, 스페인어, 불어 등 접어(clitic)를 갖는 언어에서 일반적으로 굴절소(INFL) 위치에 나타나는 접어가 기저에서부터 굴절소 위치에 생성된 것이 아니라 기저에서는 논항의 위치에 생성되었다가 S-구조에서 굴절소 위치로 상승(climbing)한다고 보는데, 이러한 접어상승(clitic climbing)을 접어화(cliticization)라고 일컫는다. 최근 최소주의이론에 의하면, 접어화는 접어가 갖는 형태론적 특성(morphological property) 때문에 야기된다고 본다. 즉, 접어는 형태론적으로 접사(affix)로 표시되는데, 이러한 접사적 성격(affixal character)을 충족하기 위해서 접어가 문장의 굴절소 위치로 상승한다 본다. 또한 접어는 범주가 내면구조를 갖지 않는 단순 핵범주 D인데, 최소주의이론(Minimalist Theory)에 의하면, 이러한 D는 최소투사(minimal projection)이면서 동시에 최대투사(maximal projection)으로 규정될 수 있기 때문에 핵이동(head movement)과 구이동(XP movement)를 자유롭게 할 수 있다고 본다. 따라서, 접어는 핵이동제약(head movement constraint: HMC) 등의 국부성조건(locality condition)에 저촉되지 않고 상위의 굴절소에까지 자유롭게 상승할 수 있다. 예컨대, 아래 (1)의 불어의 예문을 고려해 보자.

(1) a. J'ai lu (la préface en)
    b. J'en ai lu la préface
       I of it have read the preface
       'I have read the preface of it.'

위의 예문에서 a는 D-구조이고, b는 S-구조인데, 접사 *en*이 접어화되어 명사구 내부에서부터 문장의 굴절소에까지 상승하였음을 보여주고 있다. Chomsky(1995)에서는 접어가 단순 핵범주 D로 분석되는 한, *it*와 같은 단순한 구조를 갖는 영어의 대명사 등도 접어로 규정될 수 있다고 본다. 따라서, 영어의 단순 대명사도 그것이 강세를 받지 않는 한, 접어로서 접사상승되어야 하는데, 영어처럼 명시적 동사인상(overt verb-raising)이 없는 언어에서는 접사가 굴절소 위치에까지 상승되지 않고, 동사의 인접한 위치로 국부적 이동을 한다고 본다. 예컨대, 다음 예문을 고려해 보자.

(2) a. *I picked up it.
    b. I picked it up.

위의 예문에서 *it*가 동사로부터 격리되어 있는 (a)의 경우는 비문법적인 문장이나, 동사와 인접해 있는 (b)의 경우는 문법적인 문장으로 판정된다. 이는 바로 영어에서 대명사 *it*가 접어로서 동사의 위치로 접어상승하고 있음을 말해준다. 김용석 (1998)에서는 재귀사(reflexives)도 논리형태층위(LF level)에서 T로 접어상승한다고 보는데, 재귀사의 논리형태이동을 T로의 접어상승으로 보는 경험적 증거는 아래 이탈리아어의 예 (3)에서처럼 대용적 접어(anaphoric clitic)을 갖는 대부분의 언어에서 재귀사가 대용적 접어로서 T에 나타날 뿐만 아니라 T에 나타나는 대용적 접어가 목적어위치의 재귀사와 접어중복구문을 이루기도 한다는 사실에서 찾아볼 수 있다.

(3) a. Queste cose Mauro$_i$ se$_i$ le nega.
    these things Mauro Ref CL denies
    'Mauro$_i$ denies himself$_i$ these things.'

b. Queste cose Mauro$_i$ se$_i$ le nega a sè stesso$_i$.
    these things Mauro Ref CL denies to himself
    'Mauro$_i$ denies himself$_i$ these things.'

한편, 양동휘 (1991)에서도 이동의 과정은 다르지만 재귀사의 핵이동을 연속적 순환이동(successive cyclic movement)의 접어상승이라고 보고, 그 귀착지(landing site)가 굴절소 INFL이라고 주장하고 있다. 또한, 일반적으로 최소주의이론에서 유인자의 자살적 이기성(suicidal Greed)에 의해 야기되는 이동의 경우에는 최소연결조건(MLC)을 위반하지 않는 한 피유인자 자질이 한 단계(one-step)로 유인자와 자질점검관계를 이룰 수 있는 표적(target) 범주로 이동하지만, 김용석 (1998)에서 주장하는 접어상승의 경우에는, 이동의 결과 유인자의 자살적 이기성도 충족되지만, 이동을 야기하는 동기가 유인자의 자살적 이기성이라기 보다 유인자인 접어의 형태론적 요구에 기인하므로, 최소연결조건뿐 아니라 상대최소성조건(Relativized Minimality)도 준수하여야 한다고 주장한다. 따라서, 접어는 하위절의 T를 경유하여 그의 자질을 점검받는 상위절의 T에 이르기까지 단계적으로 이동하는 연속적 순환이동의 형태를 취하게 되는 것이다.

조병합 〈組併合 set-Merge〉

☞ 병합 〈併合 Merge〉

조합체계 〈組合體系 modular system〉 조합체계(modular system)란 한 언어의 문법체계를 이루는 하위원리들이 각각 독립적 혹은 독자적으로 특정 언어표현의 생성에 참여하는 것이 아니라, 상호간에 서로 유기적인 관계를 유지하며 협동적 혹은 통합적으로 특정 언어표현을 생성해내는 문법원리의 구성체계를 말한다. 이 때 각 그 체계를 구성하는 하위원리들을 조합원(module)이라 한다. 조합체계를 이루는 각 조합원들(즉, 문법원리들)은 한편으로는 상호간에 협동적이고 통합적인 관계를 유지하여야 하지만, 또 다른 한편으로는 너무 강력(too strong or too powerful)하여 타자의 영역을 침해해서도 안 되고, 혹은 너무 나약(too weak)하여 자신의 역할을 제대로 수행하지 못하여서도 안 된다. 그러므로 각 조합원(문법원리)들은 자신의 역할을 차질

없이 수행하면서도 언제나 타자의 영역을 침범하지 않는 상호간의 최적의 적절한 관계(optimal moderate relation)를 유지하여야 할 의무를 지닌다. 따라서 조합체계를 이루는 한 언어의 문법체계에서는 각 하위원리들이 상호 유지적이면서도 최적의 적합한 관계를 유지한다. 원리매개변인이론(Principles and Parameters Theory)에서는 보편문법(universal grammar: UG)의 체제가 각 하위 보편원리(universal principles)들이 조합원(module)으로 참여하는 조합체계(modular system)로 이루어진다고 본다. 원리매개변인이론에서는 이들 보편원리들은 언어적 환경의 영향을 받지 않는 본유적 원리(innate principles)이며, 본유적인 보편원리들은 특정 언어적 환경에 반응하여 변이(variants)를 갖는 매개변인(parameters)의 작용으로 개별문법(particular grammar)의 문법원리로 구체화(instantiation)된다. 이 때 환경적 영향으로 매개변인의 값이 확정된 개별언어의 문법체계를 내재언어(I-language)라 한다.

☞ 내재언어 〈內在言語 I-language〉, 원리매개변인이론 〈原理媒介變因理論 Principles and Parameters Theory〉

조음청취체계 〈調音聽取體系 articulatory-perceptual system (A-P System)〉 개념의도체계(conceptual-intentional system: C-I System)와 함께 수행체계(performance system)를 구성하는 한 부서로서, 음성형태표현(PF representation)의 음성정보(phonetic information)를 해석하여 실세계의 음성(sound)으로 표출하는 언어외부체계(language-external system). 조음청취체계의 관점에서 음성형태표현을 조음청취접합점(articulatory-perceptual interface: A-P interface)이라고 한다. 조음청취체계가 언어체계와는 독립적으로 존재한다는 의미에서 이 체계를 감각운동체계(sensori-motor system)라고 일컫기도 한다.

☞ 감각운동체계 〈感覺運動體系 sensori-motor system〉

주술화원리 〈主述化原理 Predication Principle〉 Rothstein (1983)에 의해 제안된 원리로 통사적 술어(T-bar 혹은 V-bar 구성성분(constituent))는 주어를 가져야 한다는 내용이다. 가령 동사구의 지정어 자리에 기저 생성된 주어가 TP의 지정어 자리로 점검을 위해 인상 이동하는 현상을 이 원리로 설명하기도 한다.

주어섬효과 〈主語섬效果 subject island effect〉

☞ 비활동성조건 〈非活動性條件 inactivity condition〉

주어지향성 〈主語指向性 subject-orientation〉 재귀사(再歸詞 reflexive)의 대용화(anaphora) 속성 중의 하나로, 특정의 경우 재귀사가 문장의 主語만을 지시하는 특성을 말한다. 예컨대 아래 중국어, 러시아어, 일본어, 아이슬랜딕어, 한국어 등의 예문들에서와 같이, 일반적으로 X^0 재귀사가 (장거리) 결속될 때 이 특성이 나타난다고 주장되고 있다.

(1) a. Wangwu$_i$ shuo [Zhangsan$_j$ zenfsong gei Lisi$_k$ yipian guanyu ziji$_{i/j/*k}$
Wangwu say Zhangsan give to Lisi one about self
de wenzhang].
DE article
'Wangwu says that Zhangsan gave an article about himself to Lisi.'

b. Milicioner$_i$ rassprasival arestovannogo$_j$ o sebe$_{i/*j}$.
policeman questioned suspect about self
'The policeman questioned the suspect about himself.'

c. Mary$_i$-wa [Suej-ga zibun$_{i/j/*k}$-no tame-ni kaita] Jane$_k$
-TOP -NOM self -GEN for painted

-no e-o katta.
-GEN picture-ACC bought
'Mary bought Jane's picture that Sue painted for herself.'

d. Jón$_i$ sagði Maríuj [að þú elskaðir sig$_{i/*j}$].
Jon told Maria that you loved-SUB self
'Jon$_i$ told Maria$_j$ that you loved himself.'

e. 철수$_i$가 영수$_j$에게 자신$_{i/*j}$에 관한 기사를 읽어 주었다.

주제화/적출화 〈主題化/摘出化 Thematization/Extraction: TH/EX〉

Chomsky(2001)의 탐침자-목표물 문법체계(Probe-Goal Framework)에서 수동태동사(passive verb)나 비대격동사(unaccusative verb)의 허사구문(expletive construction)과 관련하여 영어의 개별언어적 특성을 포착하기 위해 제안된 음운부(phonological component)의 규칙으로 다음과 같이 정의된다.

(1) 수동태동사나 비대격동사의 허사구문에서 직접목적어는 '주제화/적출화'의 의무적 규칙에 의해 vP의 외곽으로 이동한다.
(In the expletive constructions of passives or unaccusatives, DO is extracted to the edge of vP by an obligatory rule TH/EX.)

아래 (2)의 영어 예문을 고려해 보자.

(2) a. There were *several packages* placed on the table.
b. There were placed on the table *several packages*.

(2)와 같은 구조의 예문은 다른 게르만언어(Germanic languages)에서는 나타나지 않는다. 따라서 (2)의 현상 영어의 개별언어적 특이성

로 다루어야 하며, (2a)와 (2b)의 문장에서 수동태동사의 직접목적어는 사실상 동사의 보충어 위치인 그들의 기저위치(base position)가 아니라 주제화/적출화(Thematization/Extraction: TH/EX) 규칙에 의해 아래 (3)에서와 같이 각기 vP의 외곽(edge)인 vP의 지정어(Spec)와 vP의 부가어(adjunct) 위치로 이동한 경우이다.

(3) a. There T [$_{vP}$ several packages [$_{v'}$ v [$_{VP}$ were placed $t_{several\ packages}$ on the table]]].

b. There T [$_{vP}$ [$_{vP}$ [$_{v'}$ v [$_{VP}$ were placed $t_{several\ packages}$ on the table]]] several packages].

즉, (3a)는 '주제화(Thematization)'에 의해 several packages가 음운부에서 vP의 지정어 위치로 이동된 경우이고, (3b)는 '적출화(Extraction)'에 의해 several packages가 음운부에서 vP의 부가어 위치로 외치(extraposition)한 경우이다. Chomsky(2001)에 의하면, 주제화/적출화는 음운부의 규칙으로, 그 적용 시점은 협소통사부의 도출이 진행되는 도중 vP의 순환단계에 이르면, 일단 그 때까지 구축된 vP를 음운부(phonological component)로 이관(transfer)하여 음운부에서 주제화/적출화 규칙을 적용한다. 이와 같이 주제화/적출화 규칙이 적용된 후에는 다시 협소통사부로 돌아와 그 다음 단계의 도출이 계속 진행된다는 것이다. 여기에서 주지할 사실은 음운부의 이동은 음운자질(phonological features)만의 이동이므로 발화상의 어순(word order)에는 영향은 미치나 협소통사부의 구조상에는 전혀 영향을 미치지 않는다는 점이다. 다시 말하면, 위의 (3)의 구조표현에서 흔적 $t_{several\ packages}$는 음운적으로 공범주(empty category)이나 협소통사부상에서는 여전히 음운자질은 없지만 형식자질(formal features)과 의미자질(semantic features)을 갖는 *several package*의 상태로 남아 있다는 것이다. 또한 음운부에서 적용되는 음운자질들의 이동은 협소통사부의 연산에는 전혀 감지가 되지 않는다. 왜냐하면, 협소통사부의 연산에는 어휘항목의 형식자질들만이 가시적(visible)이기 때문이다. 따라서 (3)은 협소통사부에서 여전히 *several packages*가 수동태동사의 직접목적어(DO) 위치에 나타나고 있는 것으로 인식되며, 아무런 이동도 없었다는 듯이 다음 단계의 도출이 계속 진행된다.

중유인조건 〈重誘引條件 heaviness condition〉 "무임승차는 필요한 만큼 많이 해야 한다 (Do as much free-riding as necessary)"로 정의되는 원리로, 이 중유인조건(heaviness condition)에 의하면, 자질유인(Attract-F)에 의해 하나의 어휘항목에서 한 형식자질(formal feature)이 유인될 때, 필요한 만큼의 많은 형식자질이 무임승차자(free rider)로 함께 이동해야 한다. 즉, 무임승차는 필요한 만큼 다해야 한다는 것이다. 예컨대, John_i seems $[_{TP}\ t'_i$ to $[_{VP}\ t_i$ work hard]]에서 주절 T(=to)는 그것의 강성 D-자질의 점검을 받기 위해 종속절 TP의 Spec 위치에 있는 *John*의 형식자질 중 그것의 범주자질인 D-자질 文字化 이전의 외현통사부(overt syntax)에서 유인하게 되는데, 이 때 중유인조건에 의해 文字化 이후의 내현통사부(covert syntax)에서 유인되어야 할 *John*의 파이자질과 격자질이 무임승차자로 함께 주절 T로 유인되고, 그 뒤 *John*의 나머지 자질은 보수전략(Repair Strategy)에 의해 주절 T의 Spec 위치로 이동되어 완전한 어휘항목으로 보수된다.

☞ 경유인조건 〈經誘引條件 lightness condition〉

지각운동체계 〈知覺運動體系 Perceptual Motor System〉 최소주의 이론(Minimalist Theory) 이전의 원리매개변인이론(Principles and Parameters Theory)에서 사용하던 용어로, 원리매개변인이론에서는 인간의 두뇌 속에 포함되는 언어기능에는 어휘부(Lexicon), 문법체계(Grammatical System), 수행체계(Performance System) 등 세 가지 체계가 있고, 수행체계 속에는 다시 지각운동체계(Perceptual Motor System)와 개념체계(Conceptual System)가 있는데, 어휘부에서 생성되는 어휘정보(lexical information)가 문법체계로 입력이 되면, 문법체계는 어휘정보를 활용하여 심층구조(D-Structure), 음성형태(PF), 논리형태(LF) 등 세 가지 층위의 표상(representation)을 만들어 내고, 이들 층위의 표상들은 각기 심층구조는 어휘부와, 음성형태는 지각운동체계와, 논리형태는 개념체계와 상호교류(interaction)하는 접합부(interface)의 역할을 하게 된다고 본다. 이후 최소주의이론에서는 지각운동체계를 '감각운동체계(sensori-motor system)'라고 일컫고, 개념체계(Conceptual System)는 '개념의도체계(conceptual-intentional system)' 혹은 '사고체계(system of thoughts)'라고 일컫는다.

☞ 감각운동체계 〈感覺運動體系 sensori-motor system〉

지연성원리 〈遲延性原理 Procrastinate〉 연산의 적용은 도출의 합치에 지장을 주지 않는 한 가능한 한 지연해야 한다는 원리이다. 즉, 문자화(文字化 Spell-Out) 이후 논리형태층위(LF level)에서 일어나는 비명시적 이동(covert movement)이 문자화 이전에 일어나는 명시적 이동(overt movement)보다 비용이 덜 든다는 가정 하에서 외현통사부(overt syntax)의 작용을 최소화하고 가급적이면 문자화 시기를 앞당기려 하는 원리이다. 그런데 이 지연성원리(Procrastinate)가 절대적이지는 않다. 즉 이동이 반드시 내현통사부(covert syntax)에서만 일어나야 하는 아니라는 것이다. 지연성원리의 준수는 도출이 합치되는 범위 안에서 이루어져야 하는 원리이므로 합치를 위해서라면 지연성원리는 위배될 수도 있다.

지정어-핵관계 〈指定語-核關係 Spec-Head Relation〉 최소주의이론

이전에는 주어(subject)와 일치소(Agr) 간의 일치관계(agreement relation)를 설명하기 위해 제안된 개념이었으나, Chomsky(1995)의 최소주의 이론에서는 자질점검관계(feature-checking relation) 중의 하나로 본다. 즉, 주어, 목적어, 의문사구와 같은 최대투사(maximal projection)의 자질은 이들 최대투사가 점검자인 기능범주의 지정어 위치에 병합(Merge)되어 기능범주의 핵과 지정어-핵관계로 이룸으로써 점검된다고 본다. 지정어-핵관계란 피점검자가 점검자인 기능범주 핵의 시정어 위치에 병합됨으로써 형성된다. 그러나, Chomsky(1996) 이후에는 지정어-핵관계는 자질점검관계로 규정되지 않으며, 자질점검은 오직 피점검자 자질이 점검자인 기능범주의 핵에 부착됨으로써만 이루어진다고 본다. 따라서, 최대투사가 병합되는 기능범주의 지정어 위치는 피점검자의 형식자질이 기능범주의 핵으로 유인된 후에 일어나는 것으로 보는 소위 보수전략(Repair Strategy)이나 부수적 병합(ancillary Merge)을 위한 위치로 규정된다.

[ㅊ]

차단효과 〈遮斷效果 blocking effect〉 재귀사(reflexive)의 대용화(anaphora) 현상 중의 하나로, 일반적으로 핵재귀사(head reflexive)는 장거리결속(long-distance binding)이 가능하나, 아래 중국어와 한국어의 예문들에서와 같이, 파이자질(ϕ-feature)이 서로 다른 명사구를 넘어서 상위의 명사구에 결속될 수 없는데, 바로 이러한 현상을 차단효과(blocking effect), 구체적으로는, 재귀사 장거리결속의 차단효과(the blocking effect on the long-distance anaphora of reflexives)라 한다.

(1) a. Zhangsan$_i$ renwei wo$_j$ zhidao Wangwu$_k$ xihuan ziji$_{*i/*j/k}$.
Zhangsan think I know Wangwu like self.
'Zhangsan thinks that I know that Wangwu likes himself.'

b. Zhangsan$_i$ renwei Wangwu$_j$ zhidao wo$_k$ xihuan ziji$_{*i/*j/k}$.
Zhangsan think Wangwu know I like self.
'Zhangsan thinks that Wangwu know that I likes myself.'

(2) a. 철수$_i$가 [영희$_j$가 [내$_k$가 자신$_{*i/*j/k}$을 사랑한다고] 생각한다고] 말했다.
b. 철수$_i$가 [내$_j$가 [영희$_k$가 자신$_{*i/*j/k}$을 사랑한다고] 생각한다고] 말했다.

초인상 〈超引上 super-rasing〉 논항이동(A-movement)시 중간에 다른 논항을 뛰어 넘어 상위의 논항위치로 이동하는 경우로, 연쇄(chain)의 연결을 최소화하라는 최소연결조건(minimal link condition: MLC)을 위반한 경우이다. 예를 들어 *John$_i$ seems [$_{AgrSP}$ it is certain [$_{AgrSP}$ t$_i$ to win]]라는 문장에서 *John*은 it라는 논항을 뛰어 넘어 주절의 주어 자리로 초인상(super-raising)되었다. 최소주의이론에 의하면, 이러한 초인상의 경우, 언제나 이동한 논항은 그것이 뛰어넘은 논항보다 이동의 목표지점(target)으로부터 먼 거리에 있기 때문에 최소연결조건을 위반하여 문장은 비문이 된다. 만약, 위의 예문에서 최소연결조건의 위반을 면하기 위해서 중간 논항 it를 상승하면, *iti seems [$_{AgrSP}$ t$_i$ is certain [$_{AgrSP}$ John to win]]와 같이 되는 데, 이 경우도 역시 최소주의이론에서 비문법적인 문장으로 판정될 수 있다. 즉, 이 경우는 it의 인상으로 끝나지 않고 논리형태층위에서 John의 격자질과 파이자질 등이 여전히 자질점검을 위해 주절의 T로 유인되어야 하므로, 결국 최소단계조건(minimal step condition: MSC)을 위반한다. 그러므로, 위의 예문의 배번집합에서 얻을 수 있는 최적도출은, 비록 지연성원리(Procrastinate)를 위반하는 경우이긴 하지만, it seems [$_{AgrSP}$ John$_i$ is certain [$_{AgrSP}$ t$_i$ to win]]가 된다. 참고로, 지연성원리는 도출의 합치를 위해서는 무시될 수 있는 원리로 규정된다. 한편, 최소주의이론 이전의 소위 지배-결속이론에서는 초인상의 경우가 하위인접(subjacency)이나 결속원리 (A)를 위반하여 비문법적인 문장으로 판정된다고 보았다.

최대투사 〈最大投射 maximal projection〉 최소주의이론의 구구조이론에서는 핵계층 구구조이론에서처럼 구조와 상관없이 모든 투사가 X, X' X"로 구분되어 핵계층 골격에 따라 투사되는 것이 아니라 특정한 핵계층 골격 없이 어휘항목 자체가 투사하는 것으로 가정한다. 즉 어떤 범주가 최소투사이든지 최대투사이든지 하는 것은 그 범주의 고유한 특성이 아니라 그것이 나타나는 구구조상에서 가지는 상대적 특성이라고 보는 것이다. Chomsky(1994, 1995)의 정의에 따르면 최대투사란 "더이상 투사를 하지 않는 범주 (a category that does not project any further)"를 말하며, 반면에 최소투사(最小投射 minimal projection)는 "결코 투사되지 않은 범주 (a category that is not a projection at all)"를 말한다. 여기서 한가지 주의할 점은 최대투사와 최소투사는 완전한 배타적 상보성을 가지고 있지 않다는 점이다. 다시 말해 구구조상에 나타나는 어떤 범주 α는 최소투사인 동시에 최대투사일 수도 있고(예: 핵인 동시에 최대투사), 최소투사도 최대투사도 아닐 수도 있다(예: 중간투사)는 것이다. Chomsky(1994, 1995)에서는 접합점(interface)과 연산(computation)에 가시적인 범주는 항상 최대투사나 최소투사이라고 주장한다.

최소연결조건 〈最小連結條件 minimal link condition: MLC〉 경제성 조건(economy condition) 중의 하나로 Rizzi(1990)의 상대적 최소성

(Relativized Minimality)의 개념에 입각하여 최소주의이론에서 제안하고 있는데, 그 내용은 "연쇄의 연결을 최소화하라"이다. 연쇄의 연결이란 하나의 연쇄 안에서 인접한 두 요소 사이의 연결 관계를 뜻한다. 연쇄형성의 경제성 비교는 연쇄의 숫자에 의한 비교가 아니라 연결의 길이의 비교로 이루어진다는 것이다.

최소영역 〈最小領域 minimal domain〉 Chomsky(1993)에서는 이동의 국부성(locality)을 규정하는데 중요한 역할을 하는 최소영역(minimal domain)이라는 개념을 다음과 같이 정의하였다. 어떤 핵 α의 최소영역은 α의 최대투사(maximal projection)인 α의 영역 $\delta(\alpha)$에 내포된 모든 절점의 집합 중에서 그 집합의 다른 절점에 의해 관할되지 않는 절점들의 집합이다(The minimal domain of a head α is the smallest subset K of $\delta(\alpha)$ such that for any $\gamma \in \delta(\alpha)$, some $\beta \in$K reflexively dominates γ). 이 개념을 통해 등거리 개념도 나오게 된다. 즉 어떤 요소 A가 이동하는 데 있어서 이동할 위치인 B와 C가 같은 최소영역 안에 있으면 B와 C는 A로부터 같은 거리에 있다는 것이다. 최소영역의 개념은 Chomsky(1995)에 이르러 더욱 단순한 개념으로 수정되는데, 즉 Chomsky(1993)에서는 최소영역의 규정을 위한 어떤 핵 α가, Baker(1988)의 정의에 따라, 연쇄의 개념으로 도입되고 있지만, Chomsky(1995)에서는 α가 이동하지 않은 핵범주로만 국한되고 있다. 따라서, 최소영역의 규정을 위한 핵범주 α가 핵이동하여 연쇄를 이룰 경우 그 핵범주의 최소영역은 그 핵범주가 부가된 핵범주의 최대투사를 기준으로 확대되지만, Chomsky(1995)에서는 결코 핵범주의 이동에 의한 최소영역의 확대는 인정하지 않는다.

☞ 등거리 〈等距離 Equi-distance〉

최소이동 〈最小移動 Shortest Move〉 최소연결조건(minimal link condition: MLC)의 효과에 의해 이동의 거리를 최소화해야 한다는 것으로 이동의 거리는 짧으면 짧을수록 경제적이라는 것이다. 그런데 이는 최소단계조건(minimal step condition: MSC)의 효과에 의해 이동단계를 최소화하려는 측면과 모순을 일으키게 된다. 가령 아래와 같은 상황이 있다고 가정해 보자.

P_1 P_2 P_3 P_4

a. [α ..... [.... [.... [.... t ....]]]]

b. [α .... [t_4 ... [t_3 .... [t_2 .... t_1 ....]]]]

α가 자질점검을 위해 P_1으로 이동할 때 이동단계를 최소화하려면 (a)처럼 이동해야 하지만 이동거리를 최소화하려면 (b)처럼 이동하는 것이 더 경제적이다. 이 경우 과연 어느 이동을 선택할 것인지에 대해 모순이 생기게 되는 것이다. Chomsky(1993)는 이런 모순을 해결하기 위해 이동 작용을 연쇄형성(Form Chain) 작용으로 보아야 한다고 주장한다. 즉, 여러 단계의 이동이 하나의 연쇄를 형성한다면, 이 한 단계의 도출로 보아야 한다는 것이다. 이러한 연쇄형성의 개념에 의하면, 위의 두 경우의 이동형태에서 (b)가 최소이동을 만족하고 있다는 측면에서 선택된다.

최소주의이론 〈最小主義理論 Minimalist Theory〉 Chomsky(1991, 1993, 1994, 1995, 1996, 1998)에서 제안되고 있는 현대 통사이론으로서, Chomsky 자신은 (아직 시도 중이라는 의미에서) 최소주의계획(Minimalist Program)이라고 일컫고 있다. 이 이론은 소위 개념적 필연성(conceptual necessity)과 필수출력조건(Bare Output Conditions: BOCs)의 요구에 입각하여

심층구조(D-structure)와 표층구조(S-structure) 등의 이론내적(theory-internal)인 개념들을 배제하고, 지배결속이론(GB Theory)의 핵계층이론(X-bar theory) 대신에 필수구구조이론(Bare Phrase Structure Theory)을 취하며, 인지체계(cognitive system)에 의해 제공되는 언어적 정보는 표현(representation)으로 도출되며, 표현에는 오직 조음청취체계(articulatory-perceptual system: A-P System)와 개념의도체계(conceptual- intensional system: C-I System)에서 해석되는 음성형태표현(PF representation)과 논리형태표현(LF representation)만이 존재한다고 본다. 인지체계는 어휘부(Lexicon)와 연산체계(computational system: C_{HL})로 이루어지는데, 연산체계는 선택(Choice), 선발(Select), 병합(Merge), 자질유인Attract-F) 등의 연산(computation)이 있으며, 이러한 연산의 반복적 운용(recursive operation)으로 음성형태표현과 논리형태표현이 도출된다. 문자화(Spell-Out) 후의 도출(derivation)에 완전해석원리(full interpretation: FI)를 적용하여 해석가능한 합법적 대상들(legitimate objects)로 구성되는 합치도출(convergent derivation)에 이르며, 다시 내현통사부(covert syntax)의 합치도출에 최소연결조건(minimal link condition), 최소단계조건(minimal step condition), 지연성원리(Procrastinate), 이기성원리(Greed), 최후수단(Last Resort) 등의 경제성조건(economy condition)을 적용하여 가장 경제적인 최적도출(optimal derivation)을 선정함으로써, 마침내 논리형태표현(LF representation)의 도출에 이르게 된다. 요컨대, 최소주의이론이란 어휘부(Lexicon)에서 선택(Choice)된 어휘항목(lexical items)들로 구성되는 배번집합(Numeration)으로부터 문자화를 거쳐 최적도출인 논리형태표현의 도출에 이르는 과정에 최소한의 문법의 체제를 설정함으로써 인간의 언어능력(language faculty)에 대한 최적언어설계(optimal language design)를 규명하고자 하는 언어이론으로 규정된다. 이 이론의 문법체제를 최소주의문법 이외에 강조되는 관점에 따라 형태부추진문법(morphology-driven grammar), 자질추진문법(feature-driven grammar), 필수출력조건추진문법

(BOCs-driven grammar), 접합점지향문법(interface-oriented grammar) 등으로 일컫기도 한다.

최소설계도 <最小設計圖 minimal design specifications>

☞ 해독성조건 <解讀性條件 legibility conditions>

최소탐색영역 <最小探索領域 minimal search domain>

☞ 국면국부성조건 <局面局地性條件 phase locality condition>

최소탐색조건 <最小探索條件 minimal search condition>

☞ 국면국부성조건 <局面局地性條件 phase locality condition>

최소투사 <最小投射 minimal projection>

☞ 최대투사 <最大投射 maximal projection>

최적도출 <最適導出 optimal derivation> 음성형태(PF)와 논리형태(LF) 층위의 구조 기술(structural description)인 (π, λ)의 쌍이 각기 조음청취체계(articulatory-perceptual system: A-P System)와 개념의도체계(conceptual-intensional system: C-I System)에서 해석가능한 구성요소로 이루어질 때, 그 도출(derivation)을 합치도출(convergent derivation)이라 한다. 즉, 합치도출은 연산체계(computational system)에 의해 생성된 많은 도출들 중에서 완전해석원리(full interpretation: FI)를 준수하는 도출을 말하나, 합치도출이 조음-청취체계(articulatory-perceptual system: A-P System)와 개념-의도체계(conceptual-intensional system: C-I System)의 해석을 위해 언어정보를 제공하는 음성형태표현(PF representation)과 의미형태표현(LF representation)이 되는 도출은 아니다. 조음-청취체계와 개념-의도체계에서 소리와 의미로 해석될 언어정보를 제공하는 최

종의 도출은 완전해석원리를 준수하는 합치도출 중에서 최적(optimal)인 최적도출(optimal derivation)이라야 한다. "최적"이란 이동의 국부성, 도출상의 잉여적 단계의 금지와 같은 경제성(economy)의 준수를 의미한다. 즉, 합치도출 중에서 최소연결조건(minimal link condition: MLC), 최소단계조건(minimal step condition: MSC), 지연성원리(Procrastinate), 이기성원리(Greed), 최후수단(Last Resort) 등의 경제성조건(economy condition)을 준수한 도출이 최적도출이 된다. 만일 하나의 배번집합에서 사상되는 두 개의 도출이 모두 합치된다고 할 때, 도출1이 도출2보다 경제적이면, 도출1이 최적도출이 되며 도출2는 도출 1에 의해 차단된다. 최적도출을 용인가능도출(admissible derivation)이라고도 한다.

최후수단 〈最後手段 Last Resort〉 모든 문법적 작용들(α 이동, α 삽입, α 삭제 등)은 도출의 합치(convergence)를 위해서 필요한 경우에만 적용되어야 하는 최후수단이어야 한다. 즉, 어떠한 문법적 도출과정도 적용될 필요가 없을 때는 결코 적용되지 않고, 꼭 적용되어야만 할 경우(합치를 위해)에는 도저히 피할 수 없는 시점에서 최소한으로 적용되어야 한다는 것이다. 그리하여 이운동용도 가급적 하지 않는 것이 좋고, 특히 불필요한 이동은 절대 하지 않으나, 형식자질의 점검 같은 불가피한 이동은 어쩔 수 없다고 본다. 이는 곧 문법 작용들을 가능한 한 최소화하려는 취지에서 출발되었다. 이러한 최후수단 원리에는 Chomsky(1993)가 지적한 지연성원리(Procrastinate), 즉 비명시적 이동(covert movement)이 명시적 이동(overt movement)보다 더 경제적이므로 가능하면 논리형태에 도달할 때까지 작용들을 지연시키라는 내용과 (LF movement is "cheaper" than overt movement (i.e. delay performing a necessary operation until LF, if possible)) 더불어 이동은 오로지 이동하는 요소의 이기적 필요성에 의해 이루어지는 작용이라는 이기성원리(Greed), 이렇게 두 가지 속성을 기지고 있다.

[ㅋ]

칸트의 문제 <*칸트*의 問題 Kant's problem> 18세기 독일의 철학자 임마누엘 칸트(Immanuel Kant 1724~1804)가 제기한 문제로, 아리스토텔레스 (Aristoteles BC 384~322) 이후 서양철학의 기조가 되어온 소위 '목적론적 세계관'을 '기계론적 자연관'으로 대체함으로써 근대철학의 출발의 기치를 든 데카르트는 '인간은 신으로부터 창조되었으나 신으로부터 독립된 본유적인 사유실체(cogito)인 정신과 연장실체(extensio)인 신체를 가진 예외적인 이원적 존재'이라고 주장하는데, 이러한 주장 이후 서양 철학사에는 인간의 사유체계인 인식체계의 본질에 대해 대륙의 합리주의자(Rationalists)(대표 철학자: Renè Descartes, Baruch de Spinoza, Gottfried Wilhelm von Leibnitz 등)와 영국의 경험주의자(Empiricists)(대표 철학자: John Locke, George Berkeley, David Hume 등) 간에 치열한 공방이 계속되었다. 이러한 공방 속에서 칸트는 '이성이 진리를 인식할 수 있는 본유적인 능력'이라고 주장함으로써 대륙의 합리론자의 입장에 서게 되지만, 동시에 '이성은 진리에 이르기에 매우 허약한 기초'라고 주장함으로써 영국의 경험론자의 입장을 부분적으로 수용한다. 즉, 칸트는 '인간은 지성(Verstand)을 통해 바깥의 물자체(Ding an sich)를 인식한다는 것은 불가능하다'고 본다. 왜냐하면, 인간이 사물을 인식할 때는 대상이 감성(Sinnlichkeit)을 거쳐 전달되므로 우리는 감성을 통해 비친 현상(phenomena)만을 알 수 있기 때문이다. 칸트가 보는 이러한 인식의 과정을 도표로 나타내면 다음

(1)에서와 같다.

(1) 인식의 과정:

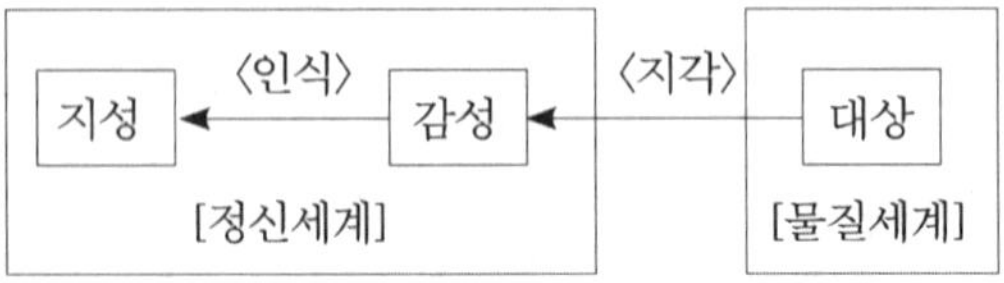

그러나 칸트는 이러한 인식의 과정에 머무르지 않고 다음과 같은 소위 칸트의 문제(Kant's problem)를 제기한다.

(2) 진리를 인식할 수 있는 주체는 어떻게 가능한 것인가?
(How can cogito recognize the truth?)

이 문제에 대해 칸트는 '인간이 사물을 인식할 때는 감성을 거쳐 전달되는 현상만을 인식하기 때문에 진리를 대상에서 찾으려는 노력은 실패할 수밖에 없다. 따라서 진리를 대상에서 찾을 게 아니라 오히려 인간의 판단형식을 통해 대상의 진리를 구성해야 한다'고 대답한다. 즉, 진리는 대상에서가 아니라 주체(cogito)(사유실체, 또는 지성)의 판단형식에서 찾아야 한다는 것이다. 이러한 칸트의 발상을 후대의 철학사가들은 플라톤(Platon BC 429-347)의 관념론(ideology) 이후 줄곧 이어져 왔던 철학적 상식을 뒤흔드는 혁명적 전환이라고 평가하고 이를 '코페르니쿠스적 전환(Copernican Turnover)'이라 정의한다. 이 문제는 장차 칸트주의 언어학(Kantist Linguistics)의 시발점이 된다.

칸트주의 문법체계 〈칸트主義 文法體系 Kantist G-Framework〉

칸트주의 언어학(Kantist Linguistics)에서 제안하는 문법체계로, 그 핵심적 운용체계를 요약하면 다음 도식과 같다.

(1) 칸트주의 문법체계:

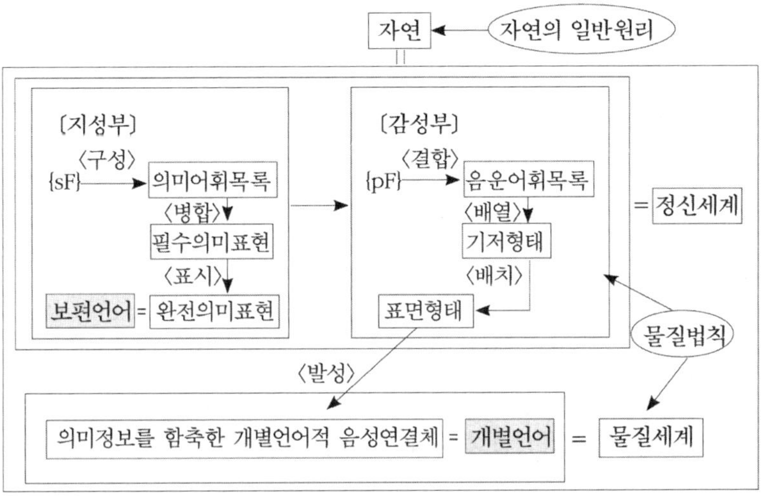

위 칸트주의 문법체계에서 지성부(Mind Component)란 칸트가 정신세계의 한 영역이라고 보는 지성을 의미하며, 감성부(Sensitivity Component) 역시 칸트가 정신세계의 또 다른 영역이라고 규정하는 감성을 말한다. 또한, 위의 도식에서 지성부에서 감성부를 거쳐 물질세계로 이르는 연산과정은 개별언어의 생산과정이나, 물질세계에 존재하는 개별언어적 음성연결체를 청취하여 감성부로 전달하고, 다시 지성부의 완전의미표현에까지 이르는 역방향의 연산과정도 성립할 수 있는데, 이러한 역방향의 연산과정이 바로 청취를 통해 그 문장의 의미를 해독하는 정신세계의 인식과정이다. 이러한 칸트주의 문법체계 하에서는 언어는 추상적이며 생산적인 사고를 담당하며 인지적 영상을 표출하고 기호화하고, 이러한 기호의 무한한 결합을 통해 실재의 개념을 형상화하고, 계획과 사고의 능력을 생산해

내며, 가능 세계에 대한 정신적 창조를 만들어 내는 인간의 본유적 정신영역인 지성부의 한 부산물이라 본다. 사실상 지성부는 그것의 무한한 정신적 작용을 통해 수많은 사고복합체(thought complex)를 창출해 내는데, 그 중에 일부만이 감성부의 연산체계를 통해 음성언어(phonetic language)로 발성(Utter)될 수 있는 의미표현(semantic representation)이 된다는 것이다. 음성언어로 발성되지 않거나 발성될 수 없는 많은 사고복합체들도 때로는 감성부의 다른 생산과정을 통해 실세계로 표출(Expose)될 수 있는데, 인간의 특정행위(specific performance)와 몸짓언어(body language) 등이 이러한 표출에 속한다. 실세계로 표출되지 않는 사고복합체는 이성적인 상상(imagination)으로 지성부에 남는다. 이러한 차원에서 보면, 발성(Utter)은 감성부가 지성부에 의해 창출되는 사고복합체를 음성으로 표출하는 표출(Expose)의 한 형식이다. 그러므로 언어의 본질은 지성부의 인식작용(즉, 연산작용)으로 창출되는 사고복합체이며, 사고복합체가 표현(expression)이나 의사소통(communication)의 목적으로 물질세계로 표출되는 개별언어의 음성연결체는 인간진화의 한 산물이라는 것이다.

칸트주의 언어학 <칸트主義 言語學 Kantist Linguistics> 김용석(2010b, 2012b)에서 제안하고 있는 언어학으로, 언어학사(history of linguistics) 상 약 2500년의 전통을 지닌 전통문법(Traditional Grammar) 이후 20세기에 이르러 제기된 영국의 경험주의 철학(대표 철학자: John Locke, George Berkeley, David Hume 등)에 기반을 둔 Saussure식의 구조주의 언어학과 대륙의 합리주의 철학(대표 철학자: Renè Descartes, Baruch de Spinoza, Gottfried Wilhelm von Leibnitz 등)에 기반을 둔 Chomsky식의 생성주의 언어학 간의 대립적 갈등관계를 해소하고, 이들 언어이론이 각기 안고 있는 이론적이며 경험적인 한계를 극복하고자 18세기 독일의 철학자 임마누엘 칸트(Immanuel Kant 1724~1804)의 인식론

(epistemology)을 언어이론의 철학적 기조로 하는 언어학을 말한다.

[ㅌ]

타당성 〈妥當性 Adequacy〉 언어학자들이 엄격한 과학적인 연구를 통하여 기술해 놓은 문법의 체계가 어느 정도의 수준에 이르는 문법체계인가를 판정하는 데 사용하는 기준으로서, 다음과 같은 세 가지 타당성이 있다.

가. 관찰적 타당성(Observational Adequacy):
만약 어느 개별문법이 그 언어에서 관찰되는 자료를 명시적으로 설명할 수 있다면, 그 문법은 관찰적 타당성을 지녔다고 말할 수 있다. 즉, 한 문법의 체계가 한 언어의 임의적 언어표현에 대해 그 표현이 그 언어의 문장으로 적격한지 아닌지를 명시적으로 구별해 줄 수 있다면, 그 문법체계는 관찰적 타당성을 지닌다고 말한다.

나. 기술적 타당성(Descriptive Adequacy):
한 문법의 체계가 관찰적 타당성은 지니면서도, 그 언어의 언어표현에 대해 원어민의 직관을 반영하는 구조적인 기술(structural description)을 제공할 수 있다면 그 문법체계는 기술적 타당성을 지닌다고 말한다.

다. 설명적 타당성(Explanatory Adequacy):

기술적 타당성을 지닌 한 개별문법이 개별언어의 기술 수준을 넘어서, 자연언어 전반의 기술에까지 이를 수 있을 때 우리는 그 문법체계가 설명적 타당성을 지닌다고 말한다. 즉, 설명적 타당성을 지닌 문법체계란 보편문법을 기반으로 습득된 개별언어의 핵심문법임이 입증된 문법체계를 말한다. 따라서, 설명적 타당성을 지닌 문법체계는 언어의 보편 성(language universals)과 본유적 습득론과도 부합되어야 한다.

요컨대, 관찰적 타당성은 최적의 문법(optimal grammar)이 지녀야 할 최소한의 조건으로, 한 개별문법의 체계가 그 언어의 모든 문법적인 문장을 다 생성할 수 있으면서도 동시에 비문법적인 문장은 단 하나도 생성하지 않을 때 우리는 그 문법체계가 관찰적으로 적절하다고 말한다. 이렇게 관찰적으로 타당한 문법체계가 원어민의 언어직관을 반영하는 규칙의 체계로 이루어져 있다면 우리는 그 문법체계가 기술적 타당성을 지닌다고 말한다. 또한 원어민의 언어직관을 반영하는 규칙의 체계로 이루어져 있는, 소위 기술적 타당성을 지닌 개별문법이 그 개별언어의 핵심문법이라면 그 문법체계는 설명적 타당성을 지녔다고 말할 수 있다. 즉, 기술적 타당성의 견지에서 보면, 한 언어에 대해 기술적 타당성을 지닌 개별문법은 여러 개 있을 수 있지만, 설명적 타당성을 지닌 개별문법은 단 하나 밖에 있을 수 없다. 왜냐하면, 설명적 타당성을 지닌 개별문법이 바로 그 언어의 핵심문법을 말한다면, 그 핵심문법은 인간의 본유적인 보편문법을 기반으로 습득된 문법체계이므로 개별언어마다 단 하나의 핵심문법만이 존재하기 때문이다.

변형생성문법학자들이 지향하는 문법기술의 궁극적 목표가 바로 설명적 타당성을 지닌 문법체계를 규명하는 일이라면, 이는 곧 각 언어의 핵심문법을 모두 총괄(혹은 도출)하는 보편문법을 규명하는 일이 된다.

위에서 논의한 최적의 문법체계가 지녀야 할 세 가지 타당성은 사실상 모두 경험적 타당성(empirical adequacy)으로 집약될 수 있다. 왜냐하면, 한 규칙체계가 어떤 수준의 타당성을 지녔는지의 검증은 실제로 그 문법체계가 어느 정도 수준의 경험적 자료를 설명하고 있느냐에 대한 확인이기 때문이다. 요컨대, 한 문법체계의 타당성은 경험적 증거(empirical evidence)에 의해서 입증될 수 있다. 그러나, 현실적으로 볼 때 경험적 증거에 의해 한 문법체계의 타당성 정도를 정확히 검증한다는 것은 거의 불가능하다. 왜냐하면, 설명적 타당성의 경우 그것을 입증하는 경험적 증거의 수집은 모든 인간언어의 모든 자료로 확대되어야 하기 때문이다. 결국 완전한 관찰적 타당성을 입증하기 위해 수집하여야 할 한 개별언어의 경험적 자료도 마찬가지이지만, 완전한 설명적 타당성을 입증하기 위해 자연언어 전반에 걸쳐서 수집하여야 할 경험적 자료가 무한히 많다.

탐침자 〈探針子 Probe: P〉 Chomsky(2001, 2004) 이후 최소주의 언어이론(Minimalist Program: MP)에서 제안되고 있는 소위 탐침자-목표물 문법체계(Probe-Goal Framework)에서 비해석성 ϕ-자질(uninterpretable ϕ-features)을 갖는 범주를 일컫는 말로, 한 국면(Phase) 단위에서 두 범주 사이에 ϕ-자질(ϕ-features)상의 일치(Agree)가 일어날 경우 비해석성 ϕ-자질질을 갖는 범주를 '탐침자(Probe: P)'라 하고 그것과 일치를 이룰 해석성 ϕ-자질(interpretable ϕ-feature)을 갖는 범주를 '목표물(Goal: G)'이라 한다. 자연언어에서 탐침자(Probe)는 주로 C와 v 등의 기능범주(functional category)이며, 혹은 기능범주로부터 선택되는 T와 V 등의 실사범주(substantive category)도 탐침자가 될 수 있다. 그러나 해석성 ϕ-자질을 갖는 명사적 요소인 대명사 D와 명사 N은 언제나 목표물(Goal)이 된다. 또한, 자질상의 일치를 이루기 위해서는 탐침자는 반드시 목표물을 자신의 표찰영역(domain of LB(K))(즉, 투사범주) 내에 포함하고 있어야 한다. 일치(Agree)가 적용되면 탐침자와 목표물의 비해석성 자질들은 모두가 값을 부여받고 양도(TRANSFER) 후 의미부에서 삭제된다.

☞ 탐침자-목표물 문법체계 〈探針子-目標物 文法體系 Probe- Goal Framework〉

탐침자-목표물 문법체계 〈探針子-目標物 文法體系 Probe-Goal Framework〉 Chomsky(2001, 2004) 이후 최소주의 언어이론(Minimalist Program: MP)에서 제안하는 문법체계를 일컫는 말로, 먼저 이 문법체계에서는 언어기능(faculty of language: FL)의 최초상태 S_0는 인간언어의 기본특성(basic properties)인 자질(features)들의 집합체 {F}와 연산체계(C_{HL})로 이루어져 있다고 본다. 즉, S_0는 {F}와 C_{HL}로 구성되어 있으며, 이중 {F}는 언어경험을 통해 개별언어(particular languages)에 노출됨으로써 개별언어에 활용될 {F}의 하위집합체인 [F]가 일괄적 수집(one-time collection)으로 결정되고, 또한 [F]의 구성요소들을 일괄적 조립(one-time assembly) 작용을 통해 그 개별언어의 어휘부(Lexicon: LEX)를 만든다. 어휘부란 자질결합의 최소단위인 어휘항목(LI)들의 조직체이다. 이와 같이 언어경험을 통해 개별언어의 어휘부 LEX가 구성되면, 이제 수행체계(performance system)의 요구에 의해 LEX로부터 일괄적 수집(one-time collection) 작용으로 표현(expressions) EXP의 도출(derivation) D에 필요한 어휘항목의 집합체인 어휘배열(lexical array) LA이 구성된다. 탐침자-목표물 문법체계에서는 LA가 어휘항목들의 소집합체인 하위어휘배열(lexical subarray) LA_i들의 집합으로 이루어져 있다고 본다. 하위어휘배열의 집합체인 어휘배열 LA가 구성되면, 이 LA는 협소통사부(narrow syntax: NS)로 넘겨지고, LA를 넘겨받은 협소통사부에서는 이제 연산체계(computational system: C_{HL})가 작용하여 LA로부터 도출(derivation) D_{NS}를 생성해 낸다. 연산체계에는 선발

(Select), 부합(Match), 일치(Agree), 대동(Pied-Pipe), 병합(Merge) 등의 연산(computation)이 존재한다. 이러한 연산은 하위어휘배열 단위로 반복적으로 적용되어 각 하위어휘배열마다 그것의 독자적인 D_{NS}를 순차적으로 생성한다. 이러한 차원에서 협소통사부는 어휘배열(LA)을 넘겨받아 도출(D)을 만들어내는 생성엔진(generative engine)이라 할 수 있다. 이렇게 각 하위어휘배열 단위마다 얻어지는 D_{NS}를 국면(phase)이라 하며, 국면은 연산이 반복적으로 적용되는 순환단위(cycle)가 된다. 연산 과정에서 일치는 때로는 대동과 병합 작용을 유발하여 이동(Move)을 야기하기도 한다. 연산을 통해 얻어진 도출은 양도(TRANSFER)의 작용에 의해 국면(phase) 단위로 음운부(phonological component) Φ와 의미부(semantic component) Σ로 이관(transferred)되고, ϕ와 Σ는 이관받은 도출 D_{NS}에 각기 해당 규칙과 원리를 적용하여 음성표상(phonetic representation) PHON과 의미표상(semantic representation) SEM을 사상(mapping)한다. PHON과 SEM은 각기 수행체계(performance system)인 감각운동체계(sensori-motor system) SM과 개념의도체계(conceptual-intensional system) C-I로 보내져 표현의 음성과 의미로 해석된다. 김용석(2006)에서는 '탐침자-목표물 문법체계(Probe-Goal Framework)'의 모형을 다음과 같이 제시하고 있다.

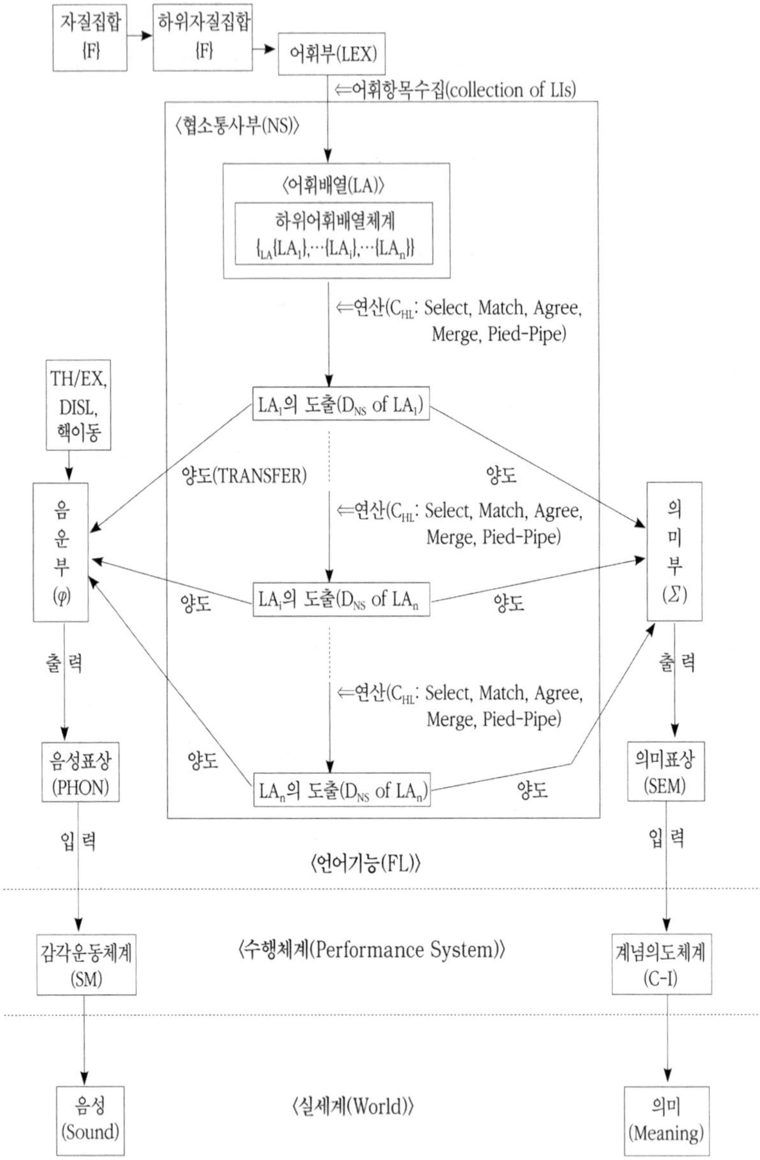

자질집합 {F}
하위자질집합 {F}
어휘부(LEX)
⇐어휘항목수집(collection of LIs)
〈협소통사부(NS)〉
〈어휘배열(LA)〉
하위어휘배열체계
$\{_{LA}\{LA_1\},\cdots\{LA_i\},\cdots\{LA_n\}\}$
⇐연산(C_{HL}: Select, Match, Agree, Merge, Pied-Pipe)
TH/EX, DISL, 핵이동
LA_1의 도출(D_{NS} of LA_1)
양도(TRANSFER)
양도
음운부 (φ)
의미부 (Σ)
LA_i의 도출(D_{NS} of LA_n
양도
양도
출력
출력
음성표상 (PHON)
양도
LA_n의 도출(D_{NS} of LA_n)
양도
의미표상 (SEM)
입력
입력
〈언어기능(FL)〉
감각운동체계 (SM)
〈수행체계(Performance System)〉
계념의도체계 (C-I)
음성 (Sound)
〈실세계(World)〉
의미 (Meaning)

[ㅍ]

파산 〈破産 crash〉

☞ 합치 〈合致 convergence〉

표찰연산공식 〈標札演算公式 labelling algorithm〉 Chomsky(2005a, 2005b)의 탐침자-목표물 문법체계(Probe-Goal Framework)에서 제안된 공식으로, 두개의 통사대상이 병합(Merge)에 의해 결합하여 더 큰 통사대상을 도출할 때 그 통사대상의 표찰(label)을 결정하는 공식이다. 즉, 병합에 의해 도출된 통사대상이 계속되는 협소통사부의 연산에 참여하기 위해서는 표찰이 결정되어야 하는데, 표찰의 결정은 다음 (1)~(2)와 같은 표찰연산공식(labelling algorithm)에 의해 이루어진다.

(1) 통사대상 {H, α}에서 H가 어휘항목이라면, H가 표찰이 된다.
(In {H, α}, H an LI, H is the label.)

(2) 만약 α가 β에 내부적으로 병합되어 {α, β}의 통사대상을 형성하면, β의 표찰이 {α, β}의 표찰이 된다.
(If α is internally merged to β, forming {α, β} then the label of β is the label of {α, β}.)

(1)에서는 연산공식의 결과로 α가 H의 보충어(complement)가 되며, (2)에서는 α가 β의 지정어(Spec)가 됨을 의미한다. 위의 두 표찰연산공식은 모든 경우의 통사대상에 대해 표찰을 결정하지만, 경우에 따라서는 두 공식이 상충되기도 한다. 예컨대, 모든 도출의 첫 단계

에서는 항상 두 어휘항목이 병합되는데, 이 경우 (1)에 의하면 두 항목 중에 어느 것이라도 그 통사대상의 표찰이 될 수 있다. 또한, 내부병합(internal Merge)의 경우에 있어서도, 만약 이동(Move)을 통해 비어휘범주 β에 내부병합되는 요소가 어휘범주 α라면, 이 경우에도 (1)에 의하면 α가 표찰이 되어야 하며, (2)에 의하면 β의 표찰이 되어야 한다. 아래 (3)의 예문을 통해 두 번째 경우를 살펴보자.

(3) what [C [you wrote t]]

위의 예문은 *what*이 CP에 내부병합을 이룬 경우인데, 이 경우 (2)에 의하면 C가 표찰로 투사될 수 있으므로 (3)은 의문문으로서 아래 (4a)에서와 같이 동사 *wonder*의 보충어로 사용될 수 있다. 그러나 내부병합된 *what*이 어휘범주이므로 (1)에 의해 *what*이 표찰이 될 수도 있는데, 이 경우는 (3)이 자유관계절(free relative)로서 *what*을 핵으로 갖는 DP가 되므로 아래 (4b)에서와 같이 read와 같은 동사의 목적어로 사용될 수도 있다.

(4) a. I wonder *what you wrote*.
b. I read *what you wrote*.

표찰자유체계 〈標札自由體系 label-free system〉 표찰자유체계(label-free system)란 Chomsky(2004)의 탐침자-목표물 문법체계(Probe-Goal Framework)에서 Collins(2002)의 제안을 받아들여 자유병합(free Merge) 이론과 함께 병합이론(Merge Theory)의 한 축으로 삼고 있는 이론이다. 협소통사부(narrow syntax: NS)가 보유하고 있는 작용 중에 가장 자유로운 연산작용은 병합(Merge)이다. 병합은 이미 축조되어 있는 두 통사대상(syntactic object: SO)을 취하여 하나의 새로운 통사대상을 만드는 역할을 한다. 즉, α와 β 두 통사대상을 취하여 $\{\alpha, \beta\}$의 통사대상을 생성한다. 병합이 만들어 내는 관계는 소속관계(membership)인 $\in$관계이고, 병합의 반복성을 고려하면 관할(dominate)(즉, 포함(contain)과 구성요소(term-of) 관계를 만들어 낸다. 이러한 관계에서 파생되는 성분통어(c-command) 관계(즉, 포함의 자매관계(sister of contain))는 결속이론(binding theory) 등을 위해 의미표상(SEM)에서 활용된다. 새로운 통사대상인 $\{\alpha, \beta\}$는 α와 β 중에 핵인 요소의 투사(projection)가 되는데, 이러한 투사는 내포성조건(inclusiveness condition)에 의해 α와 β 중에 하나를 자신을 확인하는 표찰(label)로 삼는다. 기존의 필수구구조(Bare Phrase Structure Theory)이론에 의하면, 표찰은 일반원리에 따라 그 단위의 핵(head: H)이 되지만, Chomsky(2004)의 탐침자-목표물 문법체계에서는 Collins(2002)의 주장을 받아들여 아예 표찰 자체를 설정하지 않는 표찰자유체계(label-free system)을 채택한다. 왜냐하면, 한 통사대상의 핵은 선택(selection)의 관계에 의해서 결정되지만, 병합(Merge)은 선택과 상관없이 일치(Agree)를 위한 탐색(search)에 의해 결정되기 때문이다. 즉, α를 β에 병합한다는 것은 α를 도입할 위치를 결정하기 위해서 β에 대한 최소한의 탐색(minimal search)이 선행된다. 이 때 α가 탐침자(Probe)가 되고, β는 목표물(Goal)이 된다. 탐색을 통해 탐침자와 목표물 간에 부합(Match)과 일치(Agree)가 이루어지면 병합이 이루어진다는 것이다. 따라서 협소통사부에서 작용하는 통사적 관계에는 핵과의 선택관계에 의해 얻어지는 일체의 관계는 존재하지 않는다고 본다. 즉, 핵이 지정어(SPEC)를 선택하는 관계(head-to-SPEC relation)인 소위 최대투사통어(m-command)의 관계는 더 이상 허용되지 않는다. 또한 지정어가 자체가 핵범주(head category)가 아니라면, 지정어에서 핵으로 나아가는 관계(SPEC-to-head)인 성분통어(c-command)의 관계도 허용되지 않는다. 병합은 탐색을 통한 부합과 일치에 의해 이루어진다면, 일종의 국지조건(locality condition)인 최소탐색(minimal search)에 의해 탐침자는 가장 가까이(closest) 있는 목표물을 탐색해야 하므로, 병합은 언제나 확장조건(extension condition)을 충족한다. 요컨대, Chomsky(2004)에 의하면, 병합은 탐침자와 목표물 사이에 탐색을 통한 부합과 일치에 의해 이루어지고, 또한 탐침자와 목표물은 특정한 자질을 갖는 핵(head)이므로, 협소통사부에서 작용하는 통사적 관계는 오로지 핵-핵 관계(head-head relation)만 허용된다. 예컨대, T의 EPP-자질(즉, OCC-자질)을 충족하기 위한 병합에는 소위 이동에 의한 내부병합(internal Merge)과 허사(expletive) *there*를 삽입하는 외부병합(external Merge)이 있는데, 이러한 병합은 모두 T의 EPP-자질을 충족하기 위해 지정어를 병합하는 것이므로 지정어-핵 관계(SPEC-to-head)로 볼 수 있다. 그러나 이동에 의한 내부병합은 탐침자 T의 탐색에 의한 N 혹은 D와의 일치를 통해 이루어지는 병합이므로 근원적으로 핵-핵 관계에 의해 도출되는 병합으로 볼 수 있다. 또한 허사삽입(expletive insertion)의 경우도 Chomsky(2004)에서는 허사 *there*가 그 자체로 핵범주이고 또한 일치에 의해 삭제되어야 할 비해석성 자질 [uF](즉, 비해석성의 인칭 ϕ-자질(person ϕ-feature))을 갖기 때문에 *there* 자신이 탐침자가 되어 최소탐색(minimal search)을 통해 T와 일치를 이루고 강력확장조건(strong extension condition)에 의해 T의 지정어 위치에 병합된다고 봄으로써 결과적으로 핵-핵 관계로 해석할 수 있다. 따라서 탐침자-목표물 문법체계에서는 다음과 같은 결론을 얻을 수 있다.

(1) 외견상 지정어-핵 관계도 실상은 모두 최소탐색에 의한 핵-핵 관계이다.
(Apparent SPEC-head relations are in reality head-head relations involving minimal search.)

이와 같이 허사 *there*가 T의 지정어 위치에 병합하는 관계까지도 T의 EPP-자질보다도 *there*의 비해석성 자질인 [uF]를 충족하기 위한 관계로 해석한다면, 이러한 병합은 더 이상 T의 투사(projection)가 아니라 *there*의 투사로 보아야 한다. 필수구구조(Bare·Phrase Structure Theory)이론에 따르면 이러한 도출의 병합구조는 다음과 같이 표현된다.

(2)

a. 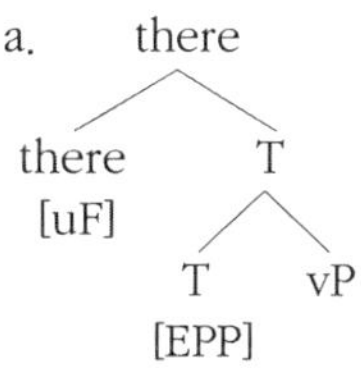

b. {there, {there, {T, {T, vP}}}}

위 도출의 문제점은 T의 EPP-자질이 충족될 수 없다는 점이다. 즉, EPP-자질은 T의 지정어 위치에 명사적 표현(nominal expression)이 병합되는 경우에만 충족되므로 (100)의 구조에서 *there*의 위치는 T의 지정어 위치가 아니므로 T의 EPP-자질을 충족할 수 없다. 이러한 문제점을 효과적으로 해결할 수 있는 이론이 바로 Collins(2002)의 표찰자유체계(label-free system)이다. 이 이론에 의하면, 도출 (2)의 구조 표현은 다음과 같이 표찰이 없는 구조로 표현된다.

(3)

a. 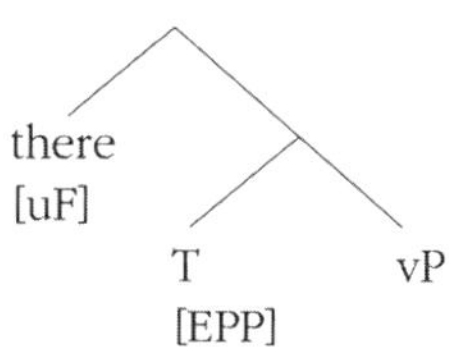

b. {there, {T, vP}}

이와 같이 표찰이 없는 표찰자유체계에서는 (3)은 *there*가 T의 지정어 위치에 타나나는 것으로 해석될 수 있을 뿐만 아니라 *there* 또한 탐색을 통해 T의 투사를 보충어로 취하는 구조로도 해석된다. 이러한 이중적인 해석이 가능한 것이 표찰자유체계의 장점이다. 표찰자유체계를 무표찰체계(no label system)라고도 한다.

☞ 병합 〈併合 Merge〉, 자유병합 〈自由併合 free Merge〉, 필수구구조 〈必須句構造 Bare Phrase Structure〉, 내포성조건 〈內包性條件 Inclusiveness Condition〉

플라톤의 문제 〈플라톤의 問題 Plato's problem〉 근세 데카르트식 이성주의(Rationalism) 철학의 원조로 평가되는 플라톤(Plato BC492~437)이 제기한 문제로, Chomsky(1986a)에 의해 언어학(특히, 변형생성문법)을 통해 그 해결책에 접근할 수 있는 철학적 과제 중의 하나로 다시 제기되었다. 즉, 플라톤은 그의 〈파이돈 Phaidon〉에서 다음과 같은 문제를 제기한다.

(1) 어떻게 인간은 아주 적은 경험(경험적 자료)에도 불구하고 그렇게 방대한 양의 지식을 확보할 수 있는가?
(How can we come to have so much knowledge for so little experience/evidence?)

이 문제는 사실상 인간의 지식에 대한 근원적인 문제 제기로, 인간이 이 세상(물질세계)에 태어나 겪는 경험은 공간이나 시간적인 측면에서 매우 제한적이나, 그러한 빈약한 경험에 비해 인간이 갖는 지식의 양은 대단히 방대하다는 것이다. 이 문제와 관련하여 플라톤은 그의 〈파이돈〉에서 '이데아론'과 더불어 '영혼론'을 주장하게 되는데, 플라톤에 의하면, 진정한 실체는 이데아(idea)이며 이데아를 인식하는 영혼은 영원불멸하기 때문에, 이러한 영혼을 부여받은 인간은 이 세상의 빈약하고 한정된 경험에도 불구하고 그 영혼에 본래 각인되어 있는 수많은 이데아들로 인해 그 지식의 양이 방대하다고 주장한다. (참고, 플라톤(Plato BC 429~347)은 그의 〈파이도로스〉에서 '아르케란 다른 존재로 인해 생성되지 않는 것'이라 정의했다. 즉, 아르케는 그로부터 다른 삼라만상이 나올 수는 있지만, 그 자체는 다른 어떤 것으로부터도 나올 수 없는 근원적 실체라고 본다. 따라서, 플라톤은 세계를 현상(appearance)의 세계(경험계)와 실재(reality)의 세계(형상계)로 구분하고, 아르케의 규명은 형상계의 연구를 통해서만 이를 수 있다고 보고, 그의 〈파이돈〉에서 기하학 통해 실재의 형상인 이데아(idea)로 나아가는 소위 이데아론을 수립하였다.

이러한 플라톤의 문제는 사실상 Chomsky 혁명(1957)을 통해 변형생성문법에서 제기했던 다음과 같은 질문과 맥을 같이 하고 있다.

(2) (i) 인간의 언어지식(linguistic knowledge)은 고도로 난해한 지식(highly complex knowledge)임에도 불구하고 어떻게 그렇게 아무런 노력도 없이(effortlessly), 쉽고(easily), 빠르게(speedily) 습득될 수 있는가?

(ii) 인간의 언어지식은 그 모국어에 대한 빈약한 경험(insufficient experience)과 부족한 자극(impoverished stimuli)에도 불구하고 어떻게 그렇게 완벽한 지식(complete knowledge)으로 습득되는가?

즉, 위의 (2)의 질문은 인간의 언어지식은 매우 복잡하고 난해한 개념으로 이루어진 완벽체계의 지식인데도 불구하고 어떻게 인간이 그렇게 짧은 시간에 별다른 학습과정도 없이 빈약한 경험만으로 획득하게 되는가라는 것이다. 바로 이러한 언어지식의 특성은 언어학에서 설명해야 하는 중요한 과제 중에 하나임과 동시에 그 해답은 바로 플라톤의 문제에 대한 해답이 되는 것이다. Chomsky가 그의 혁명(1957)을 통해 실증주의 철학에 기반은 둔 Saussure식의 구조주의문법을 거부하고 데카르트식의 이성주의 철학을 기반으로 변형생성문법을 주창하게 된 중요한 계기 중의 하나가 바로 언어학의 연구를 통해 플라톤의 문제에 접근하고자 함에 있다.

필수구구조 〈必須句構造 bare phrase structure〉 Chomsky(1994, 1995)에서 기존의 핵계층이론(X-bar theory)에 의존하지 않고 어휘부(Lexicon)에서 주어지는 어휘적 정보와 연산체계(computational system)의 운용에만 의존해서 도출하는 통사대상(syntactic object), 즉 범주(category)의 구조표현을 일컫는 말이다. 예컨대, 두 개의 통사대상 α와 β가 병합(Merge)에 의해 결합하여 새로운 통사대상 K를 도출하면, K는 $\{\Gamma, \{\alpha, \beta\}\}$의 구조로 표현되는데, 이때 Γ를 K의 표찰(標札 label)이라 한다. 특정 통사대상의 표찰은 그 통사대상의 핵범주의 투사로 결정되므로, 위에서 K의 핵이 α라 하면, K의 구조표현은 구체적으로 $\{\alpha, \{\alpha, \beta\}\}$로 표현된다. Chomsky(1994, 1995)의 최소주의이론의 가정에 입각하면, 핵계층이론은 그것이 안고 있는 여러 가지 불필요 가정(stipulations), 요컨대, 바(bar) 개념의 계층적 투사, 범주자질에 의존한 투사, 핵계층공식(X-bar schemata)에 의한 비분지(nonbranching) 투사 등등의 가정 때문에 문법체제의 최소화에 역행하는 실체로 판정된다. 이러한 문제점을 극복하기 위해서 최소주의이론에서는 어휘자질(lexical features)의 복합체(complex)로 이루어져 있는 어휘항목(lexical item)들이 併合(Merge)과 유인(Attract)의 연산작용에 의해 결합하고 선택자(selector)나 유인자(attractor)가 직접 투사되어 필수구구조(bare phrase structure)를 형성한다고 본다. 예컨대, 다음 (1)의 동사구 통사대상(K=VP)의 내면구조를 필수구구조의 수형도로 나타내면 (2)와 같다.

(1) [$_{VP}$ loved the girl]

(2) 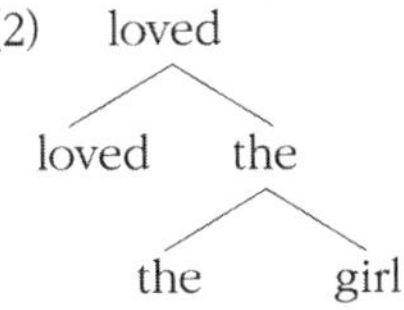

필수구구조이론 〈必須句構造理論 Bare Phrase Structure Theory〉

소위 개념적 필연성(conceptual necessity)에 입각해 Chomsky(1991) 이후 추진되어 온 최소주의이론(Minimalist Theory)의 문법체제를 더욱 축소해 보려는 시도로 Chomsky(1994)에서 제안된 언어이론을 말한다. 필수출력조건(bare out-put conditions)의 요구에 의해서가 아니라 단순히 이론 내적인 요구에 의해서 설정된 잉여적이며 불필요한 개념을 배제함으로써 완전한 문법체계의 구축을 지향하고 있다. 즉, 자연성(自然性 naturalness), 간결성(simplicity), 경제성(economy), 균형성(symmetry), 비잉여성(nonredundancy) 등의 개념적 필연성에 입각해 핵계층 이론(X-bar theory)을 없애고, 이동에 대한 제약의 한 부분인 구조보존가설(structure preserving hypothesis)과, 심층구조(D-structure), 표층구조(S-structure) 등의 불필요한 표현에 대한 개념을 제거한다. 또한, α이동(Move-α)에 대해 범주의 이동과 核이동을 구분하고 논항 이동과 비논항 이동을 구분하는 기존의 이론과 달리 α에 대한 이동의 차별화를 폐지하고, 부적절한 이동이 이루어진 도출은 제약이나 원리에 의해 자동적으로 파산(破綻 crash)에 이르게 한다. 이 이론을 필수구구조이론이라 호칭하는 이유는 이 이론을 처음으로 제안한 Chomsky(1994)의 논문 제목이 "Bare Phrase Structure"이며, 또한 이 이론에서 최초로 통사적 구구조의 생성을 핵계층이론(X-bar theory)에 의존하지 않고 어휘부(Lexicon)에서 주어지는 어휘적 정보와 연산체계(computational system)의 운용에만 의존해서 도출하는 소위 필수구구조(bare phrase structure)를 제안했기 때문이다.

필수출력조건 〈必修出力條件 bare output conditions (BOCs)〉 인간의 언어능력(language faculty)에 대한 최적언어설계(optimal language design)를 규명하기 위해 최소주의이론(Minimalist Theory)에서 가정하고 있는 조건으로, 언어외부체계(language-external system)의 요구에 의해 언어내부체계(language-internal system)에 부과되는 접합점조건(interface conditions)으로 규정되고 있으나, 사실상 이 조건은 언어수행체계(performance system)가 어휘부(Lexicon), 연산체계(computational system: C_{HL}), 음성형태(PF), 논리형태(LF) 등을 포함하는 인지체계(cognitive system) 전반을 통제하는 최상위절대제약(the most significant and unique constraint)임.

[ㅎ]

하위어휘배열 〈下位語彙配列 lexical subarray: LA_i〉

☞ 탐침자-목표물 문법체계 〈探針子-目標物 文法體系 Probe-Goal Framework〉

학습성 〈學習性 Learnability〉

☞ 문법평가척도 〈文法評價尺度 grammar evaluation measure〉

한정사구가설 〈限定詞句假說 DP Hypothesis〉 Abney(1987)에 의해 제안된 가설로 모든 명사적 표현(nominal expression)들은 한정사구(determiner phrase: DP)로 투사된다는 내용이다. 가령 명사 the president는 $[_{DP}\ [_{D'}$the $[_{NP}$ president]]]로 *the*를 핵(head)으로 취하는 한정사구 DP로 기술되고 *politicians*과 같은 명사는 $[_{DP}\ [_{D'}$ D $[_{NP}$ politicians]]]처

럼 영한정사(null Determiner)를 핵으로 가지는 구조로 기술된다. 또한 *they*와 같은 대명사는 [$_{DP}$ [$_{D'}$ [$_{D}$ they]]]로 대명사 *they*를 한정사(구)로 취급한다.

합치 〈合致 convergence〉 어떤 연산(computation)이 특정한 접속층위에서 완전해석원리(full interpretation)를 준수하는 도출(derivation)을 생성하면 합치(converge)한다고 하고 그렇지 못한 경우에는 파산(crash)한다고 말한다. 완전해석원리를 준수하는 (π, λ)의 쌍을 생성하는 도출은 PF와 LF 양쪽에서 모두 합치되어야 한다. 어느 한 층위에서라도 파산하면 그 도출은 파산하게 된다. 따라서 특정의 도출이 합치되기 위해서는 그 도출의 음성형태표시(PF representation)인 π와 논리형태표시(LF representation)인 λ가 각기 음성형태층위(PF level)와 논리형태층위(LF level)에서 그 층위에 적용되는 완전해석원리를 만족하는 요소들로 구성되어 있어야 한다.

해독성조건 〈解讀性條件 legibility conditions〉 최소주의 언어이론(Minimalist Program: MP)의 탐침자-목표물 문법체계(Probe-Goal Framework)에서 사용하는 용어로 언어의 수행체계(performance system)가 인지체계인 언어기능(faculty of language: FL)에 요구하는 조건을 말한다. 탐침자-목표물 문법체계에서는 의사소통의 필요성을 충족하기 위한 사고체계(system of thoughts)와 감각운동체계(sensori-motor system)의 요구에 의해 언어기능(FL)이란 인지체계가 인류의 진화과정에서 자연발생적으로 생겨났다고 보며, 언어기능은 그것이 생성하는 음성표상(PHON)과 의미표상(SEM)의 언어정보가 반드시 감각운동체계와 사고체계(system of thoughts)의 수행체계(performance system)에 의해 해독될 수 있는 정보이어야 한다는 요구를 받는다. 이러한 수행체계의 요구를 Chomsky(2001)에서는 소위 해독성조건(legibility conditions)이라 한다. 언어기능에 의해 생성되는 언어정보가 실제로 언어표현으로 사용될 수 있기 위해서 이러한 해독성조건을 충족해야 한다는 것은 당연한 요구이다. 따라서 언어기능은 그것이 생성하는 언어정보가 반드시 해독성조건을 충족해야 한다는 수행체계의 요구 속에서 자연발생적으로 진화과정에서 생겨난 것이라고 볼 수 있다. 이런 견지에서 해독성조건은 언어기능을 생성하는 최소설계도(minimal design specifications)라고 할 수 있고, 자연은 인류의 진화과정 속에서 이러한 설계도를 최적으로 충족하는 언어기능을 만든 초기술자(super engineer)라고 볼 수 있다. 이러한 점을 Chomsky(2001)는 다음과 같이 표현하고 있다.

(1) 인간의 언어기능은 해독성조건인 최소설계도에 대한 최적의 해결책이다.
(The human faculty of language FL is an optimal solution to the minimal design specifications as "legibility conditions".)

이와 같이 Chomsky(1998) 이후 탐침자-목표물 문법체계에서는 언어기능이 해독성조건을 충족하는 최적체계(optimal system)이라고 가정한다. 여기서 '최적성(optimality)'의 개념은 자연의 일반특성(general properties of nature)인 최소성(minimalism), 자연성(naturalness), 효율성(efficiency) 등을 반영한 '훌륭한 설계(good design)'에 따라 해독성조건을 최적으로 충족한다는 것을 말한다. 따라서 탐침자-목표물 문법체계에 의하면 언어기능 FL은 수행체계의 해독성조건을 최소의 수단(minimal tools)으로 가장 자연스럽(most naturally)고 가장 효율적(most efficiently)으로 충족하는 완벽체계(perfect system)라고 가정한다.

해석/평가 〈解釋/評價 interpretation/evaluation〉 Chomsky(2001)의

탐침자-목표물 문법체계(Probe-Goal Framework)에서 도출 상에 야기되는 역순환성(countercyclicity)의 문제를 해결하기 위해 제안된 원리이다. 먼저, 다음 도출을 고려해 보자.

(1)

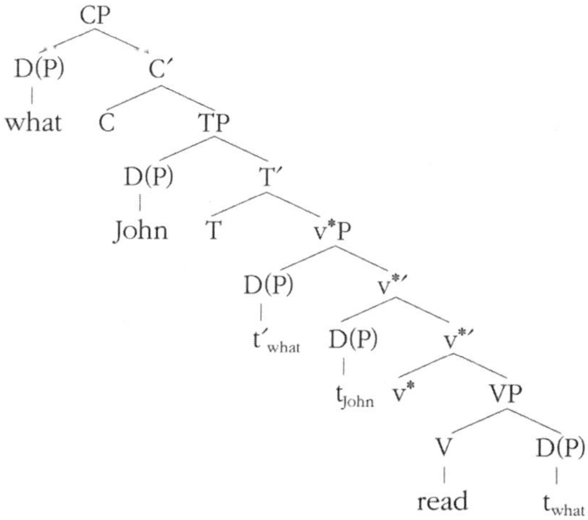

위의 도출에서 제기되는 심각한 문제점은 바로 역순환성의 문제이다. 즉, TP의 지정어 위치로 이동하는 *John*의 이동은 TP의 순환단계에 적용되는 작용이고, CP의 지정어 위치로 이동하는 *what*의 이동은 CP의 순환단계에 적용되는 작용인데, (1)의 도출은 바로 음운적 외곽(phonological edge)에 의한 간섭효과(intervention effect)를 회피하기 위해 CP의 순환단계에서 *what*의 이동이 일어난 후 다시 하위의 순환단계인 TP에서 *John*의 이동이 적용된다는 의미에서 엄밀순환조건(strict cycle condition)을 위반하는 역순환성의 문제를 야기한다. Chomsky(2001)에서는 이러한 역순환성의 문제가 다음과 같은 해석/평가(interpretation/evaluation) 원리에 의해 해결된다고 주장하고 있다.

(2) 강국면 PH_1에 대한 해석과 평가는 차상위 강국면 PH_2에서 이루어진다.

(Interpretation/evaluation for PH_1 is at PH_2, where PH_1 is strong phase and PH_2 is the next highest strong phase.)

즉, (2)의 해석/평가 원리에 의하면, 모든 순환단계에서 적용되는 협소통사부의 작용들에 대한 해석/평가(interpretation/evaluation)는 그 순환단계에서 내려지는 것이 아니라 그 순환단계를 포함하는 강국면(strong phase)의 차상위 강국면(next highest strong phase)에 이르러 이루진다는 것이다. 요컨대, 위의 (1)의 도출에서 강국면을 이루는 v*P와 그 내부에서 일어난 문법작용들이 합법적인가에 대한 해석/평가는 그 다음 상위의 강국면인 CP에서 이루어진다는 것이다. 또한 CP 내부에서 진행된 일체의 작용들에 대한 해석/평가도 매 순환단계마다 적용되는 것이 아니라 그 다음 차상위 강국면에 이르러서 내려져야 한다는 것이다. 따라서, CP 내부에서 일어난 역순환성의 문제가 해결된다. 즉, CP 내부에서 진행된 작용들에 대한 해석/평가가 내려지는 단계에 이르면, 이미 CP의 국면은 (1)과 같은 도출을 가지므로 *John*이 TP의 지정어 위치로 이동하는 순환단계에서 음운적 외곽(phonological edge)을 위반했거나 엄밀순환조건(strict cycle condition)을 위반했다는 해석/평가를 내리지 않아도 된다. 왜냐하면, CP의 국면에 이르러서는 이미 v*P의 외곽지정어(outer SPEC) 위치에는 *what*이 아니라 *what*의 흔적 t*what*가 있기 때문이다.

해석적 복합체 〈解釋的 複合體 interpretive complex: INT〉

☞ EPP-자질할당조건 〈EPP-資質割當條件 EPP-assignment condition〉

핵이동 〈核移動 Head Movement〉 α-이동이 핵에 적용된 경우를

말한다. 예를 들어 V에서 I(=INFL)로의 이동으로 가령, "John is handsome"이 있을 때 $[_{IP}$ John $[_{I'}$ I $[_{VP}$ be handsome]]]에서 $[_{IP}$ John $[_{I'}$ $[be_i{-}I]$ $[_{VP}$ t_i handsome]]]이 도출되는 과정에서 동사 be가 I로 이동하여 is가 된다. 다른 한 예는 I에서 C로 이동하는 경우이다. 즉 $[_{CP}$ ... $[_{C'}$ C $[_{IP}$ John $[_{I'}$ is_i $[_{VP}$ t_i handsome]]]]에서 $[_{CP}$ .... $[_{C'}$ is_i $[_{IP}$ John $[_{I'}$ t'_i $[_{VP}$ t_i handsome]]]]?이 도출되는 과정에서 *is*가 C로 이동하는 경우를 들 수 있다.

핵이동제약 〈核移動制約 Head Movement Constraint (HMC)〉

Travis(1984)가 제안한 핵이동에 대한 제약으로, 핵 X^0는 X^0를 고유 지배하는 핵 Y^0로만 이동할 수 있다(An X^0 may only move into the Y^0 which properly governs it)는 내용이다. Chomsky는 핵이동을 크게 두 가지 즉 head-to-head 부가(adjunction)와 대입(substitution)으로 나누게 된다.

핵재귀사 〈核再歸詞 head reflexive〉 형태론상 특성에 입각해 분류한 재귀사(reflexive)의 한 유형으로, 한국어 의 '자기'와 '자신,' 중국어의 *ziji*, 일본어의 *zibun*, 이탈리아어의 *propria*과 *sè*, 아이슬랜딕어의 *sig*, 러시아어의 *svaju*, 힌디어의 *apne* 등과 같이 하나의 재귀형태소(reflexive morpheme)로 이루어진 재귀사를 일컫는 말이다. 때로는, 단형태소재귀사(monomorphemic reflexive), X^o 재귀사(X^0 reflexive), 유표대용사(marked anaphor), 비구재귀사(非句再歸詞 non-phrasal reflexive) 등으로 불려지기도 한다.

협소통사부 〈狹小統辭部 narrow syntax: NS〉

☞ 탐침자-목표물 문법체계 〈探針子-目標物 文法體系 Probe- Goal Framework〉

형식자질 <形式資質 formal feature> 음성자질(phonetic feature), 의미자질(semantic feature)과 함께 어휘항목(lexical item)을 구성한다고 보는 일종의 어휘자질임. 형식자질(formal feature)에는 범주자질(categorial feature), 격자질(Case feature), 파이자질(ϕ-feature) 등이 속하며, 이 자질들은 연산체계(computational system: C_{HL})에 가시적이므로 병합(Merge)과 자질유인(Attract-F) 등의 연산(computation)은 이 자질들에 입각해서 적용된다고 가정한다. 즉, 명사구의 격자질과 V와 T 등의 격할당자질(Case-assigning feature), 동사의 파이자질, 또는 영어 등의 언어에서 T에 부여된다고 보는 강성 D-자질(strong D-feature) 등은 비해석성(uninterpretable: [-interpretable]) 형식자질이므로 연산과정에서 제거되어야 하고, 이러한 비해석성 형식자질의 제거를 위해 연산체계에서 병합과 자질유인 등의 연산이 진행된다.

확대구조보존가설 <擴大構造保存假說 Extended Structure Preserving Hypothesis>

☞ 구조보존가설 <構造保存假說 Extended Structure Preserving Hypothesis>

확장조건 <擴大條件 Extension Condition> 일반적으로 이동은 이동의 표적이 되는 구범주를 확장하는 위치로 이동되어야 하며, 최소주의이론에 의하면 이동에 의해 확대되는 구범주는 다른 범주에 내포되지 않는 범주, 즉 뿌리범주(root category)이어야 한다는 것이다. 왜냐하면, 최소주의이론에서는 구이동이 외현통사부(overt Syntax)에서 일어난다고 보는데, 외현통사부에서의 이동은 일반적으로 기능범주(functional category)의 강성자질(strong feature)을 점검하기 위한 문법적 운용이고, 기능범주의 강성자질은 그 기능범주가 다른 범주에 내포되기 전에 점검을 받아야 하기 때문이다. 따라서, 외현통사부의 구범주 이동은 언제나 이동의 목표점(target)이 되는 기능범주의 투사가 다른 범주에 내포되기 전의 뿌리(root)에 병합되는 위치로 일어나게 된다. 최소주의이론에서는 종래 변형생성문법의 엄밀순환조건(strict cycle condition)이나 Rizzi (1991)의 상대최소성조건(Relativized Minimality) 등은 바로 이 확장조건에 기인하는 결과로 볼 수 있게 되며, 또한 확장조건은 엄격히 말해 강성자질의 점검적 특성에 기인하는 것으로 볼 수 있다. 참고로, Chomsky(1996) 이후에는 일반적으로 확장조건의 위반이 허용되는 핵이동(head movement)은 외현통사부의 이동이 아니라 음성형태층위(PF level)의 이동으로 규정한다. Chomsky(1993)에서는 이 조건의 적용 범위를 문자화(Spell-Out) 이전에 일어나는 대입운용(substitution operation)에만 적용된다고 주장하면서, "일반화 변형과 α-이동은 어떤 구구조 표지에도 내포되지 않은 K를 겨냥하고, K를 K*로 확대하여, K가 K*에 완전 내포되도록 해야 한다(GT and Move-α target K, which is not included in any phrase-marker, and extend K to K*, which includes K as a proper part)."로 정의하고 있다.

확대투사원리 <擴大投射原理 Extended Projection Principle (EPP)>

문장의 주어를 인가하기 위한 인허조건(licensing condition)으로 Chomsky(1981)의 투사원리(projection Principle)를 주어에까지 적용할 수 있도록 확대한 것이다. 즉, 투사원리는 어휘핵으로부터 의미역 지배(θ-govern)받는 (혹은, 어휘핵을 하위범주화하는) 논항의 위치만을 인가하나, 확대투사원리(Extended Projection Principle)는 "모든 절은 주어 자리가 있다"는 주장으로 문장의 주어위치까지도 인가하게 된다. 초기 최소주의이론에서는 확대투사원리가 기능범주 T가 갖는 강성 D-자질의 자질점검을 위한 최대투사의 병합(Merge)으로부터 자동적으로 도출되는 개념으로 보았으나, Chomsky(1996) 이후에는 이 원리가 강성 D-자질과 상관없이 독립적으로 존재하는 보편원리로 규정하고 있다.

활동성조건 〈活動性條件 activity condition〉

☞ 일치 〈一致 Agree〉

획일성원리 〈劃一性原理 uniformity principle〉 언어의 완벽성(perfection)을 가정하는 강력최소주의이론(strong minimalist thesis: SMT)의 주장과 달리, 사실상 자연언어에는 개별언어들 간에 다양한 매개변인적 변이(parametric variation)가 나타나는데, 이러한 변이현상은 일견에 명백한 비완벽성(imperfections)에 해당되는 것으로 보인다. 생성언어학에서 매개변인적 변이의 문제는 사실상 설명적 타당성(explanatory adequacy)을 추구하는 언어이론에서 기술적 타당성(descriptive adequacy)과의 사이에 나타나는 간격(gap)을 메우기 위한 불가피한 조치라 본다. 따라서 Chomsky(2004) 이후 강력최소주의이론(strong minimalist thesis: SMT)에서는 매개변인적 변이를 허용하되 그 다양성을 최소화하려는 의도 하에 다음과 같은 소위 획일성원리(uniformity principle)를 제시한다.

(1) 반대할 강력한 증거가 없는 경우에는, 언어들은 획일적이라고 가정하여야 하며, 언어간의 다양성은 쉽게 포착되는 발화의 특성에 국한된다고 보아야 한다.

(In the absence of compelling evidence to the contrary, assume languages to be uniform, with variety restricted to easily detectable properties of utterances.)

즉, (1)의 획일성원리에 의하면, 모든 자연언어는 어휘부(Lexicon: LEX)에서 의미표상(SEM)에 이르는 소위 협소통사부(narrow syntax: NS)의 연산과정(computation)은 동일하며, 어순 등 의미와 상관없이 나타나는 개별언어 간의 차이는 모두 문자화(Spell-Out: S-O) 이후에 음성표상(PHON)에 이르는 소위 음운부(phonological component)에서 개별언어원리에 의해 발생하는 개별언어적 현상이라고 본다. 따라서 최소주의 언어이론에서는 음운부보다 협소통사부에 더 큰 관심을 두고 언어연구를 진행한다.

획일성조건 〈劃一性條件 uniformity condition[3]〉 최소주의이론(Minimalist Theory)에서 이동 현상을 통제하기 위해 연쇄(연쇄 chain)의 자격을 규정하는 조건 중의 하나로, 일관성조건(uniformity condition[1])이나 일률성조건(uniformity condition[2])과 구분하기 위해 획일성조건(uniformity condition[3])이라 번역되며, 종종 연쇄획일성(chain uniformity)이라 일컬어지기도 한다. 이 조건은 Rizzi (1990)에서 처음 제안되었으며, Chomsky and Lasnik (1993)에서 “연쇄 C = (α_1, ... α_n)는 그것의 각 구성요소 α_i가 어휘관련성에 관해 획일적이어야 한다(Chain C = (α_1, ... α_n) is uniform with respect to the L-relatedness of each α_i).”로 정의되고 있다. 이 정의에 따르면, 이동에 의해 만들어지는 적법연쇄(legitimate chain)는 그 구성요소가 모두 어휘관련(L-related) 위치(즉, 논항(argument)이나 핵(head) 관련위치)에 있거나, 아니면 비어휘관련(non-L-related) 위치(즉, 부가어(adjunct) 위치)에 나타나야 한다는 것이다. 따라서, 적법한 연쇄는 명사구이동(NP movement)이나 핵이동(head movement)의 결과로 조성되는 논항연쇄(A-chain)와 핵연쇄(head chain), 또는 부가어이동(adjunct movement)으로 조성되는 비논항연쇄(A'-chain)로 한정되며, 논항의문사이동(*wh*-argument movement)은 연속적 순환이동(successive-cyclic movement)을 통해 논항위치에서 출발하여 계속적으로 비논항위치로 이동하게 되므로 획일성조건을 위반하는 결과를 초래한다. 그러므로, 최소주의이론에서는 논항의문사이동의 연쇄가 논리형태층위(LF level)에서 적법한 연쇄를 구성하기 위해서는 재구성규칙(reconstruction rule)에 의해 운용자-변항연쇄(operator-variable chain)로 재구성되어야 한다고 주장한다.

훔볼트의 문제 <훔볼트의 問題 Humboldt's problem> 데카르트주의 언어학의 전통을 따르고 있는 훔볼트(Wilhelm von Humboldt 1767~1859)는 그의 저서 *Über die Verschiedenheit des menschlichen Sprachbaues und ihrenEinfluss auf die geistige Entvickenlung des Menschengeschlechts*에서 '언어지식은 무엇으로 이뤄져 있는가?(What constitutes knowledge of language?)'라는 소위 훔볼트의 문제(Humboldt's problem)를 제기하고, 이 문제에 대해 스스로 'Language is *eine Erzeugung*, not *ein todtes Erzeugtes*.'라고 대답함으로써 언어를 소위 담화나 발화행위(utterances or speech acts)와 같은 일련의 축조된 대상물(a set of constructed objects)이 아니라 오히려 이러한 대상물들을 생산하는 일종의 생성작용(a process of generation)으로 본다. 즉, 훔볼트는 언어를 그 언어에서 사용되는 무한체계의 문장표현(infinite use of sentential expressions)들이 아니라 이러한 문장표현들을 제공하는 유한체계의 수단 혹은 규칙(finite means or rules)으로 본다. 따라서, 훔볼트에 의하면, 언어는 발성과 구조를 갖는 사고의 표현이 자유롭게 생산되고 이해되도록 해주는 일종의 생성과정(generative process)이다.

[기타]

Chomsky의 문제 <Chomsky의 問題 Chomsky's problem> 인간언어의 학습성 문제와 관련해서 하나의 심각한 문제가 제기될 수 있는데, 그것이 바로 Chomsky 혁명 이후 Chomsky가 오랫동안 고민해온 소위 다음과 같은 Chomsky의 문제(Chomsky's problem)이다.

(1) 단순화를 지향하는 보편문법이 어떻게 고도로 복잡하고 다양한 개별 언어현상들을 모두 기술(혹은 포착)할 수 있는가?

(How can the UG that aims to achieve the highest state of simplicity describe(or capture) the highly complex and various phenomena of all particular languages?)

위의 문제에서 제기되는 전반부의 '단순화를 지향하는 보편문법'의 문제는 설명적 타당성(explanatory adequacy)과 관련되는 문제이며, 후반부의 '복잡하고 다양한 개별언어현상들의 기술'의 문제는 기술적 타당성(descriptive adequacy)과 관련되는 문제이다. 즉, 문법체계가 설명적 타당성을 높이려면 끊임없이 최고 수준의 단순화를 지향해 나가야 하며, 또한 기술적 타당성을 제고하기 위해서는 복잡하고 다양한 개별언어현상들을 가능한 한 더 넓게 기술할 수 있는 문법체계로 확장되어 나가야 한다. 요컨대, 설명적 타당성은 문법체계의 단순화를 요구하며, 기술적 타당성은 오히려 문법체계의 확장을 요구한다. 따라서 Chomsky의 문제는 설명적 타당성과 기술적 타당성 사이에 야기되는 갈등의 골(conflicting gap)을 어떻게 메우느냐 하는 문제로 귀착된다.

Chomsky 혁명 <Chomsky 革命 Chomskyan Revolution> Chomsky 혁명(Chomskyan Revolution)이란, 실증주의적 사조에 기반을 둔 Saussure식의 구조주의문법이 기술언어학으로 발전하면서 과학적 언어기술이 한창 정점에 이르고 있을 당시, 1957년 Noam Chomsky가 그의 저서 *Syntactic Structures*를 통해 데카르트 이후 명맥을 이어오던 데카르트주의 언어학(Cartesian Linguistics)을 기조로 그간 구조주의문법의 주장과 위세를 일시에 무너뜨린 혁명적인 새로운 문법이론을 주창한 사건을 말한다. 이 새로운 문법이론이 바로 변형생성문법(Transformational Generative Grammar)인데, 변형생성문법에서는 이성주의적 관점에 따라 인간의 언어기능(linguistic faculty)을 본유적(innate)인 것으로 본다. 즉, 인간의 언어기능은 경험에 의해 습득되는 것이 아니라 추리력, 기억력, 사고력 등의 다른 인지능력과 마찬가지로 세상에 태어나면서부터 본유적으로 보유하고 있는 본유적 인지능력이라는 것이다. 변형생성문법에서는 인간은 본유적으로 언어규칙의 체계(a set of linguistic rules)를 뇌 속에 보유하고 있다는 것이며, 이러한 본유적 언어규칙체계의 주장은 자연히 '모든 인간의 머리에는 동일한 문법체계가 존재한다'는 소위 보편문법(universal grammar: UG)의 가설로 이어진다. 따라서 인간의 언어습득에 관해서 이성주의적 관점을 채택하는 변형생성문법에서는 당연히 보편문법의 실체를 규명하는 것이 언어연구의 일차적인 목표가 된다. 즉, 변형생성문법에서는 본유적인 보편문법의 체계로 인간의 뇌 속에 내재되어 있는 내재언어를 일차적인 언어로 규정하고, 이러한 내재언어를 언어연구의 대상으로 삼는다. 변형생성문법 언어학자들에 의하면, 보편문법의 체계는 문장을 만드는 한정된 수의 규칙으로 이루어져 있는데, 인간은 이 한정된 수의 규칙을 반복적으로 적용하여 사실상 무한한 수의 문장을 만들어 낸다는 것이다. 이 무한수의 문장들이 바로 한 언어의 외재언어를 구성한다. 변형생성문법에서는 사실상 한 언어에 사용되는 문장의 수는 무한히 많다고 본다. 따라서, 언어사용을 창조적 활동으로 본다. 변형생성문법(Transformational Generative Grammar)에서 생성(generation)이란 표현은 바로 유한수(finite set)의 언어규칙이 무한수(infinite set)의 문장구조, 구체적으로 말하면 음운구조(phonological structures), 의미구조(semantic structures), 그리고 통사구조(syntactic structures)를 갖는 무한수의 언어표현을 생성한다는 뜻에서 붙여진 이름이다. 이러한 관계를 도식으로 나타내면 다음과 같다.

(1)

유한수의 본유적 언어규칙 (내재언어)

↓ 〈생성〉

무한수의 문장구조 (외재언어)

변형생성문법은 오늘날까지 많은 발전과 변화가 있어왔고, 언어 연구의 업적도 괄목할 만하다. Frederick J. Newmayer(1980)에 의하면, 변형생성문법은 지난 2,500년 동안의 문법연구를 통해 얻은 언어의 이해보다도 불과 25년간의 업적으로 더 많은 언어의 속성을 규명해 내었다고 주장하고 있다. 변형생성문법의 가장 큰 특징은 보편문법(universal grammar: UG)을 가정하며, 자연과학적 이론과 마찬가지로 문법을 구조의 제약과 평가 기준을 준수해야 하는 언어학으로 규정하고 있는 것인데, 이러한 특성을 높이 평가해 C. F. Voegelin은 International Journal of American Linguistics 24 (1958: 229~231)에 게재한 그의 서평 "Review of Noam Chomsky, *Syntactic Structures*"에서 *Syntactic Structures*가 그 목표를 일부만 성취한다 할지라도 "코페르니쿠스적 혁명(Copernican revolution)을 이루어낸 것이다"라고 언급하고 있다. 이러한 측면에서 이후 John Searle(1972) 등 현대언어학자들이 변형생성문법의 주창을 Chomsky 혁명(Chomskyan Revolution)이라 부르게 되었다. Chomsky 혁명의 시작을 최초로 알린 학자는 Robert B. Lees이다. 당시 언어학계에서 명성을 떨치던 Lees는 당시로서는 무명 학자인 Chomsky가 The Hague의 Mouton Publisher에서 출판한 *Syntactic Structures*를 광범한 구독자를 확보하고 있던 *Language* 33 (1957: 375~408)이라는 언어학술지에 게재한 그의 서평 "Review of Noam Chomsky, *Syntactic Structures*"를 통해 새로운 자연과학적 언어학 방법론의 출현에 큰 찬사를 보냈다.

EPP-자질할당조건 <EPP-資質割當條件 EPP-assignment condition>

Chomsky(2001)의 최소주의 언어이론(Minimalist Program: MP)에서 EPP-자질(EPP-featrue)의 효과를 포착하기 위해 제안하고 있는 조건으로, 다음 (1)과 같이 정의되며, 이 EPP-자질할당조건(EPP-assignment condition)에 의하면 영어의 v*는 선택적인 EPP-자질(EPP-feature)을 가질 수 있다.

(1) v*에 EPP-자질이 할당될 때는 반드시 표출상에서 그 효과가 나타난다.
(v* is assigned an EPP-feature only if that has an effect on outcome.)

Chomsky(2001, 2004)에 의하면, EPP-자질할당조건은 T와 C 등에까지 확대될 수 있으며 EPP-자질이 할당될 때는 반드시 표출상에 그 효력이 나타나야 한다고 본다. EPP-자질과 그것으로 인한 이동의 결과로 의미표상(SEM)에 나타나는 의미적 효과를 특히 외곽특성(edge properties)이라 하며, 외곽특성(edge properties)에는 초점(focus), 특정성(specificity), 한정성(definiteness), 신정보(new information) 등을 나타내는 담화상 특성(discoursal properties)과 양화사의 작용역(scope)에 영향을 미치는 작용역상 특성(scopal properties)이 있다. 이러한 외곽특성을 해석적 복합체(interpretive complex) INT라 한다. 또한, Chomsky(2001)에서는 위의 EPP-자질할당조건 (1)과 관련하여 다음과 같은 가정을 내리고 있다.

(2) 표면적 의미효과는 협소통사부의 작용에 국한된다.
(Surface semantic effects are restricted to narrow syntax(NS).)

(2)의 가정에 의하면, EPP-자질은 협소통사부(narrow syntax: NS)에서 이동을 야기하며, 이러한 이동의 결과로 새로운 의미정보인 해석

적 복합체 INT가 생겨나는 것이므로, 도출의 결과물에서 표면적 의미효과(surface semantic effects)를 갖지 않는 이동은 협소통사부의 이동이 아니라 음운부의 이동으로 보아야 한다는 주장이 가능하다.

Holmberg의 일반화 <Holmberg의 一般化 Holmberg's Generalization>

Anders Holmberg (1986)의 박사 학위논문 *Word Order and Syntactic Features in the Scandinavian Languages and English*에서 제안한 일반화로 "동사의 인상이 일어나야만 목적어의 인상이 일어날 수 있다 (Object Shift is possible only if the verb raises out of the VP)"로 정의된다. 이러한 정의에 의하면, 동사의 인상이 명사구의 인상을 보장하므로, V가 T로 명시적으로 이동하는 아이슬랜딕어가 영어와 달리 다중주어구문(多重主語句文 multiple-subject construction: MSC)의 일종인 타동허사구문(他動虛辭句文 transitive expletive construction: TEC)을 허용하게 됨이 설명된다. Holmberg의 일반화는 Janas (1994) 일반화인 "명시적 다중주어구문은 명시적 동사의 인상을 요구한다 (Overt MSCs require overt V-raising)"라는 정의를 포함하게 된다. 이들 일반화의 확대는 V-둘째 현상(V-Second Phenomena)을 설명하는 기초를 제공한다. 즉, 영어의 의문사 의문문에서도 의문사가 문두인 CP의 지정어(Spec) 위치에 나타날 때 동사도 C에 나타나게 되는데, 이 경우도 동사의 C로의 인상이 의문사가 CP의 지정어 위치로 이동함을 보장하는 것이라고 말할 수 있다.

Jonas의 일반화 <Jonas의 一般化 Jonas' Generalization>

☞동사-둘째 현상 <動詞-둘째 現象 V-second phenomena>, Holmberg의 일반화 <Holmberg의 一般化 Holmberg's Generalization>

OCC-자질 <OCC-資質 OCC-feature> Chomsky(2004)에서 제안되는

최소주의 언어이론(Minimalist Program: MP)에서 EPP-자질(EPP-feature)을 일컫는 말로, 기존의 최소주의 이론에서 제안하고 있는 EPP-자질과 OCC-자질의 차이는 OCC의 경우가 EPP보다 훨씬 선택적인 개념을 갖는다는 것이다. 즉 OCC는 반드시 의미표상(SEM)에서 의미적 효과를 낳는 경우만 OCC-자질(OCC-feature)이 할당된다고 본다. 따라서 Chomsky(2004)의 탐침자-목표물 문법체계(Probe-Goal Framework)에서는 의미표상에서 의미적 효과를 갖지 않는 허사 *there*의 병합은 EPP(OCC)-자질을 충족하기 위한 것이 아니라 단순히 *there*가 탐침자(Probe)로서 최소의 탐색으로 TP와 병합한 결과로 본다.

☞ EPP-자질할당조건 <EPP-資質割當條件 EPP-assignment condition>

X^0 재귀사 <X^0 再歸詞 X^0 reflexive>

☞ 핵재귀사 <核再歸詞 head reflexive>

X^{max} 재귀사 <X^{max} 再歸詞 X^{max} reflexive>

☞ 구재귀사 <句再歸詞 phrasal reflexive>

XP 재귀사 <XP 再歸詞 XP reflexive>

☞ 구재귀사 <句再歸詞 phrasal reflexive>

ϕ-자질 완전성조건 <ϕ-資質 完全性條件 ϕ-completeness condition>

☞ 일치 <一致 Agree>

Ⅱ. 영어 용어 해설

[A]

activity condition

☞ AGREE

Adequacy [妥當性] 언어학자들이 엄격한 과학적인 연구를 통하여 기술해 놓은 문법의 체계가 어느 정도의 수준에 이르는 문법체계인가를 판정하는 데 사용하는 기준으로서, 다음과 같은 세 가지 타당성이 있다.

가. 관찰적 타당성(Observational Adequacy):
만약 어느 개별문법이 그 언어에서 관찰되는 자료를 명시적으로 설명할 수 있다면, 그 문법은 관찰적 타당성을 지녔다고 말할 수 있다. 즉, 한 문법의 체계가 한 언어의 임의적 언어표현에 대해 그 표현이 그 언어의 문장으로 적격한지 아닌지를 명시적으로 구별해 줄 수 있다면, 그 문법체계는 관찰적 타당성을 지닌다고 말한다.

나. 기술적 타당성(Descriptive Adequacy):
한 문법의 체계가 관찰적 타당성은 지니면서도, 그 언어의 언어표현에 대해 원어민의 직관을 반영하는 구조적인 기술(structural description)을 제공할 수 있다면 그 문법체계는 기술적 타당성을 지닌다고 말한다.

다. 설명적 타당성(Explanatory Adequacy):
기술적 타당성을 지닌 한 개별문법이 개별언어의 기술 수준을 넘어서, 자연언어 전반의 기술에까지 이를 수 있을 때 우리는 그 문법체계가 설명적 타당성을 지닌다고 말한다. 즉, 설명적 타당성을 지닌 문법체계란 보편문법을 기반으로 습득된 개별언어의 핵심문법임이 입증된 문법체계를 말한다. 따라서, 설명적 타당성을 지닌 문법체계는 언어의 보편 성(language universals)과 본유적 습득론과도 부합되어야 한다.

요컨대, 관찰적 타당성은 최적의 문법(optimal grammar)이 지녀야 할 최소한의 조건으로, 한 개별문법의 체계가 그 언어의 모든 문법적인 문장을 다 생성할 수 있으면서도 동시에 비문법적인 문장은 단 하나도 생성하지 않을 때 우리는 그 문법체계가 관찰적으로 적절하다고 말한다. 이렇게 관찰적으로 타당한 문법체계가 원어민의 언어직관을 반영하는 규칙의 체계로 이루어져 있다면 우리는 그 문법체계가 기술적 타당성을 지닌다고 말한다. 또한 원어민의 언어직관을 반영하는 규칙의 체계로 이루어져 있는, 소위 기술적 타당성을 지닌 개별문법이 그 개별언어의 핵심문법이라면 그 문법체계는 설명적 타당성을 지녔다고 말할 수 있다. 즉, 기술적 타당성의 견지에서 보면, 한 언어에 대해 기술적 타당성을 지닌 개별문법은 여러 개 있을 수 있지만, 설명적 타당성을 지닌 개별문법은 단 하나 밖에 있을 수 없다. 왜냐하면, 설명적 타당성을 지닌 개별문법이 바로 그 언어의 핵심문법을 말한다면, 그 핵심문법은 인간의 본유적인 보편문법을 기반으로 습득된 문법체계이므로 개별언어마다 단 하나의 핵심문법만이 존재하기 때문이다.

변형생성문법학자들이 지향하는 문법기술의 궁극적 목표가 바로 설명적 타당성을 지닌 문법체계를 규명하는 일이라면, 이는 곧 각 언어의 핵심문법을 모두 총괄(혹은 도출)하는 보편문법을 규명하는 일이 된다.

위에서 논의한 최적의 문법체계가 지녀야 할 세 가지 타당성은 사실상 모두 경험적 타당성(empirical adequacy)으로 집약될 수 있다. 왜냐하면, 한 규칙체계가 어떤 수준의 타당성을 지녔는지의 검증은 실제로 그 문법체계가 어느 정도 수준의 경험적 자료를 설명하고 있느냐에 대한 확인이기 때문이다. 요컨대, 한 문법체계의 타당성은 경험적 증거(empirical evidence)에 의해서 입증될 수 있다. 그러나, 현실적으로 볼 때 경험적 증거에 의해 한 문법체계의 타당성 정도를 정확히 검증한다는 것은 거의 불가능하다. 왜냐하면, 설명적 타당성의 경우 그것을 입증하는 경험적 증거의 수집은 모든 인간언어의 모든 자료로 확대되어야 하기 때문이다. 결국 완전한 관찰적 타당성을 입증하기 위해 수집하여야 할 한 개별언어의 경험적 자료도 마찬가지이지만, 완전한 설명적 타당성을 입증하기 위해 자연언어 전반에 걸쳐서 수집하여야 할 경험적 자료가 무한히 많다.

Agree [一致] Chomsky(2001, 2004) 이후 최소주의 언어이론(Minimalist Program: MP)에서 협소통사부(narrow syntax: NS)에서 일어난다고 주장하는 연산(computation)의 한 작용을 일컫는 말이다. 통사단위의 도출 과정에서 탐침자(Probe)와 목표물(Goal) 사이에 일치(Agree)를 이루기 위해서는 탐침자는 반드시 목표물을 자신의 표찰영역(domain of LB(K)) (즉, 투사(projection)) 내에 포함하고 있어야 하며, 일치가 적용되면 탐침자와 목표물의 비해석성 자질들은 모두가 값을 부여받고 양도(TRANSFER) 후 의미부에서 삭제된다. 일치가 적용되기 위해서는 먼저 탐침자와 목표물 사이에 자질상의 '부합(Match)'이 먼저 이루어져야 하는데, '부합'이란 동일자질 사이의 확인(Identity)을 의미한다. 따라서 일치는 반드시 동일 종류의 자질을 갖는 핵-범주(head categories)들 사이에만 적용된다. 또한 일치는 부합과 달리 다음과 같은 소위 활동성조건(activity condition)를 충족하여야 한다.

(1) 일치의 연산이 적용되기 위해서는 탐침자와 목표물이 모두 활동적이어야 한다.
(Probe and Goal must both be active for Agree to apply.)

'활동적(active)'이라는 개념은 탐침자와 목표물이 되는 범주가 그들의 자질구성에서 비해석성 자질(uninterpretable feature)을 하나 이상 포함하고 있다는 것이다. 따라서 부합은 자질의 해석성 여부와 상관없이 적용되지만, 일치는 탐침자와 목표물이 반드시 하나 이상의 비해석성 자질을 포함할 때만이 적용된다. 명사적 범주가 아닌 범주의 ϕ-자질(ϕ-features)은 비해석성 자질이므로, 기능범주(functional categories)는 그 자체로 언제나 활동적이 될 수 있지만, 목표물이 되는 명사적 범주는 반드시 비해석성의 격(Case) 자질을 가질 때만이 활동적이 될 수 있다. 또한 탐침자와 목표물로서 일치를 이루는 한 쌍의 범주가 있을 때, 일치를 통해 상대 범주의 비해석성 자질을 삭제(delete)하기 위해서는 반드시 그 범주가 성(gender), 수(number), 인칭(person)의 ϕ-자질을 모두 갖는 소위 ϕ-자질상 완전(ϕ-complete)한 범주가 되어야 한다. 따라서 Chomsky(2001)에서는 다음과 같은 ϕ-자질 완전성조건(ϕ-completeness condition)을 제시하고 있다.

(2) α는 자신과 부합의 쌍을 이루는 β의 비해석성 자질들을 삭제하기 위해서 반드시 ϕ-자질상 완전해야 한다.
(α must be ϕ-complete to delete uninterpretable features of the paired matching element β.)

apparent imperfection

☞ STRONG MINIMALIST THESIS

articulatory-perceptual system: A-P System [調音聽取體系] 개념의도체계(概念意圖體系 conceptual-intentional system: C-I System)와 함께 수행체계(言語隨行體系 performance system)를 구성하는 한 부서로서, 음성형태표현(PF representation)의 음성정보(phonetic information)를 해석하여 실세계의 음성(sound)으로 표출하는 언어외부체계(言語外部體系 language-external system). 조음청취체계의 관점에서 음성형태표현을 조음청취접합점(調音聽取接合點 articulatory-perceptual interface: A-P interface)이라고 한다. 조음청취체계가 언어체계와는 독립적으로 존재한다는 의미에서 이 체계를 감각운동체계(感覺運動體系 sensori-motor system)라고 일컫기도 한다.

associate NP [聯關名詞句] 허사(虛辭 expletive) *there*-구문(there-construction)에서 허사 *there*와 관련되는 명사구를 말한다. 예컨대, 다음과 같은 *there*-구문의 예문 “There is a boy in the garden”에서 명사구 *a boy*를 말한다. *there*-구문에서 연관명사구(聯關名詞句 associate NP)가 갖는 중요한 문법적 특성은, 첫째 연관명사구가 부정성(不定性 indefiniteness)을 가지며, 둘째 연관명사구가 문장의 주어위치에 나타나지 않음에도 불구하고 동사의 ϕ-자질(ϕ-features)상의 일치가 연관명사구에 관해서 이루어진다는 점이다. 이러한 특성을 설명하기 위해서 Chomsky(1995: Chapter 4)에서는 연관명사구는 비해석성의 주격자질(nominative Case feature)을 가지며, 따라서 이 격자질은 논리형태층위에서 점검 받아야 하는데, 이러한 격점검시 연관명사구의 다른 형식자질들(예컨대, N 범주자질과 파이자질)도 소위 무임승차자(free riders)로서 격자질과 함께 T로 유인되며, 이 때 유인된 연관명사구의 격자질과 파이자질은 각기 T의 격부여자질(Case-assigning feature)과 T로 상승한 동사의 φ-자질 등은 점검하게 되고, 그 이후 *there*의 비해석성의 범주자질인 D를 점검하기 위해 역시 무임승차자로 T로 이동한 연관명사구의 범주자질 N이 다시 *there*에 유인된다고 본다. Chomsky(1995: Chapter 4)에서 허사 *there*-구문에서 *there*는 범주자질인 D-자질만 가진다고 가정하므로, *there*가 T의 지정어위치에 병합될 때 T의 범주자질인 강성 D-자질(strong D-feature)만을 점검하며, T의 격부여자질이나 T로 상승한 동사의 φ-자질 등은 점검하지는 못한다. 따라서, 연관명사구는 이미 허사 *there*에 의해 점검된 T의 강성 D-자질은 점검할 필요가 없으나, T의 격부여자질이나 동사의 φ-자질을 점검해야 하고, 또한 *there*의 D-자질을 점검해야 하므로 반드시 격자질과 파이자질을 갖는 부정성의 NP이어야 한다는 것이다. 따라서, 허사 *there*-구문의 연관명사구는 DP가 아니라 언제나 NP가 된다는 것이다. 참고로, Chomsky(1995)에 의하면 한정성(definiteness)을 갖는 the boy와 같은 지시적 명사구는 언제나 DP로 규정된다. 허사 *there*-구문에서 *there*는 의미자질을 갖지 않고 오직 범주자질만 갖기 때문에 비해석적이며, 따라서 논리형태층위에서 적법대상(legitimate object)이 되기 위해서는 개념-의도 체계가 해석할 수 있는 해석 가능한 요소로 바뀌어야 한다. 그러기 위해서는 개념-의도 체계에 의해 해석될 수 있는 요소가 *there*에 부가되어 주어야 하는데, 무임승차자로 T로 상승한 연관명사구의 범주자질인 N-자질이 다시 *there*에 부가되어 $[_{DP}\ [_{D}$ [there] N]]으로 완전한 DP의 구조를 형성하게 되어 *there*는 해석될 수 있는 요소가 되어 도출의 합치(合致 convergence)가 이루어진다.

Asymmetric c-command [非對稱的成分通御] 성분통어(成分通御 c-command)의 한 유형으로, 통사구조상에 있어서 두 요소간의 계

층적 관계(hierarchical relation)를 규명해 주는 개념이다. 이 개념은 "X가 Y를 비대칭적으로 성분통어하려면, X가 Y를 성분통어하고 Y는 X를 성분통어하지 않아야 한다(X asymmetrically c-commands Y iff X c-commands Y, and Y does not c-command X)"로 정의된다. 즉, 이 정의에 의해, X가 Y를 비대칭적으로 성분통어(asymmetrically c-command)하면, X가 Y보다 통사구조상 계층적으로 상위에 존재하는 요소로 규정된다. 한편, Kayne(1994)은 이 개념에 입각해서 '음성형태층위(PF level)에서 X가 Y를 비대칭적으로 성분통어하면, X가 Y를 선형순서(linear order)상 선행하게 된다'고 보는 소위 어순대응공리(語順對應公理 linear correspondence axiom: LCD)를 주장하고 있다.

☞ LINEAR CORRESPONDENCE AXIOM: LCA

Attract-F [資質誘引] 병합(併合 Merge)과 더불어 표현(representation)의 도출(導出 derivation)을 유도해 나가는 연산체계(演算體系 computational system: C_{HL})의 핵심적 문법장치로서, 도출의 특정 단계의 통사적 대상(統辭的對象 syntactic object: SO)을 기초로 그 통사적 대상의 내부에서 유인자 자질(주로 기능범주의 자질임)의 점검을 위해 특정 어휘항목의 자질을 유인함으로써 범주나 자질의 이동을 유발하여 새로운 통사적 대상을 도출하는 연산(computation)을 일컫는 말이다. 이러한 자질유인(資質誘引 Attract-F)은 근원적으로 유인자 자질의 형태론적 요구에 기인한다고 본다. 요컨대, 최소주의이론의 가정 하에서는 기능범주(functional category) 어휘항목의 비해석성(非解釋性 [-interpretable]) 자질은 자질점검(資質點檢 feature checking)에 의해 제거(除去 delete)되어야 하고, 비해석성 자질의 자질점검은 비해석성 자질이 자질유인의 연산작용에 의해 유인되어 온 관련 자질과 점검관계(點檢關係 checking relation)를 형성함으로써 이루어진다. 일반적으로 자질유인은 소위 지연성원리(遲延性原理 Procrastinate)에 의해 논리형태층위(LF level)에서 이루어져야 하나, 유인자의 비해석성 강성자질(强性資質 strong feature)(참고로, 강성자질은 언제나 비해석성 자질로 규정됨)은 조음청취체계(articulatory-perceptual system)에서 해석될 수 없는 자질이므로 음성형태층위(LF level)의 완전해석원리(完全解釋原理 full- interpretation: FI)를 위반하여 이러한 자질을 포함하는 도출이 음성형태층위에서 파산(破散 crash)된다. 따라서, 導出의 합치(convergence)를 위해 비해석성의 강성자질은 문자화(文字化 Spell-Out) 이전의 외현통사부(外現統辭部 overt syntax)에서 제거되어야 하므로, 비해석성의 강성자질을 갖는 유인자 범주는 언제나 문자화 이전에 관련 자질을 유인하여 자질점검관계를 이룸으로써 그의 강성자질을 제거하게 된다. 또한, 문자화 이후 논리형태층위에서 적용되는 자질유인의 경우에는 유인되는 형식자질(formal feature)과 함께 그 범주에 포함되는 모든 형식자질들이 함께 수반이동(隨伴移動 pied-piping)하게 되나, 문자화 이전의 자질유인에서는, 음성형태층위의 합치나 형태론적 요구(morphological necessity)(즉, 한 어휘 항목을 형성하는 모든 자질들은 함께 모여 있어야 한다는 요구)에 의해, 직접 유인되는 형식자질(formal feature) 이외에 피유인자 범주에 포함되는 모든 자질들이 함께 수반이동하게 된다. 이 때 유인에 직접 관계하는 특정 형식자질 이외에 수반이동하는 자질들을 무임승차자(無賃乘車者 free riders)라고 한다. 따라서, 문자화 이전의 자질유인은 자질의 이동이 아니라 범주의 이동을 유발하게 된다.

[B]

bare output conditions: BOCs [必修出力條件] 인간 언어능력

(language faculty)에 대한 최적언어설계(最適言語設計 optimal language design)를 규명하기 위해 최소주의이론(Minimalist Theory)에서 가정하고 있는 조건으로, 언어외부체계(language-external system)의 요구에 의해 언어내부체계(language-internal system)에 부과되는 접합점조건(interface conditions)으로 규정되고 있으나, 사실상 이 조건은 언어수행체계(performance system)가 어휘부(Lexicon), 연산체계(computational system: C_{HL}), 음성형태(PF), 논리형태(LF) 등을 포함하는 인지체계(cognitive system) 전반을 통제하는 최상위절대제약(the most significant and unique constraint)임.

bare phrase structure [必須句構造] Chomsky(1994, 1995)에서 기존의 핵계층이론(X-bar theory)에 의존하지 않고 어휘부(Lexicon)에서 주어지는 어휘적 정보와 연산체계(computational system)의 운용에만 의존해서 도출하는 통사대상(統辭對象 syntactic object), 즉 범주(範疇 category)의 구조표현을 일컫는 말이다. 예컨대, 두 개의 통사대상 α와 β가 병합(Merge)에 의해 결합하여 새로운 통사대상 K를 도출하면, K는 $\{\Gamma,\{\alpha, \beta\}\}$의 구조로 표현되는데, 이때 Γ를 K의 표찰(標札 label)이라 한다. 특정 통사대상의 표찰은 그 통사대상의 핵범주의 투사로 결정되므로, 위에서 K의 핵이 α라 하면, K의 구조표현은 구체적으로 $\{\alpha,\{\alpha, \beta\}\}$로 표현된다. Chomsky(1994, 1995)의 최소주의이론의 가정에 입각하면, 핵계층이론은 그것이 안고 있는 여러 가지 불필요 가정(stipulations), 요컨대, 바(bar) 개념의 계층적 투사, 범주자질에 의존한 투사, 핵계층공식(X-bar schemata)에 의한 비분지(nonbranching) 투사 등등의 가정 때문에 문법체제의 최소화에 역행하는 실체로 판정된다. 이러한 문제점을 극복하기 위해서 최소주의이론에서는 어휘자질(lexical features)의 복합체(complex)로 이루어져 있는 어휘항목(lexical item)들이 병합(Merge)과 유인(Attract)의 연산작용에 의해 결합하고 선택자(selector)나 유인자(attractor)가 직접 투사되어 필수구구조(bare phrase structure)를 형성한다고 본다. 예컨대, 아래 (1)의 동사구 통사대상(K=VP)의 내면구조를 필수구구조의 수형도로 나타내면 (2)와 같다.

(1) [$_{VP}$ loved the girl]

(2)

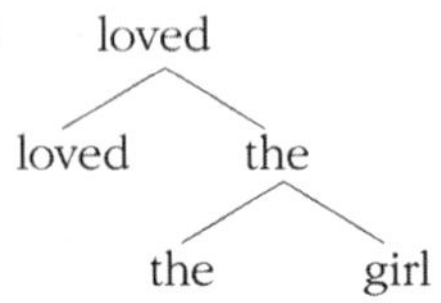

Bare Phrase Structure Theory [必須句構造理論] 소위 개념적 필연성(概念的必然性 conceptual necessity)에 입각해 Chomsky (1991) 이후 추진되어 온 최소주의이론(Minimalist Theory)의 문법체제를 더욱 축소해 보려는 시도로 Chomsky (1994)에서 제안된 언어이론을 말한다. 필수출력조건(必須出力條件 Bare Out-Put Condition)의 요구에 의해서가 아니라 단순히 이론 내적인 요구에 의해서 설정된 잉여적이며 불필요한 개념을 배제함으로써 완전한 문법체계의 구축을 지향하고 있다. 즉, 자연성(自然性 naturalness), 간결성(簡潔性 simplicity), 경제성(經濟性 economy), 균형성(均衡性 symmetry), 비잉여성(非剩餘性 nonredundancy) 등의 개념적 필연성에 입각해 핵계층 理論(X-bar theory)을 없애고, 이동에 대한 제약의 한 부분인 구조보존가설(構造保存假說 structure preserving hypothesis)과, 심층구조(D-structure), 표층구조(S-structure) 등의 불필요한 표현에 대한 개념을 제거한다. 또한, α 이동(Move-α)에 대해 範疇의 이동과 核이동을 구분하고 논항 이동과 비논항 이동을 구분하는 기존의 이론과 달리 α에 대한 이동의 차별화를 폐지하고, 부적절한 이동이 이루어진 도출은 제약이나 원리에 의해 자동적으로 파산(破綻 crash)에 이르게 한다. 이 이론을 필수구구조이론이라 호칭하는 이유는 이 이론을 처음으로 제안한 Chomsky(1994)의 논문 제목이 "Bare Phrase Structure"이며, 또한 이 이론에서 최초로 통사적 구구조의 생성을 핵계층이론(X-bar theory)에 의존하지 않고 어휘부(Lexicon)에서 주어지는 어휘적 정보와 연산체계(computational system)의 운용에만 의존해서 도출하는 소위 필수구구조(bare phrase structure)를 제안했기 때문이다.

blocking effect [遮斷效果] 재귀사(再歸詞 reflexive)의 대용화(anaphora) 현상 중의 하나로, 일반적으로 핵재귀사(核再歸詞 head reflexive)는 장거리결속(長距離結束 long-distance binding)이 가능하나, 아래 중국어와 한국어의 예문들에서와 같이, 파이자질(ϕ-feature)이 서로 다른 명사구를 넘어서 상위의 명사구에 결속될 수 없는데, 바로 이러한 현상을 차단효과(遮斷效果 blocking effect), 구체적으로는, 재귀사 장거리결속의 차단효과(the blocking effect on the long-distance anaphora of reflexives)라 한다.

(1) a. Zhangsan$_i$ renwei wo$_j$ zhidao Wangwu$_k$ xihuan ziji$_{*i/*j/k}$.
Zhangsan think I know Wangwu like self.
'Zhangsan thinks that I know that Wangwu likes himself.'
b. Zhangsan$_i$ renwei Wangwu$_j$ zhidao wo$_k$ xihuan ziji$_{*i/*j/k}$.
Zhangsan think Wangwu know I like self.
'Zhangsan thinks that Wangwu know that I likes myself.'

(2) a. 철수$_i$가 [영희$_j$가 [내$_k$가 자신$_{*i/*j/k}$을 사랑한다고] 생각한다고] 말했다.
b. 철수$_i$가 [내$_j$가 [영희$_k$가 자신$_{*i/*j/k}$을 사랑한다고] 생각한다고] 말했다.

[C]

c-selection

☞ FUNCTIONAL CATEGORY

Cartesian Linguistics [*데카르트* 主義 言語學] 데카르트주의 언어학(Cartesian Linguistics)이란 르네 데카르트(René Descartes 1596~1650) 이후에 인간정신(human mind)(즉, 고기토)에 대한 데카르트의 본유성 가설(innateness hypothesis)을 이어받아 이를 명시적인 언어이론과 기술에 접목하고자 했던 소위 1660년대의 포트-로얄 문법학자들(Port-Royal grammarians)에서부터 훔볼트(Wilhelm von Humboldt 1767~1859)에 이르기까지 일련의 '철학문법(philosophical grammar)'의 전통을 일컫는 말이다. '데카르트주의 언어학(Cartesian Linguistics)'의 호칭은 Chomsky(1966)의 저서 Cartesian Linguistics에서 유래된 것으로, 데카르트주의 언어학의 대표적 출판물로서는 Arnauld and Lancelot(1660)의 Port-Royal *Grammaire générale et raisonnée*, Arnauld and Nicole(1662)의 *La logique ou l'art de penser, the Port-Royal Logic*, N. Fontaine(1736)의 *Memoires Pour Servir A L'Histoire de Port-Royal*, Humboldt의 *Über die Verschiedenheit des menschlichen Sprachbaues und ihrenEinfluss auf die geistige Entwickenlung des Menschenge-schlechts* (ed. by Dümmler 1960) 등이 있다.

1957년 이성주의 철학을 기반으로 변형생성문법을 주창함으로써 언어학의 실증주의적 전통을 무너뜨리고 코페르니쿠스적 혁명을 일구어낸 소위 Chomsky 혁명의 실체는 사실상 그간 1세기 이상을 수면 아래에 묻혀온 이른 바 '데카르트주의 언어학'에로의 회귀라 해도 과언은 아니다. 한편, G. Harman(1994)은 Chomsky 혁명에 의해 다시 부활한 데카르트주의 언어학의 특징을 다음과 같이 요약하고 있다.

첫째, 언어는 사고의 표현이며, 사고는 본질적으로 창의적이므로 언어사용에 창의적 국면이 존재한다고 본다(First, 'Cartesians' take language to be an expression of thought and believe that thought is essentially creative, they claim there is a 'creative aspect of language use').

둘째, 문장에서 표면적인 음성구조와 내면적인 의미구조를 구분 짓고, 일반적으로 의미를 나타내는 '표층' 구조는 소리를 나타내는 '심층' 구조는 동일하지 않다고 본다(Second, they distinguish the superficial phonetic structure of a sentence from the underlying semantic structure and hold that 'deep' structure of meaning does not parallel 'surface' structure of sound).

셋째, (본질에 대한) 설명이 (현상에 대한) 단순 기술보다 더욱 중요하다고 봄으로써 보편문법을 주창한다(Third, they take explanation to be more important than mere description and therefore advocate universal grammar).

넷째, 언어의 사용과 습득에 대해 탐구하고, 이러한 언어의 문제들이 원어민의 본유적 기능에 기초하고 있음을 확인한다(Fourth, they examine the acquisition and use of language and take these to be based on innate capacity of the native speaker).

chain condition [連鎖條件] 원리매개변인이론(principles and parameters theory)에서 논항연쇄(論項連鎖 A-chain)를 통제하기 위해 제안되는 조건으로, 모든 논항은 연쇄를 형성하며 이러한 연쇄는 다음에서 정의되는 바와 같은 연쇄조건(連鎖條件 chain condition)을 준수한다는 것이다.

(1) 논항연쇄 (α_1, ..., α_n)에서 α_1은 격위치이고 α_n은 의미역 위치이다. (Chomsky 1986b)
(In an argument chain 〈A-chain〉 (α_1, ..., α_n), α_1 is a Case position and αn a θ-position.)

예컨대, John is certain [$_{IP}$ t'$_i$ to be killed t$_i$]에서 논항연쇄 (John, t', t)는 위의 연쇄조건을 만족시키고 있다. 즉, 연쇄의 머리(head)인 *John*은 격표시되는 위치에 있으며, 연쇄의 꼬리(tail)인 t는 θ-이 할당되는 위치에 있다. 한편, Chomsky (1981)에 의하면 이동하지 않는 논항도 단일구성원연쇄(single-membered chain)를 형성하므로 여전히 연쇄조건을 준수해야 하는데, 예컨대, *the girl loves John*에서 *John*은 (John)의 연쇄를 형성하고 있고, 이 때 연쇄의 유일한 구성원(member)인 *John*은 혼자서 연쇄의 머리와 꼬리가 되며, 그 위치에서 격과 의미역을 모두 부여받을 수 있으므로 연쇄조건을 만족시킨다고 본다.

chain uniformity condition
☞ UNIFORMITY CONDITION[3]

checking domain [點檢領域] 자질점검(資質點檢 feature-checking)이 이루어지기 위해서는 반드시 점검자와 피점검자가 있어야 하고 피점검자는 점검자와 "가까운 위치"로 이동하여 점검관계를 이루고 있어야 한다. Chomsky(1993)는 점검을 위해 피점검자가 이동해 들어가는 "가까운 위치"를 점검자의 점검영역이라고 한다. 점검자와 피점검자는 점검영역(點檢領域 checking domain)에 들어가 있어야 한다. 점검영역은 최소잔여영역(最小殘餘領域 minimal residue)으로 볼 수 있다. 어떤 핵 α의 최소영역은 α의 최대투사(maximal projection)인 α의 영역 $\delta(\alpha)$에 내포된 모든 절점의 집합 중에서 그 집합의 다른 절점에 의해 관할되지 않는 절점들의 집합이다(The minimal domain of S is the smallest subset K of S such that for any $\gamma \in S$, some $\beta \in K$ reflexively dominates γ). 또한 잔여영역이라 함은 다음과 같이 정의된다. α의 잔여영역(殘餘領域 residue domain)은 α의 영역 중에서 α의 보충어영역(補充語領域 complement domain)을 뺀 나머지 영역이다. 여기서 보충어 영역이란 어떤 핵 α의 보충어 영역은 α의 보충어에 관할(dominate)되는 모든 절점들의 집합이다.

Chomsky's problem [Chomsky의 問題] 인간언어의 학습성 문제와 관련해서 하나의 심각한 문제가 제기될 수 있는데, 그것이 바로 Chomsky 혁명 이후 Chomsky가 오랫동안 고민해온 소위 다음과 같은 Chomsky의 문제(Chomsky's problem)이다.

(1) 단순화를 지향하는 보편문법이 어떻게 고도로 복잡하고 다양한 개별 언어현상들을 모두 기술(혹은 포착)할 수 있는가?
(How can the UG that aims to achieve the highest state of simplicity describe(or capture) the highly complex and various phenomena of all particular languages?)

위의 문제에서 제기되는 전반부의 '단순화를 지향하는 보편문법'의 문제는 설명적 타당성(explanatory adequacy)과 관련되는 문제이며, 후반부의 '복잡하고 다양한 개별언어현상들의 기술'의 문제는 기술적 타당성(descriptive adequacy)과 관련되는 문제이다. 즉, 문법체계가 설명적 타당성을 높이려면 끊임없이 최고 수준의 단순화를 지향해 나가야 하며, 또한 기술적 타당성을 제고하기 위해서는 복잡하고 다양한 개별언어현상들을 가능한 한 더 넓게 기술할 수 있는 문법체계로 확장되어 나가야 한다. 요컨대, 설명적 타당성은 문법체계의 단순화를 요구하며, 기술적 타당성은 오히려 문법체계의 확장을 요구한다. 따라서 Chomsky의 문제는 설명적 타당성과 기술적 타당성

사이에 야기되는 갈등의 골(conflicting gap)을 어떻게 메우느냐 하는 문제로 귀착된다.

Chomskyan Revolution [Chomsky 革命] Chomsky 혁명(Chomskyan Revolution)이란, 실증주의적 사조에 기반을 둔 Saussure식의 구조주의 문법이 기술언어학으로 발전하면서 과학적 언어기술이 한창 정점에 이르고 있을 당시, 1957년 Noam Chomsky가 그의 저서 *Syntactic Structures*를 통해 데카르트 이후 명맥을 이어오던 데카르트주의 언어학(Cartesian Linguistics)을 기조로 그간 구조주의문법의 주장과 위세를 일시에 무너뜨린 혁명적인 새로운 문법이론을 주창한 사건을 말한다. 이 새로운 문법이론이 바로 변형생성문법(Transformational Generative Grammar)인데, 변형생성문법에서는 이성주의적 관점에 따라 인간의 언어기능(linguistic faculty)을 본유적(innate)인 것으로 본다. 즉, 인간의 언어기능은 경험에 의해 습득되는 것이 아니라 추리력, 기억력, 사고력 등의 다른 인지능력과 마찬가지로 세상에 태어나면서부터 본유적으로 보유하고 있는 본유적 인지능력이라는 것이다. 변형생성문법에서는 인간은 본유적으로 언어규칙의 체계(a set of linguistic rules)를 뇌 속에 보유하고 있다는 것이며, 이러한 본유적 언어규칙체계의 주장은 자연히 '모든 인간의 머리에는 동일한 문법체계가 존재한다'는 소위 보편문법(universal grammar: UG)의 가설로 이어진다. 따라서 인간의 언어습득에 관해서 이성주의적 관점을 채택하는 변형생성문법에서는 당연히 보편문법의 실체를 규명하는 것이 언어연구의 일차적인 목표가 된다. 즉, 변형생성문법에서는 본유적인 보편문법의 체계로 인간의 뇌 속에 내재되어 있는 내재언어를 일차적인 언어로 규정하고, 이러한 내재언어를 언어연구의 대상으로 삼는다. 변형생성문법 언어학자들에 의하면, 보편문법의 체계는 문장을 만드는 한정된 수의 규칙으로 이루어져 있는데, 인간은 이

한정된 수의 규칙을 반복적으로 적용하여 사실상 무한한 수의 문장을 만들어 낸다는 것이다. 이 무한수의 문장들이 바로 한 언어의 외재언어를 구성한다. 변형생성문법에서는 사실상 한 언어에 사용되는 문장의 수는 무한히 많다고 본다. 따라서, 언어사용을 창조적 활동으로 본다. 변형생성문법(Transformational Generative Grammar)에서 생성(generation)이란 표현은 바로 유한수(finite set)의 언어규칙이 무한수(infinite set)의 문장구조, 구체적으로 말하면 음운구조(phonological structures), 의미구조(semantic structures), 그리고 통사구조(syntactic structures)를 갖는 무한수의 언어표현을 생성한다는 뜻에서 붙여진 이름이다. 이러한 관계를 도식으로 나타내면 다음과 같다.

(1)

유한수의 본유적 언어규칙 (내재언어)

↓ 〈생성〉

무한수의 문장구조 (외재언어)

변형생성문법은 오늘날까지 많은 발전과 변화가 있어왔고, 언어연구의 업적도 괄목할 만하다. Frederick J. Newmayer(1980)에 의하면, 변형생성문법은 지난 2,500년 동안의 문법연구를 통해 얻은 언어의 이해보다도 불과 25년간의 업적으로 더 많은 언어의 속성을 규명해 내었다고 주장하고 있다. 변형생성문법의 가장 큰 특징은 보편문법(universal grammar: UG)을 가정하며, 자연과학적 이론과 마찬가지로 문법을 구조의 제약과 평가 기준을 준수해야 하는 언어학으로 규정하고 있는 것인데, 이러한 특성을 높이 평가해 C. F. Voegelin은 International Journal of American Linguistics 24(1958: 229~231)에 게재한 그의 서평 "Review of Noam Chomsky, *Syntactic Structures*"에서 *Syntactic Structures*가 그 목표를 일부만 성취한다 할지라도 "코페르니쿠스적 혁명(Copernican revolution)을 이루어낸 것이다"라고 언급하고 있다. 이러한 측면에서 이후 John Searle(1972) 등 현대언어학자들이 변형생성문법의 주창을 Chomsky 혁명(Chomskyan Revolution)이라 부르게 되었다. Chomsky 혁명의 시작을 최초로 알린 학자는 Robert B. Lees이다. 당시 언어학계에서 명성을 떨치던 Lees는 당시로서는 무명 학자인 Chomsky가 The Hague의 Mouton Publisher에서 출판한 *Syntactic Structures*를 광범한 구독자를 확보하고 있던 Language 33(1957: 375~408)이라는 언어학술지에 게재한 그의 서평 "Review of Noam Chomsky, *Syntactic Structures*"를 통해 새로운 자연과학적 언어학 방법론의 출현에 큰 찬사를 보냈다.

clitic [接語] 접어(clitic)란 동사로부터 완전히 독립된 형태소도 아니며, 그렇다고 해서 동사의 굴절 접사(inflectional affix)로도 정의될 수 없는 형태소(morpheme)로서 일반적으로 Romance 언어인 이탈리아어, 스페인어, 불어 등에 나타난다. 접어는 의미적으로는 문장의 논항으로 역할을 하나, 통사적으로는 논항의 위치에 나타나지 않고 문장의 굴절소(INFL) 위치에 나타난다. 예컨대, 아래 (1)의 스페인어의 예문에서처럼 문장의 굴절소 위치에 나타나는 lo, le 등의 비강세대명사(non-stressed pronoun)가 바로 접어이다.

(1) a. María lo vio.
    b. Le di una cosa.

☞ CLITICIZATION

clitic climbing

☞ CLITICIZATION

cliticization [接語化] 이탈리아어, 스페인어, 불어 등 접어(接語 clitic)를 갖는 언어에서 일반적으로 굴절소(INFL) 위치에 나타나는 접어가 기저에서부터 굴절소 위치에 생성된 것이 아니라 기저에서는 논항의 위치에 생성되었다가 S-구조에서 굴절소 위치로 상승(climbing)한다고 보는데, 이러한 접어상승(接語上昇 clitic climbing)을 접어화(接語化 cliticization)라고 일컫는다. 최근 최소주의이론에 의하면, 접어화는 접어가 갖는 형태론적 특성(morphological property) 때문에 야기된다고 본다. 즉, 접어는 형태론적으로 접사(affix)로 표시되는데, 이러한 접사적 성격(affixal character)을 충족하기 위해서 접어가 문장의 굴절소 위치로 상승한다 본다. 또한 접어는 범주가 내면구조를 갖지 않는 단순 핵범주 D인데, 최소주의이론(Minimalist Theory)에 의하면, 이러한 D는 최소투사(minimal projection)이면서 동시에 최대투사(maximal projection)으로 규정될 수 있기 때문에 핵이동(head movement)과 구이동(XP movement)를 자유롭게 할 수 있다고 본다. 따라서, 접어는 핵이동제약(head movement constraint: HMC) 등의 국부성조건(locality condition)에 저촉되지 않고 상위의 굴절소에까지 자유롭게 상승할 수 있다. 예컨대, 아래 (1)의 불어의 예문을 고려해 보자.

(1) a. J'ai lu (la préface en)
b. J'en ai lu la préface
I of it have read the preface
'I have read the preface of it.'

위의 예문에서 (a)는 D-구조이고, (b)는 S-구조인데, 접사 *en*이 접어화되어 명사구 내부에서부터 문장의 굴절소에까지 상승하였음을 보여주고 있다. Chomsky (1995)에서는 접어가 단순 핵범주 D로 분석되는 한, *it*와 같은 단순한 구조를 갖는 영어의 대명사 등도 접어로 규정될 수 있다고 본다. 따라서, 영어의 단순 대명사도 그것이 강세를 받지 않는 한, 접어로서 접사상승되어야 하는데, 영어처럼 명시적 동사인상(明示的 動詞引上 overt verb-raising)이 없는 언어에서는 접사가 굴절소 위치에까지 상승되지 않고, 동사의 인접한 위치로 국부적 이동을 한다고 본다. 예컨대, 아래 예문을 고려해 보자.

(2) a. *I picked up it.
    b. I picked it up.

위의 예문에서 *it*가 동사로부터 격리되어 있는 (a)의 경우는 비문법적인 문장이나, 동사와 인접해 있는 (b)의 경우는 문법적인 문장으로 판정된다. 이는 바로 영어에서 대명사 it가 접어로서 동사의 위치로 접어상승하고 있음을 말해준다. 김용석 (1998)에서는 재귀사(reflexives)도 논리형태층위(LF level)에서 T로 접어상승한다고 보는데, 재귀사의 논리형태이동을 T로의 접어상승으로 보는 경험적 증거는 아래 이탈리아어의 예 (3)에서처럼 대용적 접어(代用的接語 anaphoric clitic)을 갖는 대부분의 언어에서 재귀사가 대용적 접어로서 T에 나타날 뿐만 아니라 T에 나타나는 대용적 접어가 목적어위치의 재귀사와 접어중복구문을 이루기도 한다는 사실에서 찾아볼 수 있다.

(3) a. Queste cose Mauro$_i$ se$_i$ le nega.
    these things Mauro Ref CL denies
    'Mauro$_i$ denies himself$_i$ these things.'
  b. Queste cose Mauro$_i$ se$_i$ le nega a sè stessoi.
    these things Mauro Ref CL denies to himself
    'Mauro$_i$ denies himself$_i$ these things.'

한편, 양동휘(1991)에서도 이동의 과정은 다르지만 재귀사의 핵이동을 연속적 순환이동(successive cyclic movement)의 접어상승이라고 보고, 그 귀착지(landing site)가 굴절소 INFL이라고 주장하고 있다. 또한, 일반적으로 최소주의이론에서 유인자의 자살적 이기성(suicidal Greed)에 의해 야기되는 이동의 경우에는 최소연결조건(MLC)을 위반하지 않는 한 피유인자 자질이 한 단계(one-step)로 유인자와 자질점검관계를 이룰 수 있는 표적(target) 범주로 이동하지만, 김용석 (1998)에서 주장하는 접어상승의 경우에는, 이동의 결과 유인자의 자살적 이기성도 충족되지만, 이동을 야기하는 동기가 유인자의 자살적 이기성이라기 보다 유인자인 접어의 형태론적 요구에 기인하므로, 최소연결조건뿐 아니라 상대최소조건(相對最小條件 Relativized Minimality)도 준수하여야 한다고 주장한다. 따라서, 접어는 하위절의 T를 경유하여 그의 자질을 점검받는 상위절의 T에 이르기까지 단계적으로 이동하는 연속적 순환이동의 형태를 취하게 되는 것이다.

cognitive system [認知體系] 수행체계(隨行體系 performance system)와 함께 언어능력(language faculty)을 이룬다고 보는 언어 형성의 핵심부를 이루는 뇌기능으로, 일반적으로 언어외부체계(language-external system)인 수행체계와 대조적으로 언어내부체계(language-internal system)라고 일컫는다. 최소주의이론(Minimalist Theory)에서는 인지체계가 어휘부(Lexicon)와 연산체계(computational system: C_{HL})로 구성된다고 보며, 이들의 상호작용으로 음성형태표현(PF representation)과 논리형태표현(LF representation)이 도출된다고 본다. 초기 변형생성문법(transformational generative grammar)에서는 인지체계를 언어능력(linguistic competence)이라 불렀으며, 이는 생득적(innate)인 것으로 보편문법(universal grammar: UG)의 실체가 되고, 경험적 요인에 의해 매개변인(parameters)의 값이 결정되면 개별언어의 내적 언어(internal language: I-language)인 핵심문법(核心

文法 core grammar)으로 구체화(instantiation)된다.

computational complexity

☞ GLOBAL ECONOMY

computational system (C_{HL}) [演算體系] 어휘부(語彙部 Lexicon)와 함께 인지체계(認知體系 cognitive system)를 구성하는 부서로서, 배번집합(配番集合 Numeration)의 구성에서부터 논리형태표현(LF representation)과 음성형태표현(PF representation)의 도출에 이르기까지의 전반적인 문법적 운용을 담당하는 인지체계의 핵심부임. 이 체계에 포함되는 연산작용(computation)에는 어휘부로부터 어휘항목들(lexical items)을 취합하여 배번집합을 구성하는 선택(選擇 Choice), 배번집합에서 어휘항목을 골라 통사적 대상(syntactic object: SO)으로 채택하는 선발(選拔 Select), 두 개의 통사적 대상을 결합하여 더 큰 단위의 통사적 대상을 도출하는 병합(倂合 Merge), 한 통사적 대상의 내부에서 구성요소의 자질을 유인함으로써 범주(category)나 자질(feature)(특히, 형식자질(formal features))의 전위(轉位 dislocation)를 유발하는 자질유인(資質誘引 Attract-F) 등이 있다. 이들 연산의 반복적 운용(recursive operation)으로 음성형태표현과 논리형태표현이 도출된다.

conceptual-intentional system: C-I System [槪念意圖體系] 최소주의 문법체계에서 조음청취체계(調音聽取體系 articulatory-perceptual system: A-P System)와 함께 수행체계(隨行體系 performance system)를 구성하는 한 부서로서, 논리형태표현(LF representation)의 의미정보(semantic information)를 해석하여 실세계의 의미(meaning)로 표출하는 언어외부체계(言語外部體系 language-external system)를 일컫는 말이다. 개념의도체계의 관점에서 논리형태표현을 개념의도접합점(槪念意圖接合點 conceptual

-intentional interface: C-I interface)이라고 한다. 최근 Chomsky (1998)에서는 개념의도체계가 언어체계와는 독립적으로 존재한다는 의미에서 이 체계를 사고체계(思考體系 system of thoughts)라고 하기도 한다.

conceptual necessity [概念的必然性] 인간의 언어능력(言語能力 language faculty)에 대한 최적언어설계(最適言語設計 optimal language design)의 규명을 목표로 하는 최소주의이론(Minimalist Theory)에서 제시하는 올바른 문법 기술을 위한 지침(guideline)중의 하나로, 문장의 표현(表現 representation)과 그 표현의 도출과정(derivation)에서 개념상 불필요한 요소(superfluous elements)를 모두 제거함으로써 언어능력의 실체에 도달하고자 하는 보편문법(普遍文法 universal grammar: UG)의 기초 원리이다. 이 원리에 기인하는 적용 개념으로서 자연성(自然性 naturalness), 간결성(簡潔性 simplicity), 경제성(經濟性 economy), 균형성(均衡性 symmetry), 비잉여성(非剩餘性 nonredundancy) 등이 있다. 또한, 이 원리의 적용 결과로 최소주의문법체계에서 심층구조(深層構造 D-structure)와 표층구조(表層構造 S-structure) 등의 표현과 지배(government), 핵계층(X-bar) 등의 도출에 관련되는 개념들이 제거되었다.

Conceptual System

☞ PERCEPTUAL SYSTEM, CONCEPTUAL-INTENTIONAL SYSTEM: C-I SYSTEM, SYSTEM OF THOUGHTS

convergence [合致] 어떤 연산(演算 computation)이 특정한 접속층위에서 완전해석원리(完全解釋原理 full interpretation)를 준수하는 도출(導出 derivation)을 생성하면 합치(合致 converge)한다고 하고 그렇지 못한 경우에는 파산(破産 crash)한다고 말한다. 완전해석원리를 준수하는 (π, λ)의 쌍을 생성하는 도출은 PF와 LF 양쪽에서 모두 합치되어야 한다. 어느 한 층위에서라도 파산하면 그 도출은 파산하게 된다. 따라서 특정의 도출이 합치되기 위해서는 그 도출의 음성형태표시(PF representation)인 π와 논리형태표시(LF representation)인 λ가 각기 음성형태층위(PF level)와 논리형태층위(LF level)에서 그 층위에 적용되는 완전해석원리를 만족하는 요소들로 구성되어 있어야 한다.

copy

☞ PIED-PIPE, COPY THEORY

countercyclicity

☞ INTERVENTION EFFECT, INTERPRETATION/EVALUATION

covert movement [非明示的移動] 문자화(spell-out) 이후에 이루어지는 이동으로 명시적 이동(overt movement)과는 달리 범주이동이 아닌 자질(feature)들의 이동만 가능하다. 이때 어휘 항목의 다른 모든 형식자질들, 특히 비해석성 자질(uninterpretable feature)로서 점검(checking)되어 제거되어야 하는 자질들도 "무임승차자(free rider)"로서 통해 함께 이동한다. 비명시적 이동(covert movement)은 지연성 원리(Procrastinate)—가급적 비명시적 이동을 요구하는—에 의해 명시적 이동보다 선호되고 비용의 측면에서도 명시적 이동보다 더 경제적이다.

covert syntax [內顯統辭部] 연산체계(演算體系 computational system: C_{HL})를 문자화(文字化 Spell-Out)가 적용되는 시점을 중심으로 2분화할 경우 문자화 이전 체계를 외현통사부(外顯統辭部 overt syntax)라 하고, 문자화 이후 체계를 내현통사부(內顯統辭部 covert syntax)라 한다. 즉, 논리형태부(LF component)의 연산체계를 일컫는 말한다. 즉, 연산체계

에서는 배번집합(配番集合 Numeration) N에서 논리형태표현(論理形態表現 LF representation) λ에 이르기까지 선발(Select), 병합(Merge), 자질유인(Attract-F) 등의 연산이 반복적으로 적용되는데, 이러한 연산과정에서 특정 단계의 도출(Σ)에 문자화(Spell-Out)가 적용되면, 음성자질을 제외한 Σ의 모든 정보는 논리형태부로 유입되고 논리형태부에서도 계속적으로 선발(Select), 병합(Merge), 자질유인(Attract-F) 등의 연산작용이 적용된다. 이 경우, 문자화 이전의 연산은 명시적 이동(明示的移動 overt movement)을 유발하나, 문자화 이후의 논리형태층위에서 적용되는 연산은 비명시적 이동(非明示的移動 covert movement)을 유발한다. 따라서, 문자화 이전까지의 연산체계 (N→Σ)을 외현통사부(overt syntax)라 일컫고, 문자화 이후의 연산체계(Σ→λ)를 내현통사부(covert syntax)라 일컫는다.

crash

☞ CONVERGENCE

cyclic Merge

☞ MERGE, FREE MERGE

[D]

Descartes' problem [*데카르트의 問題*] 근대철학의 선도자인 프랑스의 르네 데카르트(René Descartes 1596~1650)가 제기한 철학적 문제로서, Chomsky(1986a)에 의해 언어학(특히, 변형생성문법)을 통해 그 해결책에 접근할 수 있는 철학적 과제 중의 하나로 다시 제기되었다. 즉, 데카르트는 그의 본유적 관념론(innateness ideology)에서 다음과 같은 문제를 제기한다.

(1) 어떻게 인간은 특정한 환경 속에서 어떤 방법의 행동을 보일 때 그 환경에 기껏 자극을 받거나 경향을 띄는 정도인가?
(How can we be only "incited and inclined" to act in certain ways in particular circumstances?)

이 문제는 사실상 인간의 행동양식에 대한 근원적인 문제 제기로, 인간의 행동은 실증주의(Empiricism) 철학과 행동주의(Behaviorism) 심리학에서 주장하는 바처럼 '특정한 자극(stimuli)에 대한 특정한 반응(responses)'의 공식으로 도저히 설명할 수 없는, 매우 창의적(creative)이고 생산적(productive)이며, 환경적 자극으로부터 자유로운 방식으로 이루어짐을 지적하고 있다. (참고, "나는 생각한다, 고로 존재한다(Cogito, ergo sum)"라고 주장함으로써, 데카르트는 사유의 능력인 고기토(즉, 정신세계)는 오로지 인간만이 가지고 있고, 인간은 태어나면서부터 이미 고기토를 가지고 태어난다고 봄으로써 고기토를 소위 '본유적 관념(innate idea)'으로 보았다. 또한 고기토는 신으로부터 부여받았지만, 이제 본유적으로 고기토를 내장한 인간은 신의 도움 없이도 스스로 사유할 수 있는 독립적인 존재인 정신세계의 주체가 된다. 이러한 주체의 개념은 근대철학의 근간이 되며, 주체의 본유성(innateness)을 인정한다는 점에서 데카르트는 플라톤으로부터 안셀무스, 토마스 아퀴나스, 윌리엄 오컴 등으로 이어져온 소위 '이성주의(Rationalism)(혹은 합리론, 관념론, 연역론) 철학'의 계승자이며, 이러한 이성주의적 전통은 다시 다른 대륙의 철학자들(스피노자, 라이프니츠, 칸트 등)에게로 이어져 나간다.)

이러한 데카르트의 문제는 사실상 Chomsky 혁명(1957)을 통해 변형생성문법에서 제기했던 다음과 같은 질문과 맥을 같이 하고 있다.

(2) (i) 인간은 어떻게 한 번도 접해보지 못한 새로운 문장들(novel sentences)까지도 만들어내며 알아듣는가?
(ii) 어떻게 한 언어에서 무한히 많은 문장들(infinite set of sentences)이 사용될 수 있는가?

(2)의 질문들은 둘 다 인간언어의 생산성에 대한 언급으로서, 인간의 언어활동도 데카르트가 제기한 인간의 일반 행동양식과 마찬가지로 경험적 환경(혹은 자극)과는 자유롭게 창의적이며 생산적으로 이루짐을 지적하고 있다. 인간의 언어를 연구하는 언어학은 바로 이러한 근본적인 질문에 효과적인 대답을 할 수 있어야 한다. 따라서 Chomsky 혁명(1957)을 통해 주창된 변형생성문법에서는 이러한 질문에 대한 대답으로 인간의 머릿속에는 개별언어의 문장이 아니라 그 언어의 문법규칙이 내재해 있다고 주장한다. 만약, 인간이 실증주의(Empiricism)-구조주의(Structuralism)-행동주의(Behaviorism) 학자들의 주장처럼 인간의 언어능력을 '인간이 후천적 경험을 통해 학습한 문장들을 머릿속에 지니고 있기 때문에 말을 할 수 있는 것'으로 해석한다면, 인간은 한 번도 경험하지 못한 문장은 머릿속에 입력되어 있지 않기 때문에 사용할 수도 없을 뿐만 아니라 듣고 이해할 수도 없어야 할 것이다. (2i)의 질문에서처럼 인간이 과거에 경험하지 않은 새로운 문장들(novel sentences)을 알아듣고 사용할 수 있다는 것은 인간의 머릿속에는 문장 자체가 아니라 그 문장을 창의적이며 생산적으로 생성하는 생성규칙들(generative rules)이 내재해 있음을 보여준다. 또한, (2ii)의 질문은 우리의 일상 언어사용 현상에 의해서 입증될 수 있다. 즉, 우리가 일상으로 사용하는 비상투적인 문장들은

거의 중복 사용되지 않는 상이한 문장들인데, 한 언어가 이 세상에 생겨난 이래 그 언어를 사용한 원어민(native speakers)의 수가 얼마나 많았으며 또한 앞으로 원어민의 수가 얼마나 더 있을 수 있는지를 생각해 보면, 과히 한 언어에 사용될 수 있는 문장의 수가 얼마나 많을 것인지 짐작할 수 있다. 이론적으로는 Miller, Galanter & Pribram(1960)의 연구에서 주장하고 있는 바처럼 영어에서 20개 이하의 단어로 만들어지는 문장의 수가 1030개에 이른다는 사실에서도 한 언어에 사용되는 문장의 수가 무한하다는 것이 입증된다. 왜냐하면, 영어에는 20개 이상의 단어로 이루어지는 문장도 얼마든지 있을 수 있기 때문이다. 이론적으로는 수백 개, 수천 개의 단어로 이루어지는 문장도 있을 수 있다. 이렇듯 한 언어에 사용될 수 있는 문장의 수가 무한히 많을 수 있다는 사실이 인간의 머릿속에는 문장이 아니라 문장을 만들어내는 규칙이 내재해 있음을 입증해 준다. 즉, 인간의 머릿속에 문장이 내재되어 있다면, 우리가 일생동안 경험할 수 있는 문장의 수는 한정되어 있으므로 우리 머릿속에는 한정된 수의 문장이 내재해 있을 수밖에 없고, 따라서 우리는 무한히 많은 문장을 생성해 낼 수 없다. 한 언어에 존재하는 문장의 수가 무한히 많다는 것은 바로 우리의 머릿속에 내재해 있는 언어가 문장을 만들어 내는 한정된 수의 문법규칙이며, 이 문법규칙이 반복적으로 적용이 되어 수많은 새로운 문장들을 만들어 내기 때문인 것으로 볼 수 있다.

즉, 위의 (2)의 질문은 인간의 언어사용은 환경이나 경험과 상관없이 매우 창의적이고 생산적으로 이루어지는 특성을 갖는다는 것을 제기하고 있는데, 바로 이러한 언어사용의 특성은 언어학에서 설명해야 하는 중요한 과제 중에 하나임과 동시에 그 해답은 바로 데카르트의 문제에 대한 근원적인 대답이 되는 것이다. Chomsky가 그의 혁명(1957)을 통해 실증주의 철학에 기반은 둔 Saussure식의 구조주의문법을 거부하고 데카르트식의 이성주의 철학을 기반으로 변형생성문법을 주창하게 된 중요한 계기 중의 하나가 바로 언어학의 연구를 통해 데카르트의 문제에 접근하고자 함에 있다.

Descriptive Adequacy

☞ ADEQUACY

discoursal properties

☞ EPP-ASSIGNMENT CONDITION

dislocation rule: DISL [轉位規則] Chomsky(2001)의 탐침자-목표물 문법체계(Probe-Goal Framework)에서 OS-언어(OS languages)에 나타나는 목적어전이(object shift: OS)의 경우, 주어인상(subject raising) 시 제기되는 음운적 외곽(phonological edge) 조건의 위반 문제를 해결하기 위해 제안된 음운부 규칙(phonological rule)이다. 요컨대, OS-언어(OS languages)에서 전이된 목적어가 v*P의 외곽지정어(outer Spec) 위치에 나타나는 음운적 외곽이므로, 탐침자(Probe)인 T와 목표물(Goal)인 주어 사이에서 이들 간의 ϕ-자질(ϕ-features) 상 부합(Match)을 차단하게 된다. 따라서 T와 주어 간에는 일치(Agree)의 연산이 적용될 수 없으므로 주어가 TP의 지정어위치로 이동하여 T의 EPP-자질을 충족할 수 없게 된다. 그럼에도 불구하고 OS-언어에서는 아래 (1)과 같은 예문이 문법적이다.

(1) John$_{subj}$ T [$_{v^*P}$ that$_{ob}$ [$_{v^{*\prime}}$ t$_{subj}$ [$_{v^{*\prime}}$ v* [$_{VP}$ read t$_{ob}$]]

이러한 문제를 해결하기 위해 Chomsky(2001)에서는 음운부(phonological component)의 규칙으로 OS-언어에 다음과 같은 개별언어적인 전위규칙(dislocation rule) DISL을 설정하고 있다.

(2) OS-언어는 전이된 목적어를 더 상위의 위치로 인상하는 전위규칙 DISL을 가지는데, 이 규칙은 영어의 주제화/적출화와 유사한 음운부 규칙이다. ([+OS] languages ahve a dislocation rule DISL that raises OS to a higher position, possibly a phonological rule similar to English TH/EX.)

위의 제안에 의하면, (1)의 예문에서 목적어 *that*가 v*P의 지정어 위치로 전이된 후 적절한 도출단계에 이르면 그 도출이 전위규칙 DISL을 적용받기 위해 일시적으로 음운부로 이관(transferred)되고 DISL에 의해 *that*가 다시 상위의 위치로 전위된다. 따라서 그 뒤 도출이 다시 협소통사부(narrow syntax: NS)로 돌아오게 되면 이제 v*P의 지정어 위치에는 음운자질이 없는 *that*의 흔적만 남게 되고, 또한 음운부에서 상위의 위치로 이동한 *that*는 협소통사부의 연산에는 비가시적이므로, TP의 순환단계에 이르면 T는 음운적 외곽(phonological edge) 조건과 상관없이 목표물 *John*과 일치를 이루게 되고, *John*은 T의 EPP-자질을 충족하기 위해 *that*를 넘어 TP의 지정어 위치로 이동하게 된다.

⇨ OBJECT SHIFT: OS, PHONOLOGICAL EDGE, THEMETIZATION/EXTRACTION: TH/EX

DP Hypothesis [限定詞句假說] Abney(1987)에 의해 제안된 가설로 모든 명사적 표현(名詞的表現 nominal expression)들은 한정사구(限定詞句 determiner phrase: DP)로 투사된다는 내용이다. 가령 명사 the president는 $[_{DP}\ [_{D'}$the $[_{NP}$ president]]]로 *the*를 핵(head)으로 취하는 한정사구 DP로 기술되고 *politicians*과 같은 명사는 $[_{DP}\ [_{D'}$ D $[_{NP}$ politicians]]]처럼 영한정사(零限定詞 null Determiner)를 핵으로 가지는 구조로 기술된다. 또한 *they*와 같은 대명사는 $[_{DP}\ [_{D'}\ [_{D}$ they]]]로 대명사 they를 한

정사(구)로 취급한다.

[E]

economy [經濟性] 인간언어(human language)의 경제성(經濟性 economy)은 인간의 본질적인 특성인 "최소노력(最小努力 least effort)" 원리의 일환으로, 인간은 항상 최소의 노력으로 최대의 효과를 얻으려 하는 기본적인 특성이 있고, 이러한 특성이 인간언어의 문법적 구조에도 적용이 된다는 것이다. 이 원리는 문법적 표시와 도출과정 모두에 다음과 같이 적용된다. '음성형태층위(音聲形態層位 PF level)와 논리형태층위(論理形態層位 LF representation)에서는 각기 음성해석이나 의미해석에 필요하지 않은 요소는 허용하지 않는다'라는 소위 완전해석원리(完全解釋原理 full interpretation: FI)는 문법적 표현(representation)에 대한 경제성이고, 최소단계조건(最小段階條件 minimal step condition: MSC), 최소연결조건(最小連結條件 minimal link condition: MLC) 등과 같이 어떤 문법적 구조의 도출과정에 있어서 불필요한 과정을 허용하지 않는 조건들을 문법적 도출(derivation)에 관한 경제성이라 한다. 도출의 경제성을 일반적으로 경제성조건(經濟性條件 economy condition)이라 일컫는다.

☞ ECONOMY CONDITION

economy condition [經濟性條件] 연산체계(演算體系 computational system: C_{HL})의 반복적 운용(recursive operation)에 의해 생성된 도출(導出 derivation)중에서 완전해석원리(完全解釋原理 full-interpretation: FI)를 만족

하는 도출을 합치도출(合致導出 convergent derivation)이라 하는데, 경제성조건(經濟性條件 economy condition)이란 합치도출에 적용되어 이 합치도출 중에서 그 도출과정이 가장 경제적인 최적도출(最適導出 optimal derivation)을 선택하는 조건을 말한다. 경제성조건을 통과한 최적도출이 바로 그 문장의 논리형태표현(論理形態表現 LF representation)이 된다. 이 조건에는 최소연결조건(最小連結條件 minimal link condition: MLC), 최소단계조건(最小段階條件 minimal step condition: MSC), 지연성원리 (遲延性原理 Procrastinate), 이기성원리(利己性原理 Greed), 최후수단(最後手段 Last Resort) 등이 포함된다. 이와 같이 논리형태층위(LF level)에서 적용되어 도출과정의 경제성을 점검하는 경제성조건은 결과적으로 연산의 복잡성(演算의 複雜性 computational complexity)을 야기하는데, 이러한 경제성 체제를 비국부적 경제성(非局部的經濟性 global economy)라 일컫고, 연산의 복잡성을 피하기 위해, 최적도출의 선택을 논리형태층위에까지 지연시키지 않고, 도출과정의 매 단계에서 그 단계에서 활용될 수 있는 모든 정보에 입각하여 가장 경제적인 도출을 사상(寫像 mapping)해 나감으로써 결과적으로 최적도출에 이르고자 하는 경제성 체제를 국부적 경제성(局部的經濟性 local economy)이라 일컫는다.

☞ LOCAL ECONOMY, GLOBAL ECONOMY

edge-feature: EF [外郭資質] Chomsky(2005a, 2005b)의 탐침자-목표물 문법체계(Probe-Goal Framework)에서 병합(Merge)의 근본적인 동인(motivation)으로 제안하고 있는 자질이다. 즉, Chomsky(2005a, 2005b)의 탐침자-목표물 문법체계에 따르면 한 어휘항목 LI가 어휘부(Lexicon)에서 협소통사부(narrow syntax: NS)의 연산체계로 유입되어 병합(Merge)에 의해 이미 도출되어 있는 통사대상 SO의 외곽에 결합되기 위해서는 병합을 유발하는 자질을 가지고 있어야 하는데, 바로 이

자질이 이른바 '외곽자질(edge-feature: EF)'이다. 이 외곽자질에 관해 Chomsky(2005a, 2005b)에서는 다음 (1)과 같이 정의하고 있다.

(1) 간투사를 제외한 모든 어휘항목이 외곽자질을 갖는다.
(All LI's except for interjections have EF.)

한편, 사유병합체계(free Merge system)와 무표찰체계(label-free system)에서 도출되는 무한계병합(unbounded Merge)의 가정에 따르면, 병합은 반복적으로 적용되는데, Chomsky(2005a, 2005b)의 탐침자-목표물 문법체계에서는 이러한 반복적 병합(iterative Merge)의 특성이 바로 아래 (2)의 정의에서처럼 어휘항목의 외곽자질에 기인하는 것으로 본다.

(2) 외곽자질은 비한정적으로 외곽에 자유병합을 허용한다.
(EF permits free Merge to the edge, indefinitely.)

즉, 어휘항목의 외곽자질은 한 번의 병합작용으로 사라지지 않고 여러 번 병합작용을 반복적으로 일으킬 수 있는데, 이 때 아래 정의 (3)에서와 같이 어휘항목과 처음으로 병합되는 통사대상을 그 어휘의 보충어(complement)이라 하고, 그 이후에 병합되는 통사대상들을 그 어휘의 지정어(specifier: Spec)라 한다. 따라서 (3)의 정의에 의하면 한 어휘항목에 여러 개의 지정어가 허용되는 다중지정어구문(multiple Spec construction: MSC)이 생성된다.

(3) 지정어의 수는 무제한적이며, 지정어-보충어 구별은 첫째 병합, 둘째 병합 등등의 병합순서의 개념으로 축소된다.
(The number of specifiers is unlimited, and the specifier-complement distinction itself reduces to first-Merge, second-Merge, etc.)

위 (2), (3)의 가정은 기술적 문법장치(descriptive technology)를 축소함으로써 강력최소주의이론(strong minimalist thesis: SMT)의 지향목표에 더욱 근접하며, 또한 경험적으로도 입증될 수 있다. 즉, 위의 가정에 따르면 자연언어의 연산작용은 (형상구조에 의존한 순수형상적 의미역이론(pure configurational θ-theory)에 따라) 필요 이상의 지정어를 갖는 다중지정어구문(MSC)까지도 연산의 효율성원리에 저촉되지 않고 생성할 수 있다. 이러한 통사대상은 개념의도체계(C-I system)에서 해석이 용이하지 않은 '난해한 표현(unintelligible expression)'으로 인식되기는 하지만 연산과정에서 파산(crash)에 이르지는 않는다. Chomsky(2005a, 2005b)에서는 협소통사부에서는 아무런 위반 없이 생성되나 접합부에서 '난해한 표현'으로 인식되는 도출을 괴짜표현(deviant) 혹은 횡설수설(gibberish)이라 하는데, 사실상 이러한 표현들도 경우에 따라서는 은유(metaphor)나 희화적 표현(evocative expressions)과 같은 특수한 사고를 표현하는데 최선의 방법으로 활용되기도 한다. 그러므로 이러한 표현들도 사실상 접합부에서 나름대로의 적절한 해석을 받아야 하는 일종의 정상적인 표현으로 취급되어야 한다는 것이다.

또한, Chomsky(2005b)에서는 문장의 주어나 목적어가 각기 T와 V의 지정어 위치로 이동하는 이차병합(second-Merge)은 외곽자질에 의해 유발된다고 보고, 외곽자질에 대해 다음 (4)와 같은 가정을 제시하고 있다.

(4) (i) 내부병합에 의한 이차병합을 유발하는 외곽자질은 오직 C와 v*의 외곽자질이다.
(Only C and v* have EF that can trigger second-Merge by IM.)
(ii) 이차병합을 유발하는 외곽자질은 국면의 핵으로부터 일치자질이 계승될 때 함께 계승될 수 있다.
(The second-Merge triggering EF can be inherited from the phase head along with the Agree-feature.)

(iii) 계승된 외곽자질은 일종의 자질확산에 의해 그 국면에 나타나는 모든 T에게 전달된다.

(The inherited EF extends, by some kind of feature-spread, to all T's in the phase.)

즉, C-T나 v*-V 연합체의 일치자질 탐색에 의해 문장의 주어와 목적어가 각기 T와 V의 지정어 위치로 인상되는 내부병합(internal Merge: IM)은, (4ii)의 가정에 비추어 보면, 바로 C와 v*로부터 계승(inherited)된 T와 V의 외곽자질에 기인한다는 사실을 알 수 있다. 이러한 가정을 채택하면, EPP-자질을 설정하지 않고도 T의 지정어 위치로 주어 명사구가 인상되는 EPP 현상을 포착할 수 있을 뿐만 아니라, 또한 인상구문(raising construction)이나 예외격표시구문(ECM-construction)에서 주절 T나 V의 일치자질에 의해 야기되는 인상의 경우 이동요소가 종속절 T의 지정어를 경유하는 소위 연속적 순환 논항이동(successive-cyclic A-movement)을 수행하게 되는데 이러한 순환이동도, (4iii)에 의하면, 역시 자질확산(feature extension)에 의해 그 국면(phase) 내부에 나타나는 모든 T에게 계승된 C나 v*의 외곽자질에 기인함을 알 수 있다. 또한, (4ii)의 가정에 의하면, 국면의 핵인 C와 v*는 탐침자(Probe)로서 목표물(Goal)의 탐색에 나설 때 자질계승(feature inheritance)의 결과로 각기 그들이 선택하는 T와 V와 C-T와 v*-V 연합체를 이루어 함께 목표물을 탐색하게 된다. 이 경우, 일치자질의 탐색을 통해 문장의 주어나 목적어가 각기 T나 V의 지정어 위치로 인상되어 이들의 계승된 외곽자질을 충족하기도 하지만, 만약 해당 문장이 *wh*-구를 내포하는 의문문(wh-interrogatives)나 관계절(relatives)이라면 C나 v*의 외곽자질이 동시에 충족되어야 하므로, C-T와 v*-V 연합체의 탐색으로 주어와 목적어의 인상이 일어날 때 동시에 나란히 C나 v*의 지정어 위치로 *wh*-구도 함께 이동해야 하는데, 이러한 동시 이동(movement)의 행태를 소위 평행이동(parallel movement)이라 한다.

⇨ PURE CONFIGURATIONAL θ-THEORY, SEMANTIC MULTIPLICITY, PHASE

edge properties

☞ EPP-ASSIGNMENT CONDITION

Epistemological Priority

☞ PSYCHOLOGICAL REALITY, GRAMMAR EVALUATION MEASURE

EPP-assignment condition [EPP-資質割當條件] Chomsky(2001)의 최소주의 언어이론(Minimalist Program: MP)에서 EPP-자질(EPP-featrue)의 효과를 포착하기 위해 제안하고 있는 조건으로, 다음 (1)과 같이 정의되며, 이 EPP-자질할당조건(EPP-assignment condition)에 의하면 영어의 v*는 선택적인 EPP-자질(EPP-feature)을 가질 수 있다.

(1) v*에 EPP-자질이 할당될 때는 반드시 표출상에서 그 효과가 나타난다.
(v* is assigned an EPP-feature only if that has an effect on outcome.)

Chomsky(2001, 2004)에 의하면, EPP-자질할당조건은 T와 C 등에까지 확대될 수 있으며 EPP-자질이 할당될 때는 반드시 표출상에 그 효력이 나타나야 한다고 본다. EPP-자질과 그것으로 인한 이동의 결과로 의미표상(SEM)에 나타나는 의미적 효과를 특히 외곽특성(edge properties)이라 하며, 외곽특성(edge properties)에는 초점(focus), 특정성(specificity), 한정성(definiteness), 신정보(new information) 등을 나타내는 담화상 특성(discoursal properties)과 양화사의 작용역(scope)에 영향을 미치는 작용역상 특성(scopal properties)이 있다. 이러한 외곽특성을 해석적 복합체(interpretive complex) INT라 한다. 또한, Chomsky(2001)에서는 위의 EPP-자질할당조건 (1)과 관련하여 다음과 같은 가정을 내리고 있다.

(2) 표면적 의미효과는 협소통사부의 작용에 국한된다.
(Surface semantic effects are restricted to narrow syntax(NS).)

(2)의 가정에 의하면, EPP-자질은 협소통사부(narrow syntax: NS)에서 이동을 야기하며, 이러한 이동의 결과로 새로운 의미정보인 해석적 복합체 INT가 생겨나는 것이므로, 도출의 결과물에서 표면적 의미효과(surface semantic effects)를 갖지 않는 이동은 협소통사부의 이동이 아니라 음운부의 이동으로 보아야 한다는 주장이 가능하다.

equi-distance [等距離] 최소연결조건(最小連結條件 minimal link condition: MLC)이 의한 연쇄(chain) 형성에 대한 경제성 비교는 연결(Link)의 길이의 비교로 이루어진다. 연결의 길이는 연결 L을 형성하고 있는 상위점 P_2와 하위점 P_1 사이의 거리를 가리키는데 이러한 연결의 길이를 비교할 때 등거리(等距離 equi-distance)개념이 활용한다. Chomsky (1993)에 의하면, 등거리란 α와 β가 같은 최소영역(最小領域 minimal domain) 안에 있으면, 그들은 γ로부터 등거리에 있다는 것이다. (If α, β are in the same minimal domain, they are equidistant from γ.) 이러한 등거리의 개념은 Chomsky (1995)에 이르러 약간의 수정이 가해지는데, 즉 β가 α를 성분통어(c-command)하고 γ가 α의 이동 목표지점(target)일 때, 등거리 개념은 다음과 같이 정의된다. 만약 β가 γ와 동일한 최소영역에 있거나 α와 동일한 최소영역에 있으면, β와 α는 K에 대해 등거리에 있다. (β and α are equidistant from

K if β is in the same domain as γ or α.)

☞ MINIMAL DOMAIN

Exceptional Case Marking: ECM [例外的格表示] 일반적으로 동사나 전치사는 자신이 의미역(θ-role)을 부여하는 명사구에 格(Case)을 표시해 주지만, 일부 동사나 전치사는 의미역을 부여하지 않는 명사구에 格을 할당하는 경우가 있는데, 이러한 격표시 현상을 원리매개변인이론(Principles and Parameters Theory)에서 예외적 격표시(例外的格表示 Exceptional Case Marking: ECM)라고 부른다. 예컨대, John believes [$_{CP}$ [$_{IP}$ Mary to be honest]]과 John prefers [$_{CP}$ for [$_{IP}$ Mary to leave]]에서 동사 believe와 전치사 *for*가 *Mary*에게 의미역을 부여하지 않음에도 이들은 *Mary*에게 대격(accusative Case)을 할당하고 있다. 보편적으로 격표시는 격부여자(Case assigner)가 격수여자(Case assignee)를 지배하여야 하는데, 예외적 격표시의 경우는 이러한 지배조건을 충족하지 못하고 있다. 이러한 문제는 Chomsky(1986b)에서 장벽(barrier)의 개념을 도입함으로써 해결책이 제시되는데, 즉 장벽의 정의에 입각하면, IP는 결여범주(defective category)이므로 지배를 차단하는 장벽이 되지 못하나 IP를 직접 관할(immediately dominate)하는 CP는 IP로부터 장벽성을 물려받아 계승장벽(inherited barrier)으로 규정된다. 따라서, 위의 예문에서 *believe*는 CP를 넘어 *Mary*를 지배할 수 없다. 그럼에도 *Mary*가 *believe*로부터 격을 부여받아 문법적인 문장이 되는 이유는 영어의 개별문법(particular grammar)에 기인한다고 본다. 즉, Chomsky(1981)는 영어에서는 소위 *believe*, *expect*, *want*, *desire* 등과 같은 예외적 격표시 동사(ECM verbs)들의 보문절에 선택적인 CP 탈락(CP-deletion)이 일어난다고 가정한다. 따라서 위의 두 번째 예문에서는 *for*와 보문절의 주어 *Mary* 사이에 IP만 있고, 첫 번째 예문에서는 *believe*의 보문절 역시 CP 탈락이 일어나기 때문에 *believe*와 보문절의 주어 사이에도 IP만이 있는 셈이 되므로, *for*와 *believe*는 모두 보문절의 주어 *Mary*를 지배하게 되고, 따라서 이들은 *Mary*에게 대격(accusative Case)을 할당해 주게 된다.

excorporation [分裂] 융합(融合 incorporation)에 상대적인 개념으로 Roberts (1991)에 의해 처음 제안되었다. 즉, 어떤 핵(核 head)에 부가되어 있던 한 核범주가 부가되어 있던 核으로부터 분리되어 나와 다른 곳으로 이동하는 작용을 말한다. 예컨대, 다음에 예시되는 수형도에서 조동사 can은 그를 포함하는 T로부터 분열(excorporate)되었다. (Roberts (1991) 참조)

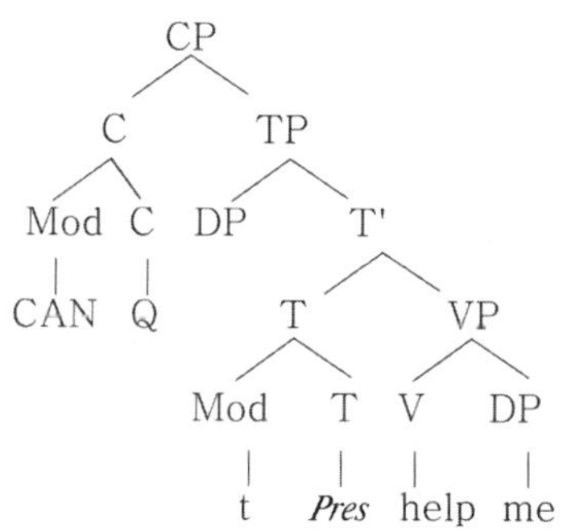

일반적으로 Pica (1987), Cole, Hermon and Sung (1990) 등에서 제안되었던 논리형태대용화가설(LF Anaphora Hypothesis) 에서 논리형태층위에서 연속적순환이동(successive cyclic movement)의 형태로 일어나는 것으로 가정되는 핵재귀사의 핵이동이 바로 전형적인 분열(excorporation) 작용으로 규정된다. 또한, 위의 수형도에서 조동사 can이 핵이동을 통해 상위의 핵 C에 부가되는 형태를 상대적으로 융합(incorporation)이라 한다.

☞ INCORPORATION

Extended Projection Principle: EPP [擴大投射原理] 문장의 주어를 인가하기 위한 인허조건(licensing condition)으로 Chomsky(1981)의 투사원리(投射原理 rojection Principle)를 주어에까지 적용할 수 있도록 확대한 것이다. 즉, 투사원리는 어휘핵으로부터 의미역 지배(θ-govern)받는(혹은, 어휘핵을 하위범주화하는) 논항의 위치만을 인가하나, 확대투사원리(擴大投射原理 Extended Projection Principle)는 "모든 절은 주어 자리가 있다"는 주장으로 문장의 주어위치까지도 인가하게 된다. 초기 최소주의이론에서는 확대투사원리가 기능범주 T가 갖는 강성 D-자질의 자질점검을 위한 최대투사의 병합(Merge)으로부터 자동적으로 도출되는 개념으로 보았으나, Chomsky(1996) 이후에는 이 원리가 강성 D-자질과 상관없이 독립적으로 존재하는 보편원리로 규정하고 있다.

Extended Structure Preserving Hypothesis
☞ STRUCTURE PRESERVING HYPOTHESIS

Extension Condition [擴張條件] 일반적으로 이동은 이동의 표적이 되는 구범주를 확대하는 위치로 이동되어야 하며, 최소주의이론에 의하면 이동에 의해 확대되는 구범주는 다른 범주에 내포되지 않는 범주, 즉 뿌리범주(root category)이어야 한다는 것이다. 왜냐하면, 최소주의이론에서는 구이동이 외현통사부(overt Syntax)에서 일어난다고 보는데, 외현통사부에서의 이동은 일반적으로 기능범주(functional category)의 강성자질(strong feature)을 점검하기 위한 문법적 운용이고, 기능범주의 강성자질은 그 기능범주가 다른 범주에 내포되기 전에 점검을 받아야 하기 때문이다. 따라서, 외현통사부의 구범주 이동은 언제나 이동의 목표점(target)이 되는 기능범주의 투사가 다른 범주에 내포되기 전의 뿌리(root)에 병합되는 위치로 일어나게 된다. 최소주의이론에서는 종래 변형생성문법의 엄밀순환조건(strict cycle condition)이나 Rizzi(1991)의 상대최소조건(Relativized Minimality) 등은 바로 이 확장조건에 기인하는 결과로 볼 수 있게 되며, 또한 확장조건은 엄격히 말해 강성자질의 점검적 특성에 기인하는 것으로 볼 수 있다. 참고로, Chomsky(1996) 이후에는 일반적으로 확장조건의 위반이 허용되는 핵이동(head movement)은 외현통사부의 이동이 아니라 음성형태층위(PF level)의 이동으로 규정한다. Chomsky(1993)에서는 이 조건의 적용 범위를 문자화(Spell-Out) 이전에 일어나는 대입운용(substitution operation)에만 적용된다고 주장하면서, "일반화 변형과 α-이동은 어떤 구구조 표지에도 내포되지 않은 K를 겨냥하고, K를 K*로 확대하여, K가 K*에 완전 내포되도록 해야 한다 (GT and Move-α target K, which is not included in any phrase-marker, and extend K to K*, which includes K as a proper part)"로 정의하고 있다.

external argument island effect [외재논항 섬-효과] Chomsky (2005b)의 탐침자-목표물 문법체계(Probe-Goal Framework)의 평행이동(parallel movement) 가설 하에서 새롭게 발생되는 섬-효과(island constraint)로서, 즉 평행이동 가설 하에 CP의 국면(phase)에서 C-T의 연합체가 탐침자(Probe)로서 목표물(Goal)의 탐색(search)을 진행할 때 하위국면인 v*P의 외재논항(external argument)은 그 탐색을 차단하는 일종의 섬(island)을 이루므로 외재논항 내부의 어떠한 요소도 C-T 연합체에 의해 탐색될 수 없어, 결과적으로 CP의 국면 속으로 인상될 수 없다는 섬-제약(island constraint)의 효과를 말한다. Chomsky (2005b)에 의하면, 이러한 외재논항 섬-효과(external argument island effect)는 그의 다음 (1)과 같은 국면국지성조건(phase locality condition)에 의해 포착될 수 있다고 주장한다.

(1) 하위국면에 매입되어 있는 α의 내부에 나타나는 요소들은 이미 도

출과정을 통과하였기 때문에 더 이상 상위국면의 연산에 접근할 수 없다.

(The elements in α embedded in the lower phase, which has already been passed in the derivation, cannot be accessed in the next higher phase.)

그러면, 외재논항 섬-효과를 확인하기 위하여 다음 (2)의 예문을 고려해 보자.

(2) a. *it was the CAR (not the TRUCK) of which [the (driver, picture) caused a scandal]

b. *of which car did [the (driver, picture) cause a scandal]?

위 (2)의 예문은 *Wh*-이동(*of which (car)*의 이동)이 문장의 주어 내부로부터는 불가능하다는 소위 주어-섬 효과(subject-island effect)를 나타내고 있다. 이러한 주어-섬 효과는 기존의 최소주의 언어이론(Minimalist Program: MP)에서는 소위 비활동성조건(inactivity condition)에 의해 포착된다고 주장하였으나, CP의 국면에서 C와 T가 C-T의 연합체를 이루어 공동으로 탐색(search)을 진행함으로써 T의 지정어 위치로의 주어인상(subject raising)과 C의 지정어 위치로 이동하는 *Wh*-이동이 동시에 나란히 적용되는 소위 평행이동 가설을 주장하는 Chomsky(2005b)의 탐침자-목표물 문법체계 하에서는 더 이상 주어-섬 효과가 비활동성조건으로 포착될 수 없다. 즉, CP의 국면에서 C-T의 연합체가 탐침자로서 목표물의 탐색을 진행할 때, (2)의 기저구조는 다음 (3)과 같다.

(3) C [T [$_{v^*P}$ [the (driver, picture) of which (car)] [v* [V XP]]]]

즉, (2)가 (3)의 구조에서 C-T 연합체의 합동 탐색에 의해 *of*

*which (car)*가 C의 지정어(Spec-C) 위치로 인상된 경우라면, 아직 (3)에서 v*P의 외재논항(external argument)인 *the (driver, picture) of which (car)*가 T와의 일치(Agree)에 의해 문장의 주어 위치로 인상되기 전이므로 (2)의 비문법성은 비활동성조건에 기인하는 주어-섬 효과로 포착할 수가 없다. Chomsky(2005b)에 의하면, 바로 이러한 섬 효과가 주어-섬 효과와 구분되는 외재논항 섬-효과이며, 외재논항 섬-효과는 그의 국면국지성조건 (1)에 의해 설명된다고 주장한다. 요컨대, 위 (2)의 예문이 (3)의 기저구조에서 C-T 연합체의 탐색에 의해 of which (car)가 직접 C의 지정어 위치로 인상된 경우라 하더라도, (1)의 국면국지성조건에 의하면 하위국면에 매입되어 있는 지정어(즉, v*P의 외재논항) 내부에 나타나는 요소는 어떤 것이라도 이미 v*P의 국면에서 도출과정을 통과하였기 때문에(요컨대, 이미 지나간 국면 v*P에 깊게 매입(deeply embedded)되어 있으므로) 그 지정어로부터 상위국면 CP로 인상될 수 없다. 따라서, (2)는 주어-섬 효과와 달리 비활동성조건이 아니라 위 (1)의 국면국지성조건에 의해 비문법적인 문장으로 처리된다. 이러한 섬 효과(island effect)를 주어-섬 효과와 구분하여 소위 '외재논항 섬-효과(external argument island effect)'라 한다.

⇨ INACTIVITY CONDITION, PHASE LOCALITY CONDITION, SUBJECT-ISLAND EFFECT, PARALLEL MOVEMENT

Explanatory Adequacy

☞ ADEQUACY

external Merge

☞ MERGE, MULTIPLE MERGE

[F]

faculty of language: FL [言語機能] 최소주의 언어이론(Minimalist Program: MP)에서 사용하는 용어로 언어를 담당하는 인간의 뇌 인지 체계를 일컫는 말이다. 개별언어(particular languages)란 외재언어(E-language)의 차원에서는 그 언어에 사용되는 표현(expressions)들의 집합이라고 할 수 있지만, 내재언어(I-language)의 차원에서는 그 표현들을 만들어내는 원어민의 (언어)인지체계라고도 할 수 있다. 최소주의 언어이론(Minimalist Program: MP)에서는 원어민의 인지체계인 내재언어를 진정한 의미에서 언어(language: L)라고 본다. 생성문법(Generative Grammar)에서는 원어민의 내재언어는 현대인간의 두뇌 속에 유전학적으로 결정되어(genetically determined) 있는 소위 언어기능(faculty of language: FL)의 한 완성상태(attained state)라고 본다. 즉, 유전학적으로 결정된 언어기능의 최초상태(initial state)를 S_0라 보면, 이 S_0는 모든 인간에게 균등한 상태로 존재할 것이며, 생후 최초의 언어경험(language experience)인 일차적 언어자료(primary linguistic data: PLD)를 통해 언어기능의 완성상태인 한 개별언어의 내재언어 L로 결정된다. 이러한 차원에서 보면, S_0는 생득적인 언어습득장치(language acquisition device: LAD)라 할 수 있다.

이러한 개별언어 L의 습득과정을 도표로 나타내면 다음과 같다.

(1) PLD —input→ [LAD] —output→ L

☞ PROBE-GOAL FRAMEWORK

feature checking [資質點檢] 모든 범주의 비해석적 형식자질([-interpretable formal features]은 접합점(interface)에서의 "합치(convergence)"를 위해 연산과정에서 자질점검(資質點檢 feature-checking)에 의해 제거되어야 한다. 이러한 자질점검을 위해 연산체계(computational system)의 중요한 연산 중의 하나인 자질유인(資質誘引 Attract-F)이 일어난다. 즉, 자질점검은 관련 두 자질이 점검관계(checking relation)를 유지함으로써 일어나는데, 멀리 떨어져 있는 두 자질이 점검관계를 맺기 위해서는 한 자질이 다른 자질을 그에 인접한 위치로 유인해야 한다. 이때 유인자 자질은 주로 기능범주의 형식자질이며 피유인자 자질은 주로 어휘범주의 형식자질이 된다. 따라서, 주어 명사구, 목적어 명사구, 의문사구와 같은 최대투사의 자질점검을 위한 점검관계는 관련 기능범주의 지정어-핵관계(SPEC-head relation)로 이루어지는데, 이 관계는 피유인자가 유인자인 기능범주의 지정어 자리에 들어감으로써 형성되며, 동사, 명사 등과 같은 핵의 자질점검을 위한 점검관계는 핵-핵관계(head-head relation)로 이루어지는데, 이 관계는 피유인자가 유인자인 기능범주 핵에 부가됨으로써 형성된다. 자질점검의 시점은 강자질(strong feature)의 경우는 문자화(Spell-Out) 이전에 점검되어야 하며, 약자질(weak feature)의 경우는 지연성원리(Procrastinate)에 의해 문자화 이후에 점검되어야 한다.

feature extension

☞ EDGE FEATURE: EF

feature inheritance

☞ EDGE FEATURE: EF, PARALLEL MOVEMENT

feature inheritance

☞ PHASE

feature-mismatch condition [資質不一致條件] 자질유인(資質誘引 Attract-F)에 의해 점검관계(checking relation)를 맺는 두 자질은 언제나 같은 종류의 자질이어야 한다는 조건으로, "資質 不一致는 導出을 취소한다 (Mismatch of features cancels the derivation)"로 정의된다. 이 정의에 의하면, 자질유인이 적용될 경우, 유인자(attractor)의 형식자질과 점검관계를 맺는 피유인자(attractee)의 형식자질이 자질 내용상 완전히 일치하지 않으면 그러한 자질유인의 결과로 도출되는 표현은 취소된다는 것이다. 예컨대, *They likes him의 표현이 비문법적인 것으로 판정되는 이유는 상호 점검관계를 이루는 유인자인 'likes'의 파이자질(단수)과 피유인자인 'they'의 파이자질(복수)간의 불일치로 자질불일치조건(資質不一致條件 feature-mismatch condition)에 의해 그 도출이 취소되기 때문이다.

free Merge [自由併合] Chomsky(2004)의 탐침자-목표물 문법체계(Probe-Goal Framework)에서 Collins(2002)의 무표찰체계(label-free system)와 함께 채택하고 있는 병합이론(Merge Theory)을 일컫는 말이다. 무표찰체계는 자유병합(free Merge) 이론을 낳게 되는데, 자유병합은 병합에 아무런 약정제약(stipulated restrictions)도 가해지지 않으며, 또한 투사(projection)도 없으며, 내포성조건(inclusiveness condition)의 위반도 없는 소위 말 그대로 "민짜 구구조(bare phrase structure)"를 유지하는 병합(Merge)을 말한다. 또한 이러한 자유병합 이론은 지정어를 무제한으로 허용하는 소위 자유복합지정어(free multiple SPEC) 이론과 모든 유형의 병합이 순환적으로 이루어진다는 순환병합(cyclic Merge) 이론을 낳는다. 즉, 핵계층이론(X-bar Theory)에서나 선택조건(selectional condition)에 의한 병합은 지정어의 수에 한계가 주어졌으나, 자유병합이론 하에서는 핵에 맨 먼저 병합하는 요소가 보충어(complement)가 되며, 그 이후로 병합하는 요소들은 모두 지정어가 된다. 즉, 자유병합이론 하에서 핵 H에 K와 L과 M이 차례로 병합되면 {M, {L, {H, K}}}의 통사대상을 만드는데, 이 때 K는 보충어가 되고, L은 지정어(SPEC), M은 외곽지정어(outer SPEC)가 된다. 따라서 자연언어에서 흔히 나타나는 목적어전이구문(object shift construction), 다중주어구문(multiple subject construction), 다중의문사구문(mutiple wh-construction) 등의 다중지정어구문(multiple Spec construction)이 추가적인 규칙이나 가정 없이도 자유병합이론 하에서 자동적으로 생성될 수 있다. 또한, Chomsky(2004)에 의하면, 병합을 위한 핵의 선택관계는 의미선택(s-selection)의 관계인데, 만약 이러한 의미선택이 협소통사부의 연산인 일치(Agree)의 결과라면 협소통사부에서 의미선택의 관계가 충족되지 못하면 그 도출은 파산(crash)되어야(즉, 비문법적이어야) 하나, 사실상 의미선택의 위반은 비문법적인 도출이 아니라 다만 해석상 어색한 횡설수설(gibberish)을 도출하므로 의미선택은 협소통사부의 일치관계(agreement)가 아니라는 것이다. 따라서, Chomsky(2004)에서는 자유병합이론 하에서 일어나는 모든 종류의 병합은 모두 개념의도체계(C-I system)에 의해 요구되는 의미적 다양성(semantic multiplicity)에 기인한다고 본다. 즉, 협소통사부의 도출로부터 사상되는 의미표상(SEM)은 개념의도접합부(C-I interface)로서 개념의도체계에서 요구하는 의미적 다양성을 모두 수용할 수 있어야 하는데, 바로 이러한 요구를 충족하기 위해 협소통사부에서는 병합을 자유롭게 허용하는 자유병합이론이 선택된다는 것이다.

⇨ MERGE, LABEL-FREE SYSTEM

free multiple SPEC

☞ FREE MERGE

Form Chain [連鎖形成] 여러 이동의 단계를 거쳐 하나의 완전한 연쇄를 형성하는 전 과정을 한번의 문법적 운용으로 보려는 개념임. 즉, 이동현상에 대해 최소단계조건(minimal step condition: MSC)을 적용할 때 완전한 연쇄의 형성을 하나의 단계로 간주한다는 것이다. 이 개념에 의하면, 최소단계조건의 적용에 있어서 이동 단계의 단위가 되는 것은 α-이동(Move-α)이 아니라 연쇄의 형성이라는 것이다 (Chomsky, 1993:15 참조). 예컨대, $John_i$ is certain [$_{IP}$ t'_i to be killed t_i]에서 *John*의 이동은 두 단계의 α-이동을 통해 일어났지만 하나의 연쇄 (John, t', t)을 형성하고 있으므로, 최소단계조건의 적용시 한 단계의 문법적 운용으로 해석되어야 한다는 것이다. 다시 말해, 최소단계조건은 도출의 경제성을 연쇄의 수에 따라 비교하는 것이다.

formal feature [形式資質] 음성자질(音聲資質 phonetic feature), 의미자질(意味資質 semantic feature)과 함께 어휘항목(語彙項目 lexical item)을 구성한다고 보는 일종의 어휘자질임. 형식자질(形式資質 formal feature)에는 범주자질(範疇資質 categorial feature), 격자질(格資質 Case feature), 파이자질(파이資質 ϕ-feature) 등이 속하며, 이 자질들은 연산체계(演算體系 computational system: C_{HL})에 가시적이므로 병합(併合 Merge)과 자질유인(資質誘引 Attract-F) 등의 연산(演算 computation)은 이 자질들에 입각해서 적용된다고 가정한다. 즉, 명사구의 격자질과 V와 T 등의 격부여자질(格附與資質 Case-assigning feature), 동사의 파이자질, 또는 영어 등의 언어에서 T에 부여된다고 보는 강성 D-자질(strong D-feature) 등은 비해석성(uninterpretable: [-interpretable]) 형식자질이므로 연산과정에서 제거되어야 하고, 이러한 비해석성 형식자질의 제거를 위해 연산체계에서 병합과 자질유인 등의 연산이 진행된다.

full interpretation: FI [完全解釋原理] 인지체제(認知體系 cognitive

system)에 의해 생성되는 언어정보는 수행체계(遂行體系 performance system)에 의해 해석될 수 있는 것이라야 한다는 원리로 '(音聲形態와 論理形態의) 접합점에 나타나는 모든 요소는 文法 外的 體系에 의해 해석될 수 있는 合法的 요소이어야 한다 (Every element at the interface (PF and LF) must be a legitimate object to be interpreted by the grammar-external systems)'로 정의된다. 문법 외적 체계란 수행체계(performance system)를 의미하는 것으로 조음청취체계(調音聽取體系 articulatory-perceptual system: A-P system)와 계념의도체계(概念意圖體系 conceptual-intentional system: C-I system)를 뜻한다. 완전해석원리(完全解釋原理 full interpretation: FI)에 의하면, 음성형태표현(PF representation)은 조음청취체계에서 해석가능한 합법적인 요소들로만 구성되어야 하며, 논리형태표현(LF representation)은 개념의도체계에서 해석가능한 합법적인 요소들로 구성되어야 한다. 음성형태표현나 논리형태표현이 이러한 합법적 요소들로만 구성되어 있을 때 완전해석원리를 만족시키게 되고, 이때 그 도출이 "합치(合致 convergence)된다"고 하고, 만약 음성형태표현이나 논리형태표현이 조음청취체계나 개념의도체계에서 해석될 수 없는 비합법적 요소를 하나라도 내포할 때 완전해석원리를 위반하게 되고, 이 때 그 도출이 "파탄(破綻 crash)된다"고 한다. 즉 어떤 도출이 완전히 합치되려면 음성형태(PF)와 논리형태(LF) 층위에서 모두 완전해석원리를 준수하여야 한다.

functional category [機能範疇] 개별언어의 어휘부(語彙部 Lexicon)에 나타나는 어휘항목(語彙項目 lexical items)은 크게 어휘범주(語彙範疇 lexical category)에 속하는 항목과 기능범주(機能範疇 functional category)에 속하는 항목으로 구분된다. 기능범주는 굴절소(I), 보문소(C), 한정소(D) 등과 같이 문장에 나타나는 어휘범주들의 최대투사를 연결해 주는 문법적 기능을 담당하는 범주들을 말한다. 기능범주는 어휘범주의 최대투사를 보충어(補充語 complement)로 취하나 의미역(意味役 θ-role)을 부여하지 않기 때문에 이러한 선택을 소위 범주선택(範疇選擇 c-selection)이라 한다. 한편, 기능범주의 최대투사는 어휘범주의 보충어로 선택될 수 있으며, 이 때 어휘범주로부터 의미역을 부여받기 때문에 이러한 선택을 소위 의미선택(意味選擇 s-selection)이라 한다. 요컨대, 기능범주는 문장 내에서 범주선택하기도 하고 의미선택 받기도 함으로써 결과적으로 어휘범주들을 상호 연결해주는 문법적 기능을 담당한다. Pollock(1989)은 굴절소분할가설을 제안하며 굴절소를 일치소(Agr)와 시제소(T)로 분할하였으며, Chomsky (1991)에서는 일치소(Agr)를 다시 주어일치소(AgrS)와 목적어일치소(AgrO)로 나누기도 했다. 특히, Chomsky(1995)의 최소주의이론에서는 기능범주를 구성하는 어휘자질들은 모두 비해석적([-interpretable]) 자질로서 논리형태층위에 이르기 전에 모두 어휘범주의 관련자질을 유인하여 점검받음으로써 제거되어야 한다고 본다. 따라서 기능범주는 자연언어의 전위(轉位 dislocation) 현상을 유발하는 기초 범주가 된다.

[G]

generalized subject island effect

☞ INACTIVITY CONDITION

Goal: G

☞ PROBE: P

grammar evaluation measure [文法評價尺度] 변형생성문법학자들은 이론외적(theory-external)인 경험적 증거에 전적으로 의존하지 않고도 그들이 기술하고 있는 문법체계가 기술적 혹은 설명적 타당성을 확보하게 될 것인가를 진단해주는 다음과 같은 세 가지 이론내적(theory-internal)인 문법평가척도(grammar evaluation measure)가 있다고 주장한다. 요컨대, 경험적 결과가 동일한(즉, 타당성의 수준이 같은) 두 개 이상의 문법체계가 있다면, 다음의 척도를 충족하는 문법체계를 선택한다는 것이다.

(1) 가. 단순성(Simplicity): 일반화(Generalization)라고도 하며, 문법규칙의 체계가 가능한 한 단순해야 한다는 것이다.

나. 심리적 실재성(Psychological Reality): 인식론적 우선권(Epistemological Priority)이라고도 하며, 문법체계가 다른 인지능력과 공통적 속성을 지녀야 한다는 것이다.

다. 학습성(Learnability): 문법의 체계가 후천적 학습에 의해서 습득될 수 있어야 한다.

(1가)는 한 문법체계 내에 설정하고 있는 하위체계나 규칙과 원리들의 수가 적으면 적을수록 보편문법에 근접하는 문법체계라는 가정이다. 다시말해, 문법의 전반적인 체계가 복잡하면 복잡할수록 보편문법에서 멀어진다는 것이다. 이러한 가정은 보편문법이 본유적이며, 매우 빠른 시간에 한정된 경험만으로도 핵심문법으로 성장할 수 있다는 사실에 기인한다. 만약, 보편문법이 복잡한 규칙체계로 구성되어 있다면, 그만큼 보편문법이 핵심문법으로 탈바꿈하는 시간이나 경험의 양이 더 많이 필요하게 될 것이다. 따라서, 매우 빠른 시간에 적은 경험으로도 핵심문법이 쉽게 습득될 정도로 보편문

법의 체계는 매우 간단할 것이라는 가정이 나온다. 문법의 체계를 단순하게 만들기 위해서 취해야 할 조치는, 첫째 문법의 하위체계들 간에 혹은 문법규칙이나 원리들 간에 역할이 겹치는 소위 잉여성(redundancy)을 제거하는 일이고, 둘째 규칙이나 원리들을 일반화(즉 통합)해 그 수를 줄이는 방법이다. 일반화(Generalization)는 현대 자연과학의 연구에서 취하는 기본 원리이다.

(1나)는 언어의 문법체계가 본유적인 인지체계이라는 변형생성문법적 가설에 근거한 가정이다. 과연, 문법체계가 인지적 능력이라면, 문법규칙은 인간의 다른 인지적 능력들—추리력, 사고력, 지각력, 기억력 등—과 공통적 속성을 지니고 있어야 한다는 것이다.

(1다)는 인간의 언어는 현상적으로는 매우 다양하고 개념적으로 고도로 복잡하지만, 후천적으로 매우 짧은 시간에 한정된 경험만을 통해서 아주 완벽하게 습득된다는 사실은 쉽게 설명하기 힘든 하나의 신비(mystery)이다. 변형생성문법학자들이 지향하는 문법체계가 보편문법이라면, 보편문법은 이러한 신비를 설명할 수 있는 문법체계이어야 한다. 이러한 차원에서 (1다)는 (1가)와 결과적으로 동일한 척도가 된다. 왜냐하면, 문법체계가 단순하면 단순할수록 학습성이 높아지기 때문이다.

Greed [利己性原理] 가장 경제적인 도출인 최적도출(최적도출 optimal derivation)을 선별하기 위해 적용되는 경제성조건(經濟性條件 economy condition)중에 하나로, 어떠한 문법적 운용도 그 운용에 참여하는 요소의 필요를 충족하기 위해서가 아니라면 허용될 수 없다는 것이다. 즉, 어떤 요소(범주나 자질)가 이동할 때는 반드시 그 이동으로 인해 이동하는 요소의 어떤 필요가 충족되어야 한다. 따라서, α가 형태적 요구를 모두 충족시키고 나면, 더 이상 α의 이동은 야기되지 않는다. 예컨대, Chomsky (1993)는 다음 두 문장의 문법성 차이는 이기성원리(利己性原理 Greed)에 기인한다고 본다.

(1) There is a man in the room.
(2) *There seems to a man that John likes Mary.

즉, (1)의 예문에서는 a man이 격자질(Case feature)의 점검을 받기 위해서 논리형태(LF)에서 논리형태 접사(LF affix)인 there에 부가되고, 그 결과 Agr의 명사자질(일치자질)과 T의 명사자질(격부여자질)을 점검할 수 있지만, (2)의 경우에는 a man이 이미 to에게서 고유격(inherent Case)을 점검(혹은 부여)받고 있기 때문에 또 다시 격점검 받기 위해 논리형태에서 there로 상승될 필요가 없다는 것이다. 요컨대, (1)에서는 a man이 자신이 주격을 점검 받아야 하는 필요에 의해 there로 상승했지만, (2)에서 a man이 there로 상승하는 것은 a man 자신의 필요가 아니라, there, Agr, T 등의 필요성을 충족시키기 위해서 이루어진다. 그러므로, (2)는 a man이 there로 상승하면 이기성원리를 위반하고, 상승하지 않으면, there의 접사자질과 Agr의 일치자질, T의 격부여자질 등의 요구를 충족하지 못하게 되어 언제나 비문법적인 문장으로 판정된다. 이러한 차원에서 이기성원리를 자기만족 최후수단조건(self-satisfying Last Resort)이라 부르기도 한다. 자질이동(Move-F)의 개념이 자질유인(Attract-F)의 개념으로 바뀐 Chomsky(1995) 이후의 최소주의이론(Minimalist Theory)에서는 자연히 피유인자(attractee) 중심의 이기성원리는 사라지고, 그 대신 유인자(attractor) 중심의 소위 자살적 이기성(Suicidal Greed)의 개념이 대두된다.

☞ SUICIDAL GREED

[H]

Head Movement [核移動] α-이동이 핵에 적용된 경우를 말한다. 예를 들어 V에서 I(=INFL)로의 이동으로 가령, "John is handsome"이 있을 때 $[_{IP}$ John $[_{I'}$ I $[_{VP}$ be handsome]]]에서 $[_{IP}$ John $[_{I'}$ [be_i–I] $[_{VP}$ t_i handsome]]]이 도출되는 과정에서 동사 be가 I로 이동하여 is가 된다. 다른 한 예는 I에서 C로 이동하는 경우이다. 즉 [CP ... $[_{C'}$ C $[_{IP}$ John $[_{I'}$ is_i $[_{VP}$ t_i handsome]]]]에서 $[_{CP}$ .... $[_{C'}$ is_i $[_{IP}$ John $[_{I'}$ t'_i $[_{VP}$ t_i handsome]]]]?이 도출되는 과정에서 *is*가 C로 이동하는 경우를 들 수 있다.

Head Movement Constraint: HMC [核移動制約] Travis(1984)가 제안한 핵이동에 대한 제약으로, 핵 X^0는 X^0를 고유 지배하는 핵 Y^0로만 이동할 수 있다(An X0 may only move into the Y0 which properly governs it.)는 내용이다. Chomsky는 핵이동을 크게 두 가지 즉 head-to-head 부가(adjunction)와 대입(substitution)으로 나누게 된다.

head reflexive [核再歸詞] 형태론상 특성에 입각해 분류한 재귀사(再歸詞 reflexive)의 한 유형으로, 한국어 의 '자기'와 '자신,' 중국어의 *ziji*, 일본어의 *zibun*, 이탈리아어의 *propria*과 *sè*, 아이슬랜딕어의 *sig*, 러시아어의 *svaju*, 힌디어의 *apne* 등과 같이 하나의 재귀형태소(再歸形態素 reflexive morpheme)로 이루어진 재귀사를 일컫는 말이다. 때로는, 단형태소재귀사(單形態素再歸詞 monomorphemic reflexive), X^o 재귀사(X^0 再歸詞 X^0 reflexive), 유표대용사(有表代用詞 marked anaphor), 비구재귀

사(非句再歸詞 non-phrasal reflexive) 등으로 불리기도 한다.

heaviness condition [重誘引條件] "무임승차는 필요한 만큼 많이 해야 한다 (Do as much free-riding as necessary)"로 정의되는 원리로, 이 중유인조건(重誘引條件 heaviness condition)에 의하면, 자질유인(資質誘引 Attract-F)에 의해 하나의 어휘항목에서 한 형식자질(formal feature)이 유인될 때, 필요한 만큼의 많은 형식자질이 무임승차자(free rider)로 함께 이동해야 한다. 즉, 무임승차는 필요한 만큼 다해야 한다는 것이다. 예컨대, Johni seems [$_{TP}$ t'$_i$ to [$_{VP}$ t$_i$ work hard]]에서 주절 T(=to)는 그것의 강성 D-자질의 점검을 받기 위해 종속절 TP의 Spec 위치에 있는 John의 형식자질 중 그것의 범주자질인 D-자질 文字化 이전의 외현통사부(overt syntax)에서 유인하게 되는데, 이 때 중유인조건에 의해 文字化 이후의 내현통사부(covert syntax)에서 유인되어야 할 John의 파이자질과 격자질이 무임승차자로 함께 주절 T로 유인되고, 그 뒤 John의 나머지 자질은 보수전략(補修戰略 Repair Strategy)에 의해 주절 T의 Spec 위치로 이동되어 완전한 어휘항목으로 보수된다.

☞ LIGHTNESS CONDITION

Holmberg's Generalization [Holmberg의 一般化] Anders Holmberg (1986)의 박사 학위논문 *Word Order and Syntactic Features in the Scandinavian Languages and English*에서 제안한 일반화로 "동사의 인상이 일어나야만 목적어의 인상이 일어날 수 있다 (Object Shift is possible only if the verb raises out of the VP)"로 정의된다. 이러한 정의에 의하면, 동사의 인상이 명사구의 인상을 보장하므로, V가 T로 명시적으로 이동하는 아이슬란드어가 영어와 달리 다중주어구문(多重主語句文 multiple-subject construction: MSC)의 일종인 타동허사구문(他動虛

辭句文 transitive expletive construction: TEC)을 허용하게 됨이 설명된다. Holmberg 일반화는 Janas(1994) 일반화인 "명시적 다중주어구문은 명시적 동사의 인상을 요구한다 (Overt MSCs require overt V-raising)"라는 정의를 포함하게 된다. 이들 일반화의 확대는 V-둘째 현상(V-Second Phenomena)을 설명하는 기초를 제공한다. 즉, 영어의 의문사 의문문에서도 의문사가 문두인 CP의 지정어(Spec) 위치에 나타날 때 동사도 C에 나타나게 되는데, 이 경우도 동사의 C로의 인상이 의문사가 CP의 지정어 위치로 이동함을 보장하는 것이라고 말할 수 있다.

☞ V-SECOND PHENOMENA, JONAS' GENERALIZATION

Humboldt's problem [*훔볼트 의* 問題] 〈언어철학〉 데카르트주의 언어학의 전통을 따르고 있는 훔볼트(Wilhelm von Humboldt 1767~1859)는 그의 저서 *Über die Verschiedenheit des menschlichen Sprachbaues und ihrenEinfluss auf die geistige Entvickenlung des Menschengeschlechts* 에서 '언어지식은 무엇으로 이뤄져 있는가?(What constitutes knowledge of language?)'라는 소위 훔볼트의 문제(Humboldt's problem)를 제기하고, 이 문제에 대해 스스로 'Language is *eine Erzeugung*, not *ein todtes Erzeugtes*.'라고 대답함으로써 언어를 소위 담화나 발화행위(utterances or speech acts)와 같은 일련의 축조된 대상물(a set of constructed objects)이 아니라 오히려 이러한 대상물들을 생산하는 일종의 생성작용(a process of generation)으로 본다. 즉, 훔볼트는 언어를 그 언어에서 사용되는 무한체계의 문장표현(infinite use of sentential expressions)들이 아니라 이러한 문장표현들을 제공하는 유한체계의 수단 혹은 규칙(finite means or rules)으로 본다. 따라서, 훔볼트에 의하면, 언어는 발성과 구조를 갖는 사고의 표현이 자유롭게 생산되고 이해되도록 해주는 일종의 생성과정(generative process)이다.

[I]

imperfections

☞ STRONG MINIMALIST THESIS

inclusiveness condition [內包性條件] 내포성조건(內包性條件 inclusiveness condition)은 필수구구조(必須句構造 Bare Phrase Structure theory)개념과 함께 문장의 구구조 생성의 문법의 운용을 최소화하기 제안된 조건으로, 배번집합(配番集合 numeration: N)으로부터 연산체계(演算體系 computational system: C_{HL})에 도입되는 어휘항목과 그것의 자질 이외에 어떠한 요소도 연산과정에서 첨가될 수 없다는 것이다. 이 조건은 "출력은 어휘부에서 생성되는 어휘항목의 특성(어휘자질)으로써만 구성된다. 즉, 접속층위는 어휘자질들의 배치로써만 이루어진다. (Outputs consist of nothing beyond properties of items of the lexicon (lexical features): i.e., the interface levels consist of nothing more than arrangements of lexical features.)"로 정의된다. 즉, 배번집합으로부터 연산체계(computational system: C_{HL})에 도입되는 어휘항목은 형식자질(形式資質 formal feature), 음성자질(音聲資質 phonetic feature), 의미자질(意味資質 semantic feature) 등의 자질들로 구성된 복합체인데, 연산체계는 오로지 이들 어휘항목의 자질들만으로 도출을 진행해야 한다는 것이다. 이 조건에 의해 종래의 지배-결속이론(支配結束理論 GB-Theory)에서처럼 NP, VP, N, V 등과 같은 범주절점(範疇節點 categorial node)과 핵계층(bar level), 지표(index) 등등의 요소가 연산체계의 도출과정에서 도

입되는 것이 금지된다. 그러나, 일반적으로 내포성조건은 문자화(Spell-Out) 이후 음성형태로 사상되는 음운부(phonological component)의 도출과정에서는 적용되지 않는 것으로 주장된다. 따라서 음운부에서는 배번집합에서 도입되는 어휘항목의 음성자질 이외에 억양(intonation), 음조(pitch), 강세(stress), 휴지(pause), 성조(tone) 등의 새로운 음성자질이 첨부될 수 있다.

incorporation [融合] Baker(1985, 1988)에서 제안된 개념으로, 한 핵범주가 다른 핵범주에 부가되는 작용을 말한다. 일반적으로, 최소주의이론에서 동사 V가 경동사 v로 상승하여 v에 융합(融合 incorporate)된다고 보며, 불어, 아이슬랜딕어 등 일부 언어에서는 이 복합동사(complex verb) VB가 다시 T로 상승하여 T에 융합된다고 본다. Baker(1985, 1988)에서는 Onondaga, Mohawk, Southern Tiwa 등의 많은 언어에서 아래 영어로 예시되는 바와 같이 명사가 동사에 융합(incorporation)되는 명사융합(noun incorporation) 현상이 나타난다고 주장하고 있다.

(i)

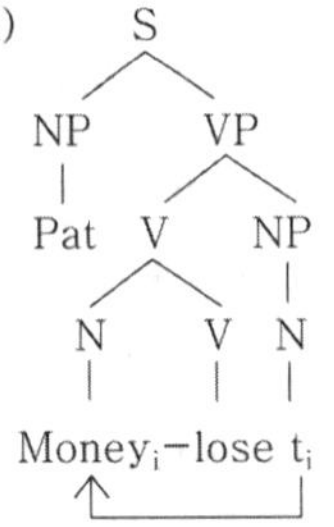

☞ EXCORPORATION

internal Merge

☞ MERGE, MULTIPLE MERGE

inactivity condition [非活動性條件] Chomsky(2004, 2005a, 2005b)의 탐침자-목표물 문법체계(Probe-Goal Framework)에서 제안된 조건으로, 탐침자(Probe)의 탐색으로 일치(Agree)를 이룬 목표물(Goal) DP는 모든 자질이 값을 부여받아 비활성화(inactivated)되므로 더 이상의 연산에 참여하지 못한다는 조건이다. Chomksy(2005b)에서는 비활동성조건(inactivity condition)을 다음 (1)과 같이 정의하고 있다.

(1) 명사적 요소 DP나 NP가 그것의 모든 비해석성 자질이 일치에 의해 값을 부여받아 비활성화되면, 더 이상의 연산에 참여하지 못한다.
(A nominal element DP or NP is inactivated, with all its uninterpretable features valued by Agree, then it cannot enter into further computations.)

그러면, 비활동성조건의 경험적 증거를 위하여 주어-섬 효과(subject island effect)와 관련된 다음 예문들을 고려해 보자.

(2) a. it was the CAR (not the TRUCK) of which [they found the (driver, picture)]
b. of which car did [they find the (driver, picture)]?

(3) a. *it was the CAR (not the TRUCK) of which [the (driver, picture) caused a scandal]
b. *of which car did [the (driver, picture) cause a scandal]?

(2)와 (3)의 대조는 *Wh*-이동(*of which (car)*의 이동)이 보충어 내부로부터는 가능하나 주어 내부로부터는 불가능하다는 주어-섬 효과를 잘 나타내어 주고 있다. 이러한 주어-섬 효과는 위 (1)의 비활동성조건에 의해 쉽게 포착된다. 아래 (4a, b)의 구조표현은 각기 (2)와 (3)의 문장이 도출되는 중간단계의 통사대상을 나타낸다.

(4) a. C [$_{TP}$ they$_i$ [$_{T'}$ T [$_{v^*P}$ t$_i$ [$_{v^{*'}}$ v* [found [$_{DP}$ the (driver, picture) of which (car)]]]]]]

b. C [$_{TP}$ [the (driver, picture) of which (car)]$_i$ [$_{T'}$ T [$_{v^*P}$ t$_i$ [$_{v^{*'}}$ v* [caused a scandal]]]]]]

위의 구조표현을 살펴보면, 그 내부로부터 *Wh*-이동이 일어날 DP인 [*the (driver, picture) of which (car)*]가 (4a)의 경우에서는 동사의 목적어 위치에 나타나 있어 활동적(active)이지만, (4b)에서는 일치자질(Agree-feature)을 갖는 탐침자인 T와의 일치를 통해 그것의 비해석성 자질인 격자질이 값을 부여받고 문장의 주어(즉, T의 지정어) 위치로 인상되었으므로 비활동적이다. 따라서 (4b)에서 주어위치에 나타나는 DP는 (1)의 비활동성조건에 따라 더 이상의 연산에 참여하지 못한다. 또한 비활동적인 통사대상은 비가시적(invisible)이기 때문에 더 이상 그 자신도 상위의 위치로 인상될 수 없지만, 그 내부에 나타나는 어떤 요소도 상위로 인상될 수 없다. 이러한 관계를 일반화하여 Chomsky(2005b)에서는 다음과 같은 일반 주어-섬 효과(generalized subject island effect)를 제시하고 있다.

(4) PH가 PHs를 선택하는 국면의 핵일 경우, PH$_s$에 의해 계승된 PH의 일치자질이 XP를 PH$_s$의 지정어 위치로 인상시키면, XP는 비가시적이 되어 더 이상 인상될 수 없으며, 또한 그것의 내부로부터 어떤 것도 적출될 수 없다.

(If the Agree featue of PH inherited by PH$_S$ has raised XP to Spec-PH$_S$, then XP is invisible; it cannot be raised and nothing can be extracted from it.)

일반 주어-섬 효과 (4)에 의하면, (2), (3)에서 보여주는 주어-섬 효과는 근원적으로 (1)의 비활동성조건에 기인함을 알 수 있다.

interpretation/evaluation [解釋/評價] Chomsky(2001)의 탐침자-목표물 문법체계(Probe-Goal Framework)에서 도출 상에 야기되는 역순환성(countercyclicity)의 문제를 해결하기 위해 제안된 원리이다. 먼저, 아래 도출을 고려해 보자.

(1)

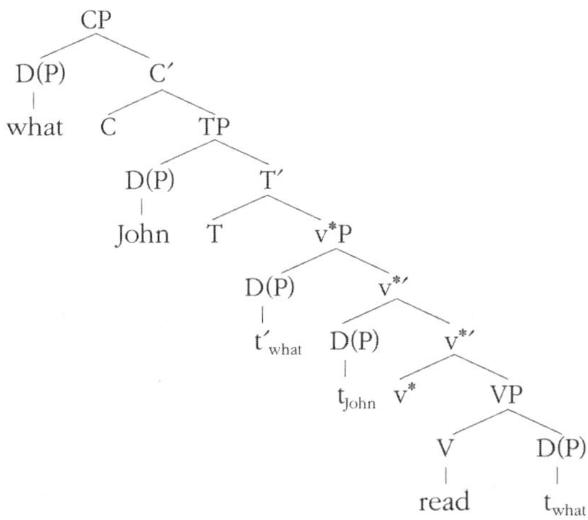

위의 도출에서 제기되는 심각한 문제점은 바로 역순환성의 문제이다. 즉, TP의 지정어 위치로 이동하는 *John*의 이동은 TP의 순환단계에 적용되는 작용이고, CP의 지정어 위치로 이동하는 *what*의 이동은 CP의 순환단계에 적용되는 작용인데, (1)의 도출은 바로 음운적 외곽(phonological edge)에 의한 간섭효과(intervention effect)를 회피하기 위해 CP의 순환단계에서 *what*의 이동이 일어난 후 다시 하위의 순환단계인 TP에서 *John*의 이동이 적용된다는 의미에서 엄밀순환조건(strict cycle condition)을 위반하는 역순환성의 문제를 야기한다. Chomsky(2001)에서는 이러한 역순환성의 문제가 다음과 같은 해석/평가(interpretation/evaluation) 원리에 의해 해결된다고 주장하고 있다.

(2) 강국면 PH_1에 대한 해석과 평가는 차상위 강국면 PH_2에서 이루어진다.

(Interpretation/evaluation for PH_1 is at PH_2, where PH1 is strong phase and PH_2 is the next highest strong phase.)

즉, (2)의 해석/평가 원리에 의하면, 모든 순환단계에서 적용되는 협소통사부의 작용들에 대한 해석/평가(interpretation/evaluation)는 그 순환단계에서 내려지는 것이 아니라 그 순환단계를 포함하는 강국면(strong phase)의 차상위 강국면(next highest strong phase)에 이르러 이루진다는 것이다. 요컨대, 위의 (1)의 도출에서 강국면을 이루는 v*P와 그 내부에서 일어난 문법작용들이 합법적인가에 대한 해석/평가는 그 다음 상위의 강국면인 CP에서 이루어진다는 것이다. 또한 CP 내부에서 진행된 일체의 작용들에 대한 해석/평가도 매 순환단계마다 적용되는 것이 아니라 그 다음 차상위 강국면에 이르러서 내려져야 한다는 것이다. 따라서, CP 내부에서 일어난 역순환성의 문제가 해결된다. 즉, CP 내부에서 진행된 작용들에 대한 해석/평가가 내려지는 단계에 이르면, 이미 CP의 국면은 (1)과 같은 도출을 가지므로 *John*이 TP의 지정어 위치로 이동하는 순환단계에서 음운적 외곽(phonological edge)을 위반했거나 엄밀순환조건(strict cycle condition)을 위반했다는 해석/평가를 내리지 않아도 된다. 왜냐하면, CP의 국면에 이르러서는 이미 v*P의 외곽지정어(outer SPEC) 위치에는 *what*이 아니라 *what*의 흔적 t_{what}가 있기 때문이다.

interpretive complex: INT

☞ EPP-ASSIGNMENT CONDITION

intervention effect [干涉效果] Chomsky(2001)의 탐침자-목표물 문법체계(Probe-Goal Framework)에서 탐침자(Probe)가 목표물(Goal)을 탐색(search)하는 과정에서 탐침자와 목표물 사이에 NP나 DP 등 ϕ-자질 상 완전(ϕ-complete)한 명사적 요소(nominal element)가 나타날 경우 탐침자에 의한 목표물의 탐색이 차단되는 효과를 말한다. 이러한 간섭효과(intervention effect)를 확인하기 위하여, 먼저 아래 예문 (1)과 그 도출 과정을 나타내고 있는 (2)의 구조를 고려해 보자.

(1) what did John read?

(2)

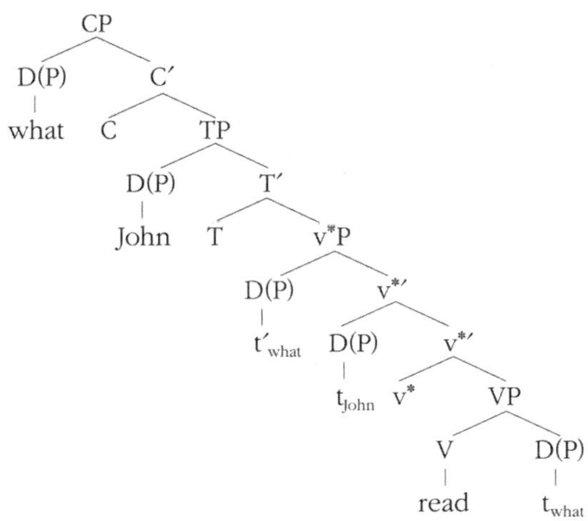

즉, 위 도출 (2)에서 T는 탐침자로서 일치(Agree)를 위해 자신의 투사범주의 범위(domain) 내에서 ϕ-자질(ϕ-features) 상 부합(Match)을 이루는 목표물 *John*을 탐색(search)해야 하는데, 그러나 이러한 탐색 과정에서 *what*이 거리(distance)상 *John*보다 가까워 최소연결조건(minimal link condition: MLC)에 의해 T는 *what*과 먼저 부합(Match)을 이

루게 되므로 더 이상의 탐색이 차단되어 *John*과 일치를 이루지 못한다. 바로 이러한 차단효과(blocking effect)를 간섭효과라 한다. Chomsky(2001)에서는 이러한 간섭효과를 다음 (3)과 같은 음운적 외곽(phonological edge)의 개념으로 정의하기도 한다.

(3) HP의 음운적 외곽은 탐침자에 접근가능하다.
(The phonological edge is accessible to Probe P.)

그러나 이러한 간섭효과에도 불구하고 (1)의 문장이 문법적인 한, (2)의 도출은 합법적인 것으로 판정된다. 만약 협소통사부의 연산이 엄밀순환성조건(strict cycle condition)에 따라 하위 순환단위인 TP에 먼저 적용되고 그 뒤 상위 순환단위인 CP에 적용된다면, 위 (2)의 도출에서 TP의 지정어 위치로 이동하는 *John*의 인상이 CP의 지정어 위치로 이동하는 *what*의 인상보다 먼저 적용되어 T에 의한 *John*의 탐색이 v*의 지정어 위치에 나타나는 *what*의 간섭효과에 의해 차단되지만, 만약 위 (2)에서처럼 간섭효과가 합법적인 도출을 방해할 경우는 동일한 강국면(strong phase) 내부에서 협소통사부의 연산이 역순환적(counter-cyclicly)으로 적용될 수 있다고 가정함으로써 간섭효과의 방해를 극복할 수 있게 된다. 즉, 이러한 역순환성(counter-cyclicity)의 가정을 채택하면, (2)의 도출에서, CP의 국면에 이르러 먼저 C의 탐색에 의해 *what*이 CP의 지정어 위치로 인상되고, 그 뒤에 T의 탐색에 의해 TP의 지정어 위치로 *John*이 인상된다고 볼 수 있다. 그러면, 이 경우 v*P의 외곽지정어(outer Spec) 위치에 나타나는 *what*의 복사(흔적)는 왜 간섭효과를 일으키지 않는가? 이 문제에 대해서 Chomsky(2005b)는 다음과 같이 주장하고 있다.

(4) 간섭효과에 관한 한 비논항연쇄와 논항연쇄가 동일하게 작용한다:

즉, 일률적 연쇄라면 비논항연쇄이든 논항연쇄이든 간에 그 연쇄 전체나 그것의 머리만이 간섭효과를 유발한다.

(A'-chains behave like A-chain with respect to the intervention effects: if uniform, only the full chain (equivalently, its head) is the object that intervenes.)

즉, (4)의 주장에 의하면, 논항연쇄(A-Chain)이든 비논항연쇄(A'-Chain)이든 간에 연쇄의 머리(head)는 간섭효과를 일으키나, 그 이외의 고리(link)들은 간섭효과를 유발하지 않는다는 것이다. 바로 이러한 주장에 근거하여 위 (2)의 도출에서 v*의 외곽지정어 위치에 나타나는 *what*의 복사(흔적)는 일률적 비논항연쇄의 꼬리이므로 T와 *John* 간의 탐침자-목표물 관계(Probe-Goal relation)를 방해하는 간섭효과를 일으키지 않는다.

⇨ PHONOLOGICAL EDGE, STRICT CYCLE CONDITION

intrinsic feature [固有資質] 어휘항목에 부여되는 형식자질(形式資質 formal feature)에는 고유자질(固有資質 intrinsic feature)과 그렇지 않은 선택자질(選擇資質 optional feature)이 있다. 고유자질은 그 자질이 부여되는 특정 어휘항목(lexical item)의 본질적 특성을 나타내는 자질로, 그 어휘항목의 범주와 의미를 결정에 기여하는 자질들이라 할 수 있다. 예를 들어, airplane은 본질적으로 [N]의 범주자질(categorial feature), [3rd person]의 인칭자질(person feature), [-human]의 성자질(gender feature)과 같은 고유자질이 부여된다. [accusative]의 격자질(Case feature)과 [singular]의 수자질(number feature) 등은 선택자질이다.

[J]

Jonas' Generalization

☞ V-SECOND PHENOMENA, HOMBURG'S GENERALIZATION

[K]

Kant's problem [*칸트* 의 問題] 〈언어철학〉 18세기 독일의 철학자 임마누엘 칸트(Immanuel Kant 1724~1804)가 제기한 문제로, 아리스토텔레스 (Aristoteles BC 384~322) 이후 서양철학의 기조가 되어온 소위 '목적론적 세계관'을 '기계론적 자연관'으로 대체함으로써 근대철학의 출발의 기치를 든 데카르트는 '인간은 신으로부터 창조되었으나 신으로부터 독립된 본유적인 사유실체(cogito)인 정신과 연장실체(extensio)인 신체를 가진 예외적인 이원적 존재'이라고 주장하는데, 이러한 주장 이후 서양 철학사에는 인간의 사유체계인 인식체계의 본질에 대해 대륙의 합리주의자(Rationalists)(대표 철학자: Renè Descartes, Baruch de Spinoza, Gottfried Wilhelm von Leibnitz 등)와 영국의 경험주의자(Empiricists)(대표 철학자: John Locke, George Berkeley, David Hume 등) 간에 치열한 공방이 계속되었다. 이러한 공방 속에서 칸트는 '이성이 진리를 인식할 수 있는 본유적인 능력'이라고 주장함으로써 대륙의 합리론자의 입장에 서게 되지만, 동시에 '이성은 진리에 이르기에 매우 허약한 기초'라고 주장함으로써 영국의 경험론자의 입장을 부분적으로 수용한다. 즉, 칸트는 '인간은 지성(Verstand)을 통해 바깥의 물자체(Ding an sich)를 인식한다는 것은 불가능하다'고 본다. 왜냐하면, 인간이 사물을 인식할 때는 대상이 감성(Sinnlichkeit)을 거쳐 전달되므로 우리는 감성을 통해 비친 현상(phenomena)만을 알 수 있기 때문이다. 칸트가 보는 이러한 인식의 과정을 도표로 나타내면 다음 (1)에서와 같다.

(1) 인식의 과정:

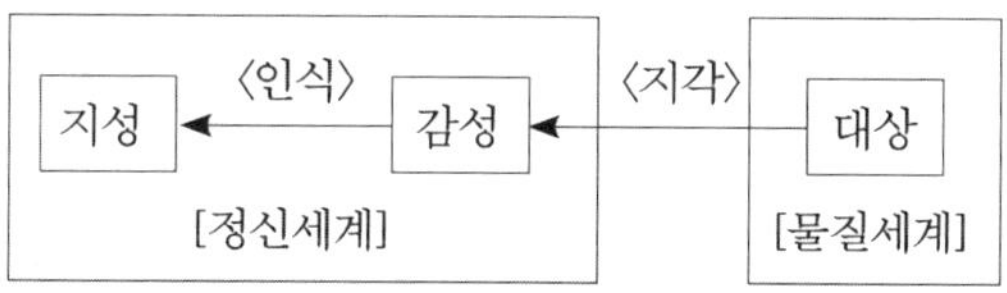

그러나 칸트는 이러한 인식의 과정에 머무르지 않고 다음과 같은 소위 칸트의 문제(Kant's problem)를 제기한다.

(2) 진리를 인식할 수 있는 주체는 어떻게 가능한 것인가?
(How can cogito recognize the truth?)

이 문제에 대해 칸트는 '인간이 사물을 인식할 때는 감성을 거쳐 전달되는 현상만을 인식하기 때문에 진리를 대상에서 찾으려는 노력은 실패할 수밖에 없다. 따라서 진리를 대상에서 찾을 게 아니라 오히려 인간의 판단형식을 통해 대상의 진리를 구성해야 한다'고 대답한다. 즉, 진리는 대상에서가 아니라 주체(*cogito*)(사유실체, 또는 지성)의 판단형식에서 찾아야 한다는 것이다. 이러한 칸트의 발상을 후대의 철학사가들은 플라톤(Platon BC 429~347)의 관념론(ideology) 이후 줄곧 이어져 왔던 철학적 상식을 뒤흔드는 혁명적 전환이라고 평가하고 이를 '코페르니쿠스적 전환(Copernican Turnover)'이라 정의한다. 이 문제는 장차 칸트주의 언어학(Kantist Linguistics)의 시발점이 된다.

Kantist G-Framework [칸트 主義 文法體系] 칸트주의 언어학(Kantist Linguistics)에서 제안하는 문법체계로, 그 핵심적 운용체계를 요약하면 다음 도식과 같다.

(1) 칸트주의 문법체계:

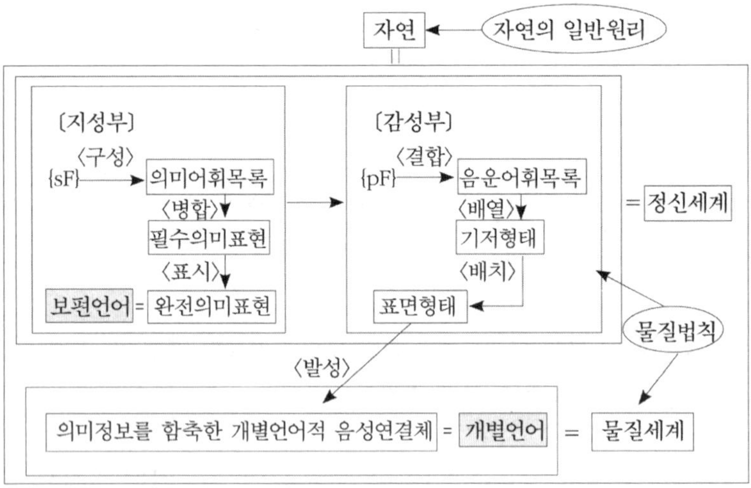

위 칸트주의 문법체계에서 지성부(Mind Component)란 칸트가 정신세계의 한 영역이라고 보는 지성을 의미하며, 감성부(Sensitivity Component) 역시 칸트가 정신세계의 또 다른 영역이라고 규정하는 감성을 말한다. 또한, 위의 도식에서 지성부에서 감성부를 거쳐 물질세계로 이르는 연산과정은 개별언어의 생산과정이나, 물질세계에 존재하는 개별언어적 음성연결체를 청취하여 감성부로 전달하고,

다시 지성부의 완전의미표현에까지 이르는 역방향의 연산과정도 성립할 수 있는데, 이러한 역방향의 연산과정이 바로 청취를 통해 그 문장의 의미를 해독하는 정신세계의 인식과정이다. 이러한 칸트주의 문법체계 하에서는 언어는 추상적이며 생산적인 사고를 담당하며 인지적 영상을 표출하고 기호화하고, 이러한 기호의 무한한 결합을 통해 실재의 개념을 형상화하고, 계획과 사고의 능력을 생산해내며, 가능 세계에 대한 정신적 창조를 만들어 내는 인간의 본유적 정신영역인 지성부의 한 부산물이라 본다. 사실상 지성부는 그것의 무한한 정신적 작용을 통해 수많은 사고복합체(thought complex)를 창출해 내는데, 그 중에 일부만이 감성부의 연산체계를 통해 음성언어(phonetic language)로 발성(Utter)될 수 있는 의미표현(semantic representation)이 된다는 것이다. 음성언어로 발성되지 않거나 발성될 수 없는 많은 사고복합체들도 때로는 감성부의 다른 생산과정을 통해 실세계로 표출(Expose)될 수 있는데, 인간의 특정행위(specific performance)와 몸짓언어(body language) 등이 이러한 표출에 속한다. 실세계로 표출되지 않는 사고복합체는 이성적인 상상(imagination)으로 지성부에 남는다. 이러한 차원에서 보면, 발성(Utter)은 감성부가 지성부에 의해 창출되는 사고복합체를 음성으로 표출하는 표출(Expose)의 한 형식이다. 그러므로 언어의 본질은 지성부의 인식작용(즉, 연산작용)으로 창출되는 사고복합체이며, 사고복합체가 표현(expression)이나 의사소통(communication)의 목적으로 물질세계로 표출되는 개별언어의 음성연결체는 인간진화의 한 산물이라는 것이다.

Kantist Linguistics [*칸트* 主義 言語學] 김용석(2010b, 2012b)에서 제안하고 있는 언어학으로, 언어학사(history of linguistics) 상 약 2500년의 전통을 지닌 전통문법(Traditional Grammar) 이후 20세기에 이르러 제기된 영국의 경험주의 철학(대표 철학자: John Locke, George Berkeley,

David Hume 등)에 기반을 둔 Saussure식의 구조주의 언어학과 대륙의 합리주의 철학(대표 철학자: Renè Descartes, Baruch de Spinoza, Gottfried Wilhelm von Leibnitz 등)에 기반을 둔 Chomsky식의 생성주의 언어학 간의 대립적 갈등관계를 해소하고, 이들 언어이론이 각기 안고 있는 이론적이며 경험적인 한계를 극복하고자 18세기 독일의 철학자 임마누엘 칸트(Immanuel Kant, 1724~1804)의 인식론(epistemology)을 언어이론의 철학적 기조로 하는 언어학을 말한다.

[L]

label-free system [無標札體系] 무표찰체계(label-free system)란 Chomsky(2004)의 탐침자-목표물 문법체계(Probe-Goal Framework)에서 Collins(2002)의 제안을 받아들여 자유병합(free Merge) 이론과 함께 병합이론(Merge Theory)의 한 축으로 삼고 있는 이론이다. 협소통사부(narrow syntax: NS)가 보유하고 있는 작용 중에 가장 자유로운 연산작용은 병합(Merge)이다. 병합은 이미 축조되어 있는 두 통사대상(syntactic object: SO)을 취하여 하나의 새로운 통사대상을 만드는 역할을 한다. 즉, α와 β 두 통사대상을 취하여 {α, β}의 통사대상을 생성한다. 병합이 만들어 내는 관계는 소속관계(membership)인 ∈관계이고, 병합의 반복성을 고려하면 관할(dominate)(즉, 포함(contain)과 구성요소(term-of) 관계를 만들어 낸다. 이러한 관계에서 파생되는 성분통어(c-command) 관계(즉, 포함의 자매관계(sister of contain))는 결속이론(binding theory) 등을 위해 의미표상(SEM)에서 활용된다. 새로운 통사대상인 {α, β}는 α와 β 중에 핵인 요소의 투사(projection)가 되는데, 이러한 투사는 내포성조건(inclusiveness condition)에 의해 α와 β 중에 하나를 자신을 확인하는 표찰(label)로 삼는다. 기존의 민짜 구구조(Bare Phrase Structure) 이론에 의하면, 표찰은 일반원리에 따라 그 단위의 핵(head: H)이 되지만, Chomsky(2004)의 탐침자-목표물 문법체계에서는 Collins(2002)의 주장을 받아들여 아예 표찰 자체를 설정하지 않는 무표찰체계(label-free system)을 채택한다. 왜냐하면, 한 통사대상의 핵은 선택(selection)의 관계에 의해서 결정되지만, 병합(Merge)은 선택과 상관없이 일치(Agree)를 위한 탐색(search)에 의해 결정되기 때문이다. 즉, α를 β에 병합한다는 것은 α를 도입할 위치를 결정하기 위해서 β에 대한 최소한의 탐색(minimal search)이 선행된다. 이 때 α가 탐침자(Probe)가 되고, β는 목표물(Goal)이 된다. 탐색을 통해 탐침자와 목표물 간에 부합(Match)과 일치(Agree)가 이루어지면 병합이 이루어진다는 것이다. 따라서 협소통사부에서 작용하는 통사적 관계에는 핵과의 선택관계에 의해 얻어지는 일체의 관계는 존재하지 않는다고 본다. 즉, 핵이 지정어(SPEC)를 선택하는 관계(head-to-SPEC relation)인 소위 최대투사통어(m-command)의 관계는 더 이상 허용되지 않는다. 또한 지정어가 자체가 핵범주(head category)가 아니라면, 지정어에서 핵으로 나아가는 관계(SPEC-to-head)인 성분통어(c-command)의 관계도 허용되지 않는다. 병합은 탐색을 통한 부합과 일치에 의해 이루어진다면, 일종의 국지조건(locality condition)인 최소탐색(minimal search)에 의해 탐침자는 가장 가까이(closest) 있는 목표물을 탐색해야 하므로, 병합은 언제나 확장조건(extension condition)을 충족한다. 요컨대, Chomsky(2004)에 의하면, 병합은 탐침자와 목표물 사이에 탐색을 통한 부합과 일치에 의해 이루어지고, 또한 탐침자와 목표물은 특정한 자질을 갖는 핵(head)이므로, 협소통사부에서 작용하는 통사적 관계는 오로지 핵-핵 관계(head-head relation)만 허용된다. 예컨대, T의 EPP-자질(즉, OCC-자질)을 충족하기 위한 병합에는 소위 이동에 의한 내부병합(internal Merge)과 허사(expletive) *there*를 삽입하는 외부병합(external Merge)이 있는데, 이러한 병합은 모두 T의 EPP-자질을 충족하기 위해 지정어를 병합하는 것이므로 지정어-핵 관계(SPEC-to-head)로 볼 수 있다. 그러나 이동에 의한 내부병합은 탐침자 T의 탐색에 의한 N 혹은 D와의 일치를 통해 이루어지는 병합이므로 근원적으로 핵-핵 관계에 의해 도출되는 병합으로 볼 수 있다. 또한 허사삽입(expletive insertion)의 경우도 Chomsky(2004)에서는 허사 *there*가 그 자체로 핵범주이고 또한 일치에 의해 삭제되어야 할 비해석성 자질 [uF](즉, 비해석성의 인칭 ϕ-자질(person ϕ-feature))을 갖기 때문에 *there* 자신이 탐침자가 되어 최소탐색(minimal search)을 통해 T와 일치를 이루고 강력확장조건(strong extension condition)에 의해 T의 지정어 위치에 병합된다고 봄으로써 결과적으로 핵-핵 관계로 해석할 수 있다. 따라서 탐침자-목표물 문법체계에서는 다음과 같은 결론을 얻을 수 있다.

(1) 외견상 지정어-핵 관계도 실상은 모두 최소탐색에 의한 핵-핵 관계이다.
(Apparent SPEC-head relations are in reality head-head relations involving minimal search.)

이와 같이 허사 *there*가 T의 지정어 위치에 병합하는 관계까지도 T의 EPP-자질보다도 *there*의 비해석성 자질인 [uF]를 충족하기 위한 관계로 해석한다면, 이러한 병합은 더 이상 T의 투사(projection)가 아니라 *there*의 투사로 보아야 한다. 민짜 구구조(Bare Phrase Structure theory) 이론에 따르면 이러한 도출의 병합구조는 다음과 같이 표현된다.

(2)

a.

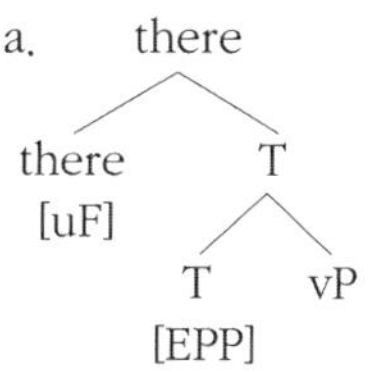

b. {there, {there, {T, {T, vP}}}}

위 도출의 문제점은 T의 EPP-자질이 충족될 수 없다는 점이다. 즉, EPP-자질은 T의 지정어 위치에 명사적 표현(nominal expression)이 병합되는 경우에만 충족되므로 (100)의 구조에서 *there*의 위치는 T의 지정어 위치가 아니므로 T의 EPP-자질을 충족할 수 없다. 이러한 문제점을 효과적으로 해결할 수 있는 이론이 바로 Collins(2002)의 무표찰체계(label-free system)이다. 이 이론에 의하면, 도출 (2)의 구조표현은 다음과 같이 표찰이 없는 구조로 표현된다.

(3)

a.

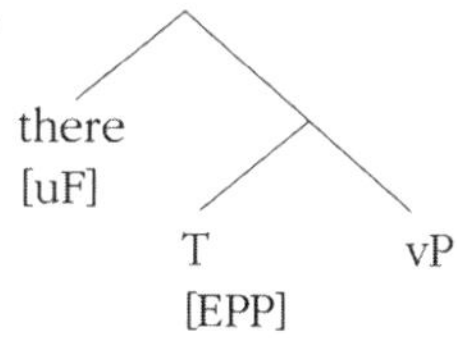

b. {there, {T, vP}}

이와 같이 표찰이 없는 무표찰체계에서는 (3)은 *there*가 T의 지정어 위치에 타나나는 것으로 해석될 수 있을 뿐만 아니라 *there* 또한 탐색을 통해 T의 투사를 보충어로 취하는 구조로도 해석된다. 이러한 이중적인 해석이 가능한 것이 무표찰체계의 장점이다.

⇨ MERGE, FREE MERGE, BARE PHRASE STRUCTURE, INCLUSIVENESS CONDITION

labelling algorithm [標札演算公式] Chomsky(2005a, 2005b)의 탐침자-목표물 문법체계(Probe-Goal Framework)에서 제안된 공식으로, 두 개의 통사대상이 병합(Merge)에 의해 결합하여 더 큰 통사대상을 도출할 때 그 통사대상의 표찰(label)을 결정하는 공식이다. 즉, 병합에 의해 도출된 통사대상이 계속되는 협소통사부의 연산에 참여하기 위해서는 표찰이 결정되어야 하는데, 표찰의 결정은 다음 (1), (2)와 같은 표찰연산공식(labelling algorithm)에 의해 이루어진다.

(1) 통사대상 {H, α}에서 H가 어휘항목이라면, H가 표찰이 된다.
(In {H, α}, H an LI, H is the label.)

(2) 만약 α가 β에 내부적으로 병합되어 {α, β}의 통사대상을 형성하면, β의 표찰이 {α, β}의 표찰이 된다.
(If α is internally merged to β, forming {α, β} then the label of β is the label of {α, β}.)

(1)에서는 연산공식의 결과로 α가 H의 보충어(complement)가 되며, (2)에서는 α가 β의 지정어(Spec)가 됨을 의미한다. 위의 두 표찰연산공식은 모든 경우의 통사대상에 대해 표찰을 결정하지만, 경우에 따라서는 두 공식이 상충되기도 한다. 예컨대, 모든 도출의 첫 단계에서는 항상 두 어휘항목이 병합되는데, 이 경우 (1)에 의하면 두 항목 중에 어느 것이라도 그 통사대상의 표찰이 될 수 있다. 또한, 내부병합(internal Merge)의 경우에 있어서도, 만약 이동(Move)을 통해 비어휘범주 β에 내부병합되는 요소가 어휘범주 α라면, 이 경우에도 (1)에 의하면 α가 표찰이 되어야 하며, (2)에 의하면 β의 표찰이 되어야 한다. 아래 (3)의 예문을 통해 두 번째 경우를 살펴보자.

(3) what [C [you wrote t]]

위의 예문은 *what*이 CP에 내부병합을 이룬 경우인데, 이 경우 (2)에 의하면 C가 표찰로 투사될 수 있으므로 (3)은 의문문으로서 아래 (4a)에서와 같이 동사 *wonder*의 보충어로 사용될 수 있다. 그러나 내부병합된 *what*이 어휘범주이므로 (1)에 의해 *what*이 표찰이 될 수도 있는데, 이 경우는 (3)이 자유관계절(free relative)로서 *what*을 핵으로 갖는 DP가 되므로 아래 (4b)에서와 같이 *read*와 같은 동사의 목적어로 사용될 수도 있다.

(4) a. I wonder *what you wrote*.
  b. I read *what you wrote*.

language acquisition device: LAD

☞ FACULTY OF LANGUAGE: FL

language faculty [言語能力] 언어능력이란 인간의 사고체계(system of thoughts)와 운동감각체계(sensori-motor system)를 최적언어설계(最適言語設計 optimal language design)로 매개하여 언어사용을 가능하게 하는 인간의 두뇌능력을 말한다. 다시말해, 사고체계에 의해 형성되는 의미와 운동감각체계에 의해 발화되는 소리를 언어적 정보를 생성하여 매개함으로써 인간으로 하여금 의사소통을 가능하게 하는 인간의 생득적(innate) 인지체계(認知體系 cognitive system)를 일컫는 말이다. 언어능력은 유전적으로 결정되는 초기의 상태(initial state: S_0)가 있고, 이 상태의 언어능력이 일정한 경험적 요인에 의해 고정적 상태(steady state: Ss)에 이르면, 마침내 특정의 개별언어로 구체화(instantiation)된다. 언어능력은 좁은 의미로서는 인지체계(cognitive system)에 국한되나, 넓은 의미로는 언어사용체계인 수행체계(performance system)까지도 포함하여 정의되기도 한다.

Last Resort [最後手段] 모든 문법적 작용들(α 이동, α 삽입, α 삭제 등)은 도출의 합치(convergence)를 위해서 필요한 경우에만 적용되어야 하는 최후수단이어야 한다. 즉, 어떠한 문법적 도출과정도 적용될 필요가 없을 때는 결코 적용되지 않고, 꼭 적용되어야만 할 경우(合致를 위해)에는 도저히 피할 수 없는 시점에서 최소한으로 적용되어야 한다는 것이다. 그리하여 이동작용도 가급적 하지 않는 것이 좋고, 특히 불필요한 이동은 절대 하지 않으나, 형식자질의 점검 같은 불가피한 이동은 어쩔 수 없다고 본다. 이는 곧 문법 작용들을 가능한 한 최소화하려는 취지에서 출발되었다. 이러한 최후수단 원리에는 Chomsky(1993)가 지적한 지연성원리(Procrastinate), 즉 비명시적 이동(covert movement)이 명시적 이동(overt movement)보다 더 경제적이므로 가능하면 논리형태에 도달할 때까지 작용들을 지연시키라는 내용과 (LF movement is "cheaper" than overt movement (i.e. delay performing a necessary operation until LF, if possible)) 더불어 이동은 오로지 이동하는 요소의 이기적 필요성에 의해 이루어지는 작용이라는 이기성원리(Greed), 이렇게 두 가지 속성을 기지고 있다.

Learnability

☞ GRAMMAR EVALUATION MEASURE

legibility conditions [解讀性條件] 최소주의 언어이론(Minimalist Program: MP)의 탐침자-목표물 문법체계(Probe-Goal Framework)에서 사용하는 용어로 언어의 수행체계(performance system)가 인지체계인 언어기능(faculty of language: FL)에 요구하는 조건을 말한다. 탐침자-목표물 문법체계에서는 의사소통의 필요성을 충족하기 위한 사고체계(system of thoughts)와 감각동작체계(sensori-motor system)의 요구에 의해 언어기능(FL)이란 인지체계가 인류의 진화과정에서 자연발생적으로 생겨났다고 보며, 언어기능은 그것이 생성하는 음성표상(PHON)과 의미표상(SEM)의 언어정보가 반드시 감각동작체계와 사고체계(system of thoughts)의 수행체계(performance system)에 의해 해독될 수 있는 정보이어야 한다는 요구를 받는다. 이러한 수행체계의 요구를 Chomsky(2001)에서는 소위 해독조건(legibility conditions)이라 한다. 언어기능에 의해 생성되는 언어정보가 실제로 언어표현으로 사용될 수 있기 위해서 이러한 해독조건을 충족해야 한다는 것은 당연한 요구이다. 따라서 언어기능은 그것이 생성하는 언어정보가 반드시 해독조건을 충족해야 한다는 수행체계의 요구 속에서 자연발생적으로 진화과정에서 생겨난 것이라고 볼 수 있다. 이런 견지에서 해독조건은 언어기능을 생성하는 최소한의 설계도(minimal design specifications)라고 할 수 있고, 자연은 인류의 진화과정 속에서 이러한 설계도를 최적으로 충족하는 언어기능을 만든 초기술자(super engineer)라고 볼 수 있다. 이러한 점을 Chomsky(2001)는 다음과 같이 표현하고 있다.

(1) 인간의 언어기능은 해독조건인 최소설계도에 대한 최적의 해결책이다.
(The human faculty of language FL is an optimal solution to the minimal design specifications as "legibility conditions".)

이와 같이 Chomsky(1998) 이후 탐침자-목표물 문법체계에서는 언어기능이 해독조건을 충족하는 최적체계(optimal system)이라고 가정한다. 여기서 '최적성(optimality)'의 개념은 자연의 일반특성(general properties of nature)인 최소성(minimalism), 자연성(naturalness), 효율성(efficiency) 등을 반영한 '훌륭한 설계(good design)'에 따라 해독조건을 최적으로 충족한다는 것을 말한다. 따라서 탐침자-목표물 문법체계에 의하면 언어기능 FL은 수행체계의 해독조건을 최소의 수단(minimal tools)으로 가장 자연스럽(most naturally)고 가장 효율적(most efficiently)으로 충족하는 완벽체계(perfect system)라고 가정한다.

lexical array: LA

☞ PROBE-GOAL FRAMEWORK

lexical subarray: LA_i

☞ PROBE-GOAL FRAMEWORK

lightness condition [經誘引條件] 자질유인(資質誘引 Attract-F)을 통제하기 위해 제안된 조건으로 "무임승차는 가능한 줄여야 한다 (Do as little free-riding as possible)"로 정의된다. Chomsky(1995)에서는 하나의 어휘항목에서 한 형식자질(形式資質 formal feature)이 유인될 때 무조건 그 어휘항목의 모든 형식자질이 무임승차자(無賃乘車者 free-riders)로 함께 유인된다고 주장된다. 그러나, 경유인조건(lightness condition)에 의하면, 이제 더 이상 자질점검에 참여하지 않는 형식자질까지도 함께 유인되는 과다한 무임승차가 금지된다. 즉, 무임승차자는 가능한 한 줄여야 한다는 것이다. 예컨대, Johni seems [$_{TP}$ t'$_i$ to [$_{VP}$ t$_i$ work hard]]에서 종속절 T(=to)는 그것의 强性 D-자질만 점검 받아야 하므로, 경유인조건에 의해, VP의 Spec 위치에 있는 *John*의 형식자질 중 오직 범주자질인 D-자질만 유인하고, *John*의 나머지 자질은 보수전략(補修戰略 Repair Strategy)에 의해 종속절 T의 Spec 위치로 이동되어 완전한 어휘항목으로 보수된다. 그 이후 *John*의 범주자질인 D-자질이 파이-자질, 격자질과 함께 다시 주절 T로 유인되고 보수전략을 거쳐 *John*이 주절의 주어 위치에 나타난다. 사실상, 경유인조건은 보수전략에 의해 보장받게 된다.

☞ HEAVINESS CONDITION

linear correspondence axiom: LCA [語順對應公理] Kayne (1994)에 의해 제안된 공리로, Kayne (1994)은 이 공리가 음성형태층위(LF level)에 적용되어 문장의 어순을 결정한다고 보았다. 이 公理는, "α가 β를 선행하려면, α가 β를 非對稱的 成分通御해야 한다(α precedes β iff α asymmetrically c-commands β)"로 정의된다. 또한, 非對稱的 成分通御(asymmetric c-command)의 개념은 "X가 Y를 非對稱的으로 成分通御하려면, X가 Y를 成分通御하고 Y는 X를 成分通御하지 않아야 한다(X asymmetrically c-commands Y iff X c-commands Y, and Y does not c-command X)"로 정의된다. 즉, 어순대응공리(語順對應公理 linear correspondence axiom: LCA)에 의하면, 한 통사적 대상(syntactic object)을 형성하는 구성요소들의 선형상 순서(linear order)는 비대칭적 성분통어의 개념에 기인하는 그 요소들의 계층적 관계(hierarchical relation)에 의해 결정된다는 것이다. 예컨대, '[Mary [read [[the] [novel]]]]'의 도출이 음성형태층위에 도달하면, 어순대응공리의 적용을 받게 되는데, 이 표현에서 Mary는 read, the, novel를 모두 성분통어(c-command)하나 read, the, novel은 Mary를 성분통어하지 않으므로, Mary가 이들을 선형순서상 선행하게 된다. 또한, read는 the와 novel을 성분통어하나 the와 novel은 read를 성분통어하지 않으므로, read가 the와 novel을 선형순서상 선행한다. 그러나, the와 novel은 상호 성분통어하는 관계이므로 어순대응공리에 의해 선형상 순서를 결정하지 못하여 the novel과 같은 표현을 갖는 도출은, 사실과 달리, 언제나 불법적인 도출로 판정되어야 한다. 이러한 문제점을 해결하기 위해 Chomsky (1995)에서는 명사범주 N은 접사자질(affixal feature)을 가지므로 문자화(Spell-Out) 이전의 외현통사부에서 기능범주 D에로 융합(incorporation)된다고 주장하고 있다. 이러한 주장에 의하면, the novel에서 novel이 the에로 융합되므로, novel의 기저위치에는 흔적(trace)이 남게 되는데, 흔적은 어순대응공리가 적용되기 전의 음성형태층위에서 제거되므로 the novel의 어순 결정은 어순대응공리에 면제된다. 참고로, novel이 the에 융합되면 $[_D\ [_D$ the] novel]과 같이 하나의 수정어휘범주(modified lexical category)를 형성하게 되는데, 이 경우, Chomsky (1995)에 의하면, 한 어휘범주의 내부 구성소간의 어순은 어순대응공리에 의해 결정되지 않고, 그 언어의 굴절형태부(inflectional morphology)나 어형성(word formation) 원리에 의해 결정된다고 본다.

local binding [局部結束] 결속의 한 형상을 지칭하는 말로, 가장 가까이 있는 결속자(the closest binder)에 의해 결속되는 경우를 말한다. 일반적으로 지배-결속이론(GB-Theory)에서는 "X가 Y를 국부적으로 결속하려면, X가 Y를 결속하고, X에 결속되면서 Y를 결속하는 Z가 없어야 한다(X locally binds Y iff X binds Y and there is no Z such that X binds Z and Z binds Y)"로 정의되고 있다. 예컨대, 지배-결속이론에서는 변항(變項 variable)은 운용자(運用子 operator)에게 국부적으로 결속(locally bound)되어야 한다고 보는데, 아래 예문은 변항 t가 대명사 he와 동일지표화(coindex)될 경우 운용자 who에 의해 국부적으로 결속되지 못하므로 비문법적이 된다.

(1) *who$_i$ did [he$_i$ respect t$_i$]

또한, 재귀사 결속(reflexive binding)의 경우에는 국부결속의 개념은 장거리결속(長距離結束 long-distance binding)과 상반되는 개념으로 사용되는데, 단순히 재귀사가 그가 속한 절내의 선행사(antecedent)에 의해 결속되는 경우를 말한다. 아래 예문 (2a)에서는 재귀사 himself가 가장 가까이 있는 선행사에 의해 결속되지 않으나 그가 속한 절 내에서 결속되므로 국부적 결속을 이루며, (2b)에서는 '그 자신'이 가장 가까이 있는 선행사에 의해 결속되지만 그 선행사가 그가 속한 절을 넘어 상위절에 있으므로 장거리결속을 이룬다.

(2) a. John$_i$ told Tom about himself$_i$.
b. 철수$_i$가 [그 자신$_i$이 영희를 사랑한다고] 말했다.

☞ LONG-DISTANCE BINDING

local economy [局部的經濟性] Chris Collins(1997)가 Chomsky(1995)에서 제안되고 있는 소위 비국부적 경제성(非局部的經濟性 global economy)의 개념에 반대하여 제안한 경제성의 개념으로, 연산(演算 computation)의 비국부적 예상적용(非局部的豫想適用 "look-ahead" global complexity)이나 연산의 복잡성(computational complexity) 문제를 방지하기 위해서 도입되는 경제성조건의 적용원리를 말한다. Chris Collins(1997)은 국부적 경제성(局部的經濟性 local economy)의 개념을 "(最適의) 도출과정 D의 한 단계에서 통사적 대상들의 집합인 Σ가 주어지면, 특정의 연산작용 OP가 Σ에 적용될 수 있는지의 결정은 오로지 Σ에서 얻을 수 있는 정보에만 기초해서 내려져야 한다(Given a set of syntactic objects Σ which is part of derivation D, the decision about whether an operation OP may apply to Σ (as part of an optimal derivation) is made only on the basis of information available in Σ)"로 정의하고 있다. 요컨대, Chomsky (1995)에서는 최적도출(最適導出 optimal derivation)을 판정하는 경제성조건(經濟性條件 economy condition)들이 논리형태층위(LF level)에서 적용되므로, 사실상 한 배번집합(配番集合 numeration: N)으로부터 演算過程을 통해 획득할 수 있는 가능한 도출(導出 derivations)은 그 배번집합에 속한 어휘항목의 수를 계승(階乘 factorial)한 수만큼 많을 수 있고, 경제성

조건들은 이들 도출의 경제성을 상호 비교하여 가장 경제적인 최적 도출(最適導出 optimal derivation) 하나를 선택해야 하므로 사실상 엄청난 연산의 복잡성이 야기된다. 이러한 연산의 복잡성을 피하기 위해서는 논리형태층위의 경제성조건들을 논리형태층위에 도달하기 전의 연산과정에서 미리 적용하여 가능한 도출의 수를 줄여 나가야 하는데, 이 경우는 연산이 미리 논리형태층위의 경제성조건들의 요구를 예상해서 적용되어야 하는 소위 비국부적 예상적용("look-ahead" global complexity)을 야기하게 된다. 이러한 경제성조건의 운용체제를 비국부적 경제성(非局部的經濟性 global economy)이라 한다. Chris Collins(1997)는 바로 비국부적 경제성이 야기하는 이러한 비국부적 예상적용의 문제점을 해결하기 위해서 논리형태층위의 경제성조건 대신에 연산과정의 모든 도출단계에서 각 단계마다 그 단계에서 확인되는 정보에 입각해서 가장 경제적인 다음 도출을 유도하는 방향으로 연산을 진행해 나감으로써 논리형태층위에서 연산의 복잡성을 야기하지 않고 최적도출을 얻고자 하는 경제성조건의 새로운 운용체제를 제안한다. 바로 이러한 체제를 국부적 경제성(局部的經濟性 local economy)이라 한다. 참고로, Chris Collins(1997)의 국부적 경제성 이론에서는 배번집합(Numeration)의 존재를 인정하지 않고, 도출의 통사적 대상을 이루는 어휘항목이 연산과정에서 병합(Merge)에 의해 직접 어휘부(Lexicon)에서 도출로 유입된다고 본다. 따라서, Chomsky(1995)에서와는 달리 병합이 자질유인(Attract-F)과 경제적 측면에서 등가를 이룬다고 본다.

☞ GLOBAL ECONOMY

long-distance binding [長距離結束] 재귀사(再歸詞 reflexive)의 대용화(anaphora) 현상 중의 하나로, 재귀사가 그가 속한 절의 경계를 넘어 상위절의 명사구에 결속되는 현상을 일컫는 말이다. 일반적으로,

핵재귀사(核再歸詞 head reflexives)는 구재귀사(句再歸詞 phrasal reflexives)와 달리 장거리결속(長距離結束 long-distance binding)이 가능하다고 주장된다. 아래 예문은 한국어와 영어, 중국어 등 대부분의 언어에서, 구재귀사는 장거리결속이 불가능하나, 핵재귀사는 그가 속한 절의 경계를 넘어 상위절의 명사구까지도 그의 선행사(antecedent)로 취할 수 있음을 보여주고 있다.

(1) a. 철수$_i$가 [영희$_j$가 자기$_{i/?j}$/자신$_{?i/j}$/자기 자신$_{?*i/j}$/그 자신$_{?*i/j}$을(를) 미워한다고] 생각한다.

b. John$_i$ believes that Tom$_j$ hates himself$_{*i/j}$.

c. Zhangsan$_i$ renwei [Lisi$_j$ zhidao [Wangwu$_k$ xihuan ziji$_{i/j/k}$/
think know like self
ta ziji$_{*i/*j/k}$]]
he self
'Zhangsan thinks that Lisi knows that Wangwu likes himself.'

long distance reflexive: LDR [長距離再歸詞] P. Cole, G. Hermon and L.-M. Sung(1990)에서 핵재귀사(核再歸詞 head reflexive)를 지칭하는 명칭으로 사용된 용어이다. 즉, 이들의 주장에 의하면, 핵재귀사는 구재귀사(句再歸詞 phrasal reflexive)와 달리 논리형태층위(LF level)의 핵이동(head movement)을 통해 장거리결속(long-distance binding)이 가능하게 되는데, 이러한 핵재귀사의 대용화(anaphora) 특성에 비추어 핵재귀사를 장거리재귀사(長距離再歸詞 long distance reflexive: LDR)라고 호칭한다.

"looking ahead" global complexity

☞ GLOBAL ECONOMY

[M]

marked anaphor

☞ HEAD REFLEXIVE

maximal projection [最大投射] 최소주의이론의 구구조이론에서는 핵계층 구구조이론에서처럼 구조와 상관없이 모든 투사가 X, X' X"로 구분되어 핵계층 골격에 따라 투사되는 것이 아니라 특정한 핵계층 골격 없이 어휘항목 자체가 투사하는 것으로 가정한다. 즉 어떤 범주가 최소투사이든지 최대투사이든지 하는 것은 그 범주의 고유한 특성이 아니라 그것이 나타나는 구구조상에서 가지는 상대적 특성이라고 보는 것이다. Chomsky (1994, 1995)의 정의에 따르면 최대투사란 "더이상 투사를 하지 않는 범주 (a category that does not project any further)"를 말하며, 반면에 최소투사(最小投射 minimal projection)는 "결코 투사되지 않은 범주 (a category that is not a projection at all)"를 말한다. 여기서 한가지 주의할 점은 최대투사와 최소투사는 완전한 배타적 상보성을 가지고 있지 않다는 점이다. 다시 말해 구구조상에 나타나는 어떤 범주 α는 최소투사인 동시에 최대투사일 수도 있고(예: 핵인 동시에 최대투사), 최소투사도 최대투사도 아닐 수도 있다(예: 중간투사)는 것이다. Chomsky (1994, 1995)에서는 접합점(interface)과 연산(computation)에 가시적인 범주는 항상 최대투사나 최소투사이라고 주장한다.

Match

☞ AGREE

matching maximality principle [附合極大性原理] Chomsky(2001)의 탐침자-목표물 문법체계(Probe-Goal Framework)에서 제안된 원리로, 탐침자(Probe)가 자질상 일치(Agree)를 이룰 목표물(Goal)을 탐색할 때 부합(Match)의 연산에 적용된다. 이 원리를 다음과 같이 정의된다.

(1) 부합의 효과를 극대화하라. (Maximize matching effects.)

아래 강국면(strong phase) v*P의 도출을 고려해 보자.

(2) $[_{v^*P}$ v* $[_{VP}$ expect $[_{TP}$ there $[_{T'}$ T $[_{vP}$ v $[_{VP}$ be $[_{PRTP}$ PRT $[_{VP}$ award $[_{NP}$ several prizes]]]]]]]]]

(2)에서는 v*가 탐침자로서 그것의 투사범주인 v*P의 영역 내에서 부합을 위한 탐색을 시작하여 먼저 *there*와 일치를 이루게 된다. 이 때 *there*는 인칭(person)의 ϕ-자질(ϕ-feature)만 갖기 때문에 v*의 비해석성의 ϕ-자질에 값을 부여하지 못하지만, 자신의 비해석성 ϕ-자질인 인칭자질(person feature)은 ϕ-자질상 완전한 v*로부터 값을 부여받아 양도 후 의미부에서 삭제된다. 그러나 v*의 탐색은 여기에 머물지 않고 부합극대성원리(matching maximality principle) (1)에 의해 그것의 ϕ-자질의 부합(Match)이 가장 많이 이루어질 때까지 계속 진행된다. 따라서, (2)에서 v*는 *several prizes*의 ϕ-자질과 부합을 이룰 때까지 탐색을 계속한다. *several prizes*는 ϕ-자질상 완전할 뿐만 아니라 비해석성의 격-자질(Case-feature)을 갖고 있기 때문에 v*와 일치(Agree)를 이루고 v*의 비해석성의 ϕ-자질들에게 값을 부여하며, 또한 자신의 격-자질도 v*와의 일치를 통해 값을 부여받게 된다.

Merge [倂合] 최소주의 언어이론(Minimalist Program: MP)에서 제안되는 연산(computation)의 한 종류로, 협소통사부(narrow syntax: NS)의 도출과정에서 두 통사적 대상(syntactic object)을 결합하여 더 큰 통사적 대상을 만드는 연산을 말한다. 병합(Merge)은 자질일치(feature agreement)에 의한 병합과 술어합성(predicate composition)을 위한 병합으로 나누어지며, 전자를 조병합(set-Merge)이라 하고, 후자를 쌍병합(pair-Merge)이라 한다. 참고로, 기존의 지배결속이론(GB-Theory) 등 최소주의 이전의 언어이론에서는 조병합을 대체(substitution)라 하고, 쌍병합을 부착(adjunction)이라 했다. 조병합에는 독립적인 두 개의 통사적 대상(syntactic object: SO)을 결합함으로써 의미역이론적 논항구조(theta-theoretic argument structure)를 구성하는 외부병합(external Merge)과 이동(Move-α)에 의한 내부병합(internal Merge)이 있다. Chomsky(2004)의 탐침자-목표물 문법체계(Probe-Goal Framework)에서에서는, α가 β에 병합될 때, 조병합은 {α, β}로 표시하고, 쌍병합은 ⟨α, β⟩으로 표시한다. 또한 병합은 언제나 자유롭게 이루어진다는 자유병합(free Merge) 이론을 채택하며, 어떠한 병합도 모두 각 순환단계에서 이루어진다는 소위 순환병합(cyclic Merge) 이론을 채택한다. 또한, Chomsky(2004)에서는 모든 종류의 병합은 모두 개념의도체계(C-I system)에 의해 개념의도 접합부(C-I interface)인 의미표상(SEM)에서 요구되는 의미특성의 다양성에 기인한다고 본다. 즉, 의미표상은 개념의도체계에 의해 요구되는 의미적 다양성(semantic multiplicity)을 모두 수용할 수 있어야 하는데, 바로 이러한 요구를 충족하기 위해 협소통사부에서 다양한 병합의 유형이 나타난다는 것이다. 요컨대, 다양한 유형의 병합들은 모두 개념의도체계의 의미적 다양성 요구에 부응하기 위해 자연언어에 반드시 존재해야 하는 작용들이기 때문에 최소주의 언어이론에서 지향하는 언어의 완벽성(perfection)에 해당된다는 것이다. 김용석(2006)에서는 자유병합이론에서 제안되는 다양한 유형의 병합과 이들이 갖는 의미적 다양성 간의 관계를 다음의 도표로 나타내고 있다.

⇨ FREE MERGE, LABEL-FREE SYSTEM

- 병합
  - 조병합
    - 외부병합--의미역이론적 논항구조
    - 내부병합
      - 명시적 이동--작용역 & 담화상 표면해석 INT
      - 비명시적 이동--작용역
  - 쌍병합--술어합성

<병합과 의미적 다양성의 상관관계>

Merge-over-Move principle: MOM [併合優先原理] Chomsky(2001, 2004)의 탐침자-목표물 문법체계(Probe-Goal Framework)에서 연산작용에 적용되는 원리로, EPP-자질을 충족하기 위하여 병합(Merge)과 이동(Move)이 경합할 때 이동보다 병합이 우선 적용된다는 원리이다. Chomsky(2001, 2004)의 탐침자-목표물 문법체계에 의하면 EPP-자질을 충족(즉, 점검하고 삭제)할 수 있는 요소는 인칭(person)의 ϕ-자질(ϕ-feature)을 갖는 명사적 요소인데, 도출과정에서 EPP-자질을 충족해야 하는 단계에 이르렀을 때, 만약 어휘배열(lexical array) 속에 ϕ-자질(ϕ-features)을 갖는 명사적 요소가 있다면 그 명사적 요소를 EPP-자질을 갖는 핵의 지정어(SPEC) 위치에 병합함으로써 EPP-자질을 충족해야 한다는 것이다. 만약 어휘배열 속에 ϕ-자질을 갖는 명사적 요소가 없다면 도출 내부에 나타나는 목표물(Goal) 명사구를 이동하여 EPP-자질을 갖는 핵의 지정어 위치에 병합함으로써 EPP-자질을 한다. Chomsky(2001)에서는 병합우선원리(Merge-over-Move principle: MOM)를 다음과 같이 정의하고 있다.

(1) 병합우선원리(Merge-over-Move principle: MOM): 가능하다면, 병합이 이동에 우선한다. (Merge preempts Move.)

탐침자-목표물 문법체계에 의하면, 이동(Move)은 일치(Agree)/대동(Pied-Pipe)/병합(Merge)의 복합작용인데 반해 병합작용(merger)은 일치(Agree)/병합(Merge)의 복합작용이라 분석하는데, 이 경우 병합작용이 이동보다 더 간단한 작용이므로 병합과 이동이 경합하는 상황에서 이동보다 병합이 선택된다고 본다.

minimal design specifications

☞ LEGIBILITY CONDITION

minimal domain [最小領域] Chomsky(1993)에서는 이동의 국부성(locality)을 규정하는데 중요한 역할을 하는 최소영역(最小領域 minimal domain)이라는 개념을 다음과 같이 정의하였다. 어떤 핵 α의 최소영역은 α의 최대투사(maximal projection)인 α의 영역 $\delta(\alpha)$에 내포된 모든 절점의 집합 중에서 그 집합의 다른 절점에 의해 관할되지 않는 절점들의 집합이다. (The minimal domain of a head α is the smallest subset K of $\delta(\alpha)$ such that for any $\gamma \in \delta(\alpha)$, some $\beta \in$ K reflexively dominates γ.) 이 개념을 통해 등거리 개념도 나오게 된다. 즉 어떤 요소 A가 이동하는데 있어서 이동할 위치인 B와 C가 같은 최소영역 안에 있으면 B와 C는 A로부터 같은 거리에 있다는 것이다. 최소영역의 개념은 Chomsky(1995)에 이르러 더욱 단순한 개념으로 수정되는데, 즉 Chomsky(1993)에서는 최소영역의 규정을 위한 어떤 핵 α가, Baker(1988)의 정의에 따라, 연쇄의 개념으로 도입되고 있지만, Chomsky(1995)에서는 α가 이동하지 않은 핵범주로만 국한되고 있다. 따라서, 최소영역의 규정을 위한 핵범주 α가 핵이동하여 연쇄를 이룰 경우 그 핵범주의 최소영역은 그 핵범주가 부가된 핵범주의 최대투사를 기준으로 확대되지만, Chomsky(1995)에서는 결코 핵범주의 이동에 의한 최소영역의 확대는 인정하지 않는다.

☞ EQUI-DISTANCE

minimal link condition: MLC [最小連結條件] 경제성조건(經濟性條件

economy condition) 중의 하나로 Rizzi(1990)의 상대적 최소성(Relativized Minimality)의 개념에 입각하여 最小主義理論에서 제안하고 있는데, 그 내용은 "연쇄의 연결을 최소화하라"이다. 연쇄의 연결이란 하나의 연쇄 안에서 인접한 두 요소 사이의 연결 관계를 뜻한다. 연쇄형성의 경제성 비교는 연쇄의 숫자에 의한 비교가 아니라 연결의 길이의 비교로 이루어진다는 것이다.

minimal projection

☞ MAXIMAL PROJECTION

minimal search condition

☞ PHASE LOCALITY CONDITION

minimal search domain

☞ PHASE LOCALITY CONDITION

Minimalist Theory [最小主義理論] Chomsky(1991, 1993, 1994, 1995, 1996, 1998)에서 제안되고 있는 현대 통사이론으로서, Chomsky 자신은 (아직 시도 중이라는 의미에서) 최소주의계획(最小主義計劃 Minimalist Program)이라고 일컫고 있다. 이 이론은 소위 개념적 필연성(概念的必然性 conceptual necessity)과 필수출력조건(必須出力條件 Bare Output Conditions: BOCs)의 요구에 입각하여 심층구조(D-structure)와 표층구조(S-structure) 등의 이론내적(theory-internal)인 개념들을 배제하고, 지배결속이론(GB Theory)의 핵계층이론(X-bar theory) 대신에 필수구구조이론(必須句構造理論 Bare Phrase Structure Theory)을 취하며, 인지체계(認知體系 cognitive system)에 의해 제공되는 언어적 정보는 표현(representation)으로 도출되며, 표현에는 오직 조음청취체계(調音聽取體系 articulatory-perceptual system: A-P System)와 개념의도체계(概念意圖體系 conceptual-intensional system: C-I System)에서 해석되는 음성형태표현(音聲形態表現 PF representation)과 논리형태표현(論理形態表現 LF representation)만이 존재한다고 본다. 인지체계는 어휘부(語彙部 Lexicon)와 연산체계(演算體系 computational system: C_{HL})로 이루어지는

데, 연산체계는 선택(選擇 Choice), 선발(選拔 Select), 병합(併合 Merge), 자질유인(資質誘引 Attract-F) 등의 연산(演算 computation)이 있으며, 이러한 연산의 반복적 운용(recursive operation)으로 음성형태표현과 논리형태표현이 도출된다. 문자화(文字化 Spell-Out) 후의 도출(導出 derivation)에 완전해석원리(完全解釋原理 full interpretation: FI)를 적용하여 해석가능한 합법적 대상들(legitimate objects)로 구성되는 합치도출(合致導出 convergent derivation)에 이르며, 다시 내현통사부(內顯統辭部 covert syntax)의 합치도출에 최소연결조건(最小連結條件 minimal link condition), 최소단계조건(最小段階條件 minimal step condition), 지연성원리(遲延性原理 Procrastinate), 이기성원리(利己性原理 Greed), 최후수단(最後手段 Last Resort) 등의 경제성조건(經濟性條件 economy condition)을 적용하여 가장 경제적인 최적도출(最適導出 optimal derivation)을 선정함으로써, 마침내 논리형태표현(LF representation)의 도출에 이르게 된다. 요컨대, 최소주의이론이란 어휘부(語彙部 Lexicon)에서 선택(選擇 Choice)된 어휘항목(lexical items)들로 구성되는 배번집합(配番集合 Numeration)으로부터 문자화를 거쳐 최적도출인 논리형태표현의 도출에 이르는 과정에 최소한의 문법의 체제를 설정함으로써 인간의 언어능력(言語能力 language faculty)에 대한 최적언어설계(最適言語設計 optimal language design)를 규명하고자 하는 언어이론으로 규정된다. 이 이론의 문법체제를 최소주의문법 이외에 강조되는 관점에 따라 형태부추진문법(形態部推進文法 morphology-driven grammar), 자질추진문법(資質推進文法 feature-driven grammar), 필수출력조건추진문법(必修出力條件推進文法 BOCs- driven grammar), 접합점지향문법(接合點指向文法 interface- oriented grammar) 등으로 일컫기도 한다.

modular system [조합체계] 조합체계(modular system)란 한 언어의 문법체계를 이루는 하위원리들이 각각 독립적 혹은 독자적으로 특정 언어표현의 생성에 참여하는 것이 아니라, 상호간에 서로 유기적인 관계를 유지하며 협동적 혹은 통합적으로 특정 언어표현을 생성해내는 문법원리의 구성체계를 말한다. 이 때 각 그 체계를 구성하는 하위원리들을 조합원(module)이라 한다. 조합체계를 이루는 각 조합원들(즉, 문법원리들)은 한편으로는 상호간에 협동적이고 통합적인 관계를 유지하여야 하지만, 또 다른 한편으로는 너무 강력(too strong or too powerful)하여 타자의 영역을 침해해서도 안 되고, 혹은 너무 나약(too weak)하여 자신의 역할을 제대로 수행하지 못하여서도 안 된다. 그러므로 각 조합원(문법원리)들은 자신의 역할을 차질 없이 수행하면서도 언제나 타자의 영역을 침범하지 않는 상호간의 최적의 적절한 관계(optimal moderate relation)를 유지하여야 할 의무를 지닌다. 따라서 조합체계를 이루는 한 언어의 문법체계에서는 각 하위원리들이 상호 유지적이면서도 최적의 적합한 관계를 유지한다. 원리매개변인이론(Principles and Parameters Theory)에서는 보편문법(universal grammar: UG)의 체제가 각 하위 보편원리(universal principles)들이 조합원(module)으로 참여하는 조합체계(modular system)로 이루어진다고 본다. 원리매개변인이론에서는 이들 보편원리들은 언어적 환경의 영향을 받지 않는 본유적 원리(innate principles)이며, 본유적인 보편원리들은 특정 언어적 환경에 반응하여 변이(variants)를 갖는 매개변인(parameters)의 작용으로 개별문법(particular grammar)의 문법원리로 구체화(instantiation)된다. 이 때 환경적 영향으로 매개변인의 값이 확정된 개별언어의 문법체계를 내재언어(I-language)라 한다.

⇨ I-LANGUAGE, PRINCIPLES AND PARAMETERS THEORY

monomorphemic reflexive [單形態素再歸詞]

☞ HEAD REFLEXIVE

Move-F [資質移動] 기존의 원리매개변인이론(principles and parameter theory)의 유일한 통사규칙인 Move-α의 대안으로 최소주의이론(Minimalist Theory)에서 제안된 개념으로, 이 개념은 사실상 자질유인

(資質誘引 Attract-F)과 자질유인의 결과로 야기되는 병합(併合 Merge)은 두 연산작용으로 이루져 있다. 원리매개변인이론에서부터 최소주의 이론이 처음 제안된 Chomsky (1991, 1993, 1994)에 이르기까지는 이동 변형을 나타내는 α-이동의 α는 범주로 이해되었다. 그러나, Chomsky (1995) 이후 최소주의이론에서는 이동작용은 α의 형태론적 특성, 즉 α의 어떤 자질 F를 점검할 필요성에 의해 유발되는 작용으로 보므로, 최소주의적 입장에서 볼 때, 이동은 F를 내포하는 범주 전체가 아니라 점검에 필요한 자질 F만 이동하면 된다. 따라서, 자질이동(Move-F)이란 α 이동시 α는 자질에 국한되어야 한다는 것이다. 이는 α 이동이 범주이동이 아니라 자질이동(feature movement)임을 의미한다.

multiple Merge [多重併合] Chomsky(2001)의 탐침자-목표물 문법체계(Probe-Goal Framework)에서 이동(Move)의 작용을 병합(Merge)의 개념으로 분석하여 붙인 이름이다. 사실상 탐침자-목표물 문법체계에서는 이동은 이미 외부병합(external Merge)한 요소를 다른 위치로 한 번 더 내부병합(internal Merge)하는 소위 다중병합(Multiple Merge)의 결과를 낳는다. 외부병합이란 순수병합(pure Merge)이라고도 하는데 어휘배열(lexical array: LA)에 존재하는 어휘항목을 선발하여 기존의 통사대상(syntactic object: SO)에 결합하거나 이미 존재하는 두 통사대상을 결합(GT)하는 작용을 말하며, 내부병합이란 이동의 결과로 생겨나는 병합으로 탐색자(Probe)의 EPP-자질을 충족시키기 위해 탐색자의 내부영역(internal domain) 속에 이미 병합되어 있는 요소를 다시 탐색자의 투사(projection)와 결합하는 작용을 말한다. 따라서 이동은 언제나 외부병합된 요소를 다시 내부병합하는 다중병합을 야기한다.

⇨ INTERNAL MERGE, MERGE

multiple Spec construction: MSC

☞ FREE MERGE, EDGE FEATURE: EF

[N]

narrow syntax: NS

☞ PROBE-GOAL FRAMEWORK

no label system

☞ LABEL-FREE SYSTEM

no-tapering condition: NTC [不變更條件] Chomsky(2001, 2004, 2005a, 2005b)의 탐침자-목표물 문법체계(Probe-Goal Framework) 하에서 협소통사부(narrow syntax: NS)의 연산작용(computation)에 적용되는 조건으로, 원천적으로 이 조건은 최소주의 언어이론(Minimalist Program: MP)의 생물언어학적 관점(biolinguistic perspective)에서 요구되는 효과적 연산의 원리(principles of efficient computation)에 기인하는 것으로 본다. 불변경조건(no-tampering condition)은 다양한 복합적 표현을 생성하는 협소통사부의 연산작용들이 결코 도출과정에서 새로운 요소를 첨가하거나 삭제함으로써 통사대상(syntactic object: SO)을 수정할 수 없다는 조건이다. 불변경조건에는 내포성조건(inclusiveness condition)과 확장조건(extension condition) 등이 포함된다. 내포성조건은 협소통사부의 연산작용이 통사대상의 도출과정에서 새로운 정보를 첨가하지 않고 오직 어휘부에서 제공된 언어정보(즉, 어휘항목들)에만 의존해서 다양한 통사대상을 생성해 나가야 한다는 것이다. 이러한 내포성조건에 의해 Y-모형 이론에서 채택하였던 계층-단계(bar-level), 흔적(traces), 지표(index) 등의 개념이 문법체계에서 사라지고, 그 대신 민짜 구구조(bare phrase structure theory)이론과 복사이론(copy theory)이 채택된다. 한편, 확장조건은 병합(Merge)의 연산이 주어진 두 개의 통사대상을 결합하여 하나의 더 큰 단위의 통사대상을 만들어낼 때 주어진 통사대상의 뿌리(Root)에만 병합이 적용되어야 한다는 것이다. 만약 병합이 주어진 통사대상의 내부에서 이루어진다면 그 통사대상의 구조를 변경하므로 결과적으로 불변경조건의 위반이 초래된다.

⇨ EXTENSION CONDITION, INCLUSIVENESS CONDITION

non-phrasal reflexive

☞ HEAD REFLEXIVE

Numeration [配番集合] 한 문장의 표현(表現 representation)을 도출하기 위한 연산과정의 시발점이 되는 어휘항목(lexical item)의 집합체를 일컫는 말이다. 이 집합체는 언어 외적인 수행체계의 요구에 기인하는 필수출력조건(必修出力條件(bare output conditions: BOC)의해 어휘부(Lexicon)에서 어휘항목(lexical item)들을 선택(Choice)함으로써 구성된다고 가정한다. 이 배번집합(配番集合 Numeration: N)에 속한 어휘항목들은 그 선택된 횟수에 해당하는 숫자가 부여되며, 선발(Select)의 演算作用에 의해 통사부(Syntax)로 유입되어 구구조(phrase structure)를 형성하는 통사적 대상(統辭的對象 syntactic object)이 된다. 이 때 선발의 횟수에 따라 어휘항목에 부여된 숫자가 하나씩 줄어든다. 선발된 통사적 대상은 다시 병합(Merge)과 자질유인(Attract-F)의 연산작용을 통해 더 큰 단위의 통사적 대상으로 사상(mapping)되며, 이러한 연산작용들의 반복적 운용(recursive operation)을 통해 배번집합 속의 어휘항목들에 부여된 숫자가 모두 영 "0"이 될 때까지 연산과정의 도출이 계속되면, 마침내 가장 큰 통사적 대상인 문장단위의 논리형태표현(LF representation)이 도출된다. 배번집합은 합법적 표현(legitimate representation)으로 해석될 최적도출(optimal derivation)의 판정 기준인 참고사항집합(reference set)을 결정해 주므로, 최적도출의 선택을 위한 경제성의 비교는 반드시 동일 배번집합으로부터 생성될 수 있는 도출들간에 이루어져야 한다. 요컨내, 서로 다른 배번집합에서 파생된 도출들은 경제성조건에 의한 비교 대상이 될 수 없으며, 또한 하나의 배번집합으로부터 파생될 수 있는 가능한 도출들은 많으나, 경제성조건에 의해 최종 합법적 표현으로 선택되는 최적도출은 하나이다. 참고로, 최근 Chris Collins(1997)의 국부적 경제성 이론에서는 Chomsky(1995, 1996, 1997, 1998)와는 달리 배번집합의 존재를 인정하지 않고, 도출의 통사적 대상을 이루게 될 어휘항목이 병합(Merge)의 연산작용에 의해 직접 어휘부(Lexicon)에서 통사부로 유입된다고 봄으로써 동일 어휘항목들로 구성되지 않은 도출들간의 경제성 비교도 가능하다고 본다.

예컨대, 다음 예문들을 고려해 보자.

(1) There is someone in the room.
(2) Someone is in the room.

Collins(1997)에서는, Chomsky(1995)에서와는 달리, 병합이 자질유인(Attract-F)과 경제적 측면에서 등가를 이룬다고 봄으로써 위의 두 표현이 경제성 측면에서 등가를 이루므로 모두 합법적인 도출로 판정된다고 보나, Chomsky(1995, 1998)에서는 이 두 표현이 서로 다른 별개의 배번집합으로부터 파생된 도출이므로 최적도출의 선택을 위한 경제성 측면의 비교가 불가능하다고 봄으로써 한 표현이 다른 표현의 도출을 차단할 수 없으므로 결국 두 표현이 모두 영어의 최적도출로서 존재할 수 있다고 본다.

[O]

object shift: OS [目的語轉移] 목적어전이(object shift: OS)란 타동사구를 포함하는 v*P의 외곽지정어(outer SPEC) 위치에 타동사의 목적어 DP가 이동하는 현상을 말한다. Chomsky(2001)에 의하면, 목적어전이의 선택은 언어마다 차이가 있는데, 즉 아이슬란드어(Icelandic)에서는 자유로이 허용되고 본토 스칸디나비아어(Mainland Scandinavian: MSc)에서는 부분적으로 허용되지만, 영어와 로맨스어(Romance languages)에서는 전혀 허용되지 않는다. 목적어전이를 허용하는 언어를 OS-언어(OS languages)라 하고, 영어와 같이 목적어전이를 허용하지 않는 언어를 비OS-언어(non-OS languages)라 한다. 먼저, 아래 (1)의 도출을 고려해 보자.

(1) $John_{subj}$ T [$_{v*P}$ $that_{ob}$ [$_{v*'}$ tsubj [$_{v*'}$ v* [$_{VP}$ read t_{ob}]]

앞의 도출은 목적어전이를 내포하는 도출로서 영어에서는 나타나지 않지만 OS-언어에서는 자유로이 나타난다. Chomsky(2001, 2004)의 탐침자-목표물 문법체계(Probe-Goal Framework)에 의하면 목적어전이가 이루어지기 위해서는 반드시 v*에 EPP-자질(EPP-feature)이 설정되어 있어야 한다. 즉, 목적어 DP가 v*와 ϕ-자질(ϕ-features)상 일치를 이룰 때 v*의 EPP-자질을 충족하기 위해서 v*P의 외곽지정어(outer Spec) 위치로 이동한다는 것이다.

Chomsky(2001)에 의하면, 영어와 같은 비OS-언어(non-OS languages)에서도 타동사의 목적어가 v*P 바깥으로 *Wh*-이동을 수행할 경우에는 아래 (2)의 예문에서와 같이 v*P의 외곽지정어 위치를 경유해야 하는데, 이러한 이동도 v*의 EPP-자질에 의해 허용되어야 하므로 목적어전이로 볼 수 있다는 것이다.

(2) $[_{CP}$ $what_{ob}$ C $[_{TP}$ $John_{subj}$ T $[_{v^*P}$ t_{ob} $[_{v^{*\prime}}$ t_{subj} $[_{v^{*\prime}}$ v^* $[_{VP}$ read $t_{ob}]]]]]]$

즉, 목적어전이는 OS-언어에서는 자유로이 허용되지만, 비OS-언어에서도 불가피한 경우에는 허용된다는 사실을 알 수 있다.

⇨ PHONOLOGICAL BORDER

Observational Adequacy

☞ ADEQUACY

OCC-feature [OCC-資質] Chomsky(2004)에서 제안되는 최소주의 언어이론(Minimalist Program: MP)에서 EPP-자질(EPP-feature)을 일컫는 말로, 기존의 최소주의 이론에서 제안하고 있는 EPP-자질과 OCC-자질의 차이는 OCC의 경우가 EPP보다 훨씬 선택적인 개념을 갖는다는 것이다. 즉 OCC는 반드시 의미표상(SEM)에서 의미적 효과를 낳는 경우만 OCC-자질(OCC-feature)이 할당된다고 본다. 따라서 Chomsky(2004)의 탐침자-목표물 문법체계(Probe-Goal Framework)에서는 의미표상에서 의미적 효과를 갖지 않는 허사 *there*의 병합은 EPP(OCC)-자질을 충족하기 위한 것이 아니라 단순히 *there*가 탐침자(Probe)로서 최소의 탐색으로 TP와 병합한 결과로 본다.

⇨ EPP-ASSIGNMENT CONDITION

optimal derivation [最適導出] 음성형태(PF)와 논리형태(LF) 층위의 구조 기술(structural description)인 (π, λ)의 쌍이 각기 조음청취체계(調音聽取體系 articulatory-perceptual system: A-P System)와 개념의도체계(槪念意圖體系 conceptual-intensional system: C-I System)에서 해석가능한 구성요소로 이루어질 때, 그 도출(導出 derivation)을 합치도출(合致導出 convergent derivation)이라 한다. 즉, 합치도출은 연산체계(演算體系 computational system)에 의해 생성된 많은 도출들 중에서 完全解釋原理(full interpretation: FI)를 준수하는 도출을 말하나, 합치도출이 조음-청취체계(調音聽取體系 articulatory-perceptual system: A-P System)와 개념-의도체계(槪念意圖體系 conceptual-intensional system: C-I System)의 해석을 위해 언어정보를 제공하는 음성형태표현(PF representation)과 의미형태표현(LF representation)이 되는 도출은 아니다. 조음-청취체계와 개념-의도체계에서 소리와 의미로 해석될 언어정보를 제공하는 최종의 도출은 완전해석원리를 준수하는 합치도출 중에서 최적(optimal)인 최적도출(最適導出 optimal derivation)이라야 한다. "최적"이란 이동의 국부성, 도출상의 잉여적 단계의 금지와 같은 경제성(economy)의 준수를 의미한다. 즉, 합치도출 중에서 최소연결조건(最小連結條件 minimal link condition: MLC), 최소단계조건(最小段階條件 minimal step condition: MSC), 지연성원리 (遲延性原理 Procrastinate), 이기성원리(利己性原理 Greed), 최후수단(最後手段 Last Resort) 등의 경제성조건(economy condition)을 준수한 도출이 최적도출이 된다. 만일 하나의 배번집합에서 사상되는 두 개의 도출이 모두 合致된다고 할 때, 도출1이 도출2보다 경제적이면, 도출1이 최적도출이 되며 도출2는 도출1에 의해 차단된다. 최적도출을 용인가능도출(容認可能導出 admissible derivation)이라고도 한다.

Orwell's problem [오웰의 問題] 현대 영국의 소설가이며 수필가인 조지 오웰(George Orwell 1903~1950)이 제기한 인간의 사회적, 정치적 지식에 관한 문제로, Chomsky(1986a)에 의해 언어학(특히, 변형생성문법)을 통해 그 해결책에 접근할 수 있는 철학적 과제 중의 하나로 평가되었다. 즉, 오웰은 다음과 같은 문제를 제기한다.

(1) 인간은 어떻게 아주 많은 경험(경험적 자료)에도 불구하고 그렇게 적은 양의 지식밖에 확보할 수 없는가?
(How can we come to have so little knowledge for so much experience/evidence?)

이 문제는 인간의 지식이 갖는 특성 중에 한 측면을 지적하고 있는 문제로, 인간이 이 세상에 태어나 겪는 경험은 충분히 많으나, 그러한 풍부한 경험에 비해 인간이 얻는 지식의 양은 빈약하다는 것이다. 이 문제는 일견에 플라톤(Plato BC492~437)이 제기한 플라톤의 문제(Plato's problem)와 상반되는 주장을 하고 있는 것 같으나, 인간지식의 또 다른 한 측면에 대한 문제제기로 사실상 플라톤의 문제를 보완하는 보충적 질문이라 할 수 있다. 즉, 플라톤이 제기한 인간지식에 대한 문제는 인간의 본유적 지식(innate knowledge)에 관한 문제제기라면, 오웰의 문제는 경험과 학습을 통해 얻는 후천적 지식(acquired knowledge)에 관한 문제 제기이다. 따라서 오웰의 문제를 재해석하면, '인간의 본유적 지식은 경험과 상관없이 매우 방대하나, 후천적 지식은 풍부한 경험적 자료에도 불구하고 학습되는 양이 왜 그렇게 빈약한가?'라고 볼 수 있다.

이러한 오웰의 문제는 사실상 Chomsky 혁명(1957)을 통해 변형생성문법에서 추구해온 다음과 같은 질문과 맥을 같이 하고 있다.

(2) 모국어(native language)의 습득은 빈약한 경험(insufficient experience)과

부족한 자극(impoverished stimuli)을 통해서도 방대한 양(huge knowledge)과 완벽한 직관(complete intuition)으로 습득되는데, 외국어(foreign language)의 경우는 많은 노력과 오랜 시간의 학습과정에도 불구하고 왜 그렇게 힘들고 더디고 그 양도 빈약할 뿐만 아니라 완벽한 직관으로 습득되지 못하는가?

Chomsky가 그의 혁명(1957)을 통해 실증주의 철학에 기반을 둔 Saussure식의 구조주의문법을 거부하고 데카르트식의 이성주의 철학(본유적 관념론)을 기반으로 변형생성문법을 주창하게 된 중요한 계기 중의 하나가 바로 언어학의 연구를 통해 (2)의 문제에 대한 해답을 찾고자 함에 있고, 이러한 해답이 바로 오웰의 문제에 대한 근원적인 대답이 된다.

overt movement [明示的移動] 점검(點檢 checking)받아야 하는 자질 중에서 특히 강성자질(强性資質 strong feature)(즉, 문자화(文字化 Spell-Out) 이전까지 점검되어 제거되어야 하는 자질)을 점검하기 위해 문자화 이전에 이루어지는 이동으로 이동 후의 위치가 음성적으로 실현이 되므로 흔히 '눈에 보이는', 즉 명시적 이동이라고 한다. 이러한 유형의 이동은 지연성원리(遲延性原理 Procrastinate)에 의하면 논리형태에서 일어나는 비명시적 이동(非明示的移動 covert movement)보다는 값이 비싸다고 본다. 따라서, 이동은 가능한 한 문자화 이후 논리형태에서 비가시적으로 일어나야 한다. 그러나, 지연성원리의 준수는 어디까지나 도출이 합치(合致 converge)하는 범위 내에서 이루어져야 하므로 명시적 이동이 덜 경제적임에도 불구하고 합치를 위해서는 강성자질의 점검을 위한 이동은 문자화 이전에 명시적으로 일어날 수밖에 없는 것이다. 강성자질은 비해석성(uninterpretable: [−interpretable]) 자질로 음성형태층위(音聲形態層位 PF level)에서 가시적이므로 문자화 이전에 반드시 점검을 받아 삭제되어야 하고, 그렇지 못할 경우는 강성자질을 포함하는 도출이 그대로 음성형태층위에 이르게 되고, 이 때 비해석성의 강성자질은 해석될 수 없으므로 음성형태층위에 적용되는 완전해석원리(full interpretation: FI)를 위반하게 되어 그 도출이 파산(破散 crash)된다.

overt syntax [外顯統辭部] 병합(倂合 Merge)과 자질유인(資質誘引 Attract-F) 등의 연산(演算computation)이 음성형태표현(PF representation)에 영향을 미치는 연산체계(演算體系 computational system: C_{HL})를 일컫는 말로, 문자화(文字化 Spell-Out)에 의해 내현통사부(內顯統辭部 covert syntax)와 분리된다. 즉, 논리형태부(LF component) 이전의 연산과정(computational process)을 말한다. 연산체계는 배번집합(配番集合 numeration) N에서 논리형태표현(LF representation) λ에 이르기까지 선발(Select), 병합(Merge), 자질유인(Attract-F) 등의 연산이 반복적으로 적용되는데, 이러한 연산과정에서 특정 단계의 도출 Σ에 문자화가 적용되면, 음성자질을 제외한 Σ의 모든 정보는 논리형태층위(LF level)로 유입되고 논리형태층위에서도 계속적으로 선발, 병합, 자질유인 등의 연산이 적용된다. 이 경우, 문자화 이전까지의 연산과정 (N→Σ)을 외현통사부(外現統辭部 overt syntax)라 일컫고, 문자화 이후의 연산과정(Σ→λ)을 내현통사부이라 일컫는다. 참고로, Chomsky(1998)에서는 매번 자질유인에 기인하는 부수적 병합(附隨的倂合 ancillary Merge)이 일어날 때마다 그 단계에서 문자화가 일어난다고 보므로, 표현의 도출과정에서 한 번 이상의 문자화가 일어날 수 있다. 따라서, 사실상 외현통사부와 내현통사부의 구분은 사라지고 배번집합에서 논리형태표현에 이르기까지 단일 연산체계가 반복적으로 적용된다고 본다.

[P]

pair-Merge

☞ MERGE

parallel movement [竝行移動] Chomsky(2005a, 2005b)의 탐침자-목표물 문법체계(Probe-Goal Framework)에서 탐침자(Probe)가 목표물(Goal) 탐색할 때 C-T와 v*-V가 연합체를 이루어 목표물을 탐색함으로써 의문사 의문문일 경우 영어에서 T와 V의 지정어 위치로의 주어와 목적어의 인상과 함께 나란히 C나 v*의 지정어 위치로 의문사의 이동도 일어난다고 보는데, 이러한 동시 이동을 병행이동(parallel movement)이라 한다. 이러한 병행이동은 다음 (1)과 같은 외곽자질에 대한 Chomsky(2005b)의 가정에 기인한다.

(1) (i) 내부병합에 의한 이차병합을 유발하는 외곽자질은 오직 C와 v*의 외곽자질이다.
(Only C and v* have EF that can trigger second-Merge by IM.)
(ii) 이차병합을 유발하는 외곽자질은 국면의 핵으로부터 일치자질이 계승될 때 함께 계승될 수 있다.
(The second-Merge triggering EF can be inherited from the phase head along with the Agree-feature.)

즉, C-T나 v*-V 연합체의 일치자질 탐색에 의해 문장의 주어와 목적어가 각기 T와 V의 지정어 위치로 인상되는 내부병합(internal

Merge: IM)은, (4i, ii)의 가정에 의하면, 국면(phase)의 핵인 C와 v*는 탐침자(Probe)로서 목표물(Goal)의 탐색에 나설 때 자질계승(feature inheritance)의 결과로 각기 그들이 선택하는 T와 V와 C-T와 v*-V 연합체를 이루어 함께 목표물을 탐색하게 된다. 이 경우, 일치자질의 탐색을 통해 문장의 주어나 목적어가 각기 T나 V의 지정어 위치로 인상되어 이들의 계승된 외곽자질을 충족하기도 하지만, 만약 해당 문장이 *wh*-구를 내포하는 의문문(wh-interrogatives)나 관계절(relatives)이라면 C나 v*의 외곽자질이 동시에 충족되어야 하므로, C-T와 v*-V 연합체의 탐색으로 주어와 목적어의 인상이 일어날 때 동시에 나란히 C나 v*의 지정어 위치로 *wh*-구도 함께 이동해야 하는데, 이러한 동시 이동의 행태를 소위 병행이동(parallel movement)이라 한다. 예컨대, 다음 예문 (2)의 도출(derivation)을 고려해 보자.

(2) a. it was the CAR (not the TRUCK) of which [they found the (driver, picture)]
   b. of which car did [they find the (driver, picture)]?

먼저, Chomsky(2005b)에 의하면, v*P 내부에서 진행되는 연산(computation)도, CP의 국면에서와 같이, 선택관계에 있는 v*와 V가 v*-V로 연합체를 이루므로 v*의 탐색이 진행될 때 V의 탐색도 함께 진행되어 V의 지정어(Spec-V)로 DP의 인상과 v*의 지정어(Spec-v*)로 *wh*-구의 인상이 병행이동에 의해 동시에 나란히 목적어의 기저위치에서부터 이루어진다고 본다. 그 결과 (2)는 다음 (3)과 같은 중간 단계의 도출을 갖는다. (최소주의 언어학의 가정에 따라 흔적(trace)을 복사(copy)로 표현함.)

(3) $[_{v^*P}$ *of which (car)* $[_{v^{*\prime}}$ they $[\ _{v^*}$ $[_{VP}$ $[_{DP}$ the (driver, picture) *of which*

(car)] [found [$_{DP}$ the (driver, picture) *of which (car)*]]]]]

이후 CP의 국면에 이르러서 C-T 연합체에 의한 탐색으로 주어인상과 *Wh*-이동이 역시 병행이동으로 동시에 나란히 일어나게 되면, 아래 (4)의 도출로 이어져, 결과적으로 (2)의 문장이 생성된다. (이 경우 국면침투불가조건(phase impenetrability condition: PIC)의 효과에 의해 v*의 지정어는 상위국면의 핵인 C의 탐색영역임을 상기하라.)

(4) [$_{CP}$ *of which (car)* [$_{C'}$ C [$_{TP}$ they [T [$_{v*P}$ of which (car) [$_{v*'}$ they [v* [$_{VP}$ [$_{DP}$ the (driver, picture) *of which (car)*] [found [$_{DP}$ the (driver, picture) *of which (car)*]]]]]]

⇨ PHASE, EDGE FEATURE: EF

Perceptual Motor System [知覺運動體系] 최소주의이론(Minimalist Theory) 이전의 원리매개변인이론(Principles and Parameters Theory)에서 사용하던 용어로, 원리매개변인이론에서는 인간의 두뇌 속에 포함되는 언어기능에는 어휘부(Lexicon), 문법체계(Grammatical System), 수행체계(Performance System) 등 세 가지 체계가 있고, 수행체계 속에는 다시 지각운동체계(Perceptual Motor System)와 개념체계(Conceptual System)가 있는데, 어휘부에서 생성되는 어휘정보(lexical information)가 문법체계로 입력이 되면, 문법체계는 어휘정보를 활용하여 심층구조(D-Structure), 음성형태(PF), 논리형태(LF) 등 세 가지 층위의 표상(representation)을 만들어 내고, 이들 층위의 표상들은 각기 심층구조는 어휘부와, 음성형태는 지각운동체계와, 논리형태는 개념체계와 상호교류(interaction)하는 접합부(interface)의 역할을 하게 된다고 본다. 이후 최소주의이론에서는 지각운동체계를 '감각운동체계(sensori-motor system)'라고 일컫고, 개념체계(Conceptual System)는 '개념의도체계(conceptual-intentional system)' 혹은 '사고체계(system of thoughts)'라고 일컫는다.

☞ SENSORI-MOTOR SYSTEM

perfect system

☞ STRONG MINIMALIST THESIS, LEGIBILITY CONDITION

perfection

☞ STRONG MINIMALIST THESIS

performance system [隨行體系] 인지체계(cognitive system)와 함께 넓은 의미의 언어능력(language faculty)을 구성하는 한 부서로서, 인지체계가 제공한 언어정보(linguistic information), 즉 연산체계(computational system)를 통해 도출된 표현(representation)을 해석하여 실세계의 발화(sound)와 의미(meaning)로 해석하여 인간으로 하여금 언어를 동한 의사소통을 가능하게 하는 언어외부체계(language-external system)를 말한다. 이 체계는 음성형태표현(PF representation)을 운동감각체계(sensori-motor system)를 통해 소리로 해석하는 조음청취체계(articulatory-perceptual system: A-P System)와 논리형태표현(LF representation)을 사고체계(system of thoughts)를 통해 의미로 해석하는 개념의도체계(conceptual-intentional system: C-I System)의 두 하위 체계로 구성된다. 수행체계는 언어사용에만 관여하는 체계는 아니며, 사실상 언어사용과는 상관없이 별도로 존재하는 체계라고 본다. 그러나 수행체계가 특별히 언어사용에 관여하는 한 넓은 의미에서 그것을 언어능력의 한 부분이라고 말할 수 있다. 또한, 인지체계가 어떤 개인이 처해진 언어적 환경에 영향을 받아 특정의 언어로 구체화(instantiation)되는 변이

(variation)를 갖는데 반해, 수행체계는 모든 인간에 있어 안정되어 있고 고정되어 있다는 것이 특징이다. 결국 진정한 의미에서의 언어능력은 인지체계를 가리키며 수행체계는 언어에 관한 한 인지체계가 도출한 표현을 의사소통을 위한 수단으로 사용하는 언어외부체계라고 할 수 있다.

phase [局面] Chomsky(2001)에서 제안되고 있는 탐침자-목표물 문법체계(Probe-Goal Framework)에서 협소통사부(narrow syntax: NS)에서 선발(Select), 부합(Match), 일치(Agree), 대동(Pied-Pipe), 병합(Merge) 등의 연산(computation)이 적용되는 통사단위를 일컫는 말이다. 탐침자-목표물 문법체계에서는 어휘배열(lexical array) LA가 어휘항목(lexical items)들의 소집합체인 하위어휘배열(lexical subarray) LAi들의 집합으로 이루어져 있다고 보며, 하위어휘배열의 집합체인 어휘배열 LA가 구성되면, 이 LA는 협소통사부로 넘겨지고, LA를 넘겨받은 협소통사부에서는 이제 연산체계(computational system: C_{HL})가 작용하여 LA로부터 도출(derivation) D_{NS}를 생성해 낸다. 이러한 연산은 하위어휘배열 단위로 반복적으로 적용되어 각 하위어휘배열마다 그것의 독자적인 D_{NS}를 순차적으로 생성한다. 이러한 차원에서 협소통사부는 어휘배열(LA)을 넘겨받아 도출(D_{NS})을 만들어내는 생성엔진(generative engine)이라 할 수 있다. 이렇게 각 하위어휘배열 단위마다 얻어지는 DNS를 국면(phase)이라 한다. 국면은 연산이 반복적으로 적용되는 협소통사부의 순환단위(cycle)가 된다. 연산을 통해 얻어진 도출은 양도(TRANSFER)의 작용에 의해 국면 단위로 음운부(phonological component) Φ와 의미부(semantic component) Σ로 이관(transferred)된다. 한편, Chomsky(2004)의 탐침자-목표물 문법체계에 따르면 국면(phase)을 다음과 같이 정의된다.

(1) 오직 CP와 v*P만이 국면이다.

(Only CP and v*P are phases.)

(1)의 정의에 의하면, 기존의 이론에서 주격일치체계(nominative agreement system) 하에 ϕ-자질(ϕ-features)의 특구(locus)가 되었던 T까지도 국면을 이룰 수 없기 때문에 전이나 문자화는 물론 일치나 내부병합의 단위가 될 수 있다. Chomsky(2004)의 탐침자-목표물 문법체계에서 제기되는 중요한 이론의 변화가 바로 이러한 점에 기인한다. 즉, 만약 T가 국면을 이룰 수 없다면, T의 지정어(SPEC-T)로의 외부논항주어(external argument subject)나 비대격/수동태 목적어(unaccusative/passive object) 등이 인상되는 EPP 현상은 어떻게 포착되는가? 바로 이러한 점을 포착하기 위해서 Chomsky(2004, 2005b)에서는 자질계승(feature inheritance)에 대한 다음 (2)의 가정을 제시한다.

(2) (i) T가 C에 의해 선택된다면, T는 C로부터 일치자질과 시제를 계승받는다.

(T inherits Agree- and Tense-features from C iff it is selected by C.)

(ii) 이차병합을 유발하는 외곽자질은 국면의 핵으로부터 일치자질이 계승될 때 함께 계승될 수 있다.

(The second-Merge triggering EF can be inherited from the phase head along with the Agree-feature.)

위 (2)의 가정에 의하면, T는 C에 의해 선택될 때까지는 도출 상에서 일치(Agree)나 일치를 통한 내부병합의 연산에 참여할 수 없게 된다. T가 C에 의해 선택되지 않을 경우는 시제(tense)나 ϕ-자질(ϕ-features)을 갖지 않는 소위 인상구문(raising construction)이나 예외격표시구문(ECM construction)과 같은 부정사구문을 이룬다. 따라서 T는 C에 의해 선택될 때만 CP의 국면 단위에서 C-T의 연합체로서 국면에 적용되는 연산에 참여하게 된다. 즉, C-T가 탐침자(Probe)로서 목표물(Goal) DP와 일치를 이룰 때, 목표물(Goal) DP는 장거리일치(long-distance agreement) 하에서 제자리(in-situ)에 남거나, 아니면 T의 지정어(SPEC-T) 위치나, 혹은 그 CP의 국면 내부에 의문사가 나타날 경우에는 T의 지정어 위치로의 주어인상과 함께 C의 지정어 위치로 의문사이동(wh-movement)까지 동시에 적용되는 소위 병행이동(parallel movement)이 야기된다.

⇨ PROBE-GOAL FRAMEWORK

phase impenetrability condition: PIC [局面浸透不可條件]

Chomsky(2001, 2004)의 탐침자-목표물 문법체계(Probe-Goal Framework)에서 연산(computation)이 적용되는 범위를 제한하기 위해 적용되는 조건으로, 다음과 같이 정의된다.

(1) H가 강국면 HP의 핵이고, ZP는 차상위의 강국면일 때, H의 영역은 ZP의 순환단계에서 적용되는 연산작용에 참여할 수 없지만, H와 그것의 외곽요소는 참여할 수 있다.
(The domain of H is not accessible to operations at ZP, but only H and its edge, (where H is the head of strong phase HP, and ZP is the next strong phase.)

위의 국면침투불가조건(phase impenetrability condition: PIC) (1)에 의하면, 강국면(strong phase) HP의 핵(head)인 H와 그것의 외곽(edge)에 해당되는 지정어(SPEC)와 부착요소(adjoined element)만이 차상위 강국면(the next strong phase) ZP의 연산작용(computational operation)에 참여할 수 있다. 즉, 차상위 강국면 ZP의 핵 Z가 비해석성(uninterpretable) ϕ-자질(ϕ-features)이나 EPP-자질(EPP-feature)을 가질 때, 이들을 제거(delete)하기 위해 일치(Agree)나 이동(Move) 등의 연산이 일어나는데,

이러한 연산에 참여할 수 있는 요소는 바로 차하위 강국면 HP의 핵 H와 외곽요소(edge elements)들이라는 것이다. 따라서 강국면 HP의 영역(domain)인 보충어 위치에 남아 있는 요소는 차상위 강국면의 연산에 전혀 영향을 받지 않으므로 도출(derivation)이 차상위 강국면에 이르기 전에 즉시 양도(TRANSFER)에 의해 음운부로 이관되어 문자화(Spell-Out: S-O)에 의해 문자판독(spelled out) 되어야 한다. 따라서 강국면 HP의 보충어가 HP의 지정어 위치로 이동되지 않는 한 그 보충어와 그 보충어에 내포되는 요소들은 차상위 강국면에 적용되는 연산작용에 참여할 수 없게 된다. 양도는 강국면의 단계에 적용되며, 강국면의 핵인 기능범주가 EPP-자질을 갖지 않을 경우 그것의 보충어는 국면침투불가조건(PIC)의 효과에 의해 바로 문자화에 의해 문자판독된다. Chomsky(2004)에 의하면, 문자화는 가능한 한 일찍 적용되어야 한다(Spell-Out should apply as early as possible). 문자화를 강국면 단계에서 적용하는 것은 의미부(semantic component)와 음운부(phonological component), 그리고 협소통사부(narrow syntax: NS)의 순환단위(cycle)를 동일화하여 연산의 부담(computational burden)을 줄일 수 있고, 문자화를 가능한 한 일찍 적용하는 이유도 역시 도출과정에서 도출의 전단계(earlier stage)를 잊게 함으로써 연산의 부담을 줄일 수 있기 때문이다. Chomsky(2004)의 가정에 따르면, 문자화에 의해 음운부로 이관되어 문자판독된 요소는 더 이상 협소통사부에 참여하지 않는다.

phase locality condition [局面局地性條件] Chomsky(2005b)의 탐침자-목표물 문법체계(Probe-Goal Framework)에서 제안된 탐침자(Probe)의 탐색(search)에 관한 일반화조건(generalized condition)으로, 소위 평행이동(parallel movement) 가설 하에서 새롭게 발생되는 외재논항 섬-효과(external argument island effect)와 탐색은 하위국면의 보충어에 접근할

수 없다는 기존의 국면침투불가조건(phase impenetrability condition: PIC) 효과를 묶어 다음 (1)과 같은 국면국지성조건(phase locality condition)을 제시하고 있다.

(1) 하위국면에 매입되어 있는 α의 내부에 나타나는 요소들은 이미 도출과정을 통과하였기 때문에 더 이상 상위국면의 연산에 접근할 수 없다.
(The elements in α embedded in the lower phase, which has already been passed in the derivation, cannot be accessed in the next higher phase.)

사실상, (1)의 국면국지성조건은 탐침자의 최소탐색영역(minimal search domain)의 결정에 적용되는 최소탐색조건(minimal search condition)에 기인한다고 볼 수 있는데, Chomsky(2005b)에서는 최소탐색조건을 다음 (2)와 같이 제시하고 있다.

(2) (i) 탐침자는 그것의 최소탐색영역에서 목표물을 찾아야 한다.
(The probe must seek its goal in the minimal search domain.)
(ii) $\{\alpha, \{\alpha, \beta\}\}$가 국면을 이룰 경우, α의 최소탐색영역은 다음과 같이 정의된다: (a) β가 하위국면이라면, β에 직접 관할되는 통사대상, 즉 β의 지정어이다. (b) 그 이외의 경우, β에 관할되는 모든 통사대상이다.
(In the phase $\{\alpha, \{\alpha, \beta\}\}$, the minimal search domain of α is defined as follows: (a) it is the syntactic objects (SOs) immediately dominated by β, that is, the Spec of β; (b) otherwise, it is all the syntactic objects (SOs) dominated by β.)

즉, 위 (2)의 정의에서 (2i)는 최소탐색조건의 정의이며, (2ii)는 최소탐색영역의 정의이다. (2iia)에 의하면, 하위국면 β의 지정어를 제외한, 지정어 내부에 나타나는 요소들과, 보충어, 그리고 그 보충어 내부에 나타나는 요소들은 β에 직접 관할(immediately dominated)되는 요소가 아니기 때문에 상위국면 탐침자의 최소탐색영역에 포함되지 못한다. 따라서 이들은 상위국면의 탐침자로부터 탐색을 받지 못함으로써 상위국면의 연산에 참여할 수 없다. 이를 위 (1)의 국면국지성조건으로 재해석하면 하위국면의 지정어 내부에 나타나는 요소들과, 보충어, 그리고 그 보충어 내부에 나타나는 요소들은 이미 도출과정을 통과하였기 때문에(즉, 지나간 국면에 깊게 매입(deeply embedded)되어 있기 때문에) 상위국면의 탐침자로부터 탐색을 받지 못하고, 그 결과서 상위국면 속으로 내부병합될 수 없어 결국 외재논항 섬-효과(external argument island effect)와 국면침투불가조건(phase impenetrability condition: PIC) 효과가 나타나게 된다.

⇨ EXTERNAL ARGUMENT ISLAND EFFECT, PHASE IMPENETRABILITY CONDITION: PIC

PHON [音聲表象] Chomsky(1998) 이후 최소주의 언어이론(Minimalist Program: MP)의 탐침자-목표물 문법체계(Probe-Goal Framework)에서 사용하는 용어로, 과거 생성문법에서 음성표상(PF-representation)이라 일컫던 개념과 유사한 개념이다. 오늘날 인간이 사용하는 개별언어(particular languages)란 그 언어의 원어민(native speakers)이 의사소통(communication)을 위해 사용하는 모든 표현들(expressions)의 집합이라고 본다. 이 집합에 속하는 각 표현들은 음성표상(PF-representation)과 의미표상(LF-representation)이라는 양 측면의 언어정보를 갖는데, Chomsky(1998) 이후 최소주의 언어이론의 탐침자-목표물 문법체계에서는 이들 표상들을 각기 음성표상(PHON)과 의미표상(SEM)이라 한다. 최소주의 언어이론에서는 언어표현인 음성표상과 의미표상은 바로 그 개별언어의 원어민이 생득적으로 갖는 언어기능(faculty of language: FL)의 후천적 완성 상태인 소위 내재언어(internal language: I-language)의 연산작용(computation)에 의해 생성된다고 주장한다. 이러한 관점에서 내재언어인 원어민의 인지체계(cognitive system)에 의해 생성된 표현들을 외재언어(external language: E-language)라고도 한다.

⇨ PROBE-GOAL FRAMEWORK

phonological border [音韻的 境界] 음운적 경계(phonological border)란 Chomsky(2001)의 탐침자-목표물 문법체계(Probe-Goal Framework)에서 목적어전이(object shift: OS) 현상과 관련하여 OS-언어(OS languages)와 비OS-언어(non-OS languages)간의 차이를 포착하기 위해 제시되는 개념이다. 즉, OS-언어에서와 달리 영어와 같은 비OS-언어에서는 왜 목적어전이가 나타나지 않는지를 설명하기 위해 Chomsky(2001)에서는 다음 (1)과 같은 매개변인(parameter)을 설정한다.

(1) v*P의 음운적 경계에서는 XP에 INT'가 할당된다.
(At the phonological border of v*P, XP is assigned INT'.)

위의 정의에서 INT'는 INT에 상반되는 개념으로 초점(focus), 특정성(specificity), 한정성(definiteness), 신정보(new information) 등을 나타내는 해석적 복합체(interpretive complex) INT가 아닌 것을 의미하며, 음운적 경계(phonological border)란 v*P 속에 나타나는 최초의 음운자질(phonological features)을 갖는 요소를 말한다. 즉, 음운적 경계는 음운적 외곽(phonological edge)의 개념과 달리 v*P 속에 동사의 목적어만 남아 있을 경우 이 목적어까지도 음운적 경계에 해당된다.

Chomsky(2001)에 의하면, (1)의 규칙은 매개변인으로서 OS-언어에서는 [+]값을 가지며, 비OS-언어에서는 [-]값을 가진다고 본다. 따라서 OS-언어에서는 (1)이 적용되므로 목적어를 제외한 v*P 내부의 모든 요소가 인상된다면 v*P 내부에 남아 있는 목적어에게 INT'가 할당되므로, 이 경우 목적어가 특정성, 한정성을 갖지 않는 부정성(indefinite)의 표현이라면 상관없으나, 만약 특정성이나 한정성을 가져야 하는 표현(즉, 한정대명사(definite pronoun))이라면 INT를 할당받아야 하므로 문법적인 출력이 되려면 목적어가 v*P의 지정어 위치로 전이될 수밖에 없다. 그러므로, OS-언어에서는 한정대명사와 같이 INT를 필요로 하는 표현이 v*P의 음운적 경계에 나타나면 반드시 v*에 EPP-자질이 할당되어 목적어전이가 일어나야 한다. 다음 (2)의 예문에서 보여주는 문법성의 대조는 OS-언어에 나타나는 목적어전이의 특성을 보여준다.

(2) a. I saw_{v*} her_{ob} not [tv* t_{ob}].
    b. *I have her_{ob} not [seen t_{ob}].

즉, OS-언어에서 (2a)의 경우는 목적어 *her*가 v*P 내부에서 음운적 경계에 나타나는 경우이므로, 이 경우는 목적어 *her*가 INT를 할당받기 위해서(v*가 반드시 EPP-자질을 할당받아) 목적어전이를 수행해야 하는데, (2a)는 이러한 목적어전이가 수행된 경우이므로 문법적이다. 그러나 (2b)의 경우는 동사구 내부에 *seen*이 나타나 목적어 *her*의 위치가 음운적 경계에 해당되지 않으므로 *her*가 목적어 위치에 남아 있더라도 INT를 할당받을 수 있어 목적어전이를 수행할 필요가 없다. 그럼에도 불구하고 (2b)는 목적어 *her*가 전이된 경우이므로 비문법적인 문장으로 판정된다. 따라서 OS-언어에서는 (2b)는 다음 (3)과 같이 목적어전이가 일어나지 않은 표현으로 대치되어야 한다.

(3) I have not [seen her].

한편, 영어와 같은 비OS-언어에서는 (1)의 매개변인이 [-]값을 갖는다. 따라서 이들 언어에서는 목적어가 비록 음운적 경계가 되는 기저위치에 나타난다하더라도 그 위치에서 INT를 할당받을 수 있으므로 INT를 할당받기 위해서 추가적으로 v*P의 지정어 위치로 전이될 필요가 없다. 그러므로 비OS-언어에서는 비록 한정대명사와 같이 INT를 요구하는 표현이 기저에서 동사구의 목적어위치에 나타난다하더라도 전혀 목적어전이의 필요성을 갖지 않는다.

⇨ OBJECT SHIFT: OS

phonological edge [音韻的 外郭] Chomsky(2001)의 탐침자-목표물 문법체계(Probe-Goal Framework)에서 기존의 최소주의 언어이론(Minimalist Program: MP)에서 제안하고 있던 최소연결조건(minimal link condition: MLC)(혹은 최단이동조건(shortest Move))의 대안으로 제시하고 있는 새로운 국지성조건(locality condition)이다. 기존의 최소연결조건(minimal link condition: MLC)(혹은 최단이동조건(shortest Move))이 자질점검(feature-checking)을 위한 범주의 이동(Move)을 제약하는 조건이라면, 음운적 외곽(phonological edge)은 비해석성 ϕ-자질(ϕ-features)을 갖는 탐침자가 일치(Agree)를 위해 자신의 투사범주의 범위(domain) 내에서 ϕ-자질상 부합(Match)을 이루는 목표물을 탐색(search)할 때 이러한 탐색을 제약하는 조건이라 할 수 있다. 이 조건에 의해 부합을 위한 탐색이 차단되는 효과를 소위 간섭효과(intervention effect)라 한다. Chomsky(2001)에서는 음운적 외곽을 다음과 같이 정의하고 있다.

(1) 음운적 외곽은 탐침자에 접근가능하다.
(The phonological edge is accessible to Probe P.)

음운적 외곽에 대한 (1)의 정의에 의하면, 아래 (2)의 구조에서 XP가 음운적 실체(phonological contents)을 가질 경우, XP는 탐침자(Probe)인 P와 목표물(Goal)인 SPEC 사이에 적용되는 자질상의 부합

(Match)을 차단하므로 P와 SPEC 간에는 자동적으로 일치(Agree)의 연산이 적용될 수 없게 된다.

(2) $[_{ZP} \cdots P \cdots [_{HP}\ XP\ [SPEC\ [H\ YP]]]$

(2)에서 XP가 이미 일치의 연산을 통해 격자질의 값을 부여받아 비활동적(inactive)인 경우에도 음운적 실체가 있고 ϕ-자질상 완전(ϕ-complete)한 경우에는 (1)에 의해 사실상 P와 SPEC 간의 자질상 부합을 차단함으로써 이른바 간섭효과(intervention effect)를 나타낸다.

⇨ INTERVENTION EFFECT

phrasal reflexive [句再歸詞] 형태론상 특성에 입각해 분류한 재귀사(再歸詞 reflexive)의 한 유형으로, 한국어의 '그 자신'과 중국어의 *ta ziji*, 영어의 *himself*, 이탈리아어의 *sè stesso*, 아이슬랜딕어의 *sjálfan sig* 등과 같이 두 개의 형태소(形態素 morpheme)로 이루어진 재귀사를 일컫는 말이다. 주로 선행 형태소는 대명사적(pronominal) 요소이며, 후행 형태소는 재귀사적(reflexive) 요소로 이루어진다. 구재귀사는 가끔 학자에 따라 다형태소재귀사(多形態素再歸詞 polymorphemic reflexive), Xmax 재귀사(Xmax 再歸詞 Xmax reflexive), 무표대용사(無表代用詞 unmarked anaphor), XP 재귀사(XP 再歸詞 XP reflexive) 등으로 일컬어지기도 한다.

Pied-Pipe [帶同] Chomsky(2004)의 탐침자-목표물 문법체계(Probe-Goal Framework)에서 이동(Move)의 한 속성으로 분석되는 개념으로, 복사이론(Copy Theory) 하에서 선행사(antecedent)와 복사(copy)의 관계가 성분통어(c-command)에 의하지 않고도 '대동(Pied-Pipe)'의 개념에 의해 결정될 수 있음을 주장한다. 요컨대, 탐침자-목표물 문법체계

(Probe-Goal Framework)에서는 EPP-자질을 충족하기 위한 구이동(XP-movement)은 다음 (1)과 같이 협소통사부(narrow syntax: NS)에서 진행되는 연산의 집합으로 분석한다.

(1) 이동 = 일치/대동/병합 (Move = Agree/Pied-Pipe/Merge)

또한 Chomsky(1994) 이후 최소주의 언어이론(Minimalist Program: MP)에서는 이동의 결과로 원래의 위치에 남는 흔적(trace)은 공범주(empty category)가 아니라 이동한 요소의 대부분의 특성을 그대로 유지하는 그것의 복사(copy)라고 본다. 이러한 이론을 복사이론(Copy Theory)라고 한다. 복사이론에 의하면 다음 예문 (2a)의 협소통사부의 도출은 (2b)처럼 표현된다.

(2) a. John was killed.
    b. [$_{CP}$ [$_{TP}$ John T-be [$_{vP}$ v [$_{VP}$ killed John]]]]

즉, 위의 예문은 *John*이 동사 *killed*의 목적어위치에서 문장의 주어위치로 이동한 것을 나타낸다. 그런데 이 경우 *killed*의 목적어위치에 *John*의 공범주 흔적인 t가 남지 않고 그것의 복사인 *John*이 그대로 나타난다. 그러면 복사이론에서는 흔적과 그것의 선행사의 차이는 무엇일까? 기존의 지배결속이론(GB-Theory)에서는 연쇄조건(chain condition)에 입각해 선행사는 흔적을 성분통어(c-command)(혹은 선행사 지배(antecedent government))한다고 본다. 이러한 관점에서는 (2)의 예문에서 문장의 주어 위치에 나타나는 *John*이 동사의 목적어 위치에 나타나는 *John*의 선행사가 되고, 동사의 목적어위치에 나타나는 *John*은 그것의 흔적이 된다. 그러나, 협소통사부의 연산작용(computation)을 더 이상 성분통어나 지배(government)의 개념에 의존하지 않는 탐침자-목표물 문법체계에서는 선행사와 흔적의 관계를 또 다른 관점에서 분석한다. 즉, 협소통사부의 이동을 (1)으로 분석하는 탐침자-목표물 문법체계에 따르면, 이동에는 대동(Pied Pipe) 작용이 포함되는 데 대동은 다음 (3)과 같이 정의한다.

(3) 대동은 음운적 내용을 필요로 한다.
(Piped-Pipe requires phonological content.)

즉, (3)에 따르면, 이동하는 요소는 반드시 그것의 음운적 실체(혹은 음운자질)(phonological content(or phonological features))를 흔적에 남기지 않고 대동한다는 것이다. 즉 이동하는 요소가 의미자질(semantic features)과 형식자질(formal features)을 대동할 때 그것들을 흔적에 복사하여 남기나 음운자질은 복사하지 않고 그 내용 자체를 이동한다는 것이다. 따라서, 음운적 실체가 있는 이동한 요소(즉, 선행사)는 음운부에서 음운해석규칙에 의해 음성으로 해석될 수 있으나, 원래의 위치에 남아 있는 복사는 음운적 실체가 없을 뿐만 아니라 그것의 의미자질과 형식자질들은 모두 음운부에서는 비해석성(uninterpretable)이므로 음운부에서 삭제된다. 그러므로 이제 선행사와 복사의 구분은 음운부에서 음성으로 해석될 수 있는 음운적 실체가 있느냐 없느냐에 따라 이루어질 수 있다. 즉, 음운부에서 음운적 실체를 가지고 있어 음성으로 해석되는 요소는 선행사이며, 음운적 실체를 갖지 않는 요소는 그것의 복사가 된다. 이러한 복사의 개념은 다음과 같이 정의된다.

(4) 만약 K와 L이 K가 L의 음운적 자질을 갖지 않는다는 점만을 제외하고 동일하다면, K는 L의 복사가 된다.
(K is a copy of L if K and L is identical except that K lacks the phonological features of L.)

Chomsky(2004)에 의하면, 이동(Move)은 양도(TRANSFER)의 연산이 적용되기 전이나 후에 모두 일어날 수 있다고 보는데, 양도 전의 이동을 명시적 이동(overt movement)이라 하고 전이 후의 이동을 비명시적 이동(covert movement)이라 한다. 이제, (4)의 정의에 의하면, 양도 후 발생하는 비명시적 이동의 경우는 기존의 성분통어에 의한 선행사-복사의 구분과는 반대의 결과를 낳는다. 즉, 협소통사부에서 명시적 이동의 경우는 이동하는 요소가 음운자질까지 대동함으로써 음운자질을 갖는 성분통어하는 자가 여전히 선행사가 되지만, 비명시적 이동의 경우는 이동하는 요소가 음운적 실체를 대동하지 않음으로써 오히려 음운부에서 그것의 음운자질이 음성으로 해석되는 기저의 요소가 선행사로 규정되며 그것을 성분통어하는 이동한 요소는 음운적 실체를 갖지 않기 때문에 복사로 규정된다. 따라서, 명시적 이동의 경우는 이동한 선행사가 기저의 위치에 남아 있는 그것의 복사를 성분통어하게 되지만, 비명시적 이동의 경우는 오히려 이동한 복사가 기저의 위치에 남아 있는 선행사를 성분통어하게 된다.

Plato's problem [*플라톤* 의 問題] 근세 데카르트식 이성주의(Rationalism) 철학의 원조로 평가되는 플라톤(Plato BC492~437)이 제기한 문제로, Chomsky(1986a)에 의해 언어학(특히, 변형생성문법)을 통해 그 해결책에 접근할 수 있는 철학적 과제 중의 하나로 다시 제기되었다. 즉, 플라톤은 그의 〈파이돈 Phaidon〉에서 다음과 같은 문제를 제기한다.

(1) 어떻게 인간은 아주 적은 경험(경험적 자료)에도 불구하고 그렇게 방대한 양의 지식을 확보할 수 있는가?

(How can we come to have so much knowledge for so little experience/evidence?)

이 문제는 사실상 인간의 지식에 대한 근원적인 문제 제기로, 인간이 이 세상(물질세계)에 태어나 겪는 경험은 공간이나 시간적인 측면에서 매우 제한적이나, 그러한 빈약한 경험에 비해 인간이 갖는 지식의 양은 대단히 방대하다는 것이다. 이 문제와 관련하여 플라톤은 그의 〈파이돈〉에서 '이데아론'과 더불어 '영혼론'을 주장하게 되는데, 플라톤에 의하면, 진정한 실체는 이데아(idea)이며 이데아를 인식하는 영혼은 영원불멸하기 때문에, 이러한 영혼을 부여받은 인간은 이 세상의 빈약하고 한정된 경험에도 불구하고 그 영혼에 본래 각인되어 있는 수많은 이데아들로 인해 그 지식의 양이 방대하다고 주장한다. (참고, 플라톤(Plato BC 429~347)은 그의 〈파이도로스〉에서 '아르케란 다른 존재로 인해 생성되지 않는 것'이라 정의했다. 즉, 아르케는 그로부터 다른 삼라만상이 나올 수는 있지만, 그 자체는 다른 어떤 것으로부터도 나올 수 없는 근원적 실체라고 본다. 따라서, 플라톤은 세계를 현상(appearance)의 세계(경험계)와 실재(reality)의 세계(형상계)로 구분하고, 아르케의 규명은 형상계의 연구를 통해서만 이를 수 있다고 보고, 그의 〈파이돈〉에서 기하학 통해 실재의 형상인 이데아(idea)로 나아가는 소위 이데아론을 수립하였다.)

이러한 플라톤의 문제는 사실상 Chomsky 혁명(1957)을 통해 변형생성문법에서 제기했던 다음과 같은 질문과 맥을 같이 하고 있다.

(2) (i) 인간의 언어지식(linguistic knowledge)은 고도로 난해한 지식(highly complex knowledge)임에도 불구하고 어떻게 그렇게 아무런 노력도 없이(effortlessly), 쉽고(easily), 빠르게(speedily) 습득 될 수 있는가?

(ii) 인간의 언어지식은 그 모국어에 대한 빈약한 경험(insufficient experience)과 부족한 자극(impoverished stimuli)에도 불구하고 어떻게 그렇게 완벽한 지식(complete knowledge)으로 습득되는가?

즉, 위의 (2)의 질문은 인간의 언어지식은 매우 복잡하고 난해한 개념으로 이루어진 완벽체계의 지식인데도 불구하고 어떻게 인간이 그렇게 짧은 시간에 별다른 학습과정도 없이 빈약한 경험만으로 획득하게 되는가라는 것이다. 바로 이러한 언어지식의 특성은 언어학에서 설명해야 하는 중요한 과제 중에 하나임과 동시에 그 해답은 바로 플라톤의 문제에 대한 해답이 되는 것이다. Chomsky가 그의 혁명(1957)을 통해 실증주의 철학에 기반은 둔 Saussure식의 구조주의문법을 거부하고 데카르트식의 이성주의 철학을 기반으로 변형생성문법을 주창하게 된 중요한 계기 중의 하나가 바로 언어학의 연구를 통해 플라톤의 문제에 접근하고자 함에 있다.

polymorphemic reflexive

☞ PHRASAL REFLEXIVE

Predication Principle [主述化原理] Rothstein (1983)에 의해 제안된 원리로 통사적 술어(T-bar 혹은 V-bar 구성성분(constituent))는 주어를 가져야 한다는 내용이다. 가령 동사구의 지정어 자리에 기저 생성된 주어가 TP의 지정어 자리로 점검을 위해 인상 이동하는 현상을 이 원리로 설명하기도 한다.

Principles and Parameters Theory: P&P Theory [原理媒介變因理論]
Chomsky(1981)의 *Lectures on Government and Binding*(LGB)에서부터 제안된 언어이론으로 일반적으로 지배-결속이론(GB Theory)이라 일컫는다. Chomsky(1986a)에서는 자신의 이론을 지배-결속이론이라 부르는 것은 적적치 못하며, 정확한 표현은 원리매개변인이론(原理媒介變因理論 Principles and Parameters Theory)이라고 주장한다. 즉, 지배(government)와 결속(binding)의 개념은 원리매개변인이론을 기술하기 위해 활용되는 이론

내적 개념에 불과하다는 것이다. 원리매개변인이론에서는 보편문법(普遍文法 universal grammar: UG)의 체제가 단위체계(單位體系 modular system)로 이루어지며 각 단위(單位 module)는 하위 보편원리(universal principles)들로 구성되는데, 이들 보편원리들은 언어적 환경의 영향을 받지 않는 생득적 원리(innate principles)로 본다. 이러한 생득적인 보편원리들은 언어적 환경에 반응하여 일정한 범위의 변이를 갖는 매개변인(媒介變因 parameters)의 매개로 개별문법(particular grammar)의 원리로 구체화(instantiation)된다. 따라서, 원리매개변인이론에서는 인간의 언어습득(言語習得 language acquisition)을 매개변인이 특정 언어적 환경에 반응하여 그 변이의 값을 결정 짓는 과정으로 본다. 요컨대, 모든 인간은 생득적으로 불변적 보편원리들과 환경에 영향을 받는 매개변인들로 이루어진 초기 상태의 언어능력(language faculty)을 가지고 태어나며, 이 초기 상태의 언어능력은 개인이 처한 개별언어적 환경에 따라 결정되는 매개변인의 값에 따라 특정 언어의 언어능력으로 탈바꿈한다. 이러한 특정 언어의 언어능력을 소위 핵심문법(核心文法 core grammar)라고 한다. 참고로, 최소주의이론(Minimalist Theory)에서는 위에서 기술하고 있는 바와 같은 원리매개변인이론의 체제를 채택하지 않고, 개별언어간의 표면적 차이는 언어적 환경에 따라 변이를 갖는 기능범주(機能範疇 functional category)의 자질적 특성에 기인한다고 본다.

Probe: P [探針子] Chomsky(2001, 2004) 이후 최소주의 언어이론(Minimalist Program: MP)에서 제안되고 있는 소위 탐침자-목표물 문법체계(Probe-Goal Framework)에서 비해석성 ϕ-자질(uninterpretable ϕ-features)을 갖는 범주를 일컫는 말로, 한 국면(Phase) 단위에서 두 범주 사이에 ϕ-자질(ϕ-features)상의 일치(Agree)가 일어날 경우 비해석성 ϕ-자질질을 갖는 범주를 '탐침자(Probe: P)'라 하고 그것과 일치

를 이룰 해석성 ϕ-자질(interpretable ϕ-feature)을 갖는 범주를 '목표물(Goal: G)'이라 한다. 자연언어에서 탐침자(Probe)는 주로 C와 v 등의 기능범주(functional category)이며, 혹은 기능범주로부터 선택되는 T와 V 등의 실사범주(substantive category)도 탐침자가 될 수 있다. 그러나 해석성 ϕ-자질을 갖는 명사적 요소인 대명사 D와 명사 N은 언제나 목표물(Goal)이 된다. 또한, 자질상의 일치를 이루기 위해서는 탐침자는 반드시 목표물을 자신의 표찰영역(domain of LB(K))(즉, 투사범주) 내에 포함하고 있어야 한다. 일치(Agree)가 적용되면 탐침자와 목표물의 비해석성 자질들은 모두가 값을 부여받고 양도(TRANSFER) 후 의미부에서 삭제된다. ⇨ PROBE-GOAL FRAMEWORK

Probe-Goal Framework [探針子-目標物 文法體系] Chomsky(2001, 2004) 이후 최소주의 언어이론(Minimalist Program: MP)에서 제안하는 문법체계를 일컫는 말로, 먼저 이 문법체계에서는 언어기능(faculty of language: FL)의 최초상태 S_0는 인간언어의 기본특성(basic properties)인 자질(features)들의 집합체 {F}와 연산체계(C_{HL})로 이루어져 있다고 본다. 즉, S_0는 {F}와 C_{HL}로 구성되어 있으며, 이중 {F}는 언어경험을 통해 개별언어(particular languages)에 노출됨으로써 개별언어에 활용될 {F}의 하위집합체인 [F]가 일괄적 수집(one-time collection)으로 결정되고, 또한 [F]의 구성요소들을 일괄적 조립(one-time assembly) 작용을 통해 그 개별언어의 어휘부(Lexicon: LEX)를 만든다. 어휘부란 자질결합의 최소단위인 어휘항목(LI)들의 조직체이다. 이와 같이 언어경험을 통해 개별언어의 어휘부 LEX가 구성되면, 이제 수행체계(performance system)의 요구에 의해 LEX로부터 일괄적 수집(one-time collection) 작용으로 표현(expressions) EXP의 도출(derivation) D에 필요한 어휘항목의 집합체인 어휘배열(lexical array) LA이 구성된다. 탐침자-목표물 문법체계에서는 LA가 어휘항목들의 소집합체인 하위어휘배열(lexical subarray) LA_i들의 집합으로 이루어져 있다고 본다. 하위어휘배열의 집합체인 어휘배열 LA가 구성되면, 이 LA는 협소통사부(narrow syntax: NS)로 넘겨지고, LA를 넘겨받은 협소통사부에서는 이제 연산체계(computational system: C_{HL})가 작용하여 LA로부터 도출(derivation) DNS를 생성해 낸다. 연산체계에는 선발(Select), 부합(Match), 일치(Agree), 대동(Pied-Pipe), 병합(Merge) 등의 연산(computation)이 존재한다. 이러한 연산은 하위어휘배열 난위로 반복적으로 적용되어 각 하위어휘배열마다 그것의 독자적인 DNS를 순차적으로 생성한다. 이러한 차원에서 협소통사부는 어휘배열(LA)을 넘겨받아 도출(D)을 만들어내는 생성엔진(generative engine)이라 할 수 있다. 이렇게 각 하위어휘배열 단위마다 얻어지는 DNS를 국면(phase)이라 하며, 국면은 연산이 반복적으로 적용되는 순환단위(cycle)가 된다. 연산 과정에서 일치는 때로는 대동과 병합 작용을 유발하여 이동(Move)을 야기하기도 한다. 연산을 통해 얻어진 도출은 양도(TRANSFER)의 작용에 의해 국면(phase) 단위로 음운부(phonological component) Φ와 의미부(semantic component) Σ로 이관(transferred)되고, ϕ와 Σ는 이관받은 도출 D_{NS}에 각기 해당 규칙과 원리를 적용하여 음성표상(phonetic representation) PHON과 의미표상(semantic representation) SEM을 사상(mapping)한다. PHON과 SEM은 각기 수행체계(performance system)인 감각동작체계(sensori-motor system) SM과 개념의도체계(conceptual-intensional system) C-I로 보내져 표현의 음성과 의미로 해석된다. 김용석(2006)에서는 '탐침자-목표물 문법체계(Probe-Goal Framework)'의 모형을 다음과 같이 제시하고 있다.

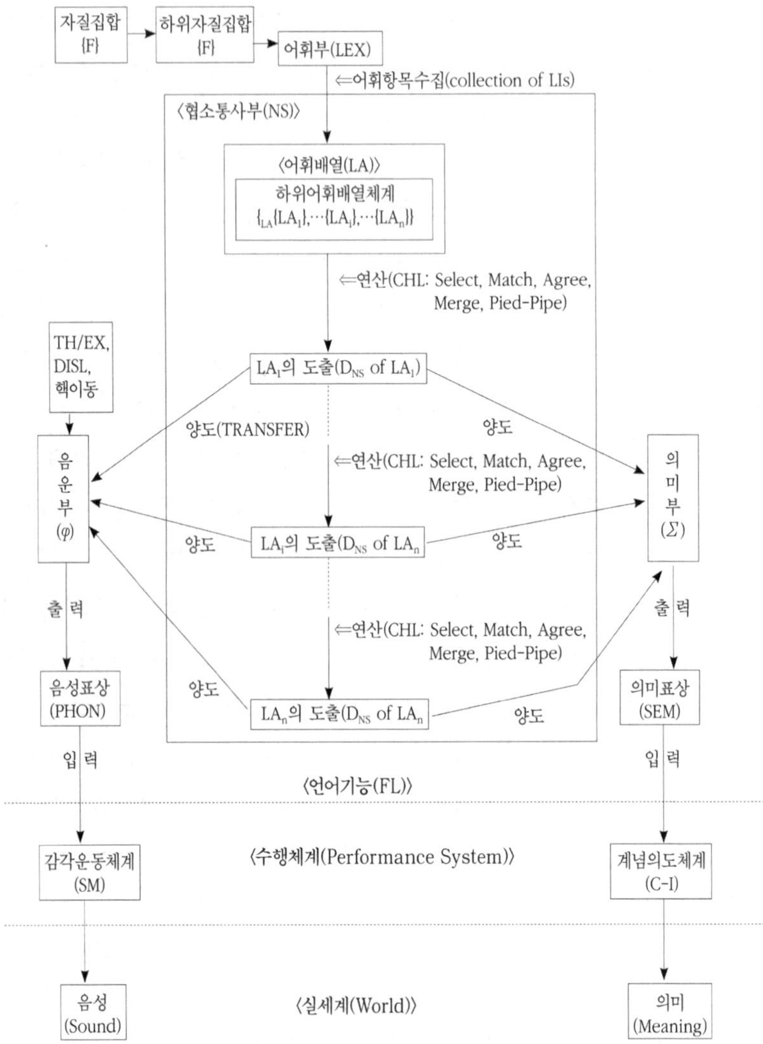

Procrastinate [遲延性原理] 연산의 적용은 도출의 합치에 지장을 주지 않는 한 가능한 한 지연해야 한다는 원리이다. 즉, 문자화(文字化 Spell-Out) 이후 논리형태층위(LF level)에서 일어나는 비명시적 이동(非明示的移動 covert movement)이 문자화 이전에 일어나는 명시적 이동

(明示的移動 overt movement)보다 비용이 덜 든다는 가정 하에서 외현통사부(overt syntax)의 작용을 최소화하고 가급적이면 문자화 시기를 앞당기려 하는 원리이다. 그런데 이 지연성원리(遲延性原理 Procrastinate)가 절대적이지는 않다. 즉 이동이 반드시 내현통사부(covert syntax)에서만 일어나야 하는 아니라는 것이다. 지연성원리의 준수는 도출이 합치되는 범위 안에서 이루어져야 하는 원리이므로 합치를 위해서라면 지연성원리는 위배될 수도 있다.

Psychological Reality

☞ GRAMMAR EVALUATION MEASURE

pure configurational θ-theory [純粹形相的 意味役理論]

Chomsky(2001, 2004)의 탐침자-목표물 문법체계(Probe-Goal Framework)에서 범주들 간의 의미역 관계(θ-relation)를 핵(head)의 의미선택(s-selection)과 상관없이 외부병합(external Merge)에 의해 설명하는 의미역이론을 일컫는 말이다. 탐침자-목표물 문법체계에 의하면, 외부병합(external Merge)은 자유병합(free Mege) 이론 하에서는 핵(head)의 의미선택(s-selection)과 상관없이 진행될 뿐만 아니라 병합의 회수나 투사(projection)의 결정 등에 아무런 제약도 가해지지 않는다. 따라서, 외부병합은 자유다중지정어(free multiple SPEC), 무표찰체계(label-free system) 등을 허용한다. 그럼에도 불구하고, 외부병합은 의미역이론적 논항구조(θ-theoretic argument structure)를 형성함으로써 이 역시 의미적 다양성(semantic multiplicity)에 대한 개념의도체계(C-I system)의 요구에 부응하고 있다. 의미역이론적 논항구조의 형성은 철저히 핵의 의미선택적 특성(s-selectional properties)의 반영이어야 함에도 불구하고 외부병합이 핵의 의미선택적 요구와 상관없이 (자유병합이론에 따라) 자유롭게 진행된다는 것은 외견상 언어의 비완벽성(imperfection)이 아닌가 여겨진다. 그러나 이러한 외부병합도 의미역이론적 논항구조의 형성이 개념의도체계의 의미적 다양성 요구를 반영하는 것이라면 언어의 완벽성(perfection)에 해당된다. 따라서 자유병합이론을 채택하는 탐침자-목표물 문법체계에서는 의미역이론적 논항구조의 현상을 핵의 의미선택적 특성으로 포착하지 않고, 개념의도접합부(C-I interface)인 의미표상(SEM)에 적용되는 접합부조건(IC)인 의미역조건(θ-theoretic conditions)에 의해 포착한다. 이와 같이 자유병합이론에 의해 도출된 외형구조(configurational structure)에 개념의도체계에서 요구하는 접합부조건인 의미역조건을 적용하여 핵의 의미선택 관계를 포착하는 의미역이론(θ-theory)을 순수형상적 의미역이론(pure configurational θ-theory)라고 한다. 의미역조건을 위반하는 의미표상은 수렴(convergence)이 차단되는 것이 아니라 해석상 비정상적 표현(deviance)을 파생한다.

pure Merge

☞ MULTIPLE MERGE, EXTERNAL MERGE

[R]

real imperfections

☞ STRONG MINIMALIST THESIS

Relativized Minimality [相對的 最小性] 상대적 최소성(Relativized Minimality)은 지배(government)를 통제하는 일반조건으로 Rizzi(1990)에 의해 제안되었으며, Chomsky(1986b)의 최소조건(Minimality Condition)

을 개선하여 문법체계의 일반화(generalization)를 도모하고자 하는 조건이다. 이 조건은 아래 예문 (1), (3)에서와 같은 *wh*-섬으로부터의 부가어축출(adjunct extraction), 초인상(super-raising), 핵이동제약(Head Movement Constraint: HMC) 위반 등 최소조건 체계 하에서는 별개의 조건으로 설명되던 문법현상들을 모두 선행사-지배(antecedent government) 조건의 위반이라는 하나의 언어 현상으로 포착함으로써 Chomsky(1986b)에서 제안되고 있는 장벽이론(Barrier System)의 일반화에 크게 기여하고 있다.

(1) a. *How do you wonder why John fixed the car?
    b. [$_{CP}$ how [$_{C'}$ do [$_{IP}$ you wonder [$_{CP}$ why [$_{IP}$ John fixed the car t_{how} ...

(2) a. *John seems it is likely to solve the problem.
    b. [$_{IP}$ John seems [$_{IP}$ it is likely [$_{IP}$ t_{John} to solve the problem ...

(3) a. *How tall be John will?
    b. *[$_{CP}$ how tall [$_{C'}$ be [$_{IP}$ John [$_{I'}$ will [$_{VP}$ t_{be} ... $t_{how\ tall}$ ....

요컨대, 위의 각 예문에서 이동의 결과로 발생한 선행사와 그것의 흔적 사이에 선행사와 동일한 유형의 요소가 끼어들어 선행사와 그것의 흔적 사이를 가로막고 있다. (1)에서는 이동되는 부가어 *wh*-구 *how*와 내포절의 흔적 사이에 *wh*-구 *why*가 가로막고 있고, (2)에서는 중간 내포절의 IP-지정어에 있는 DP *it*이 이동하는 주절의 DP *John*과 두 번째 내포절에 있는 그것의 흔적 사이를 가로막고 있으며, (3)에서는, X^{o} 범주인 *will*(I)이 이동되는 X^{o} 범주 *be*와 V에 속하는 *be*의 흔적 사이를 가로막고 있다. Rizzi(1990)는 선행사와 동일 유형의 요소(잠정적 선행사 potential antecedent)가 이 둘 사이를 가로막고 있기 때문에 선행사가 그것의 흔적을 선행사-지배할 수 없게 된다고 보고 상대적 최소성 (4)와 상대적 최소성에 기초한 선행사-지배(antecedent government)의 정의를 제시하고 있다.

(4) 상대적 최소성(Relativized Minimality: RM)
   (i) ϒ는 β에 대한 전형적 잠정 선행사-지배자(typical potential antecedent-governor)이다.
   (ii) ϒ는 β를 성분통어(c-command)하고 α를 성분통어하지 않는다.

(i), (ii)에 해당하는 ϒ가 존재하지 않을 경우에만 α가 β를 선행사-지배한다.

(5) 선행사-지배(antecedent-government)
   (i) α와 β는 동지표이다.
   (ii) α는 β를 성분통어한다.
   (iii) 어떤 장벽도 가로막고 있지 않다.
   (iv) 상대적 최소성이 준수되어진다.

이럴 경우에만 한하여 α가 β를 선행사-지배한다.

즉, (5)의 정의에 의하면, (1)에서 *how*의 흔적 t_{how}는 비논항-지정어로 전형적 잠정 선행사-지배자(typical potential antecedent-governor)가 되는 *why*가 선행사와 흔적 사이를 가로막고 있기 때문에 *how*로부터 선행사-지배되지 못하며, (2)에서는 DP-흔적 t_{John}이 그것의 전형적 잠정 선행사-지배자가 되는 논항-지정어 *it* 때문에 선행사인 *John*에 의해 선행사-지배될 수 없고, (3)에서는 전형적 잠정 선행사-지배자가 되는 X^o 범주인 will(I)이 이동하는 X^o 범주 *be*와 그것의 흔적인 t_{be} 사이를 가로막고 있기 때문에 *be*가 자기의 흔적인 t_{be}를 선행사-지배하지 못한다. 위의 예문 (1), (3)은 모두 선행사-흔적 관계가 상대적 최소성에 의해 선행사-지배조건(즉, 공범주원리 ECP)을 준수하지 않기 때문에 비문법적인 문장이 된다.

참고로, Rizzi(1990)의 최소성조건은 선행사와 흔적 사이에서 선행사-지배를 가로막고 있는 요소가 그 흔적에 대한 단순한 지배자가 아니고 선행사의 종류에 따라 상대적으로 달라진다는 점에서 '상대적 최소성(Relativized Minimality)'이라 하며, Chomsky(1986b)의 최소조건(Minimality Condition)에서와 같이 선행사의 범주-위치적 형태(즉, 논항/비논항/핵 등)를 따지지 않고 가까운 지배자를 갖는 흔적은 더 멀리 있는 지배자로부터 지배될 수 없다는 최소성조건을 '경직적 최소성(Rigid Minimality)'이라 한다.

⇨ MINIMALITY CONDITION

Repair Strategy [補修戰略] 음성형태 해독성조건(音聲形態解讀條件 PF legibility condition)의 요구에 따라 외현통사부(overt syntax)의 자질유인(Attract-F)의 결과로 야기되는 비정상적인 통사적 대상(즉, 자질유인에 의해 일부 형식자질을 상실한 어휘항목)을 정상적인 통사적 대상으로 회복하게 하는 통사적 운용을 일컫는 말이다. 요컨대, 초기 최소주의이론(Minimalist Theory)에서 외현통사부의 자질유인시 야기된다고 가정한 수반이동(pied-piping)을 대신하는 개념이다. 즉, 외현통사부의 자질유인에 의해 형식자질만 빠져나간 어휘항목은 음성형태 해독성조건에 의해 해독되지 못하므로, 보수전략(補修戰略 Repair Strategy)은 자질유인에 의해 형식자질이 빠져나간 어휘항목의 나머지 모든 資質들(의미자질과 음성자질까지도 포함함)을 유인되어 나간 형식자질에 가장 가까운 지정어 위치로 倂合(Merge)하고, 뒤이어 형식자질을 다시 결합시켜 완전한 어휘항목으로 補修(Repair)함으로써 그 어휘항목을 음성형태 해독성조건을 만족하게 하는 통사적 운용이다. 따라서, 보수전략은 倂合과 補修 두 과정을 거쳐 완성된다. 참고로, 문자화 이후의 내현통사부(covert syntax)에서 적용되는 자질유인은 외현통사부의 자질유인과 달리 보수전략을 필요로 하지 않는다. 왜냐하면, 내현통사부에서 적용되는 어떠한 연산도 음성형태층위의 음성형태 해독성조건과 무관하기 때문이다.

Rigid Minimality

☞ RELATIVIZED MINIMALITY

[S]

scopal properties

☞ EPP-ASSIGNMENT CONDITION

second-Merge

☞ EDGE FEATURE: EF, PARALLEL MOVEMENT

SEM

☞ PHON

semantic multiplicity

☞ MERGE, FREE MERGE

sensori-motor system [感覺動作體系] 최소주의 언어이론(Minimalist Program: MP)에서 사용하는 용어로 수행체계(performance system)의 한

분야를 일컫는 말이다. 언어(language)는 기능적으로 말해 의사소통(communication)의 체계이며, 지구상의 많은 동물 중에 인간만이 차원 높은 의사소통의 체계인 언어를 보유하고 있다. 이는 인간만이 고도로 발달된 사고체계(system of thoughts)를 소유하고 있음을 말한다. 사고체계를 소유하고 있는 인간이 사고전달(즉, 의사소통)의 수단인 언어를 어떻게 확보하는 것일까? 발성기관을 가지고 있는 인간이 음성을 통해 의사소통을 수행하고 있다는 것은 매우 자연스러운 결과이다. 이 발성기관(폐, 목, 입, 혀, 코 등등)은 두뇌(brain)의 통제를 받아 음성을 만들게 되는데, 발성기관을 통제하는 이러한 두뇌의 수행체계를 감각동작체계(sensori-motor system)라 한다. 요컨대, 최소주의 언어이론(MP)에서는 언어란 인류가 원초적으로 두뇌 속에 보유하고 있는 사고체계와 감각동작체계를 최적(optimally)으로 매개하여 의사소통을 가능하게 해 주는 두뇌의 인지체계(cognitive system)라고 보며, 특히 Chomsky(1998) 이후 최소주의 탐침자-목표물 문법체계(Probe-Goal Framework)에 이르러서는 이러한 (언어)인지체계는 인류의 진화과정에서 자연발생적으로 생겨났다고 본다. 의사소통과 관련되는 이들 두뇌 기능체계의 관계를 간략히 표현하면 다음과 같다.

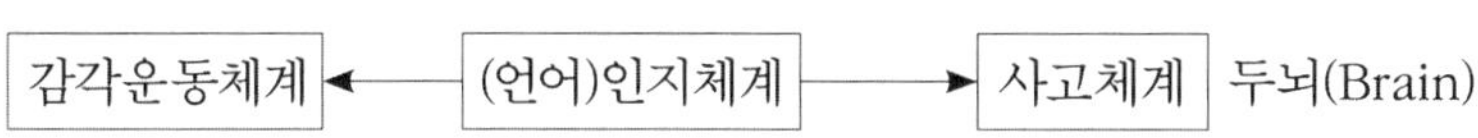

〈두뇌 기능체계의 관계〉

위의 그림에서와 같이 최소주의 언어이론(Minimalist Program: MP)에서는 언어를 인간의 사고체계와 감각동작체계를 최적으로 매개하여 의사소통을 가능하게 하는 인지체계라고 정의하였는데, 사고체계는 인지체계(즉, 내재언어 I-language)가 생성하는 의미정보(즉, 의미표상 SEM)를 해독하여 의미(meaning)를 찾아내며, 감각동작체계는 인지체계가 생성하는 음성정보(즉, 음성표상 PHON)를 해독하여 소리(sound)를 결정한다. 이러한 차원에서 사고체계와 감각동작체계를 수행체계(performance system)이라 일컫는다. 또한 수행체계는 (언어)인지체계와 구분되며, (언어)인지체계가 생성한 언어정보를 해독하여 실세계(즉, 실재)의 의미와 소리로 전환한다는 차원에서 언어외적체계(language-external system) 혹은 외적체계(external system)이라 하고, 이 때 (언어)인지체계는 상대적으로 언어내적체계(language-internal system) 혹은 내적체계(internal system)라고 한다. (언어)인지체계인 내적체계에 의해 생성된 의미표상과 음성표상은 다시 수행체계인 외적체계에 의해 해독된다는 차원에서 의미표상과 음성표상을 접합부(interface)라 한다. ⇨ PROBE-GOAL FRAMEWORK

set-Merge

☞ MERGE

Shortest Move [最小移動] 최소연결조건(minimal link condition: MLC)의 효과에 의해 이동의 거리를 最小化해야 한다는 것으로 이동의 거리는 짧으면 짧을수록 경제적이라는 것이다. 그런데 이는 최소단계조건(minimal step condition: MSC)의 효과에 의해 이동단계를 최소화하려는 측면과 모순을 일으키게 된다. 가령 아래와 같은 상황이 있다고 가정해 보자.

P_1 P_2 P_3 P_4

a. [α ..... [.... [.... [.... t ....]]]]

b. [α .... [t_4 ... [t_3 .... [t_2 .... t_1 ....]]]]

α가 자질점검을 위해 P_1으로 이동할 때 이동단계를 최소화하려면 (a)처럼 이동해야 하지만 이동거리를 최소화하려면 (b)처럼 이동하는 것이 더 경제적이다. 이 경우 과연 어느 이동을 선택할 것인지에 대해 모순이 생기게 되는 것이다. Chomsky(1993)는 이런 모순을 해결하기 위해 이동 작용을 연쇄형성(Form Chain) 작용으로 보아야 한다고 주장한다. 즉, 여러 단계의 이동이 하나의 연쇄를 형성한다면, 이 한 단계의 도출로 보아야 한다는 것이다. 이러한 연쇄형성의 개념에 의하면, 위의 두 경우의 이동형태에서 (b)가 최소이동을 만족하고 있다는 측면에서 선택된다.

Simplicity

☞ GRAMMAR EVALUATION MEASURE

Spec-Head Relation [指定語-核關係] 최소주의이론 이전에는 주어(subject)와 일치소(Agr) 간의 일치관계(agreement relation)를 설명하기 위해 제안된 개념이었으나, Chomsky(1995)의 최소주의이론에서는 자질점검관계(feature-checking relation) 중의 하나로 본다. 즉, 주어, 목적어, 의문사구와 같은 최대투사(maximal projection)의 자질은 이들 최대투사가 점검자인 기능범주의 지정어 위치에 병합(Merge)되어 기능범주의 핵과 지정어-핵관계로 이룸으로써 점검된다고 본다. 지정어-핵관계란 피점검자가 점검자인 기능범주 핵의 지정어 위치에 병합됨으로써 형성된다. 그러나, Chomsky(1996) 이후에는 지정어-핵관계는 자질점검관계로 규정되지 않으며, 자질점검은 오직 피점검자 자질이 점검자인 기능범주의 핵에 부착됨으로써만 이루어진다고 본다. 따라서, 최대투사가 병합되는 기능범주의 지정어 위치는 피점검자의 형식자질이 기능범주의 핵으로 유인된 후에 일어나는 것으로 보는 소위 보수전략(補修戰略 Repair Strategy)이나 부수적 병합(ancillary

Merge)을 위한 위치로 규정된다.

Spell-Out [文字化] 문자화(文字化 Spell-Out)란 통사부(syntax)의 정보를 음운부(phonology)로 유입하여 언어실행체계(performance system)의 조음청취체계(調音聽取體系 articulatory-perceptual system: A-P system)에서 음성으로 해석되게 하는 문법적 운용을 일컫는 말이다. 문자화는 연산체계(computational system)에서 외현통사부(外顯統辭部 overt syntax)에서 내현통사부(內顯統辭部 covert syntax)로 전환되는 경계에 적용되는 일종의 연산작용이다. 문자화는 한 배번집합(配番集合 numeration: N)에서 병합(Merge)과 유인(Attract-F) 등의 반복적인 연산작용을 거쳐 생성된 특정 단계의 도출(導出 derivation) Σ에 내포되어 있는 정보를 정리하여 논리형태층위(LF level)와 음성형태층위(PF level)로 유입되게 하는 일종의 문법적 운용이다. 문자화에 의해 논리형태층위로 유입되는 Σ의 정보는 음성자질(phonetic features)만을 제외하고 나머지 의미자질(semantic features)과 형식자질(formal features), 그리고 구조적 정보(structural information)가 되며, 음성형태층위로 유입되는 정보는 음성자질을 포함한 Σ의 모든 어휘자질과 구조적 정보가 된다. 즉, 문자화는 Σ의 내포된 정보가 음성형태층위와 논리형태층위로 유입될 때 Σ의 음성자질 정보를 논리형태층위로 유입되지 못하게 분리(strip out)하여 이 정보를 음성형태층위로만 유입되게 하는 작용을 수행한다. 문자화는 배번집합 N에서 논리형태표현 λ에 이르는 연산과정에서 어떠한 단계의 도출에도 적용될 수 있으나, 잘 못 적용될 경우 완전해석원리(完全解釋原理 full interpretation: FI)나 경제성원리(經濟性原理 economy conditions)의 위반으로 도출이 자동으로 파산(crash)되거나 취소(cancel)된다. 문자화 이전까지의 연산과정 ($N \rightarrow \Sigma$)을 외현통사부이라 일컫고, 문자화 이후의 연산과정($\Sigma \rightarrow \lambda$)을 내현통사부이라 일컫는다. 참고로, Chomsky(1998) 이후에는 문자화가 한 문장의 도출과정에서 자질의 유인과 점검이 이루질 때마다 자질제거가 일어나기 직전에 몇 번이고 적용된다고 주장함으로써 사실상 외현통사부와 내현통사부의 구분이 사라지고, 따라서 내현통사부의 통사적 운용이 값이 싸다는 가정에 기초하고 있는 지연성원리(遲延性原理 Procrastinate)가 사라진다.

Split-INFL Hypothesis [屈折素分割假說] Pollock (1989)에서 처음 제안된 가설로, 기존의 지배-결속이론에서 일반적으로 굴절소(INFL: I)를 문장(S)의 핵(head)이 되는 유일한 기능범주로 보고 있는데 반해, 이 가설에서는 굴절소(INFL: I)를 여러 개의 기능범주가 합쳐진 결합체로 분석하고, 이 결합체를 이루고 있는 기능범주들을 분할함으로써 문장의 구조를 여러 가지 기능범주의 핵에서 투사되는 구성체로 기술하고 있다. 굴절소분할가설(Split-INFL Hypothesis)은 학자에 따라 굴절소에서 분할되는 기능범주의 종류를 다르게 보고 있는데, Pollock (1989)에서는 굴절소가 일치소(Agr)와 시제(T)로 분할되고 이들이 각각 별개의 투사를 갖는 독립적인 기능범주(functional category)의 자격을 갖는다고 보지만, Chomsky(1991)에 이르면 일치소(Agr)가 다시 주어일치소(AgrS)와 목적어일치소(AgrO)로 분할되어 이들이 각각 독자적인 투사를 갖는다고 본다. Chomsky(1991)의 제안에 따른 영어의 문장구조(타동사의 경우)는 아래와 (1)과 같이 표현되는데, 이러한 굴절소분할가설은 Chomsky(1994)의 필수구구조이론(必須句構造理論 Bare Phrase Structure Theory)에서까지 그대로 유지된다. 그러나, Chomsky(1995) 이후에는 일치소(Agr)가 사라지고 굴절소에서 분할되는 기능범주는 T와 경동사(經動詞 light verb) v로 한정된다. Chomsky(1995)의 제안에 따르면, 영어의 문장구조(타동사의 경우)는 다음 (2)와 같이 표현된다.

(1)

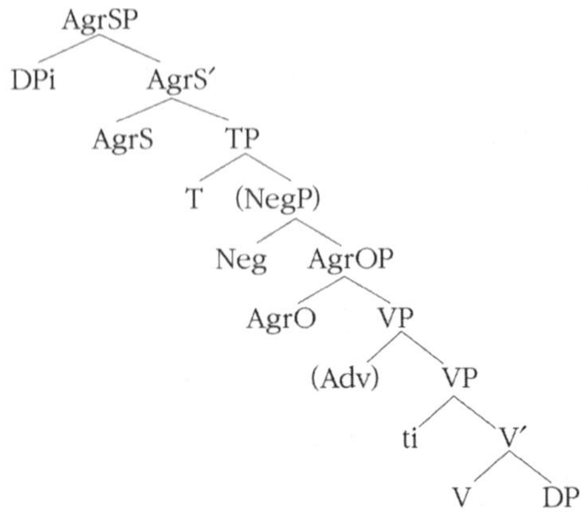

(2)

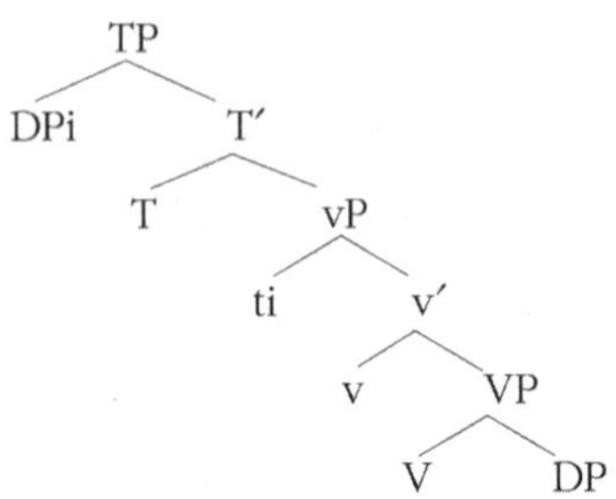

s-selection

☞ UNCTIONAL CATEGORY

strong feature [强性資質] 최소주의이론(最小主義理論 Minimalist Theory)에서는 이동 현상을 자질점검(資質點檢 feature-checking)의 결과로 보는데, 특히 명시적 이동(明示的移動 overt movement)은 형식자질(形式資質 formal feature) 중에서도 강성자질(强性資質 strong feature)의 점검에 의해 나타나는 결과로 본다. Chomsky(1993, 1994, 1995)의 가정에 따르면 강성자질은 문자화 작용 전에 점검되어 제거되어야 한다. 물

론 지연성원리(遲延性原理 Procrastinate)에 따라 자질점검은 내현통사부(內顯統辭部 covert syntax)에서 일어나는 것이 경제적이지만 강성자질의 점검은 내현통사부로 지연시킬 수 없다. 강성자질의 점검 시기를 내현통사부로 지연시키면 강성자질이 문자화(文字化 Spell-Out) 작용을 통해 음운부로 나가게 되기 때문이다. 그러나 강성자질은 음성적 구성요소가 될 수 없으므로 음성형태층위(音聲形態層位 PF level)에서 해석될 수 없다. 따라서 강성자질이 음성형태층위에 나타나면 완전해석원리(完全解釋原理 full interpretation: FI)를 위반하게 되어 도출이 파산(破散 crash)하게 된다. 따라서 도출의 합치(合致 convergence)를 위해서는 강성자질의 점검은 문자화(文字化 Spell-Out) 이전에 일어나야 하는 것이다.

strong minimalist thesis: SMT [强力最小主義理論] Chomsky(1998) 이후 탐침자-목표물 문법체계(Probe-Goal framework)에서 지향하는 최소주의 이론의 언어학적인 목표를 일컫는 말이다. 탐침자-목표물 문법체계에서는 언어기능(faculty of langauge: FL)이 해독조건(legibility condition)을 충족하는 최적 체계(optimal system)이라고 가정한다. 따라서 언어기능은 수행체계(performance system)의 해독조건을 최소의 수단(minimal tools)으로 가장 자연스럽(most naturally)고 가장 효율적(most efficiently)으로 충족하는 완벽체계(perfect system)라고 가정하는데, 이러한 가정 하에서 진행하는 언어연구를 소위 '강력최소주의이론(strong minimalist thesis: SMT)'이라 한다. 요컨대, 강력최소주의이론에서는 언어기능은 수행체계의 해독조건(legibility conditions)과 자연의 일반원리만으로 완전히 설명될 수 있는 완벽체계(perfect system)로서 소위 '완벽성(perfection)'이 보장되어야 한다고 본다. 만약 수행체계의 본질이 규명되어 해독조건의 실체가 밝혀지고, 또한 자연의 요구를 반영한 '훌륭한 설계(good design)'가 어떤 것인지 밝혀진다면, 강력최소주의

이론의 언어연구는 실증적 발견(empirical discovery)을 추구하는 실증적 연구(empirical inquiry)의 일환이 될 것이다. 그러나 현재로서는 이러한 단계에 이르지 못하고 있으므로 강력최소주의적 언어연구는 선험적(prioristic)인 일반지침 하에서 진행되는 이성적 연구(rational inquiry)의 성격을 갖는다. 그럼에도 불구하고 수행체계의 본질과 최적성에 대한 선험적 가정(즉, 일반원리)에서 시작하는 연역적 추론(deductive reasoning)으로 얻는 합리적인 옵션(reasonable options)들 중에 어느 것이 실세계(actual world)에서 실현(instantiate)될 수 있는 옵션인지 검증하는 실험은 강력최소주의이론의 이성적 언어연구에서 반드시 필요하다. 왜냐하면, 연역적 추론에 의해 얻어지는 결론은 실증적 증거에 의해만 사실로 입증될 수 있기 때문이다. 강력최소주의이론의 언어연구는 언어기능이 해독조건과 일반원리에 의해 완벽히 설명될 수 있는 완벽성을 갖춘 체계이라는 가정 하에서 시작한다. 그러나 개별언어 현상을 다루는 기술적 차원의 문법연구에서는 가끔 불완전(imperfect)한 문법장치가 제시되기도 하는데, 이러한 비완벽성(imperfections)들은 소위 외견상 비완벽성(apparent imperfections)으로서 차후 더욱 완벽한 문법체계가 규명된다면 해결될 수 있는 것들이다. 그러나 실증적 증거(empirical evidence)에 의해서 비완벽성의 문법장치가 실제로 요구될 경우도 있을 수 있는데, 이러한 비완벽성을 실재적 비완벽성(real imperfections)이라 하며, 실재적 비완벽성은 경로-의존적 진화과정(path-dependent evolutionary history)이나, 두뇌나 유기체의 특성, 혹은 다른 근거에 의한 독자적 설명을 필요로 한다.

이러한 차원에서 Chomsky(2004)에서는 언어기능(faculty of language: FL)의 최초상태인 S_0가 다음과 같은 특성으로 분석될 수 있다고 본다.

(1) (i) 설명될 수 없는 요소(unexplained elements)
(ii) 접합부조건(IC)
(iii) 일반특성(General properties)

위에서 (1i)는 원리에 의해 설명될 수 없는 소위 '실재적 비완벽성'의 문제를 말하며, (1ii)는 소위 감각동작체계(sensori-motor system)와 사고체계(system of thoughts)가 요구하는 해독조건(즉, 언어의 설계도)에 의해 설명될 수 있는 특성을 말하고, (1iii)는 자연의 요구인 최소성, 자연성, 효율성 등에 의해 설명될 수 있는 소위 '훌륭한 설계(good design)'의 특성을 말한다. 자연의 요구인 (1iii)에 비해 (1i)과 (1ii)는 인간의 유기체조직에 의해 요구되는 일반특성(general properties of organic system)이라 할 수 있다. 여기서 (1ii)와 (1iii)은 원리에 입각해 설명될 수 있는 부분이지만, (1i)는 그렇지 못한 부분이다. 강력최소주의이론(SMT)에서는 언어기능은 원리적 설명(principled explanation)이 가능한 완벽체계(perfect system)라고 가정하므로, 이 이론에 의하면 사실상 (1i)는 존재하지 않는다. 따라서 Chomsky(2004)에서는 다음과 같은 가정을 진술하고 있다.

(2) (1i)는 존재하지 않는다.
((1i) is empty.)

strong phase [强局面] Chomsky(2001, 2004)의 탐침자-목표물 문법체계(Probe-Goal Framework)에서 국면(phase)의 한 종류를 지칭하는 말로, 즉 실사범주(substantive category)의 투사(projection)가 기능범주(functional category)에 의해 선택되어 하나의 순환단위(cyclic unit)인 국면을 이루게 될 때, 국면은 그것의 핵(head)인 기능범주가 ϕ-자질상 완전(ϕ-complete)하면 강국면(strong phase)을, ϕ-자질상 불완전(ϕ

-incomplete)하면 약국면(weak phase)를 이룬다고 본다. ϕ-자질상 완전하다는 것은 그 범주가 성(gender), 수(number), 인칭(person)의 ϕ-자질(ϕ-features)을 모두 갖는다는 것이고, ϕ-자질상 불완전(ϕ-incomplete)하다는 것은 이중 하나 이상의 자질을 갖지 못한다는 것을 말한다. Chomsky(2001, 2004)에 의하면, ϕ-자질상 완전한 약국면은 의미적으로는 명제(proposition)를 이루는 단위이며, 음성적으로 독립성을 갖게 되므로 문자화(Spell-Out)의 대상이 되나, 강국면은 ϕ-자질의 일치(Agree)를 위한 순환단위로만 사용된다.

⇨ PHASE IMPENETRABILITY CONDITION: PIC

Structure Preserving Hypothesis [構造保存假說] Emonds (1976)가 변형규칙의 힘을 줄이기 위해서 제안한 가설로, 이 가설에 의하면 변형규칙은 새로운 구구조를 만들지 않고 D-구조의 구구조를 그대로 유지한다는 것이다. 특히 이동 변형의 경우에 국부변형(local transformation)이나 뿌리변형(root transformation)을 제외한 모든 이동변형에서 이동하는 요소의 귀착지(landing site)는 변형에 의해서 생겨나는 부가(附加 adjunction)의 위치가 아니라 D-구조에서부터 기저생성된 대입(代入 substitution)의 위치이어야 한다는 것이다. Chomsky (1996b, 1993, 1994, 1995)에서는 이 가설을 확대한 소위 확대구조보존가설(擴大構造保存假說 Extended Structure Preserving Hypothesis)을 제안하고 있는데, 이 가설에 의하면, 최대투사(最大投射 maximal projection) 범주가 이동할 때는 다른 최대투사범주의 위치에 대입(substitution)될 뿐만 아니라 부가(adjunction)될 수 있고 핵(核 head) 범주가 이동할 때는 핵의 자리에 대입되거나 부가될 수 있다는 것이다. 사실상, 최소주의이론(minimalist theory)의 필수구구조이론(Bare Phrase Structure Theory)에 이르게 되면, 부가뿐 아니라 대입의 위치도 병합(Merge)이나 자질유인(Attract-F) 등의 연산의 결과로 새로이 생겨나는 위치이므로 초기

형태의 구조보존가설은 무의미하며, 확대구조보존가설도 독립적인 원리가 아니라 형태부(Morphology)와 일관성조건(一貫性條件 uniformity condition[2]) 등의 원리에 의해 도출되는 개념으로 해석된다. 즉 핵 범주에 부가되는 최대투사의 경우는 형태부의 원리(형태부는 핵범주들과 그들의 자질만을 취급한다. 'Morphology deals only with X^o–categories and their features.')에 의해 배제되며, 최대투사에 부가되는 핵범주는 일관성조건에 의해 배제될 수 있다.

subject island effect

☞ INACTIVITY CONDITION

subject-orientation [主語指向性] 재귀사(再歸詞 reflexive)의 대용화(anaphora) 속성 중의 하나로, 특정의 경우 재귀사가 문장의 主語만을 지시하는 특성을 말한다. 예컨대 아래 중국어, 러시아어, 일본어, 아이슬랜딕어, 한국어 등의 예문들에서와 같이, 일반적으로 X^0 재귀사가 (장거리) 결속될 때 이 특성이 나타난다고 주장되고 있다.

(1) a. Wangwu$_i$ shuo [Zhangsan$_j$ zenfsong gei Lisi$_k$ yipian guanyu ziji$_{i/j/*k}$
Wangwu say Zhangsan give to Lisi one about self
de wenzhang].
DE article
'Wangwu says that Zhangsan gave an article about himself to Lisi.'

b. Milicioner$_i$ rassprasival arestovannogo$_j$ o sebe$_{i/*j}$.
policeman questioned suspect about self
'The policeman questioned the suspect about himself.'

c. Mary$_i$-wa [Sue$_j$-ga zibun$_{i/j/*k}$-no tame-ni kaita] Jane$_k$
-TOP -NOM self -GEN for painted
-no e-o katta.
-GEN picture-ACC bought
'Mary bought Jane's picture that Sue painted for herself.'

d. Jón$_i$ sagði Maríu$_j$ [að pú elskaðir sig$_{i/*j}$].
Jon told Maria that you loved-SUB self
'Jon$_i$ told Maria$_j$ that you loved himself.'

e. 철수$_i$가 영수$_j$에게 자신$_{i/*j}$에 관한 기사를 읽어 주었다.

Suicidal Greed [自殺的利己性] 초기 최소주의이론(Minimalist Theory)에서 제안된 자질이동(Move-F)의 개념이 Chomsky(1995) 이후 자질유인(Attract-F)의 개념으로 교체되면서, 이기성원리(Greed)도 이동하는 요소의 이기성의 개념에서 유인자(attractor)의 이기성의 개념으로 바꾸게 된다. 요컨대, 종래에는 이동은 이동자의 필요를 만족시키기 위해서만 유발된다고 보았으나, 지금은 유인자가 자신의 필요를 충족하기 위해 이동자(즉, 피유인자(attractee))를 유인한다고 본다. 유인자가 피유인자를 유인하는 요인은 유인자의 형식자질(formal feature)의 특성에 기인한다. 즉, 유인자(주로 기능범주임)의 형식자질은 비해석성자질(uninterpretable feature)이므로 음성형태나 논리형태의 접합점 층위에 이르기 전에 제거되어야 하고, 이들이 제거되기 위해서는 유인자는 관련 피유인자의 어휘자질을 유인하여 자질점검(feature-checking)을 받아야 한다. 이와 같이 유인자의 비해석성 자질들은 피유인자의 관련 자질을 유인하여 자질점검을 통해 그들 스스로가 제거됨으로써 그들의 이기성이 충족된다는 의미에서 이러한 이기성을 자살적 이기성(Suicidal Greed)이라고 일컫는다.

super-rasing [超引上] 논항이동(論項移動 A-movement)시 중간에 다른 논항을 뛰어 넘어 상위의 논항위치로 이동하는 경우로, 연쇄(chain)의 연결을 최소화하라는 최소연결조건(最小連結條件 minimal link condition: MLC)을 위반한 경우이다. 예를 들어 *John$_i$ seems [$_{AgrSP}$ it is certain [$_{AgrSP}$ t$_i$ to win]]라는 문장에서 John은 it라는 논항을 뛰어 넘어 주절의 주어 자리로 초인상(超引上 super-raising)되었다. 최소주의이론에 의하면, 이러한 초인상의 경우, 언제나 이동한 논항은 그것이 뛰어넘은 논항보다 이동의 목표지점(target)으로부터 먼 거리에 있기 때문에 최소연결조건을 위반하여 문장은 비문이 된다. 만약, 위의 예문에서 최소연결조건의 위반을 면하기 위해서 중간 논항 it를 상승하면, *it$_i$ seems [$_{AgrSP}$ t$_i$ is certain [$_{AgrSP}$ John to win]]와 같이 되는데, 이 경우도 역시 최소주의이론에서 비문법적인 문장으로 판정될 수 있다. 즉, 이 경우는 it의 인상으로 끝나지 않고 논리형태층위에서 John의 격자질과 파이자질 등이 여전히 자질점검을 위해 주절의 T로 유인되어야 하므로, 결국 최소단계조건(最小段階條件 minimal step condition: MSC)을 위반한다. 그러므로, 위의 예문의 배번집합에서 얻을 수 있는 최적도출은, 비록 지연성원리(Procrastinate)를 위반하는 경우이긴 하지만, it seems [$_{AgrSP}$ John$_i$ is certain [$_{AgrSP}$ t$_i$ to win]]가 된다. 참고로, 지연성원리는 도출의 합치를 위해서는 무시될 수 있는 원리로 규정된다. 한편, 최소주의이론 이전의 소위 지배-결속이론에서는 초인상의 경우가 하위인접(subjacency)이나 결속원리 (A)를 위반하여 비문법적인 문장으로 판정된다고 보았다.

systems of thoughts

☞ SENSORI-MOTOR SYSTEM

[T]

Thematization/Extraction: TH/EX [主題化/摘出化] Chomsky(2001)의 탐침자-목표물 문법체계(Probe-Goal Framework)에서 수동태동사(passive verb)나 비대격동사(unaccusative verb)의 허사구문(expletive construction)과 관련하여 영어의 개별언어적 특성을 포착하기 위해 제안된 음운부(phonological component)의 규칙으로 다음과 같이 정의된다.

(1) 수동태동사나 비대격동사의 허사구문에서 직접목적어는 '주제화/적출화'의 의무적 규칙에 의해 vP의 외곽으로 이동한다.
(In the expletive constructions of passives or unaccusatives, DO is extracted to the edge of vP by an obligatory rule TH/EX.)

아래 (2)의 영어 예문을 고려해 보자.

(2) a. There were several packages placed on the table.
b. There were placed on the table several packages.

(2)와 같은 구조의 예문은 다른 게르만언어(Germanic languages)에서는 나타나지 않는다. 따라서 (2)의 현상 영어의 개별언어적 특이성로 다루어야 하며, (2a)와 (2b)의 문장에서 수동태동사의 직접목적어는 사실상 동사의 보충어 위치인 그들의 기저위치(base position)가 아니라 주제화/적출화(Thematization/Extraction: TH/EX) 규칙에 의해 아래 (3)에서와 같이 각기 vP의 외곽(edge)인 vP의 지정어(Spec)와 vP의

부가어(adjunct) 위치로 이동한 경우이다.

(3) a. There T [$_{vP}$ several packages [$_{v'}$ v [$_{VP}$ were placed t$_{several\ packages}$ on the table]]].

b. There T [$_{vP}$ [$_{vP}$ [$_{v'}$ v [$_{VP}$ were placed t$_{several\ packages}$ on the table]]] several packages].

즉, (3a)는 '주제화(Thematization)'에 의해 several packages가 음운부에서 vP의 지정어 위치로 이동된 경우이고, (3b)는 '적출화(Extraction)'에 의해 several packages가 음운부에서 vP의 부가어 위치로 외치(extraposition)한 경우이다. Chomsky(2001)에 의하면, 주제화/적출화는 음운부의 규칙으로, 그 적용 시점은 협소통사부의 도출이 진행되는 도중 vP의 순환단계에 이르면, 일단 그 때까지 구축된 vP를 음운부(phonological component)로 이관(transfer)하여 음운부에서 주제화/적출화 규칙을 적용한다. 이와 같이 주제화/적출화 규칙이 적용된 후에는 다시 협소통사부로 돌아와 그 다음 단계의 도출이 계속 진행된다는 것이다. 여기에서 주지할 사실은 음운부의 이동은 음운자질(phonological features)만의 이동이므로 발화상의 어순(word order)에는 영향은 미치나 협소통사부의 구조상에는 전혀 영향을 미치지 않는다는 점이다. 다시 말하면, 위의 (3)의 구조표현에서 흔적 t$_{several\ packages}$는 음운적으로 공범주(empty category)이나 협소통사부상에서는 여전히 음운자질은 없지만 형식자질(formal features)과 의미자질(semantic features)을 갖는 *several package*의 상태로 남아 있다는 것이다. 또한 음운부에서 적용되는 음운자질들의 이동은 협소통사부의 연산에는 전혀 감지가 되지 않는다. 왜냐하면, 협소통사부의 연산에는 어휘항목의 형식자질들만이 가시적(visible)이기 때문이다. 따라서 (3)은 협소통사부에서 여전히 *several packages*가 수동태동사의 직접목적어(DO) 위치에 나타나고 있는 것으로 인식되며, 아무런 이동도 없었다는 듯이 다음 단계의 도출이 계속 진행된다.

TRANSFER [讓渡] Chomsky(2001, 2004)의 탐침자-목표물 문법체계(Probe-Goal Framework)에서 사용하는 용어로서, 협소통사부(narrow syntax: NS)에서 연산을 통해 얻어지는 도출(derivation: D_{NS})을 국면(phase) 단위로 음운정보와 의미정보로 구분하여 이들 정보를 각기 음운부(phonological component) Φ와 의미부(semantic component) Σ로 이관(transfer)하는 작용을 말한다. 즉, 협소통사부의 연산을 통해 얻어진 도출은 양도(TRANSFER)의 작용에 의해 국면 단위로 음운부 Φ와 의미부 Σ로 이관(transferred)되고, ϕ와 Σ는 이관 받은 도출 D_{NS}에 각기 해당 규칙과 원리를 적용하여 음성표상(phonetic representation) PHON과 의미표상(semantic representation) SEM을 사상(mapping)한다. 이때 전이에 의해 도출의 음운정보를 음운부로 이관하는 작업을 문자화(Spell-Out: S-O)라고도 한다.

⇨ PROBE-GOAL FRAMEWORK

Transformational Generative Grammar

☞ CHOMSKYAN REVOLUTION

[U]

unaccusative predicate [非對格述語] Perlmutter(1978)가 제안한 비

대격 가설(Unaccusative hypothesis)에 의하면 비대격 술어란 기저구조에서 수동태 동사처럼 주어는 갖지 못하고 목적어만을 가지며 그 목적어가 이동하여 표면구조에서 주어가 된다는 것이다. 즉 비대격 술어는 자동사이지만 기저구조에서는 주어 대신 보충어(complement)를 택한다는 것이다. 따라서 이 술어는 수동태에서처럼 보충어에 θ-을 부여하고 주어에는 주지 않는다. 따라서 다음과 같은 문장, There arrived John에서 주어 자리에 there와 같은 허사가 올 수 있다. 만일 주어 자리 에 허사가 들어가지 않는 경우는 [$_{IP}$ John arrived t_i]처럼 보충어가 주어 자리로 명사구 이동(NP-movement)해 간다.

unbounded Merge

☞ FREE MERGE, EDGE FEATURE: EF

uniformity condition[1] [一貫性條件] 최소주의이론(Minimalist Theory)에서 연쇄(chain)의 형성을 통제하기 위해 적용되는 조건으로, 일률성조건(一律性條件 uniformity condition[2]), 획일성조건(劃一性條件 uniformity condition[3]) 등과 구분하기 위해 일관성조건(一貫性條件 uniformity condition[1])이라 번역한다. 일관성조건은 '연쇄는 구구조상 지위에 관해 일관적이다(A chain is uniform with regard to phrase structure status)'로 정의된다. 이 정의에 따르면, 한 연쇄의 모든 구성요소는 구구조상 동일한 지위를 갖추어야 한다. 즉, 범주의 구구조상의 지위는 최대투사(最大投射 maximal projection: X^{max}), 중간투사(中間投射 intermediate projection: X'), 최소투사(最小投射 minimal projection: X^{min}) 등으로 구분되는데, 한 연쇄를 구성하는 구성요소들은 모두 동일한 지위의 투사(projection)이어야 한다. 요컨대, 핵이동(head movement)으로 형성된 연쇄의 구성요소는 모두 최소투사이어야 하며, 구이동(phrasal movement)으로 형성된 연쇄의 구성요소는 모두 최대투사이어야 한다는 것이다. 한 연쇄가 최대투사와 최소투사의 혼합으로 구성된다면, 일관성조건을 위반하게 되어 비문을 초래한다. 그러나, 비최대 X^o 투사(non-maximal X^o projection)가 이동하면 언제나 이동 후의 위치에서 최소-최대투사(minimal and maximal projection)로 해석되므로 일관성조건의 위반이 야기되지만, 일관성조건이 논리형태층위(LF level)에 적용되는 조건이므로 논리형태층위에서 단어해석원리(word interpretation: WI)에 의해 단어(word)로 해석될 경우 일관성조건의 면제를 받게 된다. 따라서, 명사가 상위의 동사에 부가되는 명사융합(noun-incorporation) 등의 현상이 허용된다. 또한, 최소-최대투사(minimal and maximal projection) D로 생성되는 접어(接語 clitic)의 경우는 어떠한 유형의 이동을 수행하더라도 일관성조건을 준수하므로 핵이동조건(HMC)과 상관없이 상위의 T에까지 상승할 수 있다.

uniformity condition[2] [一律性條件] 연산체계(演算體系 computational system: C_{HL})의 운용이 외현통사부(overt syntax)에서와 마찬가지로 내현통사부(covert syntax)에서도 동일하게 적용된다는 조건으로, "연산과정은 도출의 전 과정을 통해 一律的이다: 어떠한 연산도 도출과정의 어느 시점에서나 적용될 수 있다(Computational procedures are uniform throughout: any operation can apply at any point)"로 정의된다. 이 조건은 일관성조건(一貫性條件 uniformity condition[1]), 획일성조건(劃一性條件 uniformity condition[3]) 등과 구분하기 위하여 일률성조건(一律性條件 uniformity condition[2])으로 번역되며, 변별성을 높이기 위해 연산일률성조건(演算一律性條件 uniformity condition on C_{HL})이라 일컬어지기도 한다. 일률성조건(一律性條件 uniformity condition2)에 의하면, 연산체계의 운용은 문자화(文字化 Spell-Out) 시점에 영향을 받지 않고 배번집합(配番集合 numeration: N)에서 논리형태표현(LF representation) λ에 이르기까지 원칙적으로 선발(Select), 병합(Merge), 자질유인(Attract-F) 등의 연산만

이 반복적으로 적용된다. 만약, N→λ의 연산과정에서 범주의 삭제(elimination)나 이동(movement), 강세(stress)와 억양(intonation)의 첨가 등과 같은 문법적 운용이 일어나면, 그 도출은 일률성조건의 위반으로 제거된다. 따라서, 선발, 병합, 자질유인 등의 연산체계의 운용이 아닌 범주의 삭제나 이동, 음소와 운율의 첨가 등의 문법적 운용은 음성형태층위(PF level)에서 일어난다. 한편, 일률성조건에도 불구하고 외현통사부와 내현통사부에서 발생하는 연산작용의 차이는 모두 연산체계 외부의 요구에 기인하는 것으로 본다. 즉, 강성자질(strong feature)의 점검을 위한 자질유인은 반드시 문자화 이전의 내현통사부에서 일어나야 하는데, 이는 조음청취체계(articulatory-perceptual system: A-P system)의 요구에 따라 음성형태층위(PF level)에서의 도출의 合致(convergence)를 이끌어 내기 위한 운용이며, 비강성자질(weak feature)의 점검을 위한 자질유인은 오직 문자화 이전의 내현통사부에서만 적용되는데, 이는 지연성원리(Procrastinate)의 요구를 충족시키기 위한 운용인 것이다. 일률성조건을 엄격히 적용함으로써, 최근 일률성조건을 위반하는 V-to-I 인상(V-to-I raising), I-to-C 인상(I-to-C raising), N-to-D 인상(N-to-D raising) 등의 핵이동(head movement) 현상이 더 이상 문자화 이전의 외현통사부의 운용이 아니라 음성형태층위의 문법적 운용으로 보아야 한다는 사실이 확인되었다. 또한, 일률성조건은 지배-결속이론(GB Theory)에서 제안되어 온 양화사인상(QR)도 범주의 이동이 아니라, 사실상 상위의 관련 주관기능범주(host functional category)에 의한 양화사의 양화자질 [Quant]의 자질유인으로 재해석되어야 함을 암시해 준다.

uniformity condition[3] **[劃一性條件]** 최소주의이론(最小主義理論 Minimalist Theory)에서 이동 현상을 통제하기 위해 연쇄(연쇄 chain)의 자격을 규정하는 조건 중의 하나로, 일관성조건(一貫性條件 uniformity condition[1])이나 일률성조건(一律性條件 uniformity condition[2])과 구분하기 위해 획일성조건(劃一性條件 uniformity condition[3])이라 번역되며, 종종 연쇄획일성(連鎖劃一性 chain uniformity)이라 일컬어지기도 한다. 이 조건은 Rizzi (1990)에서 처음 제안되었으며, Chomsky and Lasnik (1993)에서 "연쇄 C = (α_1, ... α_n)는 그것의 각 구성요소 α_i가 어휘관련성에 관해 획일적이어야 한다. (Chain C = (α_1, ... α_n) is uniform with respect to the L-relatedness of each α_i.)"로 정의되고 있다. 이 정의에 따르면, 이동에 의해 만들어지는 적법연쇄(適法連鎖 legitimate chain)는 그 구성요소가 모두 어휘관련(語彙關聯 L-related) 위치(즉, 논항(論項 argument)이나 핵(核 head) 관련위치)에 있거나, 아니면 비어휘관련(非語彙關聯 non-L-related) 위치(즉, 부가어(附加語 adjunct) 위치)에 나타나야 한다는 것이다. 따라서, 적법한 연쇄는 명사구이동(名詞句移動 NP movement)이나 핵이동(核移動 head movement)의 결과로 조성되는 논항연쇄(論項連鎖 A-chain)와 핵연쇄(核連鎖 head chain), 또는 부가어이동(附加語移動 adjunct movement)으로 조성되는 비논항연쇄(非論項連鎖 A'-chain)로 한정되며, 논항의문사이동(論項疑問詞移動 wh-argument movement)은 연속적 순환이동(連續的循環移動(successive-cyclic movement)을 통해 논항위치에서 출발하여 계속적으로 비논항위치로 이동하게 되므로 획일성조건을 위반하는 결과를 초래한다. 그러므로, 최소주의 이론에서는 논항의문사이동의 연쇄가 논리형태층위(LF level)에서 적법한 연쇄를 구성하기 위해서는 재구성규칙(再構成規則 reconstruction rule)에 의해 운용자-변항연쇄(運用子-變項連鎖 operator-variable chain)로 재구성되어야 한다고 주장한다.

uniformity condition on C_{HL} [演算一律性條件]

☞ UNIFORMITY CONDITION[2]

uniformity principle [劃一性原理] 언어의 완벽성(perfection)을 가정하는 강력최소주의이론(strong minimalist thesis: SMT)의 주장과 달리, 사실상 자연언어에는 개별언어들 간에 다양한 매개변인적 변이(parametric variation)가 나타나는데, 이러한 변이현상은 일견에 명백한 비완벽성(imperfections)에 해당되는 것으로 보인다. 생성언어학에서 매개변인적 변이의 문제는 사실상 설명적 타당성(explanatory adequacy)을 추구하는 언어이론에서 기술적 타당성(descriptive adequacy)과의 사이에 나타나는 간격(gap)을 메우기 위한 불가피한 조치라 본다. 따라서 Chomsky(2004) 이후 강력최소주의이론(strong minimalist thesis: SMT)에서는 매개변인적 변이를 허용하되 그 다양성을 최소화하려는 의도 하에 다음과 같은 소위 획일성원리(uniformity principle)를 제시한다.

(1) 반대할 강력한 증거가 없는 경우에는, 언어들은 획일적이라고 가정하여야 하며, 언어간의 다양성은 쉽게 포착되는 발화의 특성에 국한된다고 보아야 한다.

(In the absence of compelling evidence to the contrary, assume languages to be uniform, with variety restricted to easily detectable properties of utterances.)

즉, (1)의 획일성원리에 의하면, 모든 자연언어는 어휘부(Lexicon: LEX)에서 의미표상(SEM)에 이르는 소위 협소통사부(narrow syntax: NS)의 연산과정(computation)은 동일하며, 어순 등 의미와 상관없이 나타나는 개별언어 간의 차이는 모두 문자화(Spell-Out: S-O) 이후에 음성표상(PHON)에 이르는 소위 음운부(phonological component)에서 개별언어원리에 의해 발생하는 개별언어적 현상이라고 본다. 따라서 최소주의 언어이론에서는 음운부보다 협소통사부에 더 큰 관심을 두고 언어연구를 진행한다.

unmarked anaphor
☞ PHRASAL REFLEXIVE

[V]

V-second phenomena [動詞-둘째 現象] 영어와 독일어 등에서와 같이 S+V+O의 어순을 갖는 언어에서는 일반적으로 주절(root sentence)에서 한정동사가 어순상 문장의 두 번째 요소로 나타나는 현상을 '동사-둘째 현상(V-second phenomena)'이라 한다. 아래 독일어 예문들을 고려해 보자.

(1) a. Der Mann hat den Hund gesehen.
the man have the dog seen
'The man has seem the dog.'
b. Er sagte dass der Mann hat den Hund gesehen.
he said that the man have the dog seen
'He said that the man has seem the dog.'

위의 예에서 (1a)는 문장의 한정동사(finite verb)가 문장 내에서 주어에 이어 두 번째 위치에 나타남을 보여주고 있다. 그러나 이 문장이 매입절로 나타나는 (1b)에서는 동일한 한정동사가 매입절의 말미에 나타나고 있음을 알 수 있다.

최근 Chomsky(1995)의 최소주의이론에서는 동사-둘째 현상은 외현통사부의 현상이 아니라 음성형태부(PF component)의 현상으로 보고 있다. 즉, 동사-둘째 현상은 통사부의 연산인 자질유인의 결과로 도출되는 현상이 아니라 수행체계(performance system) 중 하나인 조음청취체계(A-P system)의 요구에 의해 음성형태부에서 이루어지는 음성적 현상이라고 본다. 따라서 동사-둘째 현상은 다음의 도표에서 보여주듯이 형태부(Morphology) 이후 선형대응공리(LCA)에 의해 통사구조상의 어순이 결정되고 난 뒤 (만약 뿌리문에서 한정동사가 문장의 두 번째 위치에 오지 않을 경우) 조음청취체계의 요구에 의해 반영되는 음성현상이라고 보아야 한다.

(2)

외현통사부
↓
문자화
↙ ↘
형태부 내현통사부
↓
선형대응공리
↓
동사-둘째 현상

그러면, 여기서 동사-둘째 현상이 최소주의이론 내에서 어떻게 반영되는지 실례를 통해 살펴보자.

(3) John saw Mary.

일반적으로 영어와 같은 SVO언어에서는 동사-둘째 현상이 선형대응공리에 의해 자동적으로 결정된다고 볼 수 있다. 왜냐하면 외현통사부의 연산에 의해 도출되는 (3)의 통사구조가 다음과 같기 때문이다.

(4)

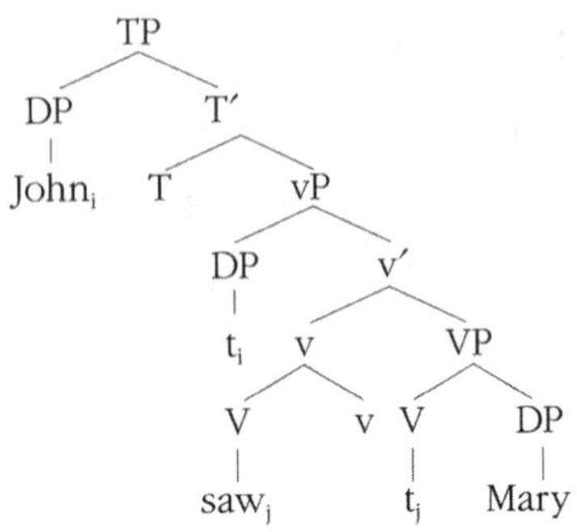

그러나 목적어전이(Object Shift)를 허용하는 아이슬란드어(Icelandic)의 경우에는 목적어 DP가 자질유인의 결과로 vP의 외곽지정어위치로 이동하게 되는데, 그렇게 되면 다음에서 보여주는 바와 같이 동사–둘째 현상이 무너지게 되는 결과가 초래된다.

(5)

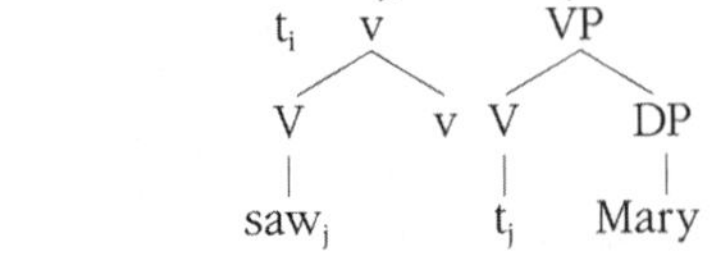

그러나, 이러한 경우에도 아이슬란드어에서는 언어의 매개변인에 의해 다시 동사–둘째 현상이 유지 될 수 있게 된다. 즉, 영어와 아이슬란드어 간에 나타나는 매개변인의 차이는 T가 갖는 동사접사자

질(verbal affixal feature) [V-]가 영어에서는 약성(weak)이지만 아이슬란드어에서는 강성(strong)이라는 것이다. 따라서 이러한 매개변인의 값에 의해 아이슬란드어에서는 동사가 다시 외현통사부에서 T로 유인될 수 있으므로 여전히 동사-둘째 현상이 유지되게 된다.

(6)

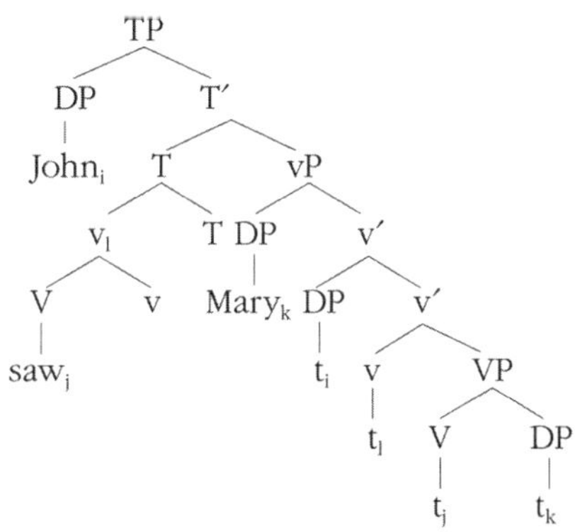

이와 같이 목석어선이가 일어나는 언어에서는 인제나 동사가 다시 T로 유인됨으로써 동사-둘째 현상이 유지되는데, 이러한 언어현상은 바로 다음과 같은 Holmberg의 일반화(Holmberg's Generalization)에 의해 잘 기술되고 있다.

(7) Holmberg의 일반화:
'동사의 인상이 일어나야만 목적어전이가 일어날 수 있다.'
(Object Shift is possible only if the verb raises out of the VP.)

이러한 정의에 의하면, 동사의 인상이 명사구의 인상을 보장하므로, 외현통사부에서 V가 T로 이동하는 아이슬란드어에서 왜 영어와 달리 목적어전이가 허용되는지를 알 수 있게 된다.

한편, 자연언어에는 외현통사부의 연산에 의해 도출될 수 없는 동사-둘째 현상이 존재한다. 즉, 다중주어구문(MSC)과 의문사의문문(*wh*-question)의 경우가 그것에 해당된다. 먼저, 다중주어구문과 관련하여 아이슬란드어의 예문을 살펴보자. (편의상 어휘를 영어의 상당어휘로 대체한다.)

(8) there painted a student a house.

최소주의 문법체계에서 이 예문은 외현통사부(overt syntax)의 연산에 의해 다음과 같은 도출을 갖는다.

(9)

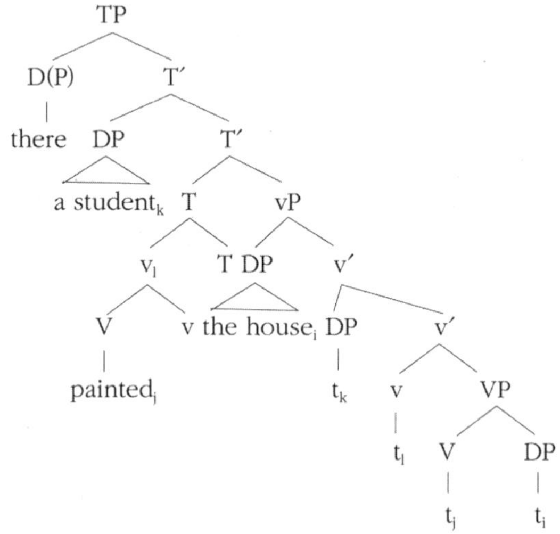

최소주의이론의 주장에 의하면, 이 도출은 문자화를 거쳐 음성형태부로 전달되는데, 음성형태부에서는 먼저 형태부(Morphology)를 거

쳐 다음 단계에 적용되는 선형대응공리(LCA)에 의해 (9)에서 제시되는 바와 같은 통사구조상의 어순이 결정된다. 이렇게 결정된 다중주어구문의 어순은 전혀 동사-둘째 현상의 요구를 반영하고 있지 못하다. 따라서 이러한 어순이 그대로 결정된다면, 이는 음성형태부에서 적용되는 완전해석원리(FI)를 충족하지 못하는 결과를 초래하므로 음성형태부에서 파산(crash)된다. 바로 이러한 파산을 막기 위해 다음 단계에 적용되는 음성형태부의 작용에 의해 동사 *painted*를 허사 *there* 뒤로 이동하는 동사이동이 일어나고, 그 결과 동사-둘째 현상이 도출된다.

바로 이러한 도출은 다음에 제시되는 Jonas(1994)의 일반화(Jonas' Generalization)에 의해 기술적으로 설명된다.

(10) Jonas의 일반화:
　　'명시적 다중주어구문은 명시적 동사의 인상을 요구한다.'
　　(Overt MSCs require overt V-raising.)

이러한 정의에 의하면, TP의 외곽지정어위치에 허사 *there*를 병합함으로써 다중주어구문을 도출하는 외현통사부의 연산은 장차 음성형태부에서 적용될 동사이동에 의해 사전에 보장된다.

이와 같이 음성형태부에서 적용되는 동사이동에 의해 동사-둘째 현상이 최종 도출되는데, 동사-둘째 현상을 도출하기 위한 이러한 음성형태부의 동사이동은 바로 조음청취체계의 요구를 반영한 작용인 것이다. 최소주의이론에서는 왜 조음청취체계가 동사-둘째 현상을 요구하는가의 문제는 장차 수행체계에 대한 더 나아간 연구의 몫으로 돌리고 있다.

또한 다음 영어의 예문을 고려해 보자.

(11) a. What will John fix?
b. Will John fix the car?

이들 의문문은 각기 외현통사부의 연산에 의해 다음과 같은 도출의 단계에 이르게 된다.

(12) a. Q [$_{TP}$ John will fix what]
b. Q [$_{TP}$ John will fix the car]

이 단계에 이르면, 의문문의 보문소 위치에 나타나는 영어의 Q은 강성자질(strong feature)이므로 외현통사부에서 점검을 받아야 하며, 점검받기 위해서 반드시 문장 속에서 의문사자질(F_Q)를 유인하여야 한다. 위의 도출에서 (12a)에서는 의문사 *what*이 의문사자질인 DQ를 가지고 있고, (12b)에서는 조동사 *will*이 의문사자질인 VQ를 가지고 있으므로 자질유인의 결과로 각기 *what*과 *will*이 CP의 지정어 위치와 C에 부착하는 위치로 이동하여 Q와 자질점검관계를 이루게 된다. 따라서 이제 외현통사부의 모든 연산이 종료되었으므로 다음의 도출이 문자화를 거쳐 음성형태부로 전달된다.

(13) a. [$_{CP}$ what [$_{TP}$ John will fix]
b. [$_{CP}$ will [$_{TP}$ John fix the car]

그러나 (13a)의 경우는 외현통사부에서 의문사 *what*이 CP의 지정어위치로 이동함으로써 동사-둘째 현상이 무너져, 이와 같은 어순으로는 이 도출은 음성형태부에서 완전해석원리에 의해 파산될 수밖에 없다. 따라서 이러한 경우에는 음성형태부에서 조동사 *will*이 의문사 *what* 뒤로 이동함으로써 동사-둘째 현상을 다시 복원시켜 조음청취체계의 요구를 충족해야 한다.

VP-Internal Subject Hypothesis [動詞句內主語假說] Speas(1986), Fukui(1986), 김용석(1986), Larson(1988), Koopman & Sportiche(1988) 등에 의해 제안된 가설로, 기존의 지배-결속이론(GB Theory)에서 주어(subject)가 외재논항(external argument)으로 동사구 밖의 INFL의 지정어(SPEC) 자리에 기저생성된다고 보는 견해와는 달리, 주어가 동사구 내부의 지정어 위치에 기저생성된다고 보는 가설이다. 다시 말해 1980년대 전반까지는 대체로 INFL의 지정어 자리가 기저 주어위치이며, 이 자리는 INFL(Agr)에 의해 주격(nominative Case)이 부여되며, Chomsky(1981)의 간접의미역표시(間接意味役表示 indirect θ-marking)나 Rothstein(1983)의 주술관계화원리(predication principle) 등에 의해 동사구(VP)로부터 의미역이 부여되는 외재논항의 자리로 보았다. 그러나, 1980년대 중반 이후 여러 학자들에 의해 제안된 동사구내주어가설(動詞句內主語假說 VP-Internal Subject Hypothesis)에서는 주격은 INFL(Agr)에 의해 INFL의 지정어 자리에 부여되나 외재논항에게 주어지는 의미역은 동사구(VP) 내부에서 동사 V에 의해 V의 지정어 위치에 주어지는 것으로 본다. 따라서, 이 가설에 의하면 문장의 주어 명사구는 처음 동사구의 지정어 위치에 기저생성되어 동사로부터 의미역을 부여받으며, 그 이후 주격을 부여받기 위해서 INFL의 지정어 위치로 상승하게 된다. 1990년대의 최소주의이론(Minimalist Theory)에서는 동사구주어가설에 약간의 수정이 가해지는데, Chomsky(1993, 1994, 1995, 1996, 1998)에 의하면, 동사구 VP의 지정어와 보충어(complement) 위치는 모두 내재논항(internal argument)이 병합(Merge)되는 위치이며, 주로 행위자(agent)나 사역자(causer)의 의미역을 받는 외재논항(주어)이 병합되는 위치는 VP를 보충어로 취하는 경동사 v의 지정어 위치이다. 즉, 타동사(transitive), 사역동사(causative), 자동사(intransitive or unergative)와 같이 행위자역이나 사역자역을 부여하는 구문은 아래 (1)과 같이 표현되며 경동사 v의 지정어 위치에 병합되는 외재논항은 격자질(Case feature)을 점검받기 위해 외현통사부(Overt Syntax)에서 문장의 주어위치인 T의 지정어 위치로 상승하게 된다. 또한, 행위자역이나 사역자역을 부여하지 않는 비대격(unaccusative) 동사의 구문은 아래 (2)와 같이 표현되며, 이 경우는 내재논항이 외현통사부에서 격자질 점검을 위해 T의 지정어 위치로 상승하게 된다.

(1)

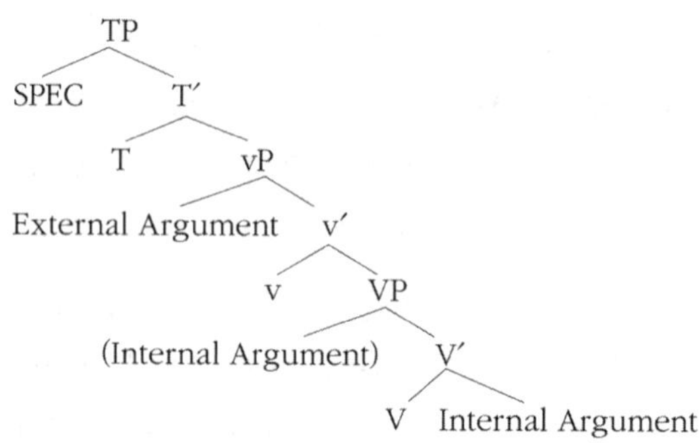

(2)

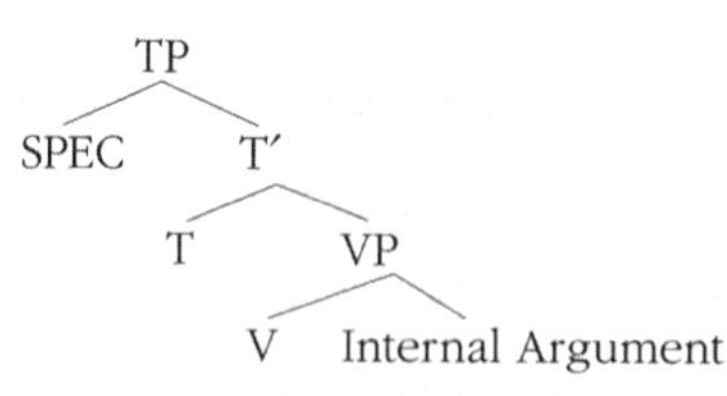

[W]

weak phase

☞ STRONG PHASE

[X]

X^0 reflexive

☞ HEAD REFLEXIVE

X^{max} reflexive

☞ PHRASAL REFLEXIVE

XP reflexive

☞ PHRASAL REFLEXIVE

[ϕ]

ϕ-completeness condition

☞ AGREE

3부
영·한/한·영 문법용어 대조집

Ⅰ. 영 · 한 용어 대조

[A]

A-binding : 〈논항결속 論項結束〉
A-chain : 〈논항연쇄 論項連鎖〉
A-movement : 〈논항이동 論項移動〉
A-position : 〈논항위치 論項位置〉
A'-anaphor : 〈비논항 대용사 非論項代用詞〉
A'-binding : 〈비논항 결속 非論項結束〉
A'-binding theory : 〈비논항 결속이론 非論項結束理論〉
A'-chain : 〈비논항 연쇄 非論項連鎖〉
A'-dependency : 〈비논항 의존 非論項依存〉
A'-movement : 〈비논항 이동 非論項移 動〉
A'-position : 〈비논항위치 非論項位置〉
aboutness : 〈관함관계 關함關係〉
accessibility : 〈접근가능성 接近可能性〉
accessibility condition : 〈접근가능성조건 接近可能性條件〉
accusative Case : 〈대격 對格〉
accusative construction : 〈대격구문 對格構文〉
accusative verb : 〈대격동사 對格動詞〉
across-the-board movement : 〈전역이동 全域移動〉
active verb : 〈능동태동사 能動態動詞〉
activity condition : 〈활동성조건 活動性條件〉
Adequacy : 〈타당성 妥當性〉
adjacency condition : 〈인접성조건 隣接性條件〉
adjective affix : 〈형용사접사 形容詞接辭〉
adjoined element : 〈부착요소 附着要 素〉
adjunct : 〈부가어 附加語〉
adjunct c-command avoidance : 〈부가어성분통어회피 附加語成分通御回避〉
adjunct clause : 〈부가절 附加節〉
adjunct island : 〈부가어섬 附加語섬〉
adjunct island effect : 〈부가어섬효과 附加語섬效果〉
adjunction : 〈부착 附着〉
adjunction constraint : 〈부착제약 附着制約〉
adjunction structure : 〈부착구조 附着構造〉
admissible derivation : 〈용인가능도출 容認可能導出〉
adverbial particle : 〈부사적 불변화사 副詞的 不變化詞〉
Affect-α : 〈α-영향 α-影響〉
affix movement : 〈접사 이동 接詞移動〉
Agent : 〈동작주 動作主〉
Agr : 〈일치소 一致素〉
Agr coindexing : 〈일치소동일지표화 一

致素同一指標化〉
Agree : 〈일치 一致 〉
Agree-feature : 〈일치자질 一致資質〉
agreement : 〈일치 一致〉
Agree-parameterization : 〈일치매개변인화 一致媒介變因化〉
AgrO : 〈목적어 일치소 目的語一致素〉
AgrOP : 〈목적어 일치소구 目的語一致素句〉
AgrP : 〈일치소구 一致素句〉
AgrS : 〈주어일치소 主語一致素〉
AgrSP : 〈주어일치소구 主語一致素句〉
ambiguity : 〈중의성 重意性〉
ambiguous antecedency : 〈중복선행성 重複先行性〉
analysis of null subject hypothesis : 〈영주어변항분석가설 零主語變項分析假說〉
anaphor : 〈대용사 代用詞〉
anaphor LF movement hypothesis : 〈대용사논리형태이동가설 代用詞論理形態移動假說〉
anaphora : 〈대용화 代用化〉
anaphoric Agr : 〈대용일치소 代用一致素〉
anaphoric Agr dependency condition : 〈대용일치소의존조건 代用一致素依存條件〉
anaphoric binding interpretation : 〈대용사적 결속해석 代用詞的 結束解釋〉
anaphoric clitic : 〈대용적 접어 代用的接語〉
anaphoric epithet : 〈대용적 별칭 代用的別稱〉
anaphoric expression : 〈대용적 표현 代用的 表現〉
anaphoric index : 〈대용적 지표 代用的指標〉
antecedent government : 〈선행사지배 先行詞支配〉
antecedent government condition : 〈선행사지배조건 先行詞支配條件〉
antecedent precedence constraint : 〈선행사선행제약 先行詞先行制約〉
antecedent-adjacency : 〈선행사-인접 先行詞-隣接〉
anti-c-command requirement : 〈반성분통어조건 反成分統御條 件〉
apparent imperfection : 〈외견상 비완벽성 外見上 非完璧性〉
arbitrary control : 〈임의적 통제 任意的統制〉
arbitrary reference : 〈임의적 지시 任意的 指示〉
argument : 〈논항 論項〉
argument anaphor: A-anaphor : 〈논항대용사 論項代用詞〉
argument- nonargument asymmetry : 〈논항-비논항 비대칭 論項-非論項 非對稱〉
argument structure : 〈논항구조 論項構造〉
articulatory-perceptual system (A-P System) : 〈조음청취체계 調音聽取體系〉
artificial language : 〈인공언어 人工言語〉
associate NP : 〈연관명사구 聯關名詞句〉
asymmetric c-command : 〈비대칭적 성분통어 非對稱的 成分通御〉
Attract-F : 〈자질유인 資質誘引〉
attribute : 〈한정어 限定語〉
autonomous syntax : 〈자치통사론 自治統辭論〉
avoid pronoun principle : 〈대명사회피원리 代名詞回避原理〉

[B]

bare output conditions (BOCs) : 〈필수출력조건 必修出力條件〉
bare phrase structure : 〈필수구구조 必須句構造〉

Bare Phrase Structure Theory：〈필수구 구조이론 必須句構造理論〉
barrier ：〈장벽 障壁〉
barrier category：〈장벽범주 障壁範疇〉
barrierhood ：〈장벽성 障壁性〉
base-generation：〈기저생성 基底生成〉
bijection principle：〈양합원리 兩合原理〉
bijective correspondence ：〈양합관계 兩合關係〉
binding category：〈결속범주 結束範疇〉
binding condition：〈결속조건 結束條件〉
binding domain：〈결속영역 結束領域〉
binding principle(A) ：〈결속원리(A) 結束原理(A)〉
binding principle(B) ：〈결속원리(B) 結束原理(B)〉
binding principle(C) ：〈결속원리(C) 結束原理(C)〉
binding theory: BT：〈결속이론 結束理論〉
binding theory based upon governing category ：〈지배범주결속이론 支配範疇結束理論〉
biolinguistic assumptions：〈생물언어학적 가정 生物言語學的 假定〉
biolinguistic perspectives：〈생물언어학적 관점 生物言語學的 觀點〉
blocking category: BC ：〈차단범주 遮斷範疇〉
blocking effect ：〈차단효과 遮斷效果〉
BOCs ：〈필수출력조건 必修出力條件〉
bound anaphor: B-anaphor ：〈결속대용사 結束代用詞〉
bound pronoun ：〈결속대명사 結束代名詞〉
bound variable ：〈결속변항 結束變項〉
bounding category：〈제한범주 制限範疇〉
bridge verbs ：〈교량동사 橋梁動詞〉
BT-compatibility：〈결속이론상 적합성 結束理論上適合性〉
BT(A) ：〈결속이론(A) 結束理論(A)〉
BT(B) ：〈결속이론(B) 結束理論(B)〉
BT(C) ：〈결속이론(C) 結束理論(C)〉

[C]

c-command ：〈성분통어 成分統御〉
c-command condition ：〈성분통어조건 成分統御條件〉
c-domain：〈성분통어영역 成分統御領域〉
C-I interface：〈개념의도접합부 概念意圖接合符〉
c-selection ：〈범주선택 範疇選擇〉
c-selectional property ：〈범주선택특성 範疇選擇特性〉
C-T complex：〈C-T의 연합체 C-T의 聯合體〉
canonical government：〈규범지배 規範支配〉
cartographic hierarchies ：〈계층적 구조형상 階層的 構造形象〉
Cartesian Linguistics ：〈데카르트주의 언어학 데카르트主義 言語學〉
Case ：〈격 格〉
Case assigner ：〈격할당자 格割當者〉
Case assignment ：〈격할당 格割當 〉
Case filter ：〈격여과장치 格濾過裝置〉
Case government ：〈격지배 格支配〉
Case governor ：〈격지배자 格支配者〉
Case marking ：〈격표시 格表示〉
Case Principle ：〈격원리 格原理〉
Case Resistance Principle: CRP：〈격저항원리 格抵抗原理〉
Case theory ：〈격이론 格理論〉
Case-checking ：〈격점검 格點檢〉
Case-checking in pP ：〈pP-內部格點檢作用〉
Case-feature ：〈격자질 格資質〉
causative ：〈사역성 使役性〉
CED ：〈적출영역조건 摘出領域條件〉
CFC(complete functional complex) ：〈완전기능구조 完全機能構造〉

CFC(core functional category) : 〈핵심 기능범주 核心機能範疇〉
chain composition : 〈연쇄합성 連鎖合成〉
chain condition : 〈연쇄조건 連鎖條件〉
chain effect : 〈연쇄효과 連鎖效果〉
Chain head condition : 〈연쇄머리조건 連鎖머리條件〉
chain uniformity condition : 〈연쇄획일성조건 連鎖劃一性條件〉
checking domain : 〈점검영역 點檢領域〉
C_{HL} : 〈연산체계 演算體系〉
Chomsky's problem : 〈Chomsky의 문제 Chomsky의 問題〉
Chomskyan Revolution : 〈Chomsky 혁명 Chomsky 革命 〉
Chorus Q-Agree : 〈의문자질일제일치 疑問資質一齊一致〉
Chorus Q-Agree : 〈一括一致〉
CIP : 〈복사(흔적)확인원리 複寫(痕迹)確認原理〉
clefts : 〈분열구문 分裂構文〉
clitic : 〈접어 接語〉
clitic anaphor : 〈접어대용사 接語代用詞〉
clitic climbing : 〈접어상승 接語上昇〉
cliticization : 〈접어화 接語化〉
CL_{LF} : 〈논리형태접어 論理形態接語〉
CNPC : 〈복합 명사구 제약 複合名詞句制約〉
cognitive system : 〈인지체계 認知體系〉
coindexing/coindexation : 〈동일지표화 同一指標化〉
collective meaning : 〈집단적 의미 集團的 意味〉
communicative efficiency : 〈의사소통의 효율성 意思疏通의 效率性〉
COMP : 〈보문소 補文素〉
comparatives : 〈비교구문 比較構文〉
complement : 〈보충어 補充語〉
complement clause : 〈보문 補文〉
complementary distribution : 〈상보적 분포 相補的分布〉
complementizer : 〈보문자 補文子〉
complement-noncomplement asymmetry : 〈보어-비보어 비대칭 補語-非補語非對稱〉
complement-noncomplement asymmetry : 〈보충어-비보충어 비대칭 補充語-非補充語 非對稱〉
complete functional complex: CFC : 〈완전기능구조 完全機能構造〉
complete semantic representation : 〈완전의미표현 完全意味表現〉
complex NP : 〈복합명사구 複合名詞句〉
complex NP condition: CNPC : 〈복합명사구조건 複合名詞句條件〉
complex predicate : 〈복합술어 複合述語〉
complex reflexive : 〈복합재귀사 複合再歸詞〉
complex structure : 〈복합구조 複合構造〉
complex verb : 〈복합동사 複合動詞〉
complex-simplex structure asymmetry : 〈복합-단순구조 비대칭 複合-單純構造 非對稱〉
composed chain : 〈합성연쇄 合成連鎖〉
computation : 〈연산(작용) 演算(作用)〉
computational complexity : 〈연산의 복잡성 演算의 複雜性〉
computational component : 〈연산부 演算部〉
computational efficiency : 〈연산의 효율성 演算의 效率性〉
computational system (C_{HL}) : 〈연산체계 演算體系〉
conceptual necessity : 〈개념적 필연성 概念的必然性〉
Conceptual System : 〈개념체계 概念體系〉
conceptual-intentional organ : 〈개념의도기관 概念意圖器官〉
conceptual-intentional system: C-I System : 〈개념의도체계 概念意圖體系〉
condition of antecedent government for

A'-chain :〈비논항연쇄 선행사지 배조건 非論項連鎖先行詞支配條件〉
condition on extraction domain: CED :〈적출영역조건 摘出領域條件〉
condition on proper binding: CPB :〈고유결속조건 固有結束條件〉
configurational structure :〈형상구조 形象構造〉
constraint on variable within purposive clause :〈목적절 변항제약 目的節 變項制約〉
contentive verbs :〈취지성 동사 趣旨性 動詞〉
contra-indexing :〈상반지표화 相反指標化〉
control :〈통제 統制〉
control domain :〈통제영역 統制領域〉
control rule :〈통제규칙 統制規則〉
control theory :〈통제이론 統制理論〉
control theory based upon predication :〈주술관계화 통제이론 主述關係化統制理論〉
control verb :〈통제동사 統制 動詞〉
controllee :〈피통제자 被統制子〉
controllee theorem :〈피통제자 정리 被統制者定理〉
controller :〈통제자 統制者〉
convergence :〈 합치 合致〉
cool language :〈저열언어 低熱言語〉
cope interaction :〈작용역상호관계 作用域相互關係〉s
copy :〈복사 複寫〉
copy theory :〈복사이론 複寫理論〉
copy(trace) identification principle: CIP :〈복사(흔적)확인원리 複寫(痕迹)確認原理〉
copy-deletion :〈복사탈락 複寫脫落〉
core functional category: CFC :〈핵심기능범주 核心機能範疇〉
coreference :〈동일지시(관계) 同一指示(關係)〉
countercyclicity :〈역순환성 逆循環性〉
Covert Agree :〈비명시적 일치 非明示的 一致〉
covert focalization: CF :〈비명시적 초점화 非明示的 焦點化〉
covert movement :〈비명시적 이동 非明示的移動〉
covert operator: covert Op :〈비명시운용자 非明示運用子〉
covert operator-binding theory :〈비명시운용자 결속이론 非明示運用子結束理論〉
covert syntax :〈비명시통사부 非明示統辭部〉 혹은〈내현통사부 內顯統辭部〉
covert *wh*-movement :〈비명시적 의문사이동 非明示的 疑問詞移動〉
crash :〈파산 破散〉
CPB :〈고유결속조건 固有結束條件〉
CRP :〈격저항원리 格抵抗原理〉
cyclic Merge :〈순환병합 循環併合〉
cyclic unit :〈순환단위 循環單位〉

[D]

D :〈한정사 限定詞〉
D-morpheme :〈담화형태소 談話形態素〉
D-structure :〈D-구조 D-構造〉
default principle :〈결석원리 缺席原理〉
defective category :〈결여범주 缺如範疇〉
definite reference :〈확정적 지시 確定的 指示〉
deictic element :〈지시적 요소 指示的要素〉
deictic meaning :〈지시적 의미 指示的意味〉
deitic reference :〈지시적 지시 指示的指示〉
deitic referent :〈지시적 지시물 指示的指示物〉

deletion : 〈삭제 削除〉
deletion of copy : 〈복사삭제 複寫削除〉
demonstrative : 〈지시사 指示詞〉
denotation : 〈외연적 의미 外延的 意味〉
derived inflectional form : 〈파생굴절형태 派生屈折形態〉
Descartes' problem : 〈데카르트의 문제 데카르트의 問題〉
Descriptive Adequacy : 〈기술적 타당성 記述的 妥當性〉
descriptive technology : 〈기술적 문법장치 記述的 文法裝置〉
determiner: D : 〈한정사 限定詞〉
deviant : 〈괴짜표현 괴짜表現〉
DF : 〈담화형태 談話形態〉
DF-structure : 〈DF-구조 DF-構造〉
direct object: DO : 〈직접목적어 直接目的語〉
direct *wh*-question : 〈직접의문문 直接疑問文〉
discoursal properties : 〈담화상 특성 談話特性〉
discoursal topic : 〈담화화제 談話話題〉
discourse form: DF : 〈담화형태 談話形態〉
discourse level : 〈담화계층 談話階層〉
discourse morpheme: D-morpheme : 〈담화형태소 談話形態素〉
discourse-oriented language : 〈담화지향언어 談話指向言語〉
discourse-related properties : 〈담화상 특성 談話上 特性〉
discourse-related surface interpretation : 〈담화상 표면해석 談話上 表面解釋〉
disjoint reference : 〈이접지시 離接指示〉
disjointness : 〈이접성 離接性〉
DISL : 〈전위규칙 轉位規則〉
dislocation rule: DISL : 〈전위규칙 轉位規則〉
displacement : 〈전위 轉位〉
distributive meaning : 〈배분적 의미 配分的 意味〉
DO : 〈직접목적어 直接目的語〉
domain of LB : 〈표찰영역 標札領域〉
domain-governing category : 〈영역지배범주 領域支配範疇〉
dominate : 〈관할 管轄〉
dominating domain : 〈관할영역 管轄領域〉
donkey sentence : 〈당나귀 문장 唐나귀文章〉
double Agr hypothesis : 〈이중일치소가설 二重一致素假說〉
double anaphor : 〈중복대용사 重複代用詞〉
double object : 〈중목적어 重目的語〉
double object construction : 〈중목적어구문 重目的語構文〉
double subject : 〈중주어 重主語〉
double subject construction : 〈중주어구문 重主語構文〉
DP analysis : 〈한정사구분석 限定詞句分析〉
DP Hypothesis : 〈한정사구가설 限定詞句假說〉
drop : 〈탈락 脫落〉
duality of semantics : 〈의미의 이중성 意味의 二重性〉

[E]

E-language : 〈외재언어 外在言語〉
ease of parsing process : 〈분해과정의 용이성 分解過程의 容易性〉
EC-as-variable hypothesis : 〈변항공범주가설 變項空範疇假說〉
ECM construction : 〈예외적 격표시 구문 例外的 格表示 構文〉
ECM verb : 〈예외적 격표시 동사 例外的 格表示 動詞〉
economy : 〈경제성 經濟性〉
economy condition : 〈경제성조건 經濟

性條件〉
economy principle：〈경제성원리 經濟原理〉
edge element：〈외곽요소 外郭要素〉
edge properties：〈외곽특성 外郭特性〉
edge-feature: EF：〈외곽자질 外郭資質〉
EF-satisfaction condition：〈외곽자질충족조건 外郭資質充足條件〉
embedded sentence/CP：〈매입문 埋入文〉
empathy：〈감정이입 感情移入〉
emphatic reflexive：〈강조재귀사 强調再歸詞〉
empty category：〈공범주 空範疇〉
empty category principle: ECP：〈공범주원리 空範疇原理〉
empty category variable：〈공범주변항 空範疇變項〉
empty operator：〈공운용자 空運用子〉
empty pronominal：〈공대명사류 空代名詞類〉
empty pronominal anaphor：〈공대명사류 대용사 空代名詞類代用詞〉
empty pronoun：〈공대명사 空代名詞〉
empty reflexive：〈공재귀사 空再歸詞〉
empty relatives：〈공관계사 空關係詞〉
empty resumptive pronoun：〈공재생대명사 空再生代名詞〉
empty subject：〈공주어 空主語〉
Endocentricity Constraint：〈내심구조제약 內心構造制約〉
epistemological priority：〈인식론적 우선권 認識論的 優先權〉
epithet：〈별칭 別稱〉
EPP-assignment condition：〈EPP-자질할당조건 EPP-資質割當條件〉
EPP-effect：〈EPP-효과 EPP-效果〉
EPP-feature：〈EPP-자질 EPP-資質〉
Equi NP deletion：〈동일명사구삭제 同一名詞句削除〉
equi-distance：〈등거리 等距離〉
escape hatch：〈탈출구 脫出口〉
event：〈사건 事件〉
evocative expressions：〈희화적 표현 戱畵的 表現〉
evolutionist perspectives：〈진화론적 관점 進化論的 觀點〉
Exceptional Case Marking: ECM：〈예외적 격표시 例外的格表示〉
excorporation：〈분열 分裂〉
existential quantifier：〈존재양화사 存在量化詞〉
Explanatory Adequacy：〈설명적 타당성 說明的 妥當性〉
expletive construction：〈허사구문 虛辭構文〉
expletive there-construction：〈there-허사구문 there-虛辭構文〉
expletive：〈허사 虛辭〉
expression of thought：〈사고표현 思考表現〉
Extended Probe-Goal Framework：〈확대 탐침자-목표물 문법체계 擴大 探針子-目標物 文法體系〉
extended binding theory：〈확대결속이론 擴大結束理論〉
extended control theory：〈확대통제이론 擴大統制理論〉
Extended Projection Principle: EPP：〈확대투사원리 擴大投射原理〉
Extended Standard Theory：〈확대표준이론 擴大標準理論〉
Extended Structure Preserving Hypothesis：〈확대구조보존가설 擴大構造保存假說〉
Extension Condition：〈확장조건 擴張條件〉
external argument island condition：〈외재논항섬조건 外在論項섬條件〉
external argument island effect：〈외재논항 섬효과 外在論項 섬效果〉
external argument subject：〈외재논항

주어 外在論項主語〉
external language: E-language : 〈외재언어 外在言語〉
external Merge : 〈외부병합 外部倂合〉
Extraction : 〈적출(화) 摘出(化)〉
extraposition : 〈외치 外置〉

[F]

F-anaphor : 〈자유대용사 自由代用詞〉
factive verb : 〈사실동사 事實動詞〉
faculty of language: FL : 〈언어기능 言語機能〉
feature agreement : 〈자질일치 資質一致〉
feature checking : 〈자질점검 資質點檢〉
feature checking theory of reflexives : 〈재귀사 자질점검이론 再歸詞資質點檢理論〉
feature conflict : 〈자질상충 資質相沖〉
feature extension : 〈자질확장 資質擴張〉
feature inheritance : 〈자질계승 資質繼承〉
feature percolation : 〈자질삼투 資質滲透〉
feature percolation principle : 〈자질삼투원리 資質滲透原理〉
feature variable : 〈자질변항 資質變項〉
feature-checking : 〈자질점검 資質點檢〉
feature-checking theory : 〈자질점검이론 資質點檢理論〉
feature-control principle : 〈자질통제원리 資質統制原理〉
feature-mismatch condition : 〈자질불일치조건 資質不一致條件〉
FI : 〈완전해석원리 完全解釋原理〉
filler-gap dependency : 〈충전물-공백 의존관계 充塡物-空白 依存關係〉
filler-gap relation : 〈충전물-공백 관계 充塡物-空白 關係〉
filter on Agr conflict : 〈일치소 상충 제거장치 一致素相沖除去裝置〉
filter on movement of part of word : 〈어휘부분이동 제거장치 語彙部分移動除去裝置〉
finite clause : 〈한정절 限定節〉
finiteness : 〈한정성 限定性〉
FL : 〈언어기능 言語機能〉
FOC : 〈초점화 焦點化〉
focalization: FOC : 〈초점화 焦點化〉
Form Chain : 〈연쇄형성 連鎖形成〉
formal feature : 〈형식자질 形式資質〉
formal variable : 〈형식변항 形式變項〉
free anaphor: F-anaphor : 〈자유대용사 自由代用詞〉
free empty category: FEC : 〈자유공범주 自由空範疇〉
free Merge : 〈자유병합 自由倂合〉
free Merge system : 〈자유병합체계 自由倂合體系〉
free multiple SPEC : 〈자유다중지정어 自由多重指定語〉
free relative : 〈자유관계절 自由關係節〉
free scrambling languages: [+FS] languages : 〈자유뒤섞기언어 自由뒤섞기言語〉
free scrambling: FS : 〈자유뒤섞기 自由뒤섞기〉
free variable : 〈자유변항 自由變項〉
FS : 〈자유뒤섞기 自由뒤섞기〉
full interpretation: FI : 〈완전해석원리 完全解釋原理〉
functional category : 〈기능범주 機能範疇〉
functional determination : 〈기능적 분류 機能的 分類〉
functional INFL : 〈기능굴절소 機能屈折素〉

[G]

G : 〈목표물 目標物〉
garden path : 〈정원통로 庭園通路〉
GB-Theory : 〈지배결속이론 支配結束

理論〉
GCR : 〈일반통제규칙 一般統制規則〉
gender : 〈성 性〉
general conditions on referential dependency : 〈일반지시의존조건 一般指示依存條件〉
generalized A-chain condition : 〈일반논항연쇄조건 一般論項連鎖條件〉
generalized binding theory : 〈일반결속이론 一般結束理論〉
generalized control rule: GCR : 〈일반통제규칙 一般統制規則〉
generalized control theory : 〈일반통제이론 一般統制理論〉
generalized ECP : 〈일반공범주원리 一般空範疇原理〉
generalized indirect binding principle : 〈일반간접결속원리 一般間接結束原理〉
generalized indirect binding theory : 〈일반간접결속이론 一般間接結束理論〉
generalized subject island effect : 〈일반주어섬효과 一般主語섬效果〉
generalized transformation: GT : 〈일반변형규칙 一般變形規則〉
generative engine : 〈생성기관 生成機關〉
Generative Grammar : 〈생성문법 生成文法〉
generic reference : 〈통칭적 지시 通稱的指示〉
genitive pronominal : 〈소유대명사 所有代名詞〉
gerandive clause : 〈동명사절 動名詞節〉
Germanic languages : 〈게르만언어 게르만言語〉
gibberish : 〈횡설수설 橫說竪說〉
global economy : 〈비국부적 경제성 非局部的經濟性〉
Goal: G : 〈목표물 目標物〉
governing category : 〈지배범주 支配範疇〉
governing category hypothesis : 〈지배범주가설 支配範疇假說〉
government : 〈지배 支配〉
Government and Binding Theory: GB Theory : 〈지배결속이론 支配結束理論〉
governor : 〈지배자 支配者〉
grammar evaluation measure : 〈문법평가척도 文法評價尺度〉
grammatically governed predication : 〈문법적 주술관계화 文法的 主述關係化〉
great leap forward : 〈위대한 도약 偉大한 跳躍〉
Greed : 〈이기성원리 利己性原理〉
GT : 〈일반변형규칙 一般變形規則〉

[H]

head : 〈핵 核〉
Head Movement : 〈핵이동 核移動〉
Head Movement Constraint (HMC) : 〈핵이동제약 核移動制約〉
head of phase : 〈국면의 핵 局面의 核〉
head reflexive : 〈핵재귀사 核再歸詞〉
head-complement relation : 〈핵-보충어관계 核-補充語關係〉
head-head relation : 〈핵-핵 관계 核-核 關係〉
head-projection agreement : 〈핵-투사일치 核-投射一致〉
head-Spec relation : 〈핵-지정어 관계 核-指定語 關係 〉
heaviness condition : 〈중유인조건 重誘引條件〉
Holmberg's Generalization : 〈Holmberg 일반화 Holmberg一般化〉
hot language : 〈고열언어 高熱言語〉
human languages : 〈인간언어 人間言語〉
Humboldt's problem : 〈훔볼트의 문제

훔볼트의 問題〉

[I]

I-language : 〈내재언어 內在言語〉
identification : 〈확인 確認〉
identification hypothesis : 〈확인가설 確認假說〉
identification principle for logophoric pro : 〈인식자적 공대명사확인원리 認識者的 空代名詞確認 原理〉
identifier : 〈확인자 確認子〉
identity condition : 〈동일성조건 同一性條件〉
identity control : 〈동일성통제 同一性統制〉
idiom formation rule : 〈관용어형성규칙 慣用語形成規則〉
idiomatic meaning : 〈관용적 의미 慣用的 意味〉
il-insertion : 〈il-삽입 il-挿入〉
immediate domination : 〈직접관할 直接管轄〉
imperfections : 〈비완벽성 非完璧性〉
inactivity condition : 〈비활동성조건 非活動性條件〉
inalienable possession : 〈비분리성소유 非分離性所有〉
inclusiveness condition : 〈내포성조건 內包性條件〉
incorporation : 〈융합 融合〉
indefinite article : 〈부정관사 不定冠詞〉
index : 〈지표 指標〉
indexing : 〈지표화/체제 指標化/體制〉
indicative clause : 〈직설법절 直說法節〉
indirect binding : 〈간접결속 間接結束〉
indirect binding principle : 〈간접결속원리 間接結束原理〉
indirect binding theory : 〈간접결속이론 間接結束理論〉
indirect *wh*-question : 〈간접 문문 間接疑問文〉
infinitival clause : 〈부정사절 不定詞節〉
infinitival complement : 〈부정사보문 不定詞補文〉
infinitive complement clause : 〈부정사보문절 不定詞補文節〉
infinitive particle : 〈부정사소 不定詞素〉
infinitive relatives : 〈부정사관계절 不定詞關係節〉
INFL : 〈굴절소 屈折素〉
inflection : 〈굴절 屈折〉
inflectional feature: i-feature : 〈굴절자질 屈折資質〉
information of argument structure : 〈논항구조적 정보 論項構造的 情報〉
inherent barrier : 〈고유장벽 固有障壁〉
inherent phase : 〈고유국면 固有局面〉
inherent quantifier : 〈고유양화사 固有量化詞〉
inherent reference : 〈고유지시 固有指示〉
inherited barrier : 〈계승장벽 繼承障壁〉
innateness hypothesis : 〈본유성가설 本有性假設〉
insulation constraint : 〈격리제약 隔離制約〉
interface condition : 〈접속부조건 接續部條件〉
interface condition: IC : 〈접합부조건 接合符條件〉
intermediate traces : 〈중간복사 中間複寫〉
internal language: I-language : 〈내재언어 內在言語〉
internal Merge : 〈내부병합 內部倂合〉
Internal Structure Constraint : 〈내부구조제약 內部構造制約〉
interpretable φ-feature : 〈해석성 파이자질 解釋性 파이資質〉
interpretation/evaluation : 〈해석/평가 解釋/評價〉

interpretive complex: INT : 〈해석적 복합체 解釋的 複合體〉
interpretive hypothesis : 〈해석가설 解釋假說〉
intervention effect : 〈간섭효과 干涉效果〉
intrinsic feature : 〈고유자질 固有資質〉
inversion : 〈도치 倒置〉
invisible operator : 〈비가시적 운용자 非可視的 運用子〉
island condition : 〈섬조건 섬條件〉
island constraints : 〈섬제약 섬制約〉
island effect : 〈섬효과 섬效果〉
iterative Merge : 〈반복적 병합 反復的 倂合〉
i-within-i condition : 〈동일지표내포금지조건 同一指標內包禁止條件〉

[J]

Jonas' Generalization : 〈Jonas의 일반화 Jonas의 一般化〉

[K]

Kant's problem : 〈칸트의 문제 칸트의 問題〉
Kantist G-Framework : 〈칸트주의 문법체계 칸트主義 文法體系〉
Kantist Linguistics : 〈칸트주의 언어학 칸트主義 言語學〉

[L]

L-marking : 〈어휘표시 語彙表示〉
L-related Position : 〈어휘관련성위치 語彙關聯性位置〉
LA : 〈어휘배열 語彙配列〉
label-free : 〈표찰자유 標札自由〉
label-free system : 〈표찰자유체계 標札自由體系〉
labelling algorithm : 〈표찰연산공식 標札演算公式〉
LAD : 〈언어습득장치 言語習得裝置〉
LA_i : 〈하위어휘배열 下位語彙配列〉
language acquisition device: LAD : 〈언어습득장치 言語習得裝置〉
language design : 〈언어설계 言語設計〉
language faculty : 〈언어능력 言語能力〉
language particular : 〈언어 개별적 言語 個別的〉
language typology : 〈언어의 유형화 言語의 類型化〉
Last Resort : 〈최후수단 最後手段〉
LCA : 〈어순대응공리 語順對應公理〉
learnability : 〈학습성 學習性〉
least effort condition : 〈최소노력조건 最小努力條件〉
left branch constraint : 〈좌분지제약 左分枝制約〉
leftness condition : 〈좌측조건 左側條件〉
legibility conditions : 〈해독성조건 解讀性條件〉
LEX : 〈어휘부 語彙部〉
lexical anaphor : 〈어휘대용사 語彙代用詞〉
lexical array: LA : 〈어휘배열 語彙配列〉
lexical category : 〈어휘범주 語彙範疇〉
lexical feature : 〈어휘자질 語彙資質〉
lexical government : 〈어휘지배 語彙支配〉
lexical head : 〈어휘핵 語彙核〉
lexical item: LI : 〈어휘항목 語彙項目〉 l
lexical INFL : 〈어휘굴절소 語彙屈折素〉
lexical INFL hypothesis : 〈어휘굴절소 가설 語彙屈折素假說〉
lexical insertion : 〈어휘삽입 語彙挿入〉
lexical integrity hypothesis : 〈어휘합성 가설 語彙合成假說〉
lexical marking : 〈어휘표시 語彙表示〉
lexical NP : 〈어휘명사구 語彙名詞句〉

lexical pronoun : 〈어휘대명사 語彙代名詞〉
lexical property : 〈어휘속성 語彙屬性〉
lexical selection : 〈어휘적 선택 語彙的選擇〉
lexical subarray: LA_i : 〈하위어휘배열 下位語彙配列〉
lexicalist control theory : 〈어휘론자적 통제이론 語彙論者的 統制理論〉
Lexicon: LEX : 〈어휘부 語彙部〉
LF' : 〈후논리형태 後論理形態〉
LF clitic: CLLF : 〈논리형태접어 論理形態接語〉
LF licensing condition : 〈논리형태자격조건 論理形態資格條件
LF movement : 〈논리형태이동 論理形態移動〉
LF movement hypothesis : 〈논리형태이동가설 論理形態移動假說〉
LF-representation : 〈논리형태표상 論理形態表象〉
LGB binding theory : 〈LGB 결속이론 LGB 結束理論〉
LGB(Lecture on Government and Binding) : 〈지배-결속이론 강의 支配-結束理論講義〉
LI : 〈어휘항목 語彙項目〉
licensing condition : 〈자격조건 資格條件〉
licensing condition on parasitic gap : 〈기생공백자격조건 寄生空白資格條件〉
lightness condition : 〈경유인조건 經誘引條件〉
linear correspondence axiom: LCA : 〈어순대응공리 語順對應公理〉
linear order : 〈선형상 어순 線型上 語順〉
linear sequence : 〈선형적 연결체 線型的 連結體〉
linguistic experience : 〈언어경험 言語經驗〉
linguistic variations : 〈언어적 변이 言語的 變異〉
local binding : 〈국부결속 局部結束〉
local economy : 〈국부적 경제성 局部的經濟性〉
local identifier : 〈국부 확인자 局部確認子〉
locality : 〈국부성 局部性〉
locality condition : 〈국부성조건 局部性條件〉
locality constraint : 〈국부성제약 局部性制約〉
logophoric anaphora : 〈인식자적 대용화 認識者的 代用化〉
logophoric NP : 〈인식자적 명사구 認識者的 名詞句〉
logophoric pro : 〈인식자적 공대명사 認識者的 空代名詞〉
logophoric reflexive : 〈인식자적 재귀사 認識者的 再歸詞〉
logophoricity : 〈인식자효과 認識子效果〉
long distance reflexive: LDR : 〈장거리 재귀사 長距離再歸詞〉
long-distance agreement : 〈장거리일치 長距離一致〉
long-distance binding : 〈장거리결속 長距離結束〉
long-distance dependency : 〈장거리의존관계 長距離依存關係〉
long-distance overt *wh*-movement : 〈장거리명시의문사이동 長距離明示疑問詞移動〉
"looking ahead" global complexity : 〈예상적용의 비국부성 豫想適用의 非 局部性〉
lowering : 〈하향이동 下向移動〉
lowering operation : 〈하강작용 下降作用〉

[M]

M : 〈법형태소 法形態素〉

m-command : 〈최대투사통어 最大投射統御〉
manner-of-speaking verb : 〈발화양태동사 發話樣態動詞〉
marked anaphor : 〈유표대용사 有表代用詞〉
marked binding : 〈유표성 결속 有標性結束〉
marked reflexive : 〈유표성 재귀사 有標性再歸詞〉
Match : 〈부합 附合〉
matching maximality principle : 〈부합극대성원리 附合極大性原理〉
matrix verb : 〈주절동사 主節動詞〉
maximal projection : 〈최대투사 最大投射〉
MDC : 〈최소도출조건 最小導出條件〉
medium-hot language : 〈중열언어 中熱言語〉
Merge : 〈병합 倂合〉
Merge-over-Move principle: MOM : 〈병합우선원리 倂合優先原理〉
minimal derivation condition: MDC : 〈최소도출조건 最小導出條件〉
minimal design specifications : 〈최소설계도 最小設計圖〉
minimal distance principle : 〈최소거리원리 最小距離原理〉
minimal domain : 〈최소영역 最小領域 〉
minimal link condition: MLC : 〈최소연결조건 最小고리條件〉
minimal maximal category: MMC : 〈최소최대범주 最小最大範疇〉
minimal maximal projection : 〈최소최대투사 最小最大投射〉
minimal projection : 〈최소투사 最小投射〉
minimal search : 〈최소탐색 最小探索〉
minimal search condition : 〈최소탐색조건 最小探索條件〉
minimal search domain : 〈최소탐색영역 最小探索領域〉
minimalist assumption : 〈최소주의적 가정 最小主義的 假定〉
minimalist binding theory : 〈최소주의 결속이론 最小主義結束理論〉
Minimalist Grammar : 〈최소주의 문법 最小主義 文法〉
Minimalist Idea : 〈최소주의적 정신 最小主義的 精神〉
minimalist perspective : 〈최소주의적 관점 最小主義的 觀點〉
Minimalist Program : 〈최소주의 계획(프로그램) 最小主義計劃〉
Minimalist Theory : 〈최소주의이론 最小主義理論〉
minimality barrier : 〈최소장벽 最小障壁〉
minimality condition : 〈최소조건 最小條件〉
minimization of computation : 〈연산의 최소화 演算의 最小化〉
missing subject : 〈부재주어 不在主語〉
MLC : 〈최소연결조건 最小고리條件〉
MMC : 〈최소최대범주 最小最大範疇〉
modal-discoursal features : 〈양태/담화자질 樣態/談話資質〉
modal-discoursal properties : 〈양태/담화적 특성 樣態/談話的 특성〉
modified category : 〈수정범주 修正範疇〉
modular system : 〈조합체계 組合體系〉
MOM : 〈병합우선원리 倂合優先原理〉
monomorphemic reflexive : 〈단형태소재귀사 單形態素再歸詞〉
mood : 〈법 法〉
mood category : 〈법범주 法範疇〉
mood morpheme: M : 〈법형태소 法形態素〉
mood phrase: MP : 〈법구 法句〉
morphological identification principle : 〈형태론적 확인원리 形態論的確認原理〉
Morphology : 〈형태부 形態部〉
Move-F : 〈자질이동 資質移動〉
movement hypothesis : 〈이동가설 移動

假說〉
movement-interpretive hypothesis : 〈이동-해석가설 移動-解釋假說〉
MP : 〈법구 法句〉
multiple direct question : 〈다중직접의문문 多重直接疑問文〉
multiple direct *wh*-question : 〈다중직접의문사의문문 多重直接疑問詞疑問文〉
multiple indirect question : 〈다중간접의문문 多重間接疑問文〉
multiple indirect *wh*-question : 〈다중간접의문사의문문 多重間接疑問詞疑問文〉
multiple Merge : 〈다중병합 多重倂合〉
multiple Spec construction: MSC : 〈다중지정어구문 多重指定語構文〉
multiple Spell-Out : 〈다중문자화 多重文字化〉
multiple subject construction〉 MSC : 〈다중주어구문 多重主語構文〉
multiple *wh*-construction : 〈다중의문사구문 多重疑問詞構文〉
multiple *wh*-fronting : 〈다중의문사전치 多重疑問詞前置〉
multiple *wh*-fronting phenomena : 〈다중의문사전치현상 多重疑問詞前置現象〉
multiple *wh*-question : 〈다중의문사의문문 多重疑問詞疑問文〉

[N]

N-feature : 〈명사-자질 名詞-資質〉
narrow scope : 〈협소작용역 狹小作用域〉
narrow syntax: NS : 〈협소통사부 狹小統辭部 혹은 협소통사부〉
natural language : 〈자연언어 自然言語〉
nested dependency constraint : 〈내포의존제약 內包依存制約〉
new MLC : 〈신최소연결조건 新最小고리條件〉
next strong phase : 〈차상위강국면 次上位强局面〉
no island effect : 〈무섬효과 無섬效果〉
no label system : 〈무표찰체계 無標札體系〉
nominal category : 〈명사적 범주 명사적 범주〉
nominal expression : 〈명사적 표현 名詞的表現〉
nominal features : 〈명사적 자질 名詞的資質〉
nominative Case : 〈주격 主格〉
nominative island condition: NIC : 〈주격섬조건 主格섬條件〉
non-bridge verbs : 〈비교량동사 非橋梁動詞〉
non-complementary distribution : 〈비상보적 분포 非相補的 分布〉
non-discourse-oriented language : 〈비담화지향언어 非談話指向言語〉
non-expletive construction : 〈비허사구문 非虛辭構文〉
non-finite clause : 〈비한정절 非限定節〉
non-inherent quantified NP : 〈비내재적양화명사구 非內在的 量化名詞句〉
non-inherent quantifier : 〈비내재적 양화사 非內在的 量化詞〉
non-obligatory control : 〈비의무적 통제 非義務的 統制〉
non-phrasal reflexive : 〈비구재귀사 非句再歸詞〉
non-pro-drop language : 〈비대명사탈락언어 非代名詞脫落言語〉
nonproper governor : 〈비고유지배자 非固有支配子〉
non-Slavic languages : 〈비슬래빅 언어 非슬래빅 言語〉
non-tensed clause : 〈비시제절 非時制節〉
non-tensed T : 〈무시제소 無時題素〉
non-zero-topic language : 〈비공주제

언어 非空主題言語〉
non-θ-position：〈비의미역위치 非意味役位置〉
no-tampering condition: NTC：〈불변경조건 不變更條件〉
noun clause：〈명사절 명사절〉
noun complement：〈명사보문 名詞補文〉
NP complement：〈명사구보충어 名詞句補充語〉
NP movement：〈명사구이동 名詞句移動〉
NP postposing：〈명사구후치 名詞句後置〉
NP preposing：〈명사구전치 名詞句前置〉
NP trace：〈명사구흔적 名詞句痕迹〉
NP-feature：〈명사구-자질 名詞句-資質〉
NP-shell：〈명사구껍질 名詞句껍질〉
NS：〈협소통사부 狹小統辭部〉
NTC：〈불변경조건 不變更條件〉
null anaphor：〈영대용사 零代用詞〉
null COMP：〈영보문소 零補文素〉
null epithet：〈영별칭 零別稱〉
null object：〈영목적어 零目的語〉
null operator：〈공운용자 工運用子〉
null operator constraint：〈공운용자제약 空運用子制約〉
null pronoun：〈영대명사 零代名詞〉
null subject：〈영주어 零主語〉
null subject language：〈영주어언어 零主語言語〉
null subject parameter：〈영주어매개변인 零主語媒介變因〉
null topic：〈영주제 零主題〉
null topic language：〈영주제언어 零主題言語〉
number：〈수 數〉
Numeration：〈배번집합 配番集合〉

[O]

OA：〈명시적 일치 明示的 一致〉
object shift: OS：〈목적어전이 目的語轉移〉
object-drop language：〈목적어탈락언어 目的語脫落言語〉
object-orientation：〈목적어지향성 目的語指向性〉
obligatory control：〈의무적 통제 義務的 統制〉
obligatory control verb：〈의무적 통제동사 義務的 統制動詞〉
oblique Case：〈사격 斜格〉
Observational Adequacy：〈관찰적 타당성 觀察的 妥當性〉
OCC-feature：〈OCC-자질 OCC-資質〉
OF：〈명시적 초점화 明示的 焦點化〉
old information：〈구정보 舊情報〉
one-time assembly：〈일괄적 조립 一括的 組立〉
one-time collection：〈일괄적 수집 一括的 收集〉
opacity condition：〈불투명조건 不透明條件〉
opaque domain：〈불투명영역 不透明領域〉
open sentence：〈개방문 開放文〉
operator-variable chain：〈운용자-변항 연쇄 運用子-變項 連鎖〉
optimal derivation：〈최적도출 最適導出〉
optimal system：〈최적체계 最適體系〉
optimization：〈최적화 最適化〉
optional Case government hypothesis：〈선택적 격지배가설 選擇的 格支配假說〉
optional control verb：〈선택적 통제동사 選擇的 統制動詞〉
Op-variable chain：〈공운용자-변항 연쇄 空運用子-變項 連鎖〉
ordinary passive：〈일반수동태 一般受動態〉
organism's Umwelt：〈유기체의 환경 有機體의 環境〉

Orwell's problem : 〈오웰의 문제 오웰의 問題〉
OS : 〈목적어전이 目的語轉移〉
OS-language : 〈목적어전이언어 目的語轉移言語〉
outer Spec : 〈외곽지정어 外廓指定語〉
overt Agr : 〈명시일치소 明示一致素〉
overt Agree: OA : 〈명시적 일치 明示的 一致〉
overt focalization: OF : 〈명시적 초점화 明示的 焦點化〉
overt movement : 〈명시적 이동 明示的移動〉
overt operator : 〈명시운용자 明示運用子〉
overt operator-binding theory : 〈명시운용자결속이론 明示運用子結束理論〉
overt pronoun : 〈명시대명사 明示代名詞〉
overt pronoun constraint : 〈명시대명사제약 明示代名詞制約〉
overt syntax : 〈명시통사부 明示統辭部〉 혹은 〈외현통사부 外顯統辭部〉
overt topic : 〈명시주제 明示主題〉
overt *wh*-movement : 〈명시적 의문사이동 明示的 疑問詞移動〉
OWM-construction : 〈OWM-구문 OWM-構文〉

[P]

P : 〈탐침자 探針子〉
pair-Merge : 〈쌍병합 雙倂合〉
parallel movement : 〈병행이동 竝行移動〉
parallelism constraint : 〈병행제약 竝行制約〉
parameter : 〈매개변인 媒介變因〉
parametrization : 〈매개변인화 媒介變因化〉
parasitic gap : 〈기생공백 寄生空白〉
parasitic gap construction : 〈기생공백구문 寄生空白構文〉
passive expletive construction : 〈수동허사구문 受動虛辭構文〉
passive verb : 〈수동태동사 受動態動詞〉
path containment condition: PCC : 〈통로포함조건 通路包含條件〉
PCA : 〈복사발성분석 複寫發聲分析〉
PCC : 〈통로포함조건 通路包含條件〉
Perceptual Motor System : 〈지각운동체계 知覺運動體系〉
percolation : 〈삼투 滲透〉
perfect system : 〈완벽체계 完璧體系〉
perfection : 〈완벽성 完璧性〉
performance system : 〈수행체계 隨行體系〉
person : 〈인칭 人稱〉
PF-component : 〈음성형태부 音聲形態部〉
phase : 〈국면 局面〉
phase impenetrability condition: PIC : 〈국면불가침조건 局面不可浸條件〉
phase locality condition : 〈국면국부성조건 局面局部性條件〉
phase-head : 〈국면핵 局面核〉
PHON : 〈음성표상 音聲表象〉
phonetic interface : 〈음성접합부 音聲接合符〉
phonetically unrealized pronoun : 〈음성적 비실현대명사 音聲的 非實現代名詞〉
phonological border : 〈음운적 경계 音韻的 境界〉
phonological component: φ : 〈음운부 音韻部〉
phonological contents : 〈음운적 실체 音韻的 實體〉
phonological edge : 〈음운적 외곽 音韻的 外郭〉
phonological features : 〈음운자질 音韻資質〉
phrasal reflexive : 〈구재귀사 句再歸詞〉
PIC : 〈국면불가침조건 局面不可浸條件〉

Pied-Pipe : 〈대동 帶同〉
pied piping : 〈대동이동 帶同移動〉
Plato's problem : 〈플라톤의 문제 플라톤의 問題〉
pleonastic element : 〈용어적 요소 冗語的 要素〉
polymorphemic reflexive : 〈다형태소재귀사 多形態素再歸詞〉
possible potential goal : 〈가능 잠재적 목표물 可能 潛在的 目標物〉
possible predicate : 〈가능술어 可能述語〉
possible predicate condition : 〈가능술어조건 可能述語條件〉
Postposition Phrase: PP : 〈후치사구 後置詞句〉
postverbal adjunct : 〈후동사 부가어 後動詞附加語〉
potential antecedent : 〈잠재선행사 潛在先行詞〉
predicate : 〈술어 述語〉
predicate composition : 〈술어합성 述語合成〉
predicate head : 〈술어핵 述語核〉
predicate variable : 〈술어변항 述語變項〉
predication : 〈주술관계화 主述關係化〉
Predication Principle : 〈주술관계화원리 主述化原理〉
predication rule : 〈주술관계화규칙 主述關係化規則〉
principle of identification of pro : 〈공대명사확인원리 空代名詞確認原理〉
principle of interpretation/evaluation for phase : 〈국면해석평가원리 局面解釋評價原理〉
principle of recoverability : 〈회복가능성원리 回復可能性原理〉
principle of scope-binding: PSB : 〈작용역결속원리 作用域結束原理〉
Principles and Parameters Theory : 〈원리매개변인이론 原理媒介變因理論〉
principle of computational efficiency : 〈연산의 효율성원리 演算의 效率性原理〉
pro : 〈공대명사 空代名詞〉
PRO : 〈대공대명사 大空代名詞〉
pro control principle : 〈공대명사통제원리 空代名詞統制原理〉
pro control rule : 〈공대명사통제규칙 空代名詞統制規則〉
PRO insertion : 〈PRO 삽입 PRO 挿入〉
PRO-axiom : 〈PRO-공리 PRO-公理〉
PRO-theorem : 〈PRO-공준 PRO-公準〉
Probe: P : 〈탐침자 探針子〉
Probe-Goal Framework : 〈탐침자-목표물 문법체계 探針子-目標物 文法體系〉
probe-goal relation : 〈탐침자-목표물 관계 探針子-目標物關係〉
Procrastinate : 〈지연성원리 遲延性原理〉
pro-drop : 〈대명사탈락 代名詞脫落〉
pro-drop language : 〈대명사탈락언어 代名詞脫落言語〉
pro-drop parameter : 〈대명사탈락매개변인 代名詞脫落媒介變因〉
pro-drop principle : 〈대명사탈락원리 代名詞脫落原理〉
pro-form : 〈대체형 代替形〉
projection : 〈투사 投射〉
projection principle : 〈투사원리 投射原理〉
pronominal : 〈대명사류 代名詞類〉
pronominal anaphor : 〈대명사류 대용사 代名詞類代用詞〉
pronominal binding interpretation : 〈대명사적 결속해석 代名詞的 結束解釋〉
pronominal variable : 〈대명사 변항 代名詞變項〉
pronoun : 〈대명사 代名詞〉
Pronounce Copy Analysis: PCA : 〈복사발성분석 複寫發聲分析〉
proper binding : 〈고유결속 固有結束〉
proper government : 〈고유지배 固有支配〉

proper governor : 〈고유지배자 固有支配子〉
proper head government : 〈고유핵지배 固有核支配〉
proper head governor : 〈고유핵지배자 固有核支配子〉
proposition condition : 〈명제조건 命題條件〉
propositional island constraint : 〈명제섬조건 命題섬條件〉
propositional verbs : 〈명제성 동사 命題性 動詞〉
pro-predicate : 〈대술어 代述語〉
psych verb(심리동사 心理動詞〉
psychological reality 〈심리적 실재성 心理的 實在性〉
pure configurational θ-theory : 〈순수형상적 의미역이론 純粹形相的意味役理論〉
pure EPP-effect : 〈순수EPP-효과 純粹EPP-效果〉
pure Merge : 〈순수병합 純粹倂合〉
pure subject-predicate relation : 〈순수주술관계 純粹主述關係〉
pure superiority : 〈순수우위성 純粹優位性〉
pure *wh*-phrase : 〈순수의문사 純粹疑問詞〉
purposive clause : 〈목적절 目的節〉
purposives : 〈목적구문 目的構文〉

[Q]

Q-Agree : 〈의문자질일치 疑問資質一致〉
Q-feature : 〈의문자질 疑問資質〉
QR : 〈양화사인상 量化詞引上〉
quantificational NP : 〈양화명사구(量化名詞句)〉
quantifier : 〈양화사(量化詞)〉
quantifier raising: QR : 〈양화사인상 量化詞引上〉

[R]

R-expression : 〈지시(적) 표현 指示(的)表現〉
R-feature : 〈지시자질 指示資質〉
R-index : 〈지시(적) 지표 指示(的)指標 혹은 R-지표 R-指標〉
raising : 〈인상 引上〉
raising construction : 〈인상구문 引上構文〉
raising verb : 〈인상동사 引上動詞〉
real imperfections : 〈실재적 비완벽성 實在的 非完璧性〉
real *wh*-in-situ's : 〈실제제자리의문사 實際제자리疑問詞〉
reciprocal : 〈상호사 相互詞〉
recursive embedding : 〈순환적 매입 循環的 埋入〉
redundancy : 〈잉여성 剩餘性〉
reference interpretation principle : 〈지시해석원리 指示解釋原理〉
referential dependency : 〈지시의존(관계) 指示依存(關係)〉
referential feature: R-feature : 〈지시자질 指示資質〉
referential index: R-index : 〈지시(적) 지표 指示(的)指標 혹은 R-지표 R-指標〉
reflexive : 〈재귀사 再歸詞〉
reflexive LF movement hypothesis : 〈재귀사논리형태이동가설 再歸詞論理形態移動假說〉
reflexive morpheme : 〈재귀소 再歸素〉
reflexive predicate : 〈재귀적 술어 再歸的述語〉
reflexive semantic predicate : 〈재귀적 의미술어 再歸的意味述語〉
reflexive-marked : 〈재귀표시 再歸表示〉
relative clause : 〈관계절 關係節〉

relativization : 〈관계화 關係化〉
relativized anaphora theory : 〈상대대용화이론 相對代用化理論〉
Relativized Minimality : 〈상대적 최소성 相對的 最小性〉
relativized minimality : 〈상대최소조건 相對最小條件〉
relativized phase : 〈상대적 국면 相對的 局面〉
relativized shortest movement condition : 〈상대최소거리이동조건 相對最小距離移動條件〉
Repair Strategy : 〈보수전략 補修戰略〉
resultative AP : 〈결과형용사구 結果形容詞句〉
resumptive caki: R-caki : 〈재생 '자기' 再生自己〉
resumptive pro : 〈재생공대명사 再生空代名詞〉
resumptive pronoun : 〈재생대명사 再生代名詞〉
revised binding theory : 〈수정결속이론 修正結束理論〉
revised control theory : 〈수정통제이론 修正統制理論〉
revised filter on Agr conflict : 〈개정일치소상충제거장치 改正一致素相沖除去裝置〉
Revised Inactivity Condition : 〈수정비활동성조건 修訂非活動性條件〉
Revised Probe-Goal Framework : 〈수정 탐침자-목표물 문법체계 修訂探針子-目標物 文法體系〉
revised strong binding condition : 〈수정강결속조건 修正强結束條件〉
revised strong binding principle : 〈수정강결속원리 修正强結束原理〉
rightward movement : 〈우향이동 右向移動〉
Rigid Minimality : 〈경직적 최소성 硬直的 最小性〉
root sentence : 〈뿌리문장 根文章〉

[S]

s-selection : 〈의미선택 意味選擇〉
s-selectional properties : 〈의미선택적 특성 意味選擇的 特性〉
S-structure : 〈S-구조 S-構造〉
S'-deletion : 〈S'-삭제 S'-削除〉
saturation : 〈포화 飽和〉
scopal effects : 〈작용역효과 作用域效果〉
scopal properties : 〈작용역상 특성 作用域上 特性〉
scope : 〈작용역 作用域〉
scope indexing : 〈작용역 지표화 作用域指標化〉
scope indexing rule : 〈작용역 지표화규칙 作用域指標化規則〉
scope interaction : 〈작용역 상호영향 作用域相互影響〉
scope principle : 〈作用域原理〉
scope principle : 〈작용역원리 作用域原理〉
scrambling : 〈뒤섞기〉
SE anaphor : 〈SE 대용사 SE 代用詞〉
searching domain : 〈탐색영역 探索領域〉
second-Merge : 〈이차병합 二次併合〉
selectional condition : 〈선택조건 選擇條件〉
SELF anaphor : 〈SELF 대용사 SELF 代用詞〉
SEM : 〈의미표상 意味表象〉
semantic component: Σ : 〈의미부 意味部〉
semantic features : 〈의미자질 意味資質〉
semantic interface : 〈의미접합부 意味接合符〉
semantic multiplicity : 〈의미적 다양성 意味的 多樣性〉

semantic multiplicity : 〈의미적 다중성 意味的 多重性〉

semantic predicate : 〈의미술어 意味述語〉

semantic/C-I interface : 〈의미/개념의도 접합부 意味/概念意圖 接合符〉

sensori-motor interface: SM interface : 〈감각운동접합부 感覺運動接合符〉

sensori-motor organ : 〈감각운동기관 感覺運動器官〉

sensori-motor system: SM : 〈감각운동체계 感覺運動體系〉

sentence level : 〈문장계층 文章階層〉

sententail topic : 〈문장주제 文章主題〉

sentential subject : 〈문장주어 文章主語〉

sentential subject condition : 〈문장주어조건 文章主語條件〉

set-membership relation : 〈조원소관계 組元素關係〉

set-Merge : 〈조병합 組倂合〉

Shortest Move : 〈최단이동 最短移動〉

shortest movement condition : 〈최단이동조건 最短移動條件〉

SIMPL : 〈단순화 單純化〉

simple predicate : 〈단순술어 單純述語〉

simple reflexive morpheme : 〈단일재귀소 單一再歸素〉

simple verb : 〈단순동사 單純動詞〉

simplex sentence : 〈단문 短文〉

simplex structure : 〈단순구조 單純構造〉

simplicity : 〈단순성 單純性〉

single anaphor : 〈단일대용사 單一代用詞〉

single-membered chain : 〈단요소 연쇄 單要素連鎖〉

sister of contain : 〈포함의 자매관계 包含의 姉妹關係〉

Slavic languages : 〈슬래빅 언어 슬래빅 言語〉

sloppy reading : 〈약식의미 略式意味〉

SM : 〈감각운동체계 感覺運動體系〉

SM interface : 〈감각운동접합부 感覺運動接合符〉

small clause : 〈소절 小節〉

SO : 〈통사대상 統辭對象〉

speaking verb : 〈발화동사 發話動詞〉

Spec-C : 〈C의 지정어 C의 指定語〉

Spec-head agreement : 〈지정어-핵일치 指定語-核一致〉

Spec-Head Relation : 〈지정어-핵관계 指定語-核關係〉

specificity : 〈특정성 特定性〉

specificity condition : 〈특정성조건 特定性條件〉

specified subject : 〈명시주어 明示主語〉

specified subject condition: SSC : 〈명시주어조건 明示主語條件〉

specifier binding : 〈지정어 결속 指定語結束〉

specifier: Spec : 〈지정어 〉

specifier-complement distinction : 〈지정어-보충어 구별 指定語-補充語區別 〉

Spec-T : 〈T의 지정어 T의 指定語〉

Spec-V : 〈V의 지정어 V의 指定語〉

speech act : 〈발화행위(론) 發話行爲(論)〉

speech act empathy hierarchy : 〈발화행위감정이입계층 發話行爲感情移入階層〉

Spell-Out : 〈문자화 文字化〉

split antecedent : 〈분열선행사 分裂先行詞〉

Split-INFL Hypothesis : 〈굴절소분할가설 屈折素分割假說〉

strict cycle condition : 〈엄밀순환조건 嚴密循環條件〉

strict reading : 〈엄밀의미 嚴密意味〉

strong Agr : 〈강일치소 强一致素〉

strong binding : 〈강결속 强結束〉

strong binding condition : 〈강결속조건 强結束條件〉

strong binding principle : 〈강결속원리 强結束原理〉

strong binding theory : 〈강결속이론 强

結束理論〉
strong c-command : 〈강성분통어 强成分統御〉
strong crossover : 〈강교차 强交叉〉
strong crossover condition : 〈강교차조건 强交叉條件〉
strong feature : 〈강성자질 强性資質〉
strong minimalist assumptions : 〈강력 최소주의적 가정 强力最小主義的假定〉
strong minimalist thesis: SMT : 〈강력 최소주의이론 强力最小主義理論〉
strong phase : 〈강국면 强局面〉
Structure Preserving Hypothesis : 〈구조보존가설 構造保存假說〉
subcategorization feature : 〈하위범주화자질 下位範疇化資質〉
subjacency(condition) : 〈하위인접(조건) 下位隣接(條件)〉
SUBJECT : 〈대주어 大主語〉
subject clitic : 〈주어접어 主語接語〉
subject constraint : 〈주어제약 主語制約〉
subject control : 〈주어통제 主語統制〉
subject control verb : 〈주어통제동사 主語統制動詞〉
subject island : 〈주어섬 主語섬〉
subject island condition : 〈주어섬조건 主語섬條件〉
subject island effect : 〈주어섬효과 主語섬效果〉
subject raising : 〈주어인상 主語引上〉
subject-drop language : 〈주어탈락언어 主語脫落言語〉
subject-object asymmetry : 〈주어-목적어 불균형 主語-目的語不均衡〉
subject-orientation : 〈주어지향성 主語指向性〉
subject-orientation principle of reflexive : 〈재귀사 주어지향성원리 再歸詞主語指向性原理〉
subject-predicate relation : 〈주술관계 主述關係〉
subjects-across-categories hypothesis : 〈전범주적 주어가설 全範疇的主語假說〉
substantive category : 〈실사범주 實辭範疇〉
substitution : 〈대치 代置〉
substitution structure : 〈대치구조 代置構造〉
successive cyclic adjunction-movement : 〈연속적 순환부착이동 連續的循環附着移動〉
successive cyclic A-movement : 〈연속적 순환논항이동 連續的 循環論項移動〉
successive cyclic head movement : 〈연속적 순환핵이동 連續的 循環核移動〉
successive cyclic movement : 〈연속적 순환이동 連續的 循環移動〉
Suicidal Greed : 〈자살적 이기성 自殺的利己性〉
superiority condition : 〈우위성조건 優位性條件〉
superiority effect : 〈우위효과 優位效果〉
super-rasing : 〈초인상 超引上〉
surface subject : 〈표층주어 表層主語〉
syntactic argument : 〈통사적 논항 統辭的論項〉
syntactic object: SO : 〈통사대상 統辭對象〉
syntactic predicate : 〈통사술어 統辭述語〉
syntactic reanalysis : 〈통사적 재분석 統辭的 再分析〉
Syntax without T : 〈T 없는 통사론 T 없는 統辭論〉
system of thoughts : 〈사고체계 思考體系〉
sytactic identification principle : 〈통사적 확인원리 通辭的確認原理〉

[T]

T : 〈시제 時制〉 tense〉
TEC : 〈타동허사구문 他動虛辭構文〉
tense category : 〈시제범주 時制範疇〉
tense locus : 〈시제발현장 時制 發現場〉
tense morpheme : 〈시제형태소 時制形態素〉
tense phrase: TP : 〈시제구 時制句〉
tensed-S condition: TSC : 〈시제절조건 時制節條件〉
tensed-T : 〈유시제소 有時制素〉
tensed-T condition : 〈유시제소조건 有時制素條件〉
TH/EX : 〈주제화/적출화 主題化/摘出化〉
that-t effect : 〈that-t 효과 that-t 效果〉
the least complete functional complex: the least CFC : 〈최소완전기능구조 最小完全機能構造〉
thematic distinctness condition : 〈의미역구별조건 意味役區別條件〉
thematic identity condition : 〈의미역동일조건 意味役同一條件〉
thematically governed predication : 〈의미역적 주술관계화 意味役的主述關係化〉
Thematization : 〈주제화 主題化〉
Thematization/Extraction: TH/EX : 〈주제화/적출화 主題化/摘出化〉
Theme : 〈대상 對象〉
theme-rheme structure : 〈주제-평언 구조 主題-評言 構造〉
theory of A-binding : 〈논항결속이론 論項結束理論〉
theory of anaphora for empty pronoun : 〈공대명사 대용화이론 空代名詞代用化理論〉
theory of barriers : 〈장벽이론 障壁理論〉
theory of bijection principle : 〈양합원리이론 兩合原理理論〉
theory of LF anaphora : 〈논리형태대용화이론 論理形態代用化理論〉
theory of parallelism constraint : 〈병행제약이론 竝行制約理論〉
theory of predicate reflexivity : 〈술어재귀화이론 述語再歸化理論〉
theory of proper binding : 〈고유결속이론 固有結束理論〉
theory of referential dependency : 〈지시의존이론 指示依存理論〉
there-insertion : 〈there-삽입 there-挿入〉
topic construction : 〈화제구문 話題構文〉
topic phrase: TopP : 〈화제구 話題句〉
topicalization : 〈화제화 話題化〉
TopP : 〈화제구 話題句〉
tough-movement : 〈tough-이동 tough-移動〉
TP : 〈시제구 時制句〉
trace : 〈흔적 痕迹〉
Traditional Grammar : 〈전통문법 傳統文法〉
TRANSFER : 〈양도 讓渡〉
Transformational Generative Grammar : 〈변형생성문법 變形生成文法〉
Transformational Grammar : 〈변형문법 變形文法〉
transitive construction : 〈타동사구문 他動詞構文〉
transitive expletive construction: TEC : 〈타동허사구문 他動虛辭構文〉
TSC : 〈시제절조건 時制節條件〉
Two-level Movement Analysis : 〈2-층위 이동 분석 2-層位 移動 分析〉

[U]

UG : 〈보편문법 普遍文法〉
unaccusative construction : 〈비대격구문 非對格構文〉
unaccusative expletive construction : 〈비대격허사구문 非對格虛辭構文〉

unaccusative predicate : 〈비대격 술어 非對格述語〉
unaccusative verb : 〈비대격동사 非對格動詞〉
unaccusative/passive object : 〈비대격/수동태 목적어 非對格/受動態 目的語〉
unbounded Merge : 〈무한계병합 無限界併合〉
underived inflectional form : 〈비파생굴절형태 非派生屈折形態〉
understood subject : 〈의미상 주어 意味上主語〉
uniformity condition on C_{HL} : 〈연산일률성조건 演算一律性條件〉
uniformity condition[1] : 〈일관성조건 一貫性條件〉
uniformity condition[2] : 〈일률성조건 一律性條件〉
uniformity condition[3] : 〈획일성조건 劃一性條件〉
uniformity principle : 〈획일성원리 劃一性原理〉
unintelligible expression : 〈난해한 표현 難解한 表現〉
uninterpretable feature : 〈비해석성 자질 非解釋性 資質〉
uninterpretable φ-feature : 〈비해석성 파이자질 非解釋性 파이資質〉
uninterpretable: [-interpretable] : 〈비해석성 非解釋性〉
unique antecedency : 〈유일선행성 唯一先行性〉
universal grammar: UG : 〈보편문법 普遍文法〉
universal quantifier : 〈전칭양화사 全稱量化詞〉
unmarked anaphor : 〈무표대용사 無表代用詞〉
unmarked binding : 〈무표성결속 無標性結束〉
unmarked reflexive : 〈무표성재귀사 無標性再歸詞〉
unselective binding : 〈비선택적 결속 非選擇的 結束〉

[V]

vacuous movement : 〈공허이동 空虛移動〉
variable : 〈변항 變項〉
variable analysis : 〈변항분석 變項分析〉
verbal inflection paradigm parameter : 〈동사 굴절어형변화 매개변인 動詞屈折語形變化媒介變因〉
visibility principle : 〈가시성원리 可視性原理〉
visible movement : 〈가시적 이동 可視的 移動〉
VP deletion : 〈동사구삭제 動詞句削除〉
VP ellipsis : 〈동사구생략 動詞句省略〉
VP-Internal Subject Hypothesis : 〈동사구내주어가설 動詞句內主語假說〉
V-raising : 〈동사인상 動詞引上〉
V-second condition : 〈동사-둘째 조건 動詞-둘째 條件〉
V-second phenomena : 〈동사-둘째 현상 動詞-둘째 現象〉

[W]

wanna contraction : 〈wanna 축약 wanna 縮約〉
weak Agr : 〈약일치소 弱一致素〉
weak c-command : 〈약성분통어 弱成分統御〉
weak crossover : 〈약교차 弱交叉〉
weak phase : 〈약국면 弱局面〉
wh-in-situ : 〈제자리의문사 제자리疑問詞〉
wh-interrogatives : 〈의문사의문문 疑問詞 疑問文〉

wh-island constraint : 〈*wh*-섬제약 *wh*-섬制約(일명: 疑問詞섬制約)〉
wh-island effect : 〈*wh*-섬효과 *wh*-섬效果〉
wh-movement : 〈*wh*-이동 *wh*-移動 혹은 의문사이동 疑問詞移動〉
wh-phrase : 〈의문사(구) 疑問詞(構)〉
wide scope : 〈광역작용역 廣域作用域〉

[X]

X^0 reflexive : 〈X^0 재귀사 X^0 再歸詞〉
X'-Theory : 〈핵계층이론 核階層理論〉
X-bar : 〈핵계층 核階層〉
X-bar compatibility : 〈핵계층양립성 核階層兩立性〉
X-bar theory : 〈핵계층이론 核階層理論〉
X^{max} anaphor : 〈최대투사대용사 最大投射代用詞〉
X^{max} reflexive : 〈최대투사재귀사 最大投射再歸詞〉
XP reflexive : 〈XP 재귀사 XP 再歸辭〉
XP-movement : 〈구이동 構移動〉

[Z]

zero-topic : 〈공주제 空主題〉
zero-topic language : 〈공주제언어 空主題言語〉
zero-topic parameter : 〈공주제매개변인 空主題媒介變因〉

[Residues]

γ-assign : 〈γ-할당 γ-割當〉
θ-criterion : 〈의미역기준 意味役基準〉
θ-government : 〈의미역지배 意味役支配〉
θ-government condition : 〈의미역지배조건 意味役支配條件〉
θ-grid : 〈의미역격자 意味役格子〉
θ-position : 〈의미역위치 意味役位置〉
θ-role : 〈의미역 意味役〉
θ-structure : 〈의미역구조 意味役構造〉
θ-theoretic argument structure : 〈의미역이론적 논항구조 意味役理論的 論項構造〉
θ-theoretic conditions : 〈의미역조건 意味役條件〉
θ-theory : 〈의미역이론 意味役理論〉
φ : 〈음운부 音韻部〉
φ-completeness condition : 〈파이자질완전성조건 파이資質完全性條件〉
φ-feature : 〈파이자질 파이-資質〉
φ-index : 〈파이지표 파이-指標〉
Σ : 〈의미부 意味部〉
0-subjacency (condition) : 〈영하위인접(조건) 零下位隣接(條件)〉
1-subjacency (condition) : 〈일하위인접(조건) 一下位隣接(條件)〉
2-subjacency (condition) : 〈이하위인접(조건) 二下位隣接(條件)〉

Ⅱ. 한・영 용어 대조

[ㄱ]

〈가능 잠재적 목표물 可能 潛在的 目標物〉: possible potential goal
〈가능술어 可能述語〉: possible predicate
〈가능술어조건 可能述語條件〉: possible predicate condition
〈가시성원리 可視性原理〉: visibility principle
〈가시적 이동 可視的 移動〉: visible movement
〈간섭효과 干涉效果〉: intervention effect
〈간접결속 間接結束〉: indirect binding
〈간접결속원리 間接結束原理〉: indirect binding principle
〈간접결속이론 間接結束理論〉: indirect binding theory
〈간접의문문 間接疑問文〉: indirect *wh*-question
〈감각운동기관 感覺運動器官〉: sensori-motor organ
〈감각운동접합부 感覺運動接合符〉: SM interface
〈감각운동체계 感覺運動體系〉: sensori-motor system〉: SM
〈감정이입 感情移入〉: empathy
〈강결속 强結束〉: strong binding
〈강결속원리 强結束原理〉: strong binding principle
〈강결속이론 强結束理論〉: strong binding theory
〈강결속조건 强結束條件〉: strong binding condition
〈강교차 强交叉〉: strong crossover
〈강교차조건 强交叉條件〉: strong crossover condition
〈강국면 强局面〉: strong phase
〈강력최소주의이론 强力最小主義理論〉: strong minimalist thesis: SMT
〈강력최소주의적 가정 强力最小主義的假定〉: strong minimalist assumptions
〈강성분통어 强成分統御〉: strong c-command
〈강성자질 强性資質〉: strong feature
〈강일치소 强一致素〉: strong Agr
〈강조재귀사 强調再歸詞〉: emphatic reflexive
〈개념의도기관 概念意圖器官〉: conceptual-intentional organ
〈개념의도접합부 槪念意圖接合符〉: C-I interface
〈개념의도체계 槪念意圖體系〉: conceptual-intentional system〉: C-I System
〈개념적 필연성 槪念的必然性〉: conceptual necessity
〈개념체계 槪念體系〉: Conceptual System
〈개방문 開放文〉: open sentence
〈개정일치소상충제거장치 改正一致素相沖除去裝置〉: revised filter on Agr conflict
〈게르만언어 게르만言語〉: Germanic languages
〈격 格〉: Case
〈격리제약 隔離制約〉: insulation constraint
〈격할당 格割當 〉: Case assignment
〈격할당자 格授割當子〉: Case assigner
〈격여과장치 格濾過裝置〉: Case filter
〈격원리 格原理〉: Case Principle
〈격이론 格理論〉: Case theory
〈격자질 格資質〉: Case-feature
〈격저항원리 格抵抗原理〉: Case Resistance Principle: CRP

〈격점검 格點檢〉 : Case-checking
〈격지배 格支配〉 : Case government
〈격지배자 格支配子〉 : Case governor
〈격표시 格表示〉 : Case marking
〈결과형용사구 結果形容詞句〉 : resultative AP
〈결석원리 缺席原理〉 : default principle
〈결속대명사 結束代名詞〉 : bound pronoun
〈결속대용사 結束代用詞〉 : bound anaphor: B-anaphor
〈결속범주 結束範疇〉 : binding category
〈결속변항 結束變項〉 : bound variable
〈결속영역 結束領域〉 : binding domain
〈결속원리(A) 結束原理(A)〉 : binding principle(A)
〈결속원리(B) 結束原理(B)〉 : binding principle(B)
〈결속원리(C) 結束原理(C)〉 : binding principle(C)
〈결속이론 結束理論〉 : binding theory
〈결속이론상 적합성 結束理論上適合性〉 : BT-compatibility
〈결속조건 結束條件〉 : binding condition
〈결여범주 缺如範疇〉 : defective category
〈경유인조건 經誘引條件〉 : lightness condition
〈경제성 經濟性〉 : economy
〈경제성원리 經濟原理〉 : economy principle
〈경제성조건 經濟性條件〉 : economy condition
〈경직적 최소성 硬直的 最小性〉 : Rigid Minimality
〈계념의도체계 概念意圖體系〉 : conceptual-intentional system (C-I System)
〈계승장벽 繼承障壁〉 : inherited barrier
〈계층적 구조형상 階層的 構造形象〉 : cartographic hierarchies
〈고열언어 高熱言語〉 : hot language
〈고유결속 固有結束〉 : proper binding
〈고유결속이론 固有結束理論〉 : theory of proper binding
〈고유결속조건 固有結束條件〉 : condition on proper binding: CPB
〈고유국면 固有局面〉 : inherent phase
〈고유자질 固有資質〉 : intrinsic feature
〈고유장벽 固有障壁〉 : inherent barrier
〈고유지배 固有支配〉 : proper government
〈고유지배자 固有支配子〉 : proper governor
〈고유지시 固有指示〉 : inherent reference
〈고유핵지배 固有核支配〉 : proper head government
〈고유핵지배자 固有核支配子〉 : proper head governor
〈공관계사 空關係詞〉 : empty relatives
〈공대명사 空代名詞〉 : empty pronoun
〈공대명사 空代名詞〉 : pro
〈공대명사 대용화이론 空代名詞代用化理論〉 : theory of anaphora for empty pronoun
〈공대명사류 空代名詞類〉 : empty pronominal
〈공대명사류 대용사 空代名詞類代用詞〉 : empty pronominal anaphor
〈공대명사통제규칙 空代名詞統制規則〉 : pro control rule
〈공대명사통제원리 空代名詞統制原理〉 : pro control principle
〈공대명사확인원리 空代名詞確認原理〉 : principle of identification of pro
〈공범주 空範疇〉 : empty category
〈공범주변항 空範疇變項〉 : empty category variable
〈공범주원리 空範疇原理〉 : empty category principle: ECP
〈공운용자 空運用子〉 : empty operator
〈공운용자 工運用子〉 : null operator

〈공운용자-변항연쇄
空運用子-變項連鎖〉 : Op-variable chain
〈공운용자제약 空運用子制約〉 : null operator constraint
〈공재귀사 空再歸詞〉 : empty reflexive
〈공재생 대명사 空再生代名詞〉 : empty resumptive pronoun
〈공주어 空主語〉 : empty subject
〈공주제 空主題〉 : zero-topic
〈공주제매개변인 空主題媒介變因〉 : zero-topic parameter
〈공주제언어 空主題言語〉 : zero-topic language
〈공허이동 空虛移動〉 : vacuous movement
〈관계절 關係節〉 : relative clause
〈관계화 關係化〉 : relativization
〈관련명사구 關聯名詞句〉 : associate NP
〈관용어형성규칙 慣用語形成規則〉 : idiom formation rule
〈관용적 의미 慣用的 意味〉 : idiomatic meaning
〈관찰적 타당성 觀察的 妥當性〉 : Observational Adequacy
〈관할 管轄〉 : dominate
〈관할영역 管轄領域〉 : dominating domain
〈관함 관계 關함關係〉 : aboutness
〈광역작용역 廣域作用域〉 : wide scope
〈괴짜표현 괴짜表現〉 : deviant
〈교량동사 橋梁動詞〉 : bridge verbs
〈구이동 構移動〉 : XP-movement
〈구재귀사 句再歸詞〉 : phrasal reflexive
〈구정보 舊情報〉 : old information
〈구조보존가설 構造保存假說〉 : Structure Preserving Hypothesis
〈국면 局面〉 : phase
〈국면국부성조건 局面局部性條件〉 : phase locality condition
〈국면불가침조건 局面不可浸條件〉 : phase impenetrability condition: PIC
〈국면의 핵 局面의 核〉 : head of phase
〈국면해석평가원리 局面解釋評價原理〉 : principle of interpretation /evaluation for phase
〈국면핵 局面核〉 : phase-head
〈국부결속 局部結束〉 : local binding
〈국부성 局部性〉 : locality
〈국부성제약 局部性制約〉 : locality constraint
〈국부성조건 局部性條件〉 : locality condition
〈국부적 경제성 局部的經濟性〉 : local economy
〈국부확인자 局部確認子〉 : local identifier
〈굴절 屈折〉 : inflection
〈굴절소 屈折素〉 : INFL
〈굴절소분할가설 屈折素分割假說〉 : Split-INFL Hypothesis
〈굴절자질 屈折資質〉 : inflectional feature: i-feature
〈규범지배 規範支配〉 : canonical government
〈기능굴절소 機能屈折素〉 : functional INFL
〈기능범주 機能範疇〉 : functional category
〈기능적 분류 機能的 分類〉 : functional determination
〈기생공백 寄生空白〉 : parasitic gap
〈기생공백구문 寄生空白構文〉 : parasitic gap construction
〈기생공백자격조건 寄生空白資格條件〉 : licensing condition on parasitic gap
〈기술적 문법장치 記述的 文法裝置〉 : descriptive technology
〈기술적 타당성 記述的 妥當性〉 : Descriptive Adequacy

〈기저생성 基底生成〉: base-generation

[ㄴ]

〈난해한 표현 難解한 表現〉: unintelligible expression
〈내부구조제약 內部構造制約〉: Internal Structure Constraint
〈내부병합 內部併合〉: internal Merge: IM
〈내심구조제약 內心構造制約〉: Endocentricity Constraint
〈내재언어 內在言語〉: I-language
〈내재적 양화사 內在的量化詞〉: inherent quantifier
〈내포성조건 內包性條件〉: inclusiveness condition
〈내포의존제약 內包依存制約〉: nested dependency constraint
〈내현통사부 內顯統辭部〉: covert syntax
〈논리형태 이동 論理形態移動〉: LF movement
〈논리형태 자격조건 論理形態資格條件〉: LF licensing condition
〈논리형태대용화이론 論理形態代用化理論〉: theory of LF anaphora
〈논리형태이동가설 論理形態移動假說〉: LF movement hypothesis
〈논리형태접어 論理形態接語〉: LF clitic: CLLF
〈논리형태표상 論理形態表象〉: LF-representation
〈논항 論項〉: argument
〈논항결속 論項結束〉: A-binding
〈논항결속이론 論項結束理論〉: theory of A-binding
〈논항구조 論項構造〉: argument structure
〈논항구조적 정보 論項構造的 情報〉: information of argument structure
〈논항대용사 論項代用詞〉: argument anaphor: A-anaphor
〈논항-비논항 비대칭 論項-非論項 非對稱〉: argument-nonargument asymmetry
〈논항연쇄 論項連鎖〉: A-chain
〈논항위치 論項位置〉: A position
〈논항이동 論項移動〉: A-movement
〈능동태동사 能動態動詞〉: active verb

[ㄷ]

〈다중간접의문문 多重間接疑問文〉: multiple indirect question
〈다중간접의문사의문문 多重間接疑問詞疑問文〉: multiple indirect *wh*-question
〈다중문자화 多重文字化〉: multiple Spell-Out
〈다중병합 多重併合〉: multiple Merge
〈다중의문사구문 多重疑問詞構文〉: multiple *wh*-construction
〈다중의문사의문문 多重疑問詞疑問文〉: multiple *wh*-question
〈다중의문사전치 多重疑問詞前置〉: multiple *wh*-fronting
〈다중의문사전치현상 多重疑問詞前置現象〉: multiple *wh*-fronting phenomena
〈다중주어구문 多重主語構文〉: multiple subject construction〉: MSC
〈다중지정어구문 多重指定語構文〉: multiple Spec construction: MSC
〈다중직접의문문 多重直接疑問文〉: multiple direct question
〈다중직접의문사의문문

多重直接疑問詞疑問文〉: multiple direct *wh*-question
〈다형태소재귀사 多形態素再歸詞〉: polymorphemic reflexive
〈단문 短文〉: simplex sentence
〈단순구조 單純構造〉: simplex structure
〈단순동사 單純動詞〉: simple verb
〈단순성 單純性〉: Simplicity
〈단순술어 單純述語〉: simple predicate
〈단순화 單純化〉: SIMPL
〈단요소 연쇄 單要素連鎖〉: single-membered chain
〈단일대용사 單一代用詞〉: single anaphor
〈단일재귀소 單一再歸素〉: simple reflexive morpheme
〈단형태소재귀사 單形態素再歸詞〉: monomorphemic reflexive
〈담화계층 談話階層〉: discourse level
〈담화상 특성 談話上 特性〉: discourse-related properties
〈담화상 표면해석 談話上 表面解釋〉: discourse-related surface interpretation
〈담화지향언어 談話指向言語〉: discourse-oriented language
〈담화특성 談話特性〉: discoursal properties
〈담화형태 談話形態〉: discourse form: DF
〈담화형태소 談話形態素〉: discourse morpheme: D-morpheme
〈담화화제 談話話題〉: discoursal topic
〈당나귀 문장 당나귀 文章〉: donkey sentence
〈대격 對格〉: accusative Case
〈대격구문 對格構文〉: accusative construction
〈대격동사 對格動詞〉: accusative verb
〈대공대명사 大空代名詞〉: PRO
〈대동 帶同〉: Pied-Pipe
〈대동이동 帶同移動〉: pied piping
〈대명사 代名詞〉: pronoun
〈대명사 변항 代名詞變項〉: pronominal variable
〈대명사류 代名詞類〉: pronominal
〈대명사류 대용사 代名詞類代用詞〉: pronominal anaphor
〈대명사적 결속해석 代名詞的 結束解釋〉: pronominal binding interpretation
〈대명사탈락 代名詞脫落〉: pro-drop
〈대명사탈락매개변인 代名詞脫落媒介變因〉: pro-drop parameter
〈대명사탈락언어 代名詞脫落言語〉: pro-drop language
〈대명사탈락원리 代名詞脫落原理〉: pro-drop principle
〈대명사회피원리 代名詞回避原理〉: avoid pronoun principle
〈대상 對象〉: Theme
〈대술어 代述語〉: pro-predicate
〈대용사 代用詞〉: anaphor
〈대용사논리형태이동가설 代用詞論理形態移動假說〉: anaphor LF movement hypothesis
〈대용사적 결속해석 代用詞的 結束解釋〉: anaphoric binding interpretation
〈대용일치소 代用一致素〉: anaphoric Agr
〈대용일치소의존조건 代用一致素依存條件〉: anaphoric Agr dependency condition
〈대용적 별칭 代用的別稱〉: anaphoric epithet
〈대용적 접어 代用的接語〉: anaphoric clitic
〈대용적 지표 代用的 指標〉: anaphoric index
〈대용적 표현 代用的 表現〉: anaphoric

expression
〈대용화 代用化〉 : anaphora
〈대주어 大主語〉 : SUBJECT
〈대체형 代替形〉 : pro-form
〈대치 代置〉 : substitution
〈대치구조 代置構造〉 : substitution structure
〈데카르트의 문제 데카르트의 問題〉 : Descartes' problem
〈데카르트수의 언어학 데카르트主義 言語學〉 : Cartesian Linguistics
〈도치 倒置〉 : inversion
〈동명사절 動名詞節〉 : gerandive clause
〈동사구내주어가설 動詞句內主語假說〉 : VP-Internal Subject Hypothesis
〈동사구삭제 動詞句削除〉 : VP deletion
〈동사구생략 動詞句省略〉 : VP ellipsis
〈동사굴절어형변화 매개변인 動詞屈折語形變化 媒介變因〉 : verbal inflection paradigm parameter
〈동사-둘째 조건 動詞-둘째 條件〉 : V-second condition
〈동사-둘째 현상 動詞-둘째 現象〉 : V-second phenomena
〈동사인상 動詞引上〉 : V-raising
〈동일명사구삭제 同一名詞句削除〉 : Equi NP deletion
〈동일성조건 同一性條件〉 : identity condition
〈동일성통제 同一性統制〉 : identity control
〈동일지시(관계) 同一指示(關係)〉 : coreference
〈동일지표내포금지조건 同一指標內包禁止條件〉 : i-within-i condition
〈동일지표화 同一指標化〉 : coindexing/ coindexation
〈동작주 動作主〉 : Agent
〈뒤섞기〉 : scrambling
〈등거리 等距離〉 : equi-distance

[ㅁ]

〈매개변인 媒介變因〉 : parameter
〈매개변인화 媒介變因化〉 : parametrization
〈매입문 埋入文〉 : embedded sentence/ CP
〈명사구껍질 名詞句껍질〉 : NP-shell
〈명사구보문 名詞句補文〉 : NP complement
〈명사구이동 名詞句移動〉 : NP movement
〈명사구-자질 名詞句-資質〉 : NP-feature
〈명사구전치 名詞句前置〉 : NP preposing
〈명사구후치 名詞句後置〉 : NP postposing
〈명사구흔적 名詞句痕迹〉 : NP trace
〈명사보문 名詞補文〉 : noun complement
〈명사-자질 名詞-資質〉 : N-feature
〈명사적 범주 명사적 범주〉 : nominal category
〈명사적 자질 名詞的資質〉 : nominal features
〈명사적 표현 名詞的表現〉 : nominal expression
〈명사절 명사절〉 : noun clause
〈명시대명사 明示代名詞〉 : overt pronoun
〈명시대명사제약 明示代名詞制約〉 : overt pronoun constraint
〈명시운용자 明示運用子〉 : overt operator
〈명시운용자결속이론 明示運用子結束理論〉 : overt operator- binding theory
〈명시일치소 明示一致素〉 : overt Agr
〈명시적 의문사이동 明示的 疑問詞移動〉 : overt *wh*-movement
〈명시적 이동 明示的移動〉 : overt movement

〈명시적 일치 明示的 一致〉: overt Agree: OA
〈명시적 초점화 明示的 焦點化〉: overt focalization: OF
〈명시주어 明示主語〉: specified subject
〈명시주어조건 明示主語條件〉: specified subject condition: SSC
〈명시주제 明示主題〉: overt topic
〈명시통사부 明示統辭部〉: overt syntax
〈명제섬조건 命題섬條件〉: propositional island constraint
〈명제성 동사 命題性 動詞〉: propositional verbs
〈명제조건 命題條件〉: proposition condition
〈목적구문 目的構文〉: purposives
〈목적어 일치소 目的語一致素〉: AgrO
〈목적어 일치소구 目的語一致素句〉: AgrOP
〈목적어전이 目的語轉移〉: object shift: OS
〈목적어지향성 目的語指向性〉: object-orientation
〈목적어탈락언어 目的語脫落言語〉: object-drop language
〈목적절 目的節〉: purposive clause
〈목적절 변항제약 目的節變項制約〉: constraint on variable within purposive clause
〈목표물 目標物〉: Goal: G
〈무섬효과 無섬效果〉: no island effect
〈무시제소 無時題素〉: non-tensed T
〈무표대용사 無表代用詞〉: unmarked anaphor
〈무표성결속 無標性結束〉: unmarked binding
〈무표성재귀사 無標性再歸詞〉: unmarked reflexive
〈무표찰체계 無標札體系〉: no label system
〈무한계병합 無限界倂合〉: unbounded Merge
〈문법적 주술관계화 文法的 主述關係化〉: grammatically governed predication
〈문법평가척도 文法評價尺度〉: grammar evaluation measure
〈문자화 文字化〉: Spell-Out
〈문장계층 文章階層〉: sentence level
〈문장주어 文章主語〉: sentential subject
〈문장주어조건 文章主語條件〉: sentential subject condition
〈문장주제 文章主題〉: sententail topic
〈반복적 병합 反復的 倂合〉: iterative Merge
〈반성분통어조건 反成分統御條件〉: anti-c-command requirement

[ㅂ]

〈발화동사 發話動詞〉: speaking verb
〈발화양태동사 發話樣態動詞〉: manner-of-speaking verb
〈발화행위(론) 發話行爲(論)〉: speech act
〈발화행위감정이입계층 發話行爲感情移入階層〉: speech act empathy hierarchy
〈배번집합 配番集合〉: Numeration
〈배분적 의미 配分的 意味〉: distributive meaning
〈범주선택 範疇選擇〉: c-selection
〈범주선택특성 範疇選擇特性〉: c-selectional property
〈법 法〉: mood
〈법구 法句〉: mood phrase: MP
〈법범주 法範疇〉: mood category
〈법형태소 法形態素〉: mood morpheme: M
〈변항 變項〉: variable

〈변항공범주가설 變項空範疇假說〉: EC-as-variable hypothesis
〈변항분석 變項分析〉: variable analysis
〈변형생성문법 變形生成文法〉: Transformational Generative Grammar
〈별칭 別稱〉: epithet
〈병합 倂合〉: Merge
〈병합우선원리 倂合優先原理〉: Merge-over-Move principle: MOM
〈병행이동 竝行移動〉: parallel movement
〈병행제약 竝行制約〉: parallelism constraint
〈병행제약이론 竝行制約理論〉: theory of parallelism constraint
〈보문 補文〉: complement clause
〈보문소 補文素〉: COMP: C
〈보문자 補文子〉: complementizer
〈보수전략 補修戰略〉: Repair Strategy
〈보어-비보어 비대칭 補語-非補語非對稱〉: complement- noncomplement asymmetry
〈보충어 補充語〉: complement
〈보충어-비보충어 비대칭 補充語-非補充語 非對稱〉: complement- noncomplement asymmetry
〈보편문법 普遍文法〉: universal grammar: UG
〈복사 複寫〉: copy
〈복사(흔적)확인원리 複寫(痕迹)確認原理〉: copy(trace) identification principle: CIP
〈복사발성분석 複寫發聲分析〉: Pronounce Copy Analysis: PCA
〈복사삭제 複寫削除〉: deletion of copy
〈복사이론 複寫理論〉: copy theory
〈복사탈락 複寫脫落〉: copy-deletion
〈복합구조 複合構造〉: complex structure
〈복합-단순구조 비대칭 複合-單純構造 非對稱〉: complex- simplex structure asymmetry
〈복합동사 複合動詞〉: complex verb
〈복합명사구 複合名詞句〉: complex NP
〈복합명사구제약 複合名詞句制約〉: complex noun phrase constraint: CNPC
〈복합명사구조건 複合名詞句條件〉: complex NP condition: CNPC
〈복합술어 複合述語〉: complex predicate
〈복합재귀사 複合再歸詞〉: complex reflexive
〈본유성가설 本有性假設〉: innateness hypothesis
〈부가어 附加語〉: adjunct
〈부가어섬 附加語섬〉: adjunct island
〈부가어섬효과 附加語섬效果〉: adjunct island effect
〈부가어성분통어회피 附加語成分通御回避〉: adjunct c-command avoidance
〈부가절 附加節〉: adjunct clause
〈부사적 불변화사 副詞的 不變化詞〉: adverbial particle
〈부재주어 不在主語〉: missing subject
〈부정관사 不定冠詞〉: indefinite article
〈부정사관계절 不定詞關係節〉: infinitive relatives
〈부정사보문 不定詞補文〉: infinitival complement
〈부정사보문절 不定詞補文節〉: infinitive complement clause
〈부정사소 不定詞素〉: infinitive particle

〈부정사절 不定詞節〉: infinitival clause
〈부착 附着〉: adjunction
〈부착구조 附着構造〉: adjunction structure
〈부착요소 附着要素〉: adjoined element
〈부착제약 附着制約〉: adjunction constraint
〈부합 附合〉: Match
〈부합극대성원리 附合極大性原理〉: matching maximality principle
〈분열 分裂〉: excorporation
〈분열구문 分裂構文〉: clefts
〈분열선행사 分裂先行詞〉: split antecedent
〈분해과정의 용이성 分解過程의 容易性〉: ease of parsing process
〈불변경조건 不變更條件〉: no-tampering condition: NTC
〈불투명영역 不透明領域〉: opaque domain
〈불투명조건 不透明條件〉: opacity condition
〈비가시적 운용자 非可視的 運用子〉: invisible operator
〈비고유지배자 非固有支配子〉: nonproper governor
〈비공주제언어 非空主題言語〉: non-zero-topic language
〈비교구문 比較構文〉: comparatives
〈비교량동사 非橋梁動詞〉: non-bridge verbs
〈비구재귀사 非句再歸詞〉: non-phrasal reflexive
〈비국부적 경제성 非局部的經濟性〉: global economy
〈비내재적 양화명사구 非內在的 量化名詞句〉: non-inherent quantified NP
〈비내재적 양화사 非內在的 量化詞〉: non-inherent quantifier
〈비논항결속 非論項結束〉: A'-binding
〈비논항결속이론 非論項結束理論〉: A'-binding theory
〈비논항대용사 非論項代用詞〉: A'-anaphor
〈비논항연쇄 非論項連鎖〉: A'-chain
〈비논항연쇄선행사지배조건 非論項連鎖先行詞支配條件〉: condition of antecedent government for A'-chain
〈비논항의존 非論項依存〉: A'-dependency
〈비논항이동 非論項移動〉: A'-movement
〈비담화지향언어 非談話指向言語〉: non-discourse-oriented language
〈비대격/수동태 목적어 非對格/受動態 目的語〉: unaccusative /passive object
〈비대격구문 非對格構文〉: unaccusative construction
〈비대격동사 非對格動詞〉: unaccusative verb
〈비대격술어 非對格述語〉: unaccusative predicate
〈비대격허사구문 非對格虛辭構文〉: unaccusative expletive construction
〈비대명사탈락언어 非代名詞脫落言語〉: non-pro-drop language
〈비대칭적 성분통어 非對稱的 成分通御〉: asymmetric c-command
〈비명시운용자 결속이론 非明示運用子結束理論〉: covert operator- binding theory
〈비명시운용자 非明示運用子〉: covert operator: Op
〈비명시적 의문사이동 非明示的 疑問詞移動〉: covert *wh*-movement

〈비명시적 이동 非明示的移動〉: covert movement
〈비명시적 일치 非明示的 一致〉: Covert Agree
〈비명시적 초점화 非明示的 焦點化〉: covert focalization: CF
〈비명시통사부 非明示統辭部〉: covert syntax
〈비분리성소유 非分離性所有〉: inalienable possession
〈비상보적 분포 非相補的 分布〉: non-complementary distribution
〈비선택적 결속 非選擇的 結束〉: unselective binding
〈비설명적 요소 非說明的 要素〉: unexplained elements
〈비슬래빅 언어 非슬래빅 言語〉: non-Slavic languages
〈비시제절 非時制節〉: non-tensed clause
〈비완벽성 非完璧性〉: imperfections
〈비의무적 통제 非義務的 統制〉: non-obligatory control
〈비의미역위치 非意味役位置〉: non-θ-position
〈비파생굴절형태 非派生屈折形態〉: underived inflectional form
〈비한정절 非限定節〉: non-finite clause
〈비해석성 非解釋性〉: uninterpretable〉: [-interpretable]
〈비해석성 자질 非解釋性 資質〉: uninterpretable feature
〈비해석성 파이자질 非解釋性 파이資質〉: uninterpretable φ-feature
〈비허사구문 非虛辭構文〉: non-expletive construction
〈비활동성조건 非活動性條件〉: inactivity condition
〈뿌리문장 根文章〉: root sentence

[ㅅ]

〈사건 事件〉: event
〈사격 斜格〉: oblique Case
〈사고체계 思考體系〉: system of thoughts
〈사고표현 思考表現〉: expression of thought
〈사실성동사 事實性動詞〉: factive verb
〈사역성 使役性〉: causative
〈삭제 削除〉: deletion
〈삼투 滲透〉: percolation
〈상대대용화이론 相對代用化理論〉: relativized anaphora theory
〈상대적 국면 相對的 局面〉: relativized phase
〈상대적 최소성 相對的 最小性〉: Relativized Minimality
〈상대최소거리이동조건 相對最小距離移動條件〉: relativized shortest movement condition
〈상대최소조건 相對最小條件〉: relativized minimality
〈상반지표화 相反指標化〉: contra-indexing
〈상보적 분포 相補的分布〉: complementary distribution
〈상호사 相互詞〉: reciprocal
〈생물언어학적 가정 生物言語學的 假定〉: biolinguistic assumptions
〈생물언어학적 관점 生物言語學的 觀點〉: biolinguistic perspectives
〈생성기관 生成機關〉: generative engine
〈생성문법 生成文法〉: Generative Grammar
〈설명적 타당성 說明的 妥當性〉: Explanatory Adequacy

〈선택적 격지배가설(選擇的 格支配假說〉: optional Case government hypothesis
〈선택적 통제동사 選擇的 統制動詞〉: optional control verb
〈선택조건 選擇條件〉: selectional condition
〈선행사선행제약 先行詞先行制約〉: antecedent precedence constraint
〈선행사-인접 先行詞-隣接〉: antecedent-adjacency
〈선행사지배 先行詞支配〉: antecedent government
〈선행사지배조건 先行詞支配條件〉: antecedent government condition
〈선형상 어순 線型上 語順〉: linear order
〈선형적 연결체 線型的 連結體〉: linear sequence
〈설명적 타당성 說明的 妥當性〉: explanatory adequacy
〈섬제약 섬制約〉: island constraints
〈섬조건 섬條件〉: island condition
〈섬효과 섬效果〉: island effect
〈성 性〉: gender
〈성분통어 成分統御〉: c-command
〈성분통어영역 成分統御領域〉: c-domain
〈성분통어조건 成分統御條件〉: c-command condition
〈소속관계 所屬關係〉: membership
〈소유대명사 所有代名詞〉: genitive pronominal
〈소절 小節〉: small clause
〈수 數〉: number
〈수동태동사 受動態動詞〉: passive verb
〈수동허사구문 受動虛辭構文〉: passive expletive construction
〈수정 탐침자-목표물 문법체계 修訂 探針子-目標物 文法體系〉: Revised Probe-Goal Framework
〈수정강결속원리 修正强結束原理〉: revised strong binding principle
〈수정강결속조건 修正强結束條件〉: revised strong binding condition
〈수정결속이론 修正結束理論〉: revised binding theory
〈수정범주 修正範疇〉: modified category
〈수정비활동성조건 修訂非活動性條件〉: Revised Inactivity Condition
〈수정통제이론 修正統制理論〉: revised control theory
〈수행체계 隨行體系〉: performance system
〈순수병합 純粹倂合〉: pure Merge
〈순수우위성 純粹優位性〉: pure superiority
〈순수의문사 純粹疑問詞〉: pure *wh*-phrase
〈순수주술관계 純粹主述關係〉: pure subject-predicate relation
〈순수형상적 의미역이론 純粹形相的 意味役理論〉: pure configurational θ-theory
〈순수EPP-효과 純粹EPP-效果〉: pure EPP-effect
〈순환단위 循環單位〉: cyclic unit
〈순환병합 循環倂合〉: cyclic Merge
〈순환적 매입 循環的 埋入〉: recursive embedding
〈술어 述語〉: predicate
〈술어변항 述語變項〉: predicate variable
〈술어재귀화이론 述語再歸化理論〉: theory of predicate reflexivity
〈술어합성 述語合成〉: predicate composition
〈술어핵 述語核〉: predicate head
〈슬래빅 언어 슬래빅 言語〉: Slavic languages

〈시제 발현장소 時制 發現場所〉: tense locus
〈시제 時制〉: tense: T
〈시제구 時制句〉: tense phrase: TP
〈시제범주 時制範疇〉: tense category
〈시제절조건 時制節條件〉: tensed-S condition: TSC
〈시제형태소 時制形態素〉: tense morpheme
〈신체기관 身體器官〉: an organ of the body
〈신최소연결조건 新最小고리條件〉: new MLC
〈실사범주 實辭範疇〉: substantive category
〈실재적 비완벽성 實在的 非完璧性〉: real imperfections
〈실제제자리의문사 實際제자리疑問詞〉: real *wh*-in-situ's
〈심리동사 心理動詞〉: psych verb
〈심리적 실재성 心理的 實在性〉: Psychological Reality
〈쌍병합 雙倂合〉: pair-Merge

[ㅇ]

〈약교차 弱交叉〉: weak crossover
〈약국면 弱局面〉: weak phase
〈약성분통어 弱成分統御〉: weak c-command
〈약식의미 略式意味〉: sloppy reading
〈약일치소 弱一致素〉: weak Agr
〈양도 讓渡〉: TRANSFER
〈양태/담화자질 樣態/談話資質〉: modal-discoursal features
〈양태/담화적 특성 樣態/談話的 특성〉: modal-discoursal properties
〈양합관계 兩合關係〉: bijective correspondence
〈양합원리 兩合原理〉: bijection principle
〈양합원리이론 兩合原理理論〉: theory of bijection principle
〈양화명사구 量化名詞句〉: quantificational NP
〈양화사 量化詞〉: quantifier
〈양화사인상 量化詞引上〉: quantifier raising: QR
〈어순대응공리 語順對應公理〉: linear correspondence axiom: LCA
〈어휘관련성위치 語彙關聯性位置〉: L-related Position
〈어휘굴절소 語彙屈折素〉: lexical INFL
〈어휘굴절소가설 語彙屈折素假說〉: lexical INFL hypothesis
〈어휘대명사 語彙代名詞〉: lexical pronoun
〈어휘대용사 語彙代用詞〉: lexical anaphor
〈어휘론자적 통제이론 語彙論者的 統制理論〉: lexicalist control theory
〈어휘명사구 語彙名詞句〉: lexical NP
〈어휘배열 語彙配列〉: lexical array: LA
〈어휘범주 語彙範疇〉: lexical category
〈어휘부 語彙部〉: Lexicon〉: LEX
〈어휘부분이동 제거장치 語彙部分移動除去裝置〉: filter on movement of part of word
〈어휘삽입 語彙揷入〉: lexical insertion
〈어휘속성 語彙屬性〉: lexical property
〈어휘자질 語彙資質〉: lexical feature
〈어휘적 선택 語彙的 選擇〉: lexical selection
〈어휘지배 語彙支配〉: lexical government
〈어휘표시 語彙表示〉: lexical marking
〈어휘표시 語彙表示〉: L-marking
〈어휘합성가설 語彙合成假說〉: lexical

integrity hypothesis
〈어휘항목 語彙項目〉 : lexical item: LI
〈어휘핵 語彙核〉 : lexical head
〈언어 개별적 言語 個別的〉 : language particular
〈언어경험 言語經驗〉 : linguistic experience
〈언어기능 言語機能〉 : faculty of language: FL
〈언어능력 言語能力〉 : language faculty
〈언어설계 言語設計〉 : language design
〈언어습득장치 言語習得裝置〉 : language acquisition device: LAD
〈언어의 유형화 言語의 類型化〉 : language typology
〈언어적 변이 言語的 變異〉 : linguistic variations
〈엄밀순환조건 嚴密循環條件〉 : strict cycle condition
〈엄밀의미 嚴密意味〉 : strict reading
〈역순환성 逆循環性〉 :countercyclicity
〈연관명사구 聯關名詞句〉 : associate NP
〈연산(작용) 演算(作用)〉 : computation
〈연산부 演算部〉 : computational component
〈연산의 복잡성 演算의 複雜性〉 : computational complexity
〈연산의 최소화 演算의 最小化〉 : minimization of computation
〈연산의 효율성 演算의 效率性〉 : computational efficiency
〈연산의 효율성원리 演算의 效率性原理〉 : principles of computational efficiency
〈연산일률성조건 演算一律性條件〉 : uniformity condition on C_{HL}
〈연산체계 演算體系〉 : computational system (C_{HL})
〈연속적 순환논항이동 連續的 循環論項移動〉 : successive cyclic A-movement
〈연속적 순환부착이동 連續的循環附着移動〉 : successive cyclic adjunction-movement
〈연속적 순환이동 連續的 循環移動〉 : successive cyclic movement
〈연속적 순환핵이동 連續的 循環核移動〉 : successive cyclic head movement
〈연쇄머리조건 連鎖머리條件〉 : Chain head condition
〈연쇄조건 連鎖條件〉 : chain condition
〈연쇄합성 連鎖合成〉 : chain composition
〈연쇄형성 連鎖形成〉 : Form Chain
〈연쇄획일성조건 連鎖劃一性條件〉 : chain uniformity condition
〈연쇄효과 連鎖效果〉 : chain effect
〈영대명사 零代名詞〉 : null pronoun
〈영대용사 零代用詞〉 : null anaphor
〈영목적어 零目的語〉 : null object
〈영별칭 零別稱〉 : null epithet
〈영보문소 零補文素〉 : null COMP
〈영역지배범주 領域支配範疇〉 : domain-governing category
〈영주어 零主語〉 : null subject
〈영주어매개변인 零主語媒介變因〉 : null subject parameter
〈영주어변항분석가설 零主語變項分析假說〉 : analysis of null subject hypothesis
〈영주어언어 零主語言語〉 : null subject language
〈영주제 零主題〉 : null topic
〈영주제언어 零主題言語〉 : null topic language
〈영하위인접(조건) 零下位隣接(條件)〉 : 0-subjacency (condition)
〈예상적용의 비국부성 豫想適用의 非局部性〉 : "looking ahead"

global complexity
〈예외적 격표시 구문 例外的格表示構文〉: ECM construction
〈예외적 격표시 동사 例外的格表示動詞〉: ECM verb
〈예외적 격표시 例外的格表示〉: Exceptional Case Marking: ECM
〈오웰의 문제 오웰의 問題〉: Orwell's problem
〈완벽성 完璧性〉: perfection
〈완벽체계 完璧體系〉: perfect system
〈완전 기능 구조 完全機能構造〉: complete functional complex: CFC
〈완전의미표현 完全意味表現〉: complete semantic representation
〈완전해석원리 完全解釋原理〉: full interpretation: FI
〈외견상 비완벽성 外見上 非完璧性〉: apparent imperfection
〈외곽요소 外郭要素〉: edge element
〈외곽자질 外郭資質〉: edge-feature: EF
〈외곽자질충족조건 外郭資質充足條件〉: EF-satisfaction condition
〈외곽지정어 外廓指定語〉: outer Spec
〈외곽특성 外郭特性〉: edge properties
〈외부병합 外部倂合〉: external Merge
〈외연적 의미 外延的 意味〉: denotation
〈외재논항섬조건 外在論項섬條件〉: external argument island condition
〈외재논항섬효과 外在論項 섬效果〉: external argument island effect
〈외재논항주어 外在論項主語〉: external argument subject
〈외재언어 外在言語〉: external language: E-language
〈외치 外置〉: extraposition
〈외현통사부 外顯統辭部〉: overt syntax
〈용어적 요소 冗語的 要素〉: pleonastic element
〈용인가능도출 容認可能導出〉: admissible derivation
〈우위성조건 優位性條件〉: superiority condition
〈우위성효과 優位性效果〉: superiority effect
〈우향이동 右向移動〉: rightward movement
〈운용자-변항연쇄 運用子-變項連鎖〉: operator-variable chain
〈원리매개변인이론 原理媒介變因理論〉: Principles and Parameters Theory: P&P theory
〈위대한 도약 偉大한 跳躍〉: great leap forward
〈유기체의 환경 有機體의 環境〉: organism's Umwelt
〈유시제소 有時制素〉: tensed-T
〈유시제소조건 有時制素條件〉: tensed-T condition
〈유일선행성 唯一先行性〉: unique antecedency
〈유표대용사 有表代用詞〉: marked anaphor
〈유표성결속 有標性結束〉: marked binding
〈유표성재귀사 有標性再歸詞〉: marked reflexive
〈융합 融合〉: incorporation
〈음성적 비실현대명사 音聲的非實現代名詞〉: phonetically unrealized pronoun
〈음성접합부 音聲接合符〉: phonetic interface
〈음성표상 音聲表象〉: phonetic representation: PHON
〈음성형태부 音聲形態部〉: PF-component

〈음성형태표상 音聲形態表象〉: PF-representation
〈음운부 音韻部〉: phonological component: φ
〈음운자질 音韻資質〉: phonological features
〈음운적 경계 音韻的 境界〉: phonological border
〈음운적 실체 音韻的 實體〉: phonological contents
〈음운적 외곽 音韻的 外郭〉: phonological edge
〈의무적 통제 義務的 統制〉: obligatory control
〈의무적 통제동사 義務的 統制動詞〉: obligatory control verb
〈의문사(구) 疑問詞(構)〉: *wh*-phrase
〈의문사의문문 疑問詞 疑問文〉: *wh*-interrogatives
〈의문사이동 疑問詞移動〉: *wh*-movement
〈의문자질일제일치 疑問資質一齊一致〉: Chorus Q-Agree
〈의문자질일치 疑問資質一致〉: Q-Agree
〈의미/개념의도접합부 意味/概念意圖接合符〉: semantic/C-I interface
〈의미부 意味部〉: semantic component: Σ
〈의미상주어 意味上主語〉: understood subject
〈의미선택 意味選擇〉: s-selection
〈의미선택적 특성 意味選擇的 特性〉: s-selectional properties
〈의미술어 意味述語〉: semantic predicate
〈의미역 意味役〉: θ-role
〈의미역격자 意味役格子〉: θ-grid
〈의미역구별조건 意味役區別條件〉: thematic distinctness condition
〈의미역구조 意味役構造〉: θ-structure
〈의미역기준 意味役基準〉: θ-criterion
〈의미역동일조건 意味役同一條件〉: thematic identity condition
〈의미역위치 意味役位置〉: θ-position
〈의미역이론 意味役理論〉: θ-theory
〈의미역이론적 논항구조 意味役理論的 論項構造〉: θ-theoretic argument structure
〈의미역적 주술관계화 意味役的 主述關係化〉: thematically governed predication
〈의미역조건 意味役條件〉: θ-theoretic conditions
〈의미역지배 意味役支配〉: θ-government
〈의미역지배조건 意味役支配條件〉: θ-government condition
〈의미의 이중성 意味의 二重性〉: duality of semantics
〈의미자질 意味資質〉: semantic features
〈의미적 다양성 意味的 多樣性〉: semantic multiplicity
〈의미적 다중성 意味的 多重性〉: semantic multiplicity
〈의미접합부 意味接合符〉: semantic interface
〈의미표상 意味表象〉: semantic representation: SEM
〈의사소통의 효율성 意思疏通의 效率性〉: communicative efficiency
〈이기성원리 利己性原理〉: Greed
〈이동가설 移動假說〉: movement hypothesis
〈이동-해석가설 移動-解釋假說〉: movement-interpretive hypothesis
〈이접성 離接性〉: disjointness

〈이접지시 離接指示〉: disjoint reference
〈이중일치소가설 二重一致素假說〉: double Agr hypothesis
〈이차병합 二次倂合〉: second-Merge
〈이하위인접(조건) 二下位隣接(條件)〉: 2-subjacency (condition)
〈인간언어 人間言語〉: human languages
〈인공언어 人工言語〉: artificial language
〈인상 引上〉: raising
〈인상구문 引上構文〉: raising construction
〈인상동사 引上動詞〉: raising verb
〈인식론적 우선권 認識論的 優先權〉: Epistemological Priority
〈인식자적 공대명사 認識者的 空代名詞〉: logophoric pro
〈인식자적 공대명사확인원리 認識者的 空代名詞確認 原理〉: identification principle for logophoric pro
〈인식자적 대용화 認識者的 代用化〉: logophoric anaphora
〈인식자적 명사구 認識者的 名詞句〉: logophoric NP
〈인식자적 재귀사 認識者的 再歸詞〉: logophoric reflexive
〈인식자효과 認識子效果〉: logophoricity
〈인접성조건 隣接性條件〉: adjacency condition
〈인지체계 認知體系〉: cognitive system
〈인칭 人稱〉: person
〈일관성조건 一貫性條件〉: uniformity condition〈
〈일괄일치 一括一致〉: Chorus Q-Agree
〈일괄적 수집 一括的 收集〉: one-time collection
〈일괄적 조립 一括的 組立〉: one-time assembly
〈일률성조건 一律性條件〉: uniformity condition2
〈일반간접결속원리 一般間接結束原理〉: generalized indirect binding principle
〈일반간접결속이론 一般間接結束理論〉: generalized indirect binding theory
〈일반결속이론 一般結束理論〉: generalized binding theory
〈일반공범주원리 一般空範疇原理〉: generalized ECP
〈일반논항연쇄조건 一般論項連鎖條件〉: generalized A-chain condition
〈일반변형규칙 一般化變形規則〉: generalized transformation: GT
〈일반수동태 一般受動態〉: ordinary passive
〈일반주어섬효과 一般化主語섬效果〉: generalized subject island effect
〈일반지시의존조건 一般指示依存條件〉: general conditions on referential dependency
〈일반통제규칙 一般統制規則〉: generalized control rule: GCR
〈일반통제이론 一般統制理論〉: generalized control theory
〈일치 一致〉: Agree
〈일치 一致〉: agreement
〈일치매개변인화 一致媒介變因化〉: Agree-parameterization
〈일치소 一致素〉: Agr
〈일치소구 一致素句〉: AgrP
〈일치소동일지표화 一致素同一指標化〉: Agr coindexing
〈일치소상충제거장치 一致素相沖除去裝置〉: filter on Agr conflict
〈일치자질 一致資質〉: Agree-feature

〈일하위인접(조건) 一下位隣接(條件)〉: 1-subjacency (condition)
〈임의적 지시 任意的 指示〉: arbitrary reference
〈임의적 통제 任意的 統制〉: arbitrary control
〈잉여성 剩餘性〉: redundancy

[ㅈ]

〈자격조건 資格條件〉: licensing condition
〈자살적 이기성 自殺的利己性〉: Suicidal Greed
〈자연언어 自然言語〉: natural language
〈자유공범주 自由空範疇〉: free empty category: FEC
〈자유관계절 自由關係節〉: free relative
〈자유다중지정어 自由多重指定語〉: free multiple SPEC
〈자유대용사 自由代用詞〉: free anaphor: F-anaphor
〈자유뒤섞기 自由뒤섞기〉: free scrambling: FS
〈자유뒤섞기언어 自由뒤섞기言語〉: free scrambling languages: [+FS] languages
〈자유변항 自由變項〉: free variable
〈자유병합 自由併合〉: free Merge
〈자유병합체계 自由併合體系〉: free Merge system
〈자질계승 資質繼承〉: feature inheritance
〈자질변항 資質變項〉: feature variable
〈자질불일치조건 資質不一致條件〉: feature-mismatch condition
〈자질삼투 資質滲透〉: feature percolation
〈자질삼투원리 資質滲透原理〉: feature percolation principle
〈자질상충 資質相沖〉: feature conflict
〈자질유인 資質誘引〉: Attract-F
〈자질이동 資質移動〉: Move-F
〈자질일치 資質一致〉: feature agreement
〈자질점검 資質點檢〉: feature-checking
〈자질점검이론 資質點檢理論〉: feature-checking theory
〈자질통제원리 資質統制原理〉: feature-control principle
〈자질확장 資質擴張〉: feature extension
〈자치통사론 自治統辭論〉: autonomous syntax
〈작용역 作用域〉: scope
〈작용역결속원리 作用域結束原理〉: principle of scope-binding: PSB
〈작용역상 특성 作用域上 特性〉: scopal properties
〈작용역상호영향 作用域相互影響〉: scope interaction
〈작용역원리 作用域原理〉: scope principle
〈작용역지표화 作用域指標化〉: scope indexing
〈작용역지표화규칙 作用域指標化規則〉: scope indexing rule
〈작용역효과 作用域效果〉: scopal effects
〈잠재선행사 潛在先行詞〉: potential antecedent
〈장거리결속 長距離結束〉: long-distance binding
〈장거리명시의문사이동 長距離明示疑問詞移動〉: long-distance overt *wh*-movement
〈장거리의존관계 長距離依存關係〉: long-distance dependency

〈장거리일치 長距離一致〉 : long-distance agreement
〈장거리재귀사 長距離再歸詞〉 : long distance reflexive: LDR
〈장벽 障壁〉 : barrier
〈장벽범주 障壁範疇〉 : barrier category
〈장벽성 障壁性〉 : barrierhood
〈장벽이론 障壁理論〉 : theory of barriers
〈재귀사 자질점검이론 再歸詞資質點檢理論〉 : feature checking theory of reflexives
〈재귀사 再歸詞〉 : reflexive
〈재귀사논리형태이동가설 再歸詞論理形態移動假說〉 : reflexive LF movement hypothesis
〈재귀사주어지향성원리 再歸詞主語指向性原理〉 : subject- orientation principle of reflexive
〈재귀소 再歸素〉 : reflexive morpheme
〈재귀적 술어 再歸的述語〉 : reflexive predicate
〈재귀적 의미술어 再歸的意味述語〉 : reflexive semantic predicate
〈재귀표시 再歸表示〉 : reflexive-marked
〈재생 '자기' 再生自己〉 : resumptive caki: R-caki
〈재생공대명사 再生空代名詞〉 : resumptive pro
〈재생대명사 再生代名詞〉 : resumptive pronoun
〈저열언어 低熱言語〉 : cool language
〈적출(화) 摘出(化)〉 : Extraction
〈적출영역조건 摘出領域條件〉 : condition on extraction domain: CED
〈전범주적 주어가설(全範疇的主語假說〉 : subjects-across- categories hypothesis
〈전역이동 全域移動〉 : across-the-board movement
〈전위 轉位〉 : displacement
〈전위규칙 轉位規則〉 : dislocation rule: DISL
〈전칭양화사 全稱量化詞〉 : universal quantifier
〈전통문법 傳統文法〉 : Traditional Grammar
〈점검영역 點檢領域〉 : checking domain
〈접근가능성 接近可能性〉 : accessibility
〈접근가능성조건 接近可能性條件〉 : accessibility condition
〈접사이동 接詞移動〉 : affix movement
〈접속부조건 接續部條件〉 : interface condition
〈접어 接語〉 : clitic
〈접어대용사 接語代用詞〉 : clitic anaphor
〈접어상승 接語上昇〉 : clitic climbing
〈접어화 接語化〉 : cliticization
〈접합부조건 接合符條件〉 : interface condition: IC
〈정원통로 庭園通路〉 : garden path
〈제자리의문사 제자리疑問詞〉 : *wh*-in-situ
〈제한범주 制限範疇〉 : bounding category
〈조병합 組倂合〉 : set-Merge
〈조원소관계 組元素關係〉 : set-membership relation
〈조음청취체계 調音聽取體系〉 : articulatory-perceptual system (A-P System)
〈조합체계 組合體系〉 : modular system
〈존재양화사 存在量化詞〉 : existential quantifier
〈협소통사부 좁은 統詞部〉 : narrow syntax
〈좌분지제약 左分枝制約〉 : left branch constraint
〈좌측조건 左側條件〉 : leftness

condition
〈주격 主格〉: nominative Case
〈주격섬조건 主格섬條件〉: nominative island condition: NIC
〈주술관계 主述關係〉: subject-predicate relation
〈주술관계화 主述關係化〉: predication
〈주술관계화규칙 主述關係化規則〉: predication rule
〈주술관계화원리 主述化原理〉: Predication Principle
〈주술관계화통제이론 主述關係化統制理論〉: control theory based upon predication
〈주어-목적어비대칭 主語-目的語非對稱〉: subject-object asymmetry
〈주어섬 主語섬〉: subject island
〈주어섬조건 主語섬條件〉: subject island condition
〈주어섬효과 主語섬效果〉: subject island effect
〈주어인상 主語引上〉: subject raising
〈주어일치소 主語一致素〉: AgrS
〈주어일치소구 主語一致素句〉: AgrSP
〈주어접어 主語接語〉: subject clitic
〈주어제약 主語制約〉: subject constraint
〈주어지향성 主語指向性〉: subject-orientation
〈주어탈락언어 主語脫落言語〉: subject-drop language
〈주어통제 主語統制〉: subject control
〈주어통제동사 主語統制動詞〉: subject control verb
〈주절동사 主節動詞〉: matrix verb
〈주제-평언구조 主題-評言構造〉: theme-rheme structure
〈주제화 主題化〉: Thematization
〈주제화/적출화 主題化/摘出化〉: Thematization/Extraction: TH/EX
〈중간복사 中間複寫〉: intermediate traces
〈중목적어 重目的語〉: double object
〈중목적어구문 重目的語構文〉: double object construction
〈중복대용사 重複代用詞〉: double anaphor
〈중복선행성 重複先行性〉: ambiguous antecedency
〈중열언어 中熱言語〉: medium-hot language
〈중유인조건 重誘引條件〉: heaviness condition
〈중의성 重意性〉: ambiguity
〈중주어 구문 重主語構文〉: double subject construction
〈중주어 重主語〉: double subject
〈지각운동체계 地殼運動體系〉: Perceptual Motor System
〈지배 支配〉: government
〈지배결속이론 支配結束理論〉: Government and Binding Theory: GB Theory
〈지배결속이론강의 支配-結束理論講義〉: LGB(Lecture on Government and Binding)
〈지배범주 支配範疇〉: governing category
〈지배범주가설 支配範疇假說〉: governing category hypothesis
〈지배범주결속이론 支配範疇結束理論〉: binding theory based upon governing category
〈지배자 支配者〉: governor
〈지시(적) 지표 指示(的)指標: R-指標〉: referential index: R- index
〈지시(적) 표현 指示(的)表現〉: R-expression
〈지시사 指示詞〉: demonstrative

〈지시의존(관계) 指示依存(關係)〉 : referential dependency
〈지시의존이론 指示依存理論〉 : theory of referential dependency
〈지시자질 指示資質〉 : referential feature: R-feature
〈지시적 요소 指示的 要素〉 : deictic element
〈지시적 의미 指示的 意味〉 : deictic meaning
〈지시적 지시 指示的 指示〉 : deitic reference
〈지시적 지시물 指示的 指示物〉 : deitic referent
〈지시해석원리 指示解釋原理〉 : reference interpretation principle
〈지연성원리 遲延性原理〉 : Procrastinate
〈지정어 〉 : specifier〉 : Spec
〈지정어 결속 指定語結束〉 : specifier binding
〈지정어-보충어 구별 指定語-補充語 區別 〉 : specifier- complement distinction
〈지정어-핵관계 指定語-核關係〉 : Spec-Head Relation
〈지정어-핵일치 指定語-核一致〉 : Spec-head agreement
〈지표 指標〉 : index
〈지표화/체제 指標化/體制〉 : indexing
〈직설법절 直說法節〉 : indicative clause
〈직접관할 直接管轄〉 : immediate domination
〈직접목적어 直接目的語〉 : direct object: DO
〈직접의문문 直接疑問文〉 : direct *wh*-question
〈진화론적 관점 進化論的 觀點〉 : evolutionist perspectives
〈집단적 의미 集團的 意味〉 : collective meaning

[ㅊ]

〈차단범주 遮斷範疇〉 : blocking category: BC
〈차단효과 遮斷效果〉 : blocking effect
〈차상위강국면 次上位强局面〉 : the next strong phase
〈초인상 超引上〉 : super-rasing
〈초점화 焦點化〉 : focalization: FOC
〈촉발자 觸發者〉 : trigger
〈최단이동(조건) 最短移動(條件)〉 : Shortest Move
〈최대투사 最大投射〉 : maximal projection
〈최대투사대용사 最大投射代用詞〉 : Xmax anaphor
〈최대투사재귀사 最大投射再歸詞〉 : Xmax reflexive
〈최대투사통어 最大投射統御〉 : m-command
〈최소거리원리 最小距離原理〉 : minimal distance principle
〈최소거리이동조건 最小距離移動條件〉 : shortest movement condition
〈최소연결조건 最小고리條件〉 : minimal link condition: MLC
〈최소노력조건 最小努力條件〉 : least effort condition
〈최소도출조건 最小導出條件〉 : minimal derivation condition: MDC
〈최소설계도 最小設計圖〉 : minimal design specifications
〈최소영역 最小領域 〉 : minimal domain
〈최소완전기능구조 最小完全機能構造〉 : the least complete functional complex: the least CFC
〈최소장벽 最小障壁〉 : minimality

barrier
〈최소조건 最小條件〉: minimality condition
〈최소주의 결속이론 最小主義結束理論〉: minimalist binding theory
〈최소주의 계획(프로그램) 最小主義計劃〉: Minimalist Program
〈최소주의 문법 最小主義 文法〉: Minimalist Grammar
〈최소주의이론 最小主義理論〉: Minimalist Theory
〈최소주의적 가정 最小主義的 假定〉: minimalist assumption
〈최소주의적 관점 最小主義的 觀點〉: minimalist perspective
〈최소주의적 정신 最小主義的 精神〉: Minimalist Idea
〈최소최대범주 最小最大範疇〉: minimal maximal category: MMC
〈최소최대투사 最小最大投射〉: minimal maximal projection
〈최소탐색 最小探索〉: minimal search
〈최소탐색영역 最小探索領域〉: minimal search domain
〈최소탐색조건 最小探索條件〉: minimal search condition
〈최소투사 最小投射〉: minimal projection
〈최적도출 最適導出〉: optimal derivation
〈최적체계 最適體系〉: optimal system
〈최적화 最適化〉: optimization
〈최후수단 最後手段〉: Last Resort
〈축출영역조건 逐出領域條件〉: conditions on extraction domain: CED
〈충전물-공백 의존관계 充塡物-空白 依存關係〉: filler-gap dependency
〈취지성 동사 趣旨性 動詞〉: contentive verbs

[ㅋ]

〈칸트의 문제 칸트의 問題〉: Kant's problem
〈칸트주의 문법체계 칸트主義 文法體系〉: Kantist G-Framework
〈칸트주의 언어학 칸트主義 言語學〉: Kantist Linguistics

[ㅌ]

〈타동사구문 他動詞構文〉: transitive construction
〈타동허사구문 他動虛辭構文〉: transitive expletive construction: TEC
〈탈락 脫落〉: drop
〈탈출구 脫出口〉: escape hatch
〈탐색영역 探索領域〉: searching domain
〈탐침자 探針子〉: Probe: P
〈탐침자-목표물 관계 探針子-目標物 關係〉: probe-goal relation
〈탐침자-목표물 문법체계 探針子-目標物 文法體系〉: Probe-Goal Framework
〈통로포함조건 通路包含條件〉: path containment condition: PCC
〈통사대상 統辭對象〉: syntactic object: SO
〈통사술어 統辭述語〉: syntactic predicate
〈통사적 논항 統辭的論項〉: syntactic argument
〈통사적 재분석 統辭的 再分析〉:

syntactic reanalysis
〈통사적 확인원리 通辭的確認原理〉 : sytactic identification principle
〈통제 統制〉 : control
〈통제규칙 統制規則〉 : control rule
〈통제동사 統制 動詞〉 : control verb
〈통제영역 統制領域〉 : control domain
〈통제이론 統制理論〉 : control theory
〈통제자 統制者〉 : controller
〈통칭적 지시 通稱的 指示〉 : generic reference
〈투사 投射〉 : projection
〈투사원리 投射原理〉 : projection principle
〈특정성 特定性〉 : specificity
〈특정성조건 特定性條件〉 : specificity condition

[ㅍ]

〈파산 破散〉 : crash
〈파생굴절형태 派生屈折形態〉 : derived inflectional form
〈파이자질 완전성조건 파이資質 完全性條件〉 : φ-completeness condition
〈파이자질 파이-資質〉 : φ-feature
〈파이지표 파이-指標〉 : φ-index
〈포함의 자매관계 包含의 姉妹關係〉 : sister of contain
〈포화 飽和〉 : saturation
〈표찰연산공식 標札演算公式〉 : labelling algorithm
〈표찰영역 標札領域〉 : domain of LB
〈표찰자유 標札自由〉 : label-free
〈표찰자유체계 標札自由體系〉 : label-free system
〈표층주어 表層主語〉 : surface subject
〈플라톤의 문제 플라톤의 問題〉 : Plato's problem
〈피통제자 정리 被統制者定理〉 : controllee theorem
〈피통제자 被統制子〉 : controllee
〈필수구구조 必須句構造〉 : bare phrase structure
〈필수구구조이론 必須句構造理論〉 : Bare Phrase Structure Theory
〈필수출력조건 必修出力條件〉 : bare output conditions (BOCs)

[ㅎ]

〈하강작용 下降作用〉 : lowering operation
〈하위범주화자질 下位範疇化資質〉 : subcategorization feature
〈하위어휘배열 下位語彙配列〉 : lexical subarray: LAi
〈하위인접(조건) 下位隣接(條件)〉 : Subjacency(condition)
〈하향이동 下向移動〉 : lowering
〈학습성 學習性〉 : Learnability
〈한정사 限定詞〉 : determiner: D
〈한정사구가설 限定詞句假說〉 : DP Hypothesis
〈한정사구분석 限定詞句分析〉 : DP analysis
〈한정성 限定性〉 : finiteness
〈한정어 限定語〉 : attribute
〈한정절 限定節〉 : finite clause
〈합성연쇄 合成連鎖〉 : composed chain
〈합치 合致〉 : convergence
〈해독성조건 解讀性條件〉 : legibility conditions
〈해석/평가 解釋/評價〉 : interpretation/evaluation
〈해석가설 解釋假說〉 : interpretive hypothesis
〈해석성 파이자질 解釋性 파이資質〉 : interpretable φ-feature

〈해석적 복합체 解釋的 複合體〉: interpretive complex: INT
〈핵 核〉: head
〈핵계층 核階層〉: X-bar
〈핵계층양립성 核階層兩立性〉: X-bar compatibility
〈핵계층이론 核階層理論〉: X-bar theory(X'-Theory)
〈핵-보충어 관계 核-補充語 關係〉: head-complement relation
〈핵심기능범주 核心機能範疇〉: core functional category: CFC
〈핵이동 核移動〉: Head Movement
〈핵이동제약 核移動制約〉: Head Movement Constraint (HMC)
〈핵재귀사 核再歸詞〉: head reflexive
〈핵-지정어 관계 核-指定語 關係 〉: head-Spec relation
〈핵-투사일치 核-投射一致〉: head-projection agreement
〈핵-핵 관계 核-核 關係〉: head-head relation
〈허사 虛辭〉: expletives
〈허사구문 虛辭構文〉: expletive construction
〈협소작용역 狹小作用域〉: narrow scope
〈협소통사부 狹小統辭部〉: narrow syntax: NS
〈형상구조 形象構造〉: configurational structure
〈형식변항 形式變項〉: formal variable
〈형식자질 形式資質〉: formal feature
〈형용사접사 形容詞接辭〉: adjective affix
〈형태론적 확인원리 形態論的確認原理〉: morphological identification principle
〈형태부 形態部〉: Morphology
〈화제구 話題句〉: topic phrase: TopP
〈화제화 話題化〉: topicalization
〈화제화구문 話題化構文〉: topic construction
〈확대 탐침자-목표물 문법체계 擴大探針子-目標物 文法體系〉: Extended Probe-Goal Framework
〈확대결속이론 擴大結束理論〉: extended binding theory
〈확대구조보존가설 擴大構造保存假說〉: Extended Structure Preserving Hypothesis
〈확대통제이론 擴大統制理論〉: extended control theory
〈확대투사원리 擴大投射原理〉: Extended Projection Principle(EPP)
〈확대표준이론 擴大標準理論〉: Extended Standard Theory
〈확인 確認〉: identification
〈확인가설 確認假說〉: identification hypothesis
〈확인자 確認子〉: identifier
〈확장조건 擴張條件〉: Extension Condition
〈확정적 지시 確定的 指示〉: definite reference
〈활동성조건 活動性條件〉: activity condition
〈회복가능성원리 回復可能性原理〉: principle of recoverability
〈획일성원리 劃一性原理〉: uniformity principle
〈획일성조건 劃一性條件〉: uniformity condition3
〈횡설수설 橫說竪說〉: gibberish
〈후논리형태 後論理形態〉: LF'
〈후동사부가어 後動詞附加語〉: postverbal adjunct
〈후치사구 後置詞句〉: Postposition Phrase: PP
〈훔볼트의 문제 *훔볼트*의 問題〉:

Humboldt's problem
〈흔적 痕迹〉 : trace
〈희화적 표현 戲畵的 表現〉 : evocative expressions

[기타]

〈C의 지정어 C의 指定語〉 : Spec-C
〈C-T의 연합체 C-T의 聯合體〉 : C-T complex
〈Chomsky 혁명 Chomsky 革命 〉 : Chomskyan Revolution
〈Chomsky의 문제 Chomsky의 問題〉 : Chomsky's problem
〈D-구조 D-構造〉 : D-structure
〈DF-구조 DF-構造〉 : DF-structure
〈EPP-자질 EPP-資質〉 : EPP-feature
〈EPP-자질할당조건 EPP-資質割當條件〉 : EPP-assignment condition
〈EPP-효과 EPP-效果〉 : EPP-effect
Jonas의 일반화 Jonas의 一般化〉 : Jonas' Generalization
〈Holmberg의 일빈화 Holmberg의 一般化〉 : Holmberg's Generalization
〈*il*-삽입 il-挿入〉 : *il*-insertion
〈LGB 결속이론 LGB 結束理論〉 : LGB binding theory
〈OCC-자질 OCC-資質〉 : OCC-feature
〈OWM-구문 OWM-構文〉 : OWM-construction
〈pP-내부격점검작용 pP-內部格點檢作用〉 : Case-checking in pP
〈PRO 삽입 PRO挿入〉 : PRO insertion
〈PRO-공리 PRO-公理〉 : PRO-axiom
〈PRO-공준 PRO-公準〉 : PRO-theorem
〈R-지표 R-指標〉 : R-index
〈S'-삭제 S'-削除〉 : S'-deletion
〈S-구조 S-構造〉 : S-structure
〈SE 대용사 SE 代用詞〉 : SE anaphor
〈SELF 대용사 SELF 代用詞〉 : SELF anaphor
〈T 없는 통사론 T 없는 統辭論〉 : Syntax without T
〈T의 지정어 T의 指定語〉 : Spec-T
〈that-t 효과 that-t 效果〉 : that-t effect
〈there-삽입 there-挿入〉 : there-insertion
〈there-허사구문 there-虛辭構文〉 : expletive there-construction
〈tough-이동 tough-移動〉 : tough-movement
〈V의 지정어 V의 指定語〉 : Spec-V
〈wanna 축약 wanna 縮約〉 : wanna contraction
〈*wh*-섬제약 *wh*-섬制約(일명: 疑問詞섬制約〉 : *wh*-island constraint
〈*wh*-섬효과 *wh*-섬效果〉 : *wh*-island effect
〈*wh*-이동 *wh*-移動(일명: 疑問詞移動)〉 : *wh*-movement
〈X^0 재귀사 X^0 再歸詞〉 : X0 reflexive
〈XP 재귀사 XP 再歸辭〉 : XP reflexive
〈α-영향 α-影響〉 : Affect-α
〈γ-할당 γ-割當〉 : γ-assign
〈φ-자질 완전성조건 φ-資質 完全性條件〉 : φ-completeness condition
〈2-층위 이동 분석 2-層位 移動 分析〉 : Two-level Movement Analysis

참고문헌

강명윤. 1988. Topics in Korean Syntax: Phrase Structure, Variable Binding and Movement. Ph.D. dissertation. MIT.

______. 1990. On Reflexives. 『생성문법연구』 1. 145~170. 한국생성문법학회.

______. 1998. 『촘스키 언어학 사전』. 한신문화사.

______. 2007. 촘스키 언어학의 현상학적 해석. 『생성문법연구』 17.1. 47~68. 한국생성문법학회.

강영세. 1986. Korean Anaphora(I): caki as a Resumptive Pronoun. *Language Research* 22. 215~228. Seoul National University.

김영범. 2009. 『철학 갤러리』. 풀로엮은집.

김영화, 김광섭, 문귀선, 장영준, 서정목, 박명관, 쎄드릭 북스. 2008. 『의문사 의문문의 통사와 의미』. 한국문화사.

______, 김선웅, 문귀선, 박명관, 장영준, 윤항진. 2002. 『허사총론』. 한림과학원총서 96. 도서출판 소화.

김용석. 1981. 최근 Chomsky 문법의 흐름에 관한 고찰. 『논문집』 5. 33~49. 한성대학교.

______. 1981. 피접속요소 이동변형의 몇 가지 문제점에 관하여. 『언어연구』 2.1. 12~27. 경희언어연구소.

______. 1982. 영어의 대명사 현상에 관한 통사적 고찰. 『영어영문학』 28. 667~684. 한국영어영문학회.

______. 1983. Revised *Wh*-movement의 고찰. 『언어연구』 4. 1~19. 경희언어연구소.

______. 1984. 전치사 잔류와 공범주원리. 『언어』 9. 125~145. 한국언어학회.

______. 1985. PRO의 기본요건과 선행사 결속에 관하여. 『논문집』 9. 129~154. 한성대학교.

______. 1986a. *Licensing Conditions on Syntactic Representation*. Ph.D. dissertation. Kyung Hee University.

______. 1986b. 이동규칙의 제약과 의미역이론. 『언어』 11. 25~50. 한국언어학회.

______. 1986c. PRO의 통제와 결속이론. 『언어연구』 7. 1~28. 경희언어교육연구소.

______. 1986d. On Parasitic Gap Constructions of English. 『논문집』 10. 101~128. 한성대학교.

______. 1987. '자기'의 지시의존에 관하여: 결속이론 대 연결이론, 「언어」 제 12권, 319~346. 한국언어학회.

______. 1988a. '자기'의 대용화에 관한 연결 이론적 고찰. 「논문집」 제 12 집, 223~255. 한성대학교.

______. 1988b. On Multiple *Wh*-constructions in English. *Language Research* 24. 539~63. Seoul National University.

______. 1989. On Syntactic Structure of Topic Constructions in Korean. 「논문집」 13. 1~12. 한성대학교.

______. 1990a. *Caki* as an Unmarked Anaphor. Orally Presented at the 9th Colloquium, Korean Transformational Generative Grammar Circle.

______. 1990b. 전치사 좌초에 관한 장벽 이론적 접근. 「영어영문학」 36. 373~389. 한국영어영문학회.

________. 1990c. 다중 의문사 구문과 작용역 결속 원리. 「언어」 15. 한국언어학회.
________. 1991. On Topicalization in Korean. ***Language Research*** 10, Proceedings of the Kyung Hee International Conference on Linguistic Studies, Kyung Hee Univ.
________. 1992a. 「결속 이론 -그 변천과 논리 형태 대용화-」. 한신문화사.
________. 1992b. 한국어의 주제화와 관계화에 관한 소고. 공영일교수 화갑 기념 논문집.
________. 1992c. '자기'의 대용화에 관하여. 「생성문법연구」 2.2. 한국생성문법학회.
________. 1993. 「통제이론 -PRO/pro의 통제와 한국어의 공대명사 현상-」. 서울: 한신문화사.
________. 1994a. On Subject-Orientedness of Korean Reflexives. 송곡 양동휘교수 화갑기념논문집.
________. 1994b. 한국어의 공대명사 현상에 관하여. 「생성문법연구」 4.1, 45~84. 한국생성문법학회.
________. 1994c. 재귀사 장거리결속에 관한 자질점검이론적 접근. 「언어연구」 12, 29~51. 경희대학교 언어교육연구원.
________. 1994d. 재귀사 결속의 차단효과에 관하여. 「현대문법연구」 5, 139~182. 현대문법학회.
________. 1995a. 한국어의 영목적어 현상에 관하여. 「언어」 20.3, 1~31. 한국언어학회.
________. 1995b. 한국어의 재귀화에 관한 최소 이론적 접근. ms., 한성대학교.
________. 1995c. 최소주의 결속이론에 관하여. 「논문집」 19. 한성대학교.
________. 1996a. 「대용화 문법론 -그 이론적 동향과 한국어의 제현상-」. 한신문화사
________. 1996b. 재귀사 주어지향성에 관한 자질점검이론적 접근. 「생성문법연구」 6.2. 한국생성문법학회.
________. 1996c. 재귀사 자질점검이론의 연구. 「현재문법연구」 8. 현대문법학회.
________. 1996d. 술어재귀화 이론의 고찰. 「논문집」 20. 한성대학교.
________. 1997a. A Minimalist Approach to Some Problems of Long-Distance Anaphora of Reflexives. 1997 LSA 발표논문.
________. 1997b. A Minimalist Approach to *Wh*-Interrogatives in Korean. TEAL 발표논문.
________. 1998a. Some A'-Dependencies in Korean. 「현대문법연구」 12. 현대문법학회.
________. 1998b. A Minimalist Approach to the Subject-Orientation of Reflexives. 「언어연구」 16. 경희 언어교육연구소.
________. 1998c. A DP-Analysis of Reflexives. 「논문집」 22. 한성대학교.
________. 1999a. 「최소주의 재귀사문법」. 한국문화사.
________. 1999b. 한국어 핵재귀사와 그 차단효과에 관하여. 「논문집」 23. 한성대학교.
________. 1999c. 장거리 재귀사 이론의 고찰. 「민족문화」 10. 한성대학교 민족문화연구소.
________. 1999d. Syntax of *Wh*-Interrogatives: A Minimalist Perspective. 「현대문법연구」 16, 39~88. 현대문법학회.
________. 1999e. Blocking Effect of Reflexives: A Minimalist Perspective. 「이승환교수 정년기념 논문집」, 52~77.
________. 1999f. On the Long-Distance Anaphora of Reflexives: A Minimalist Perspective. 「이홍배교수 화갑기념 논문집」, 145~187. 한신문화사.
________. 2000a. 「생성문법론」. 경진문화사.
________. 2000b. 핵재귀사의 내면구조: 최소주의적 관점. 「현대문법연구」 19. 현대문법학회.
________. 2000c. 「GB 통사론과 영어의 문장구조」. 경진문화사.
________. 2000d. 보편문법의 조명. 「민족문화」 11. 한성대학교 민족문화연구소.
________. 2000e 자질삼투이론의 고찰. 「논문집」 24. 한성대학교.

________. 2001. 「변형과 제약」. 경진문화사.
________. 2002. *The A/A-Bar Dependencies in Korean: The Minimalist Approach*. 경진문화사.
________. 2003. 「변형생성 영어 언어학」. 경진문화사.
________. 2004a. 「지시의존 문법론」. 경진문화사.
________. 2004b. 전치사 좌초현상에 관하여. 「영어학연구」17. 한국영어학학회.
________. 2004c. 「영어의 통사구조와 생성문법」. 경진문화사.
________. 2004d. Cyclicity and Multiple Spell-Out. 제6회 학국변형생성문법학술대회 발표논문집. 한국생성문법학회.
________. 2004e. there-허사 구문의 도출에 관하여: 탐침자-목표물 문법이론적 조명. 「한성논문집」 28. 한성대학교.
________. 2005a. 인상 구문과 예외격표시 구문에 관하여: 탐침자-목표물 문법이론적 분석. 「한성인문학」 3. 한성대학교 인문과학연구원.
________. 2005b. 이동현상에 관한 강력최소주의적 고찰. 「한성논문집」 29. 한성대학교.
________. 2005c. 최소주의문법이론의 변천에 관한 모형-분석적 고찰. 「현대문법연구」 41. 현대문법학회.
________. 2005d. 영어의 의사수동태 구문에 관하여: 탐침자-목표물 문법이론적 분석. 제7회 한국변형생성문법학술대회 발표논문집. 한국생성문법학회.
________. 2006a. 최소주의문법이론의 근원: 생물언어학적 견해와 강력최소주의문법. 「한성인문학」 4. 한성대학교 인문과학연구원.
________. 2006b. Multiple Spell-Out에 관한 모든 것. 「Chomsky 2005 이후」. 한국문화사 (한국생성문법학회 편).
________. 2006c. A Probe-Goal Approach to the EPP-Effect of *Wh*-Interrogatives in English and Korean. 「현대문법연구」 46. 현대문법학회.
________. 2006d. 영어의 섬효과에 관한 탐침자-목표물 이론적 접근 「현대영미어문학」 24.4. 현대영미어문학회.
________. 2006e. 영어의 부가구조에 관한 탐침자-목표물 이론적 접근. 「논문집」 30. 한성대학교.
________. 2006f. 「최소주의문법의 이해」. 한성대학교 출판부.
________. 2007a. 「최소주의문법의 탐구」. 한성대학교 출판부.
________. 2007b. 도출의 순환성과 자유병합. 「한성인문학」 5. 한성대학교 인문과학연구원.
________. 2007c. 「현대 영어통사론」. 경진문화사.
________. 2007d. 영어의 전치사 좌초현상에 관하여. 「논문집」 31. 한성대학교.
________. 2008a. 「사이버강의: 영어의 구조와 문법」. 한성대학교 출판부.
________. 2008b. 영어 허사 구문의 도출과 그 문제점에 관하여. 「한성인문학」 6. 한성대학교 인문과학연구원.
________. 2008c.「사이버강의: 영어 언어학의 이해」. 한성대학교 출판부.
________. 2008d. 강력 최소주의 이론의 고찰. 「논문집」 32. 한성대학교.
________. 2009a. 영어의 전치사 수동태에 관하여, 「현대영미어문학」 27.1. 현대영미어문학회.
________. 2009b. v*P, 과연 국면인가?, 「영어학연구」 27. 한국영어학학회.
________. 2010a. 언어의 실체에 관한 새로운 도전: 강력 최소주의 이론, 「현대문법연구」 62. 현대문법학회.
________, 2010b. '칸트주의 언어학'의 모색. 「생성문법과 인접학문」. 2010 추계 한국생성문법학회/한

국중원언어학회 공동학술대회 발표논문집.
________. 2010c.「영어의 통사구조 연구: 보편문법적 접근」. 한성대학교 출판부.
________. 2010d. that-절의 섬효과에 관한 최소주의적 접근, 「현대영미어문학」 28.4. 현대영미어문학회.
________. 2011a. T, 과연 존재하는가?. 2011 봄 한국언어학회/한국현대언어학회 공동학술대회 발표논문집.
________. 2011b. 「영어구문의 이론과 실제」. 글로벌 콘텐츠.
________. 2012a. 한국어의 의문사 비대칭 현상에 관하여. 「언어학연구」 22. 한국중원언어학회.
________. 2012b. 인간인어에 대한 새로운 기획: 칸트주의 언어학. 「생성문법연구」 22.1. 한국생성문법학회.
________. 2012c. 「강력 최소주의 이론: 그 분석과 전망」. 글로벌 콘텐츠.
________. 2012d. 「T 없는 통사론을 향하여」. 「언어」 37.1. 한국언어학회.
________. 2012f. 『언어와 이성 -Chomsky를 넘어서 칸트주의 언어학으로-』. 글로벌 콘텐츠.
________. 2012e. 「최소주의 문법 Glossary」. 글로벌 콘텐츠. (본서)
김용석, 문귀선. 2003. 「변형문법의 이해」(번역): (원저) Jamal Ouhalla(1999), Introducing Transformational Grammr: From Priciples and Parameters to Minimalism. 한신문화사.
김용석, 박승혁, 윤종열, 한학성. 1995. *Minimalist Approach to Syntax and Morphology*. 편저. 한국문화사.
김용석, 안희돈, 강명윤, 이숙희. 1996. *Morpho-Syntax in Transformational Generative Grammar*. 편저. 한국문화사.
김용석, 양동휘, 이홍배, 임영재. 1991. 「지배-결속 이론의 기초」. 한신문화사.
김용석, 이정민, 배영남. 2000. 「언어학사전」. 박영사.
문귀선. 1989. The Syntax of Null Arguments with Special Reference to Korean. Doctoral dissertation. The University of Texas.
________. 1991. Identification of null arguments. 「생성문법연구」 2.1, 187~218. 한국생성문법학회.
________. 1992. Principle A of the Binding Theory and the Korean Anaphor *Caki*, 「인제논총」 8.1, 인제대학교.
박명관. 2007. RNR in Korean as Right-Edge Coordination. 「생성문법연구」 17.1. 85~97. 한국생성문법학회.
박승혁. 1986. Parametrizing the Theory of Binding: the Implication of *Caki* in Korean. *Language Research* 22. 229~253. Seoul National University.
________. 1997.「최소주의 문법론」. 한국문화사.
________. 2003. Chomsky의 "언어"와 "문법," 그리고 언어교육. 영어학특강 발표자료. 한성대학교.
박연미, 김양순. 1995. 「영어통사론강의」. 형설출판사.
배영남, 이정민, 김용석. 2000. 「언어학사전」. 박영사.
서수현. 1991. The Theory of Agreement for English Anaphora. Ph.D. dissertation. Seoul National University.
심양희. 1990. 비논항 결속. 「생성문법연구」 제1호. 한국생성문법학회.
서동익. 1976. 「칸트」(편집). 세계의 대사상 6. 철문출판사.
서수현. 1991. The Theory of Agreement for English Anaphora. Ph.D. dissertation. Seoul National University.

심양희. 1990. 비논항 결속. 「생성문법연구」 제1호. 한국생성문법학회.

안성호. 1988. Korean Reciprocals and LF-movement. The Logical Form of Anaphora. The Linguistic Society of Korea. 1989.

안희돈, 김용석, 강명윤, 이숙희. 1996. *Morpho-Syntax in Transformational Generative Grammar*. 편저. 한국문화사.

양동휘. 1983. The Extended Binding Theory of Anaphora. Language Research 19.

______. 1984. 확대 통제이론. 「어학 연구」 20.1. 서울대학교 어학연구소.

______. 1985. On the Integrity of Control Theory. *NELS* 15. 389~408.

______. 1988. 「한국어의 대용화」. 한국연구양서 제58집. 한국연구원.

______. 1989. On Anaphor Movement. *NELS* 19, 435~452.

______. 1990. 대용화의 논리 형태. 「성곡논총」 제 21집. 719~760.

______. 1991. Korean Anaphora and Universal Grammar. ms. Seoul National University.

______. 1996. 「최소이론의 전망」. 한국문화사.

______. 2010a. The Determinism Fallacy: Ambiguity of Interpretive Effects. Presented at the 2010 Seoul International Conference on Linguistics on June 24, 2010.

______. 2010b. On the Notions of Feature Inheritance. Presented at the Joint Meeting of the Korean Generative Circle and the Joongwon Linguistic Society of Korea on Movember 6, 2010.

양현권. 1991. Zero Pronouns and the Speaker's Point of View. *Texas Linguistic Forum 32: Discourse*. The University of Texas.

윤종열, 김용석, 박승혁, 한학성. 1995. *Minimalist Approach to Syntax and Morphology*. 편저. 한국문화사.

이광호. 2007. 영어의 존재구문의 부정극어 및 결속/통제 현상에 관한 최소주의적 연구. 「생성문법연구」 17.1. 69~84. 한국생성문법학회.

이두원. 2007. Accusative-marked Indirect Objects with Ownership. 「생성문법연구」 17.1. 1~22. 한국생성문법학회.

이은지. 1994. Locality of Anaphoric Dependence and SUBJECT. 「생성문법연구」 4.2, 357-370. 한국생성문법학회.

이익환. 1978. Pronominal anaphora in Korean. 어학연구 14.1.

이정민. 1973. *Abstract Syntax and Korean with Reference to English*. 범문사.

______. 1988. Issues in Korean Anaphora, ICKL, 339~358.

이홍배. 1976. Notes on pronouns, reflexives and pronominalization. Language Research 12.2. Seoul National University.

______. 1987. On empty categories in Korean. 「언어」 12.2.

임영재, 김용석, 양동휘, 이홍배. 1991. 「지배-결속 이론의 기초」. 한신문화사.

임홍빈. 1987. 「국어의 재귀사 연구」. 신구문화사.

______. 1987. 국어의 대용사 및 대명사 해석의 문제점. 한국언어학회 여름연구회 주제발표 논문.

장석진. 1986. 조응의 담화 기능. 한글 194.

장영준. 1999. 「촘스키, 끝없는 도전」. 서울: 도서출판 그린비.

조숙환. 1991. Null Subjects in Complements and Adjuncts in Korean. ms. Sogang University.

채준기, 박영수. 1982. 「영어언어학」. 형설출판사.

철문출판사 전집. 1961. 「세계의 대사상」. 1~35권. 서울: 철문출판사.

최기용. 2006. 「Chomsky 2005 이후」(편집). 한국문화사 (한국생성문법학회 편).

최재웅. 1987a. LF and Pied-Piping. *Linguistic Inquiry* 18. 348~353.

________. 1987b. Anti-quantifiers and a Theory of Distributivity. Ph.D. dissertation. University of Massachusetts. Amherst.

홍성심. 1986. Some Constraints on Pronominal Binding. Linguistic Journal of Korea. 11.1. The Linguistic Society of Korea.

Abney, S. 1986. Functional elements and licensing. presented at GLOW

________. 1987. *The English Noun Phrase in Its Sentential Noun Phrase*. Ph.D. dissertation, MIT.

Akmajian, A. and F. W. Harry. 1975. *An Introduction to the Principles of Transformational Syntax*. MIT Press. Cambridge, Mass.

Aoun, J and D. Sportiche. 1983, On the Formal Theory of Government. *The Linguistic Review* 2. 211~236.

Aoun, J. 1981. "ECP, Move-α, and Subjacency", *Linguistic Inquiry* 12.4.

________. 1982. The Formal Nature of Anaphoric Relations. Ph.D. dissertation. MIT.

________. 1985. *A Grammar of Anaphora*. Cambridge: MIT Press.

________. 1986. *Generalized Binding Theory: The Syntax and Logical From of Wh-interrogatives, Foris*. Dordrecht.

Aoun, J. and Y.A. Li. 1989. Constituency and Scope. *Linguistic Inquiry* 20. 141~172.

Aoun, J., N. Hornstein and D. Sportiche. 1981. Some aspects of wide scope quantification. Journal of Linguistic Research 1. 69~95.

Arnauld and Lancelot. 1660. *Port-Royal Grammaire générale et raisonnée*. Paris.

Arnauld and Nicole. 1662. *La logique ou l'art de penser, the Port-Royal Logic*. Paris.

Authier, J.-M.P. 1988. Null Object Constructions in KiNande, *Natural Language and Linguistic Theory* 6. 19~38.

Baker, M and K. Hale. 1990. Relativized Minimality and Pronoun Incorporation. *Linguistc Inquiry* 21. 289~297.

Baker, M. 1985. Incorporation: A Theory of Grammatical Function Changing. Ph.D. dissertation. MIT.

Baker, M. 1988. *Incorporation: A Theory of Grammatical Function Changing*. University of Chicago Press. Chicago.

Baltin, Mark R. 1982. A Landing Site Theory of Movement Rules. *Lingustic Inquiry* 13. 1~38.

Battistella, E. 1987. Chinese reflexivization. ms. University of Alabama at Birmingham.

Bayer, J. 1983. COMP in Bavarian Syntax. *The Linguistic Review* 3. 209~274.

Bayer, J. 1984. Towards an Explanation of Certain *That-t Phenomena*: the COMP-node in Barbarian. De Geest, W. and Putseys, Y. (eds.) *Sentential Complementation*. pp. 23~32.

Belletti, A and L. Rizzi. 1988. Psych verbs and θ-theory. *Natural Language & Linguistic Theory* 6. 291~352

Belletti, A. 2004. (ed.) *Structures and Beyond -The Cartography of Syntactic Structure*, Vol 3. Oxford.

Berko, J. 1958. The Child's Learning of English Morphology. *Word*. pp. 150~77.

Bickerton, D. 1987. He Himself: Anaphor, Pronoun, Or...? *Linguistic Inquiry* 18: 345~348.

Borer, H. 1984. *Parametric Syntax*. Foris, Dordrecht.

Borer, H. 1989. Anaphoric AGR. The Null Subject Parameter. ed. by O. aeggli and K. J. Safir. SNLLT.

Borsley, Robert D. 1983, A Note on Preposition Stranding. *Linguistic Inquiry* 14.2.

Bouchard, D. 1984. On the Content of Empty Categories. Dordrecht: Foris.
Bouchard, D. 1985. PRO, pronominal or anaphor. Linguistic Inquiry 16. 71~477.
Bresnan, J. 1982, The Passive in Lexical Theory. in J. Bresnan, ed., *The Mental representation of Grammatical Relation*. MIT
Broadwell, G. 1988. Reflexive movement in Choctaw. *NELS* 18.
Browning, M. 1987. Null Operator constructions. Ph.D. dissertation. MIT.
Burzio, L. 1986. *Italian Syntax*. Reidel, Dordrecht.
Campos, H. 1986. Indefinite Object Drop. *Linguistic Inquiry* 17. 354~359.
Chomsky, N. 1955. The Logical Structure of Linguistic Theory. ms.
__________. 1957. *Syntactic Structures. Mouton*, The Hague.
__________. 1964. *Current Issues in Linguistic Theory*. Mouton, The Hague.
__________. 1965. *Aspects of the Theory of Syntax*. MIT Press. Cambridge, Mass.
__________. 1966. *Cartesian Linguistics: A Chapter in the History of Rationalist Thought*. Harper. New York.
__________. 1968. *Language and Mind*. Harcourt Brace Jovanovich, New York.
__________. 1970. Remarks on Nominalization. in R. T. Jacobs and P. S. Rosenbaum. (eds.) *English Transformational Grammar*. pp. 184~221.
__________. 1972. *Studies in Semantics in Transformational Generative Grammar*. Mouton, The Hague.
__________. 1973. Conditions on Transformations. in S. R. Anderson and P. Kiparsky. (eds.) A Festschirift for Marris Halle. Holt, Rinehart and Winston, New York. pp. 232~86.
__________. 1975. *The Logical Structure of Linguistic Theory. Plenum,* New York.
__________. 1976. *Reflections on Language. Fontana*, London.
__________. 1977a. Essays on Form and Interpretation. New York: North Holland.
__________. 1977b. On *Wh*-movement. in P. W. Culicover. (eds.) Formal Syntax. pp. 71~132.
__________. 1980. On Binding. Linguistic Inquiry 11. pp. 1~46.
__________. 1981. *Lectures on Government and Binding,* Foris, Dordrecht.
__________. 1982. *Some Concepts and Consequences of the Theory of Government and Binding*. MIT Press. Cambridge, Mass.
__________. 1986a. *Knowledge of Language: Its Nature, Origin, and Use*, Praeger, New York.
__________. 1986b. *Barriers*, MIT Press, Cambridge, Massachusetts.
__________. 1991. Some Notes on Economy of Derivation and Representation. *Principles and Parameters in Comparative Grammar*. eds. by Robert Freidin. The MIT Press. Cambridge, Mass.
__________. 1993. A Minimalist Program for Linguistic Theory. *The View from Building 20*. ed. by K. Hale and S. J. Keyser. Cambridge, MA: MIT Press.
__________. 1994. Bare Phrase Structure, ms., MIT Occasional Papers in Linguistics, No 5.
__________. 1995. *The Minimalist Program*, Cambridge, MA: MIT Press.
__________. 1996. Some Observations on Economy in Transformational Generative Grammar, ms. MIT.
__________. 1997. Language and Mind: Current Thoughts on Ancient Problems. ms. MIT.

______________. 1998. Minimalist Inquiries: the Framework. MIT Occasional Papers in Linguistics, No 15. MIT. (Also published in R. Martin, D. Michaels and J. Uriagereka (ed.). 2000. *Step by Step: Essays on Minimalism in Honor of Howard Lasnik*. MIT Press. pp. 98~155.)

______________. 1999. Derivation by Phase.

______________. 2001. Derivation by Phase. In M. Kenstowicz (ed.). *Ken Hale: A Life in Language*. MIT Press. 1~52. (Also published in MIT Occasional Papers in Linguistics No. 18. 1999.)

______________. 2004. Beyond Explanatory Adequacy. In A. Belletti(2004. ed.).

______________. 2005a. Three Factors in the Design of Language. *Linguistic Inquiry* 36. 1~22. (Expanded from talk at 2004 LSA conference.)

______________. 2005b. On Phases. ms. MIT.

______________. 2006. Approaching UG from below. ms. MIT.

______________. and H. Lasnik. 1991. *Principles and Parameters Theory*, ms., MIT.

______________. and H. Lasnik. 1993. The Theory of Principles and Parameters. In J. Jacobs, A. von Stechow, W. Sternefeld, and T. Vennemann, ees., *Syntax: An International Handbook of Contemporary Research*. Berlin: de Gruyter.

Chung, S. 1984. Identifiability and Null Objects in Chmorro. In C.Brugman and M. Macaulay. eds. *Proceedings of the Tenth Annual Meeting*. BLS.

Cole, P and C. Wang. 1996 Antecedents and Blockers of Long-Distance Reflexive: The Case of Chinese *Ziji. Linguistic Inquiry* 27.

Cole, P. 1987. Null Objects in Universal Grammar. *Linguistic Inquiry* 18. 597~612.

Cole, P. and L.-M. Sung. 1994. Head Movement and Long-Distance Reflexives. *Linguistic Inquiry* 25.

Cole, P., G. Hermon and L.-M. Sung. 1990. Principles and Parameters of Long Distance Reflexives, *Linguistic Inquiry* 21.

Collins, C. 1997. *Local Economy*. Linguistic Inquiry Monograph 29. The MIT Press.

Contreras, H. 1984. A Note on Parasitic Gaps. *Linguistic Inquiry* 15.

______________. 1989. A Unified Account of Null Operator Structures. ms. MIT.

Darwin, C. 1872. The Origin of Species. (6th ed.) Modern Library. New York.

Emonds, J. 1970. Root and Structure-preserving Transformations. ms. Indiana University.

____________. 1976. *A Transformational Approach to Syntax*. Academic Press. New York.

Engdahl, E. 1981. Parasitic Gaps. Paper presented at the University of Massachusetts, Amherst, January 1981, at Sloan Workshop on Processing of Unbounded Dependencies(also published in Linguistics and Philosophy 6. 5~34).

Evans, G. 1980. Pronouns. *Linguistic Inquiry* 11. 337~362.

Everaert, M. and E. Anagnostopoulou. 1966. Thematic Hierarchies and Binding Theory: Evidence from Greek. Paper presented at Internet Conference of Linguistics.

Evers, A. 1975. *The Transformational Cycle in Dutch and German*. Indiana University Linguistic Club. Bloomington.

Fillmore, C. J. 1963. The Position of Embedding Transformations in a Grammar. *Word* 19. 208~231.

Fodor, J. A. 1978. Parsing Strategies and Constraints on Transformations. . *Linguistic Inquiry* 9. 427~473.

Fodor, J. A. and J. J. Katz. 1964. The Structure of Language: Readings in the Philosophy of Language. Englewood Cliff. Prentice-Hall, N.J.

Fontaine, N. 1736. *Memoires Pour Servir A L'Histoire de Port-Royal*. Autrecht.

Frampton, J. 1995. Expletive Insertion. *Proceedings of the Berlin Workshop on the Role of Economy Principles in Linguistic Theory*. Springer-Verlag.

Fries, Charles C. 1952. *The Structure of English*. Harcourt. New York.

Fukui, N. 1986. A Theory of Category Projection and Its Application. Ph.D. dissertation. MIT.

Giorgi, A. 1984. Toward a Theory of Long Distance Anaphora: a GB approach. *The Linguistic Review* 3.

Grodzinsky, Y and L. Finkel. 1998. The Neurology of Empty Categories: Aphasics' Failure to Detect Ungrammaticality. *Journal of Cognitive Neuoscience* 10.2.

Haegeman, L. 1983. Die and dat in West-Flemixh Relative Clauses. *Linguistics in the Netherlands*. 83~91.

______________. 1993. *Introduction to Government and Binding Theory*. 2nd edition. Blackwell. Oxford.

Haïk, I. 1984. Indirect Binding. *Linguistic Inquiry* 15. 185~223.

Hale, K and Keyser, S.J. 2003. On Argument Structure and the Lexical Expression of Semantic Relations. *The View from Building* 20. ed. by K. Hale and S. J. Keyser. Cambridge, MA: MIT Press.

Hale, K and S. J. Keyser. 1991. On the Syntax of Argument Structure. *Lexicon Project Working Papers* 7. Center for Cognitive Science, MIT.

Hale, K. 1987. Incorporation and the Irish Syntactic Verb Froms. ms. MIT.

Harman, G. 1974. *On Noam Chomsky: Critical Essays*. (eds.) Anchor Press. New York.

____________. 1994. A review of Chomsky, *Cartesian Linguistics. in Noam Chomsky Critical Assessments II*. ed. by Carlos P. Otero. Routledge. London and New York.

Hasegawa, N. 1984/85. "On the So-called "Zero Pronouns" in Japanese," The *Linguistic Review* 4. 289~341.

Heim, I., H. Lasnik and R. May. 1988. Reciprocity and plurality. Essays on Logical Form. ed. by R. May.

Higginbotham, J. 1983. Logical Form, Binding, and Nominals. *Linguistic Inquiry* 14.3.

Hiraiwa, K. 2005. Dimension of Symmetry in Syntax: Some Remarks on the Evolution of Linguistic Theoy. Ph.D dissertation. MIT.

Holmberg, A. 1986. Word Order and Syntactic Features in the Scandinavian Languages and English. Ph.D dissertation. University of Stockholm.

Hornstein, N. and A. Weinberg. 1981. "Case Theory and Preposition Stranding", *Linguistic Inquiry* 12.1.

Hornstein, N. and D. Lightfoot. 1984. Rethinking predication. ms. University of Janeland.

Hornstein, N. and D. Sportiche. 1984. Some Aspects of Wide Scope Quantification. ms, MIT.

Huang, C.-T. J. 1981. Move Wh in a Language without *Wh*-movement. *The Linguistic Review* 1.

________________. 1982. *Logical Relations in Chinese and the Theory of Grammar*, Doctoral dissertation, MIT.

________________. 1983. A Note on the Binding Theory. *Linguistic Inquiry* 14. 554~561.

________________. 1984. On the Distribution and Reference of Empty Pronouns, *Linguistic Inquiry* 15. 531~574.

________________. 1987. Remarks on Empty Categories in Chinese. *Linguistic Inquiry* 18, 321~337.

________________. 1989. Pro-Drop in Chinese: A General Control Theory, *The Null Subject Parameter*, ed. by O. Jaeggli and K. J. Safir, SNLLT.

__________. 1991. Remarks on the Status of the Null Object. *Principles and Parameters in Comparative Grammar*. ed. by Robert Freidin. The MIT Press.

Huang, C.-T. J. and J. Tang. 1989. The Logical Nature of the Long-distance Reflexive in Chinese, *NELS* 19.

Humboldt, Wilhelm von. 1960. *Über die Verschiedenheit des menschlichen Sprachbaues und ihrenEinfluss auf die geistige Entvickenlung des Menschengeschlechts*. ed. by Dümmler. Bonn.

Iatridou, S. 1988. Clitics, Anaphors and a Problem of Coindexation. *Linguistic Inquiry* 19. 698~703.

Jackendoff, R. S. 1977. *X-bar Syntax: A Study of Phrase Structure*. MIT Press. Cambridge, Mass.

Jaeggli, O. 1982. *Topics in Romance Syntax*. Dordrecht: Foris.

__________. and K.J. Safir. 1989. The null subject parameters and parametric theory. The Null Subject Parameter. ed. by O. Jaeggli and K. J. Safir. SNLLT.

Jonas, D. 1994. Clause Structure Expletives and Verb Movement. ms. Harvard University.

Kampf, L. 1994. A review of Chomsky, Cartesian Linguistics. in *Noam Chomsky Critical Assessments II*. ed. by Carlos P. Otero. Routledge. London and New York.

Kant, I. 1924. *Kritik der Urteilskraft*. Herausgegeben von Karl Vorländer(*Der Philosophische Bibliothek Band* 39).

Katada, F. 1989. What Can Long-Distance Anaphora Say about Operator Systems in Syntax? *NELS* 19. 249~263.

Katalin, É Kiss. 1991. The Primacy Condition of Anaphora and Pronominal Variable Binding. In Koster & Reuland 1991. 245~263.

Katz, J. J. and J. A. Fodor. 1963. The Structure of a Semantic Theory. reprinted in Fodor and Katz. 1964.

__________. and P. M. Postal. 1964. *An Integrated Theory of Linguistic Descriptions*. MIT Press. Cambridge, Mass.

Kayne, R. 1981a. De certains différences entre le francais et l'anglais. *Language* 60, 47~64.

__________. 1981b. ECP Extensions. *Linguistic Inquiry* 12.1.

__________. 1983. Connectedness. *Linguistic Inquiry* 14.2. 223~249.

__________. 1984a. *Connectedness and Binary Branching*, SGG 16, Foris, Dordrecht.

__________. 1994b. *The Antisymmetry of Syntax*. MIT Press. Cambridge, Mass.

Keyser, S. J. 1993. On Argument Structure and the Lexical Expression of Syntactic Relations. In K. Hale and S. J. Keyser (eds) *The View from Building 20: Essays in Linguistics in Honor of Sylvain Bromberger*. MIT Press. Cambridge, Mass.

Keyser, S. J. and T. Roeper. 1984. On the Middle and Ergative Constructions in English. *Linguistic Inquiry* 15, 381~416.

Koopman, H. and D. Sportiche. 1981. variables and the bijection principle. *The Linguistic Review* 2. 135~170.

Kuno, S. 1987. *Funtional Syntax: Anaphora, Discourse and Empathy*. Chicago: University of Chicago Press.

Larson, R. 1988. On the Double Object Construction. *Linguistic Inquiry* 19. 335~391.

Lasnik, H. 1976. Remarks on Coreference. *Linguistic Analysis* 12, 1~23.

__________. 1986. Topics on Government-Binding Theory. ms. University of Connecticut.

__________. 1991. On the necessity of binding conditions. Principles and Parameters in Comparative Grammar. ed. by Robert Freidin. The MIT Press.

__________. 1992. Case and Expletives: notes toward a parametric account. *Linguistic Inquiry* 23.2.

__________. 1993. Lectures on Minimalist Syntax. Presented at SICOGG '93. Organized by Korean Transformational Generative Grammar Circle.

__________. 1995a. Case and Expletives Revised: on Greed and other human failings. *Linguistic Inquiry* 27.3.

__________. 1995b. Lectures on Minimalist Syntax. *Minimalist Approaches to Syntax and Morphology*. Korean Transformational Generative Grammar Circle.

__________. 1999. *Minimalist Analysis*. MIT Press.

Lasnik, H. and J. Uriagereka. 1988. A Course in GB Syntax: Lectures on Binding and Empty Categories. Cambridge, MA: MIT Press.

Lasnik, H. and M. Saito. 1984. On the Nature of Proper Government. *Linguistic Inquiry* 15.2.

Lebeaux, D. 1983. A Distributional Difference between Reciprocals and Reflexives. *Linguistic Inquiry* 14.4.

Lebeaux, D. 1988. Language Acquisition and the Form of the Grammar. Ph.D. dissertation. University of Massachusetts. Amherst.

Lenneberg, Eric. 1967. *Biological Foundations of Language*.

Longobardi, G. 1984a. Connectedness, Scope and C-Command. presented in GLOW, PISA.

______________. 1984b. Reference and Proper Names: A Theory of N-Movement in Syntax and Logical Form. *Linguistic Inquiry* 25. 609~665.

Manzini, M. R. 1983. On control and control theory. *Linguistic Inquiry* 14. 421~446.

Marantz, A. 1981. *On the Nature of Grammatical Relations*. Ph.D. dissertation. MIT

___________. 1984. *On the Nature of Grammatical Relations*. Cambridge, MA: MIT Press.

May, R. 1977. The Grammar of Quantification. Ph.D. dissertation. MIT.

________. 1985. *Logical Form: Its Structure and Derivation*. MA: MIT Press.

McCloskey, J. 1979. *Transformational Syntax and Model Theoretic Semantics*. Reidel Dordrecht.

McCloskey, J. and K. Hale. 1984. On the syntax of person-number inflection in modern Irish. Natural Language and Linguistic Theory 1. 487~534.

Miller, G. A., E. Galanter and K. H. Pribram. 1960. Plans and the Structure of Behavior. Holt, Rinehart, & Winston, New York.

Milsark, G. 1974. Existential Sentences in English. Doctoral dissertation. MIT.

Montalbetti, M. 1984. After Binding. Ph.D. dissertation. MIT.

Moon, G.-S. 1998. Expletives and Case-feature Checking. *Korean Journal of Linguistics* 24.4.

____________. 2000. Agreement in English Existential Constructions. *The Journal of English Language and Literature* 64.4.

Newmeyer F. J. 1980. *Linguistic Theory in America: The First Quarter-Century of Transformational Generative Grammar*. Academic Press. New York.

Ouhalla, Jamal. 1999. *Introducing Transformational Grammar from principles and parameters to Minimalism*. Oxford University Press.

Perlmutter, D. M. 1971. Deep and Surface Structure Constraints in Syntax(Constraints). New York:

Holt, Rinehart & Winston.

______________________. 1978. Impersonal Passives and the Unaccusative Hypothesis. In *Proceedings of the Fourth Annual Meeting of the Berkerly Linguistics Society*. Berkeley Linguistic Society, University of California, Berkeley.

Pesetsky, D. 1982. Paths and Categories. Ph.D. dissertation. MIT.

___________. 1984. *Wh*-in-situ: movement and unselective binding. ms.

___________. 1987. *Wh*-in-situ: movement and unselective binding. in The Re- presentation of(In)definiteness. Cambridge, MA: MIT Press.

Pica, P. 1987. On the Nature of the Reflexivization Cycle, *NELS* 17, 483~499.

Pollard, C and I. Sag. 1992. Anaphors in English and the Scope of the Binding Theory. *Linguistic Inquiry* 23. 261~305.

Pollock, J.-Y. 1989. Verb Movement, Universal Grammar, and the Structure of IP. *Linguistic Inquiry* 20. 365~424.

Postal, P. 1986. On So-called 'Pronouns' in English, in D. Reibel and S. Schane, eds., *Modern Studies in English*, Prentice-Hall, Englewood Cliffs, New Jersey.

Progovac, L. 1993. Long Distance Reflexives: Movement-to-Infl versus Relativized SUBJECT. *Linguistic Inquiry* 24. 755~772.

Radford, A. 1988. *Transformational Grammar*. Cambridge University Press. New York

Raposo, E. 1986. The Null Object in European Portuguese. *Studies in Romance Linguistics*. ed. by O. Jaeggli and C. Silva-Corvalan. 373~390. Dordrecht: Foris.

Read, C and V. Chou Hare. 1979. Children's Interpretation of Reflexive Pronouns in English. In *Studies in First and Second Language Acquisition*, ed. Fred R. Eclman and Ashley J. Hastings. 98~116. Rowley, Mass.: Newbury House.

Reinhart, T. 1976. The Syntactic Domain of Anaphora. Ph.D. dissertation. MIT.

___________. 1987. Specifier and Operator Binding. *Representation of (In) definiteness*. Cambridge, MA: MIT Press.

Reinhart, T. and E. Reuland. 1993. Reflexivity. *Linguistic Inquiry* 24. 657~720.

Reuland, E. 1983. Government and the Search for AUXES. in Heny and Richards 1983. 99~168.

Riemsdijk, H. van and E. Williams. 1986. Introduction to the Theory of Grammar. The MIT Press. Massachusetts: Cambridge.

Rizzi, L. 1986. Null Objects in Italian and the Theory of *pro*. *Lingistic Inquiry* 17. 501~557.

________. 1987. Relativzed Minimality. ms. Universitė de Genève & University of Stanford.

________. 1990. *Relativized Minimality*, Linguistic Inquiry Monograph 16, MIT Press, Cambridge, Massachusetts.

Rizzi, L. and A. Belletti. 1988. Psych-verbs and θ-theory. Natural Language and Linguistic Theory 6. 291~351.

Ross, J. R. 1967. Constraints on Variables in Syntax. Ph.D. dissertation. MIT.

Rothstein, S. 1983. The Syntactic Form of Predication. Ph.D. dissertation. MIT.

Rouveret, A. and J.-R. Vergnaud. 1980, "Specifying reference to the Subject", *Linguistic Inquiry* 11.1

Rutten, J. 1991. Infinitival Complements and AUXiliaries(Amsterdam Studies in Transformational

Generative Grammar 4). University of Amsterdam.
Ruzicka, R. 1983. Remarks on Control. *Linguistic Inquiry* 14. 309~324.
Safir, K. 1982. Syntactic Chains and Definiteness Effect. Ph.D. dissertation. MIT.
________. 1984. Multiple Variable Binding. *Linguistic Inquiry* 15. 603~638.
Saito, M. and H. Hoji. 1983. Weak Crossover and Move- α in Japanese. *Natural Language and Linguistic Theory* 1. 245~259.
Saussure, F. 1916. *Cours de Linguistique Générale*. (ed.) C. Bally and A. Sechehaye. Paris.
Searle, J. 1974. Chomsky's Revolution in Linguistics. in *On Noam Chomsky: Critical Essays*. (eds.) Harman, G. 1974. Anchor Press. New York.
Siegel, D. 1984. *Topics in English Morphology*. Ph.D. dissertation. MIT.
Soames, S and D. M. Perlmutter. 1979. Syntactic Argumentation and the Structure of English. UC Press. Berkeley.
Speas, M. 1986. Adjunction and Projection in Syntax. Ph.D. dissertation. MIT.
Stowell, T. 1981. Origins of Phrase Structure. Ph.D. dissertation. MIT.
___________. 1983. Subjects across Categories. *The Linguistic Review* 2. 285~312.
Sung, L.-M. 1990. Universals of Reflexives. Ph.D. dissertation. MIT.
Svenonius, P. 2003. On the Edge. ms. Tromso.
Taraldsen, T. 1981. The Theoretical Interpretation of a Class of Marked Extractions. in A. Belletti, L. Brandi and L. Rizzi. eds. *Theory of Markedness in Transformational Generative Grammar*. (Proceedings of the 1979 GLOW conference.) Scuola Normale Superiore. Pisa.
Tatersall, I. 1998. *The Origin of Human Capacity*. American Museum of National History. New York.
Torrego, E. 1981. Spanish as a Pro-Drop Language. ms. University of Massachusetts. Boston.
_____________. 1985. On Empty Categories in Nominals. ms. University of Massachusetts. Boston.
Travis, L. 1984. Parameters and the Effects of Word Order Variation. Ph.D. dissertation. MIT.
Wallace, A. R. 1989. *Darwinism*. MacMillan and Co.
Williams, E. S. 1980. Predication. *Linguistic Inquiry* 11. 203~238.
Williams, E. S. 1989. The Anaphoric Nature of θ-roles. *Linguistic Inquiry* 20. 425~456.
Xu, L. 1986. Free Empty Category. *Linguistic Inquiry* 17. 75~93.
Yoon, J. 1988. Single and Compound Reflexives in Korean, ms. University of Illinois, Urbana.

지은이 김용석

육군사관학교 영어과 교수
미국 캘리포니아대학교(어바인) 객원교수
미국 하와이대학교 교환교수
한성대학교 학생처장/교무처장/인문대학장
한국생성문법학회 회장
현대문법학회 경인지역회장
현대영미어문학회 부회장
서울대교구 돈암동 성당 총회장
박사학위논문심사위원: 서울대학교, 서강대학교, 이화여자대학교,
한국외국어대학교, 전남대학교, 원광대학교, 청주대학교 등 역임.

현재: 문학박사/한성대학교 영어영문학부 교수
한국생성문법학회 자문위원

著書:

Licensing Conditions on Syntactic Representation, 1986.
『지배-결속 이론의 기초』(공저), 1991.
『결속이론』, 1992.
『통제이론』, 1993.
『대용화 문법론』, 1995.
Minimalist Approach to Syntax and Morphology (공편), 1995.
Morpho-Syntax in Transformational Generative Grammar (공편), 1996.
『최소주의재귀사문법』, 1999.
『생성문법론』, 2000.
『GB 통사론과 영어의 문장구조』, 2000.
『언어학사전』(공저), 2000.
『변형과 제약』, 2001.
The A/A-Bar Dependencies in Korean: A Minimalist Approach, 2002.
『변형문법의 이해』(공역), 2003.
『변형생성 영어언어학』, 2003.
『지시의존 문법론』, 2004.
『영어의 통사구조와 생성문법』, 2004.
『최소주의문법의 이해』, 2006.
『최소주의문법의 탐구』, 2007.
『변형생성 영어통사론』, 2007.
『영어의 구조와 문법』, 2008.
『영어 언어학의 이해』, 2008.
『영어의 통사구조 연구』, 2010.
『영어구문의 이론과 실제』, 2011.
『강력 최소주의 이론: 그 분석과 전망』, 2012.
『언어와 이성 -Chomsky를 넘어서 칸트주의 언어학으로-』. 2012. (예정)

『최소주의 문법 Glossary』. 2012. (본서)

研究論文:

A Minimalist Approach to Some Problems of Long-Distance Anaphora of Reflexives. 「LSA 발표논문」.

A Minimalist Approach to *wh*-Interrogatives in Korean. 「TEAL 발표논문」.

On Multiple *wh*-constructions in English. 「*Language Research* 24」.

A Probe-Goal Approach to the EPP-Effect of *wh*-Interrogatives in English and Korean. 「현대문법연구 46」 외 70여 편.